lonely planet

Majorque

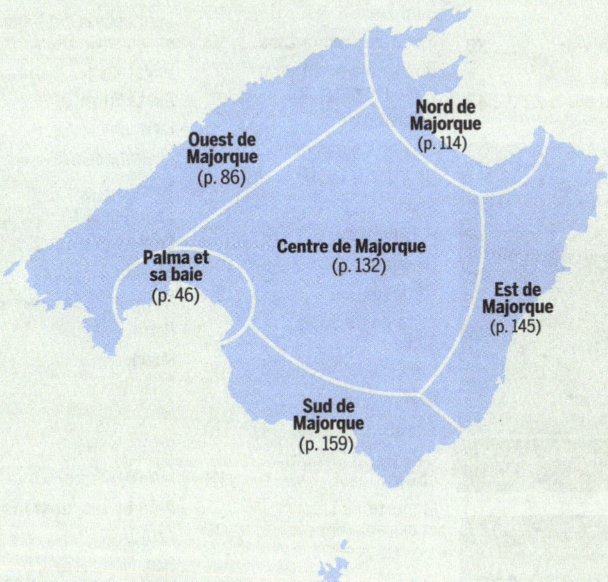

ÉDITION ÉCRITE ET ACTUALISÉE PAR

Kerry Christiani

PRÉPARER SON VOYAGE

STUART BLACK/GETTY IMAGES ©

CALA SANT VICENÇ P. 120

HOLGER LEUE/GETTY IMAGES ©

PALMA P. 46

SUR LA ROUTE

Sommaire

DAVID TOMLINSON/GETTY IMAGES ©

POLLENÇA P. 115

COMPRENDRE

PRATIQUE

COUP DE PROJECTEUR

Bienvenue à Majorque

Majorque est bien loin de se réduire au tourisme de masse. Des criques secrètes aux charmants villages perchés dans les hauteurs, l'île est aussi un paradis pour les promeneurs en quête de nature sauvage et d'authenticité.

Des paysages éblouissants

Pour Miró, la lumière méditerranéenne était d'une pureté sans égal à Majorque. Pour les randonneurs et les cyclistes, rien ne vaut les spectaculaires flèches de calcaire et les promontoires de la Serra de Tramuntana, sur la côte ouest de l'île. Quant aux autres, ils succombent au charme évanescent des fleurs d'amandier, ou aux couleurs dorées des vignes de l'intérieur en automne. Le long de la côte, les panoramas sont à couper le souffle. Même au cœur du tourbillon touristique de la mi-août, chacun peut trouver son bonheur : qui en randonnant jusqu'aux monastères juchés sur des collines, qui en traversant à vélo des villages en pierre.

Retour à la tradition

La culture majorquine est longtemps restée dans l'ombre des plages, mais les choses changent. Les habitants mettent à l'honneur leurs racines en rénovant vieilles demeures et *fincas* (fermes) abandonnées pour en faire des gîtes haut de gamme. Oliveraies, plantations de caroubiers et d'amandiers : vous tomberez sous le charme paisible de l'arrière-pays. L'été est la saison des réjouissances, et les *festes* (fêtes) de village sont l'occasion de découvrir l'authenticité de la vie insulaire.

La vie sur la côte

Si Majorque est devenue l'une des premières destinations estivales d'Europe, elle le doit largement à sa superbe côte. Au-delà des complexes hôteliers, s'étend un chapelet de magnifiques criques qui, toutes, participent du charme de l'île. À l'ouest vous attendent des falaises et des eaux bleu saphir. Au nord, ce sont des baies frangées de pins et des eaux turquoise, où le vent fait la joie des adeptes du kitesurf et de la voile, et des véliplanchistes. Les criques désertes bordent l'Est, tandis que le Sud ravira les plongeurs. Des balades sur la plage au couchant, de délicieux poissons et fruits de mer… On s'habitue très vite au rythme nonchalant de la vie sur la côte.

Saveurs méditerranéennes

Les chefs s'inspirent tout autant des recettes majorquines ancestrales que de la nouvelle cuisine méditerranéenne, apportant une touche créative et épicée à la scène gastronomique de Palma. À l'intérieur des terres, les restaurants composent avec des plats plus rustiques et roboratifs, tel le cochon de lait rôti à déguster avec un vin local. Et sur la côte, les bistrots font la part belle aux produits simples et frais, servant la pêche du jour dont on se régale en contemplant la mer.

Pourquoi j'aime Majorque

Kerry Christiani, auteure

Aucune île n'est aussi chère à mon cœur que Majorque. J'y reviens encore et toujours pour randonner dans les hauteurs de la Tramuntana et sur les sentiers côtiers du Cap de Formentor et du Cap des Pinar. C'est ici, dans les ruelles de Pollença, que j'ai peaufiné mon espagnol, ici également que j'ai rencontré celui qui est devenu mon mari, lors d'un été brumeux à la Platja de Muro, il y a 14 ans. Que ce soit lors d'une balade sur les falaises au printemps, quand le romarin est en fleur, ou pendant une retraite dans un monastère niché dans une forêt, en plein cœur de l'hiver, chaque fois, je retombe sous le charme.

Pour plus de précisions sur notre auteur, reportez-vous en p. 240

Ci-dessus : Cala Sant Vicenç (p. 120)

Majorque

DISTANCES (en km)

Remarque : les chiffres ont été arrondis

	Palma	Andratx	Deià	Pollença	Inca	Artà
Andratx	28					
Deià	33	47				
Pollença	55	80	60			
Inca	32	57	55	23		
Artà	73	102	98	41	46	
Santanyí	52	82	78	76	53	51

0
20 km
3° E
3°30' E
Cap de Formentor
Une péninsule superbe surplombant la mer (p. 123)
Platja des Coll Baix
Une plage sauvage et isolée, proche de la perfection (p. 128)
Pollença
Un lieu de pèlerinage aux rues médiévales (p. 115)
Cala Ratjada
Les plages sauvages de la côte est (p. 151)
Artà
Une belle vue depuis le château et une excellente cuisine (p. 147)
Parc Natural de S'Albufera
Le plus beau site d'observation des oiseaux en Méditerranée (p. 130)
Illa de Cabrera
Un archipel d'îles encore vierges et des criques extraordinaires (p. 166)
MER MÉDITERRANÉE
ALTITUDE
1000 m
700 m
500 m
300 m
200 m
100 m
0 m
39°30' N
Cala Figuera
Cap de Formentor
Illot del Colomer
Moll des Patronet
Cases Velles
Cala Sant Vicenç
Vall de Bóquer
Ca'n Es Faro
Baie de Pollença
Serra de Tramuntana
Pollença
Port de Pollença
Cap des Pinar
Sa Marina
Bonaire
Platja des Coll Baix
Mal Pas
Alcúdia
Alcanada
Cova de Sant Martí
Port d'Alcúdia
Baie d'Alcúdia
Platges de Mallorca
Binibona
Campanet
Parc Natural de S'Albufera
Cap Ferrutx
Talaia Moreia (432 m)
Cala Fosca
S'Arenal et des Verger
Cala Matzoc
Moscari
Sa Pobla
Ca'n Picafort
Son Serra de Marina
Es Caló
Colònia de Sant Pere
Betlem
Cala Mesquida
Finca Pública de Son Real
Parc Natural de la Península de Llevant
Cala Agulla
Muro
S'Estanyol
Son Morell Vell
Cala Ratjada
Punta de Capdepera
Puig de Santa Magdalena (307 m)
Santa Margalida
Ses Pastoras
Capdepera
Son Moll
Llubí
Son Doblons
Artà
Maria de la Salut
Son Figuera
Font de Sa Cala
Costitx
Coves d'Artà
Sineu
Ariany
Canyamel
Son Servera
Cala Bona
Costa de los Pinos
Sant Llorenç d'es Cardassa
Baie de Son Servera
Lloret de Vistalegre
Sant Joan
Petra
Son Moro
Cala Millor
Els Calderers
Son Carrio
S'Illot
Cala Moreia
Montuïri
Vilafranca de Bonany
Manacor
Coves dels Hams
Cala Moranda
Porto Cristo
Porto Cristo Novo
Coves del Drac
Cala Romàntica
Porreres
Cova del Pilar
Cala Varques
Cala Sequer
Felanitx
Cales de Mallorca
Cala Murada
Campos
Ca'n Roig
Ca's Concos des Cavallers
Portocolom
Sa Punta
S'Horta
Caló d'en Marçal
Calonge
S'Alqueria Blanca
Cala Mitjana
Cala d'Or
Portopetro
Ses Salines
Santanyí
Cala Mondragó
Llombards
Cala Figuera
Cala Santanyí
Colònia de Sant Jordi
Cova de Sa Plana
Cala Llombards
Caló des Màrmols
Cala en Tugores
Reserva Marina del Migjorn de Mallorca
Cap de Ses Salines
Illa des Conills
Illa de Cabrera
Ma2210
Ma10
Ma2200
Ma13A
Ma3410
Ma3551
Ma12
Ma4041
Ma15
Ma4040
Ma4030
Ma3220
Ma4020
Ma5017
Ma4015
Ma14
Ma5020
Ma4010
Ma5120
Ma6030
Ma19
Ma6110

17 façons de voir Majorque

La cathédrale de Palma

1 Tel un immense vaisseau amarré à la lisière de la ville, la cathédrale de Palma (p. 49), chef-d'œuvre architectural de l'île, domine la silhouette de la cité. À l'extérieur, côté mer, elle s'appuie sur d'extraordinaires arcs-boutants. À l'intérieur, la lumière filtre par de superbes vitraux, éclairant des créations d'Antonio Gaudí et la représentation originale d'une parabole biblique signée de l'artiste contemporain Miquel Barceló. Il y a fort à parier que vous y reviendrez pour vous repérez, mais, surtout, pour l'admirer dans ses moindres détails.

La route de Sa Calobra

2 Même les conducteurs majorquins font une prière avant de braver la fameuse route de Sa Calobra (p. 111). Le "Serpent" (tel est son nom) sinue sur 12 km jalonnés de virages en épingle à cheveux, de falaises vertigineuses et de vues d'une beauté incomparable. Et si vous trouvez ces virages déjà difficiles en voiture, ayez une pensée pour ceux qui les négocient juchés sur un VTT ! Les conducteurs, eux, s'approchent dangereusement du bord pour entrapercevoir un ravin qui se faufile entre les sommets dénudés de la Tramuntana jusqu'à rejoindre le bleu profond de la mer.

DAVID C TOMLINSON/GETTY IMAGES ©

2

Platja des Coll Baix

3 Les criques secrètes sont nombreuses à Majorque, mais rares sont celles qui peuvent rivaliser avec la Platja des Coll Baix (p. 128). Accessible uniquement à pied, en traversant des bois embaumant le pin, ou par la mer, cette plage isolée se trouve sur le Cap des Pinar, couvert de pinèdes. Au pied de falaises, ce sublime croissant de sable blanc est baigné d'eaux d'un bleu variant entre le cobalt et le turquoise. Ici, si vous choisissez bien votre moment, seuls le bruit des vagues et le chant des oiseaux viennent troubler le silence…

Le village de Deià

4 Les monts de la Serra de Tramuntana encerclent Deià (p. 100), perchée au-dessus du bleu iridescent de la Méditerranée. Majorque abonde en villages charmants, mais nul n'égale celui-ci : ses maisons en pierre accrochées au flanc d'une colline se parent au couchant d'une couleur miel. Le village inspire de longue date artistes et écrivains, dont le poète Robert Graves. À la tombée du jour, rendez-vous tout près à Son Marroig, jadis la retraite d'un archiduc autrichien, pour admirer les feux du couchant embrasant la mer.

/GETTY IMAGES ©

HOLGER LEUE/GETTY IMAGES ©

HOLGER LEUE/GETTY IMAGES ©

SEBASTIA TORRENS/GETTY IMAGES ©

Le petit train pour Sóller

5 La visite de Palma et Sóller sont deux moments forts d'un séjour à Majorque, et l'antique train en bois (p. 77) qui va cahin-caha de l'une à l'autre ramène le voyageur cent ans en arrière. Des scènes bucoliques s'offrent au regard tandis qu'il traverse de fertiles vallées avant de grimper lentement dans les contreforts de la Serra de Tramuntana. Après avoir franchi des tunnels et d'étroites vallées, il débouche dans les hauteurs, au-dessus de la ravissante Sóller. Un trajet aussi délicieux que mémorable.

Le tour du littoral du Cap de Formentor

6 Le Cap de Formentor (p. 123) se trouve au bout d'une étroite péninsule, là où la spectaculaire Serra de Tramuntana rejoint la mer. Là, la nature l'emporte : des pics déchiquetés surplombent la mer, des pinèdes et des falaises abruptes enserrent de superbes étendues de sable. C'est sans doute ici que les plages et les criques isolées sont les plus belles. Quel que soit le moyen de transport que vous empruntez, une chose est sûre : des paysages paradisiaques s'offrent à vous à chaque détour.

L'observation des oiseaux dans le Parc Natural de S'Albufera

7 Les passionnés d'ornithologie se pressent dans le Parc Natural de S'Albufera (p. 130, l'un des meilleurs sites de la Méditerranée pour observer les oiseaux. On y trouve 300 espèces, dont 64 s'y reproduisent. Les sentiers qui serpentent à travers les marais de cette zone protégée s'explorent à pied ou à vélo. Repérez les hérons, les balbuzards et les aigrettes depuis les plateformes d'observation aménagées au milieu des roseaux. Et n'oubliez pas d'emporter des jumelles.

Ci-dessus : sternes pierregarins

DAVID TOMLINSON/GETTY IMAGES ©

Les sanctuaires de Pollença

8 Pollença est une des localités les plus séduisantes de l'intérieur de l'île. Ses deux sanctuaires où convergent les pèlerins, au sommet de collines, surplombent ses toits médiévaux en pierre et en tuiles. Grimpez les 365 marches du Calvari (p. 115) ou traversez les forêts de chênes verts et de pins pour rejoindre le Santuari de la Mare de Déu des Puig (p. 122), d'où la vue est splendide. En ville, flânez dans le dédale de ruelles ou au marché le dimanche, et profitez de la terrasse d'un café de la Plaça Major. Ci-dessus : vue sur Pollença depuis le Calvari

Sports nautiques

9 Impossible de résister au bleu de la mer quand on aime les sports nautiques. Les plongeurs se font un plaisir d'explorer les grottes sous-marines du Cap de Formentor, et les eaux des îles méridionales de Sa Dragonera (p. 91) et Cabrera (p. 166), où des épaves sont peuplées de raies, de poulpes et de barracudas. Au nord, le *coasteering* (canyoning côtier), le kayak et le saut du haut des falaises attirent les amateurs de sensations fortes. Les adeptes du kitesurf profitent quant à eux des vents qui soufflent au large de la Badia de Pollença. En haut à droite : Illa de Sa Dragonera

Manger dans un celler à Inca

10 Un cochon de lait en train de rôtir lentement, le brouhaha des conversations se mêlant au bruit des casseroles et des verres qui s'entrechoquent, des serveurs apportant de table en table de généreuses portions de *conill amb ceba* (lapin aux oignons), de *frit Mallorquí* (abats d'agneau frits) et de *llom amb col* (filet de porc roulé dans des feuilles de chou)… Les plats sont copieux, et le vin local coule à flots dans les *cellers* (p. 136) d'Inca, anciens celliers aux poutres apparentes où trônent encore de grands tonneaux. Authentique.

Circuit de l'art à Palma

11 De nombreux artistes célèbres ont séjourné à Majorque. Deux en particulier, Joan Miró (1893-1983) et Miquel Barceló (né en 1957), sont constamment associés à l'île. La Fundació Pilar I Joan Miró (p. 83), ancienne maison de Miró, conserve un bel échantillon de ses œuvres. Et le Majorquin Barceló a décoré avec beaucoup d'originalité une chapelle de la cathédrale de Palma (p. 50). On peut voir des Picasso et des Dalí dans les autres galeries de Palma, Es Baluard (p. 60), le Palau March (p. 51) ou le Museu Fundació Juan March (p. 58). Ci-dessous : Es Baluard

Croisière jusqu'à l'Illa de Cabrera

12 Unique parc national des Baléares, le Parc Nacional Marítim-Terrestre de l'Arxipèlag de Cabrera (p. 166), est un petit paradis dominé par l'Illa de Cabrera. La plus grande de ces 19 îles inhabitées est un havre de paix. Les caps sauvages et les plages isolées ne sont accessibles qu'à un certain quota de visiteurs chaque jour. Les excursions en bateau à destination de l'île qui partent de Colònia de Sant Jordi s'arrêtent à Sa Cova Blava, une magnifique grotte marine.

DAVID C TOMLINSON/GETTY IMAGES ©

Les plages de Cala Ratjada

13 Au milieu des constructions qui défigurent la majeure partie de la côte est de l'île, de superbes baies et criques en demi-lune rappellent pourquoi on vient depuis toujours à Majorque en quête d'étendues de sable paradisiaques. Les plages à courte distance de Cala Ratjada – en particulier Cala Agulla (p. 151), Cala Mesquida (p. 154), ainsi que celles du Parc Natural de la Península de Llevant – comptent parmi les plus belles de l'île : sable blanc et eaux turquoise sur fond de dunes et de pinèdes. Ci-dessous : Cala Mesquida

Valldemossa

14 L'un des plus beaux villages des îles Baléares, Valldemossa (p. 97) se déploie au pied des contreforts orientaux de la Serra de Tramuntana. Il a comme d'autres des ruelles pavées, des maisons fleuries et une jolie église. Il a cependant quelque chose en plus qui fait tout son cachet : non seulement son propre saint patron, mais surtout, un ancien monastère royal où séjournèrent Frédéric Chopin et George Sand. Un séjour dont le village garde le souvenir avec le Festival Chopin, l'une des manifestations musicales les plus intéressantes de l'île.

13

JUERGEN RICHTER/GETTY IMAGES ©

14

TRAVELPIX LTD/GETTY IMAGES ©

HOLGER LEUE/GETTY IMAGES ©

HOLGER LEUE/GETTY IMAGES ©

À vélo dans la Serra de Tramuntana

15 Bradley Wiggins, premier cycliste britannique à remporter la Grande Boucle en 2012, a un jour qualifié Majorque de "circuit 24 pour cyclistes". Dans la Serra de Tramuntana (p. 93), les professionnels aiment s'entraîner, notamment en vue du Tour de France. Ce paysage sauvage est le paradis du vélo, car il offre le terrain cyclable le plus éprouvant de l'île. La boucle de 55 km de Pollença au Monestir de Lluc (p. 112) et l'ascension de 12 km au départ de Sa Calobra figurent parmi les itinéraires les plus prisés.

Séjour à la ferme

16 À des années-lumière de l'effervescence des stations balnéaires, l'arrière-pays majorquin est émaillé de *fincas* (fermes ; p. 171) baignant dans le plus reposant des silences. Qu'elles jouent la carte du charme rustique ou du boutique-hôtel chic, ces propriétés donnent l'occasion de découvrir la Majorque rurale. Ici, les journées s'écoulent paisiblement entre matinées de farniente au bord de la piscine, promenades dans les oliveraies et les vergers, et dîners à la belle étoile, sur fond de chant des cigales.

En haut à droite : Agroturisme Monnàber Vell (p. 181)

Artà la médiévale

17 Située en retrait de la côte est majorquine, très animée en été, Artà (p. 147) distille ses charmes tout au long de l'année. Ses bâtiments de pierre longent des rues médiévales étroites qui montent, d'abord doucement puis de façon plus abrupte, vers l'un des ensembles église-château les plus beaux de l'île. La vue embrassant l'horizon entier est tout simplement éblouissante. La ville compte des hôtels et restaurants raffinés, et son ambiance paisible en fait une base idéale pour visiter l'île, notamment le Parc Natural de la Península de Llevant, tout proche.

L'essentiel

Pour plus de renseignements, consultez le *Carnet pratique* (p. 214)

Monnaie

Euro (€)

Langue

Espagnol et catalan (ou majorquin)

Visas

Pour les Français, les Belges et les Suisses, une carte d'identité en cours de validité ou un passeport suffit. Les Canadiens n'ont pas besoin de visa pour un séjour jusqu'à 90 jours.

Argent

Les DAB sont très répandus dans les villes et les stations balnéaires. La plupart des hôtels, des restaurants et des commerces acceptent les cartes banquaires.

Téléphones portables

Des cartes SIM locales sont en vente partout et utilisables sur les téléphones européens. Pour les autres téléphones, renseignez-vous sur les tarifs de l'itinérance.

Heure locale

La même qu'en France, soit GMT/UTC + 1 heure

Quand partir

Haute saison
(juil-août)

- Temps merveilleux et mer chaude.
- Les températures montent, tout comme le prix des chambres. Réservez bien à l'avance ou au dernier moment en ligne.
- Fêtes endiablées, défilés et festivals de musique font partie des réjouissances dans les villes de l'île.

Saison intermédiaire
(Pâques-juin et sept-oct)

- Beaucoup d'hôtels et de restaurants ouvrent à Pâques et ferment en octobre.
- Il fait encore doux et les touristes sont moins nombreux.
- Saison idéale pour la randonnée, l'escalade, le VTT et le canyoning.

Basse saison
(nov-avant Pâques)

- La plupart des hôtels et restaurants ferment, à l'exception de ceux de Palma.
- Prévoyez des vêtements chauds, car les soirées sont plus fraîches qu'on ne croit.
- Sentiers, plages et sites d'intérêt sont déserts. Un régal !

Sites Internet

Consell de Mallorca (www.infomallorca.net). Le site de l'office du tourisme de Majorque.

Lonely Planet (www.lonelyplanet.fr). Infos, forums, etc.

Top Fincas (www.topfincas.com). Location de gîtes à Majorque.

ABC Mallorca (www.abc-mallorca.com). Pour tout savoir sur Majorque.

See Mallorca (www.seemallorca.com). Actualités, agenda des manifestations, adresses (en anglais).

Illes Balears (www.illesbalears.es). Le site de l'office du tourisme des Baléares.

Numéros utiles

Il n'y a aucun indicatif régional en Espagne.

Code d'accès international	☎0
Indicatif de l'Espagne	☎34
Renseignements internationaux	☎11825
Urgences	☎112
Policía Nacional	☎91

Taux de change

Canada	1 $CD	0,69 €
Suisse	1 CHF	0,82 €

Pour connaître les derniers taux de change, consultez le site www.xe.com/fr.

Budget quotidien

Moins de 100 €

- Chambres basiques en auberge de jeunesse ou dans une pension : 45-60 €
- Petit-déjeuner à l'hôtel, menu du jour au déjeuner : 15-20 €
- Ticket de bus à destination des localités et plages des environs proches : 2-5 €

100-250 €

- Double de catégorie moyenne : 75-150 €
- Déjeuner dans un café, dîner dans un bar à tapas : 30-40 €
- Location de voiture : à partir de 30 € par jour

Plus de 250 €

- Double en hôtel de catégorie supérieure : à partir de 150 €
- Déjeuner à table et dîner dans un restaurant de premier choix : 80-100 €
- Circuit en bateau ou activité guidée : environ 50 €

Heures d'ouverture

Les heures d'ouverture varient tout au long de l'année. Nous indiquons dans cet ouvrage celles de la haute saison.
En général, l'amplitude horaire est restreinte à la saison intermédiaire et en basse saison. La plupart des restaurants et des hôtels des stations balnéaires ferment de mi-octobre à Pâques.

Banques 8h30-14h du lundi au vendredi ; certaines également : 16h-19h jeudi et 9h-13h samedi

Bars 19h-3h

Cafés 11h-1h

Clubs 0h-6h

Postes 8h30-21h30 du lundi au vendredi, 8h30-14h samedi

Restaurants Déjeuner 13h-15h30, dîner 19h30-23h

Commerces 10h-14h et 16h30-19h30 du lundi au samedi ; supermarchés et grands magasins 10h-21h du lundi au samedi

Arriver à Majorque

Aéroport de Palma de Majorque (PMI) Le bus n°1 part toutes les 15 minutes de l'aéroport (rez-de-chaussée du hall des arrivées) vers la Plaça d'Espanya, dans le centre de Palma (3 €, 15 min). En taxi, le même trajet (15 min) au départ du centre coûte environ 18-22 €.

Port des ferries, Palma Le bus n°1 (bus de l'aéroport) va toutes les 15 minutes du port des ferries (Estació Marítima) à la Plaça d'Espanya. Le billet coûte 1,50 €, et le trajet dure 10-15 minutes. Comptez dans les 10-12 € pour une course en taxi jusqu'au centre-ville.

Comment circuler

Les transports sont à des prix corrects, mais les bus et les trains ne desservent pas la totalité de l'île, et les liaisons sont extrêmement réduites en basse saison. Pour connaître les horaires dans toute l'île, renseignez-vous auprès de Transport de les Illes Balears (www.tib.org).

Train Tarifs très corrects et dessertes assez fréquentes, mais couverture limitée : une ligne à destination de Sóller à l'ouest, et une pour Inca, où la ligne se scinde pour rejoindre Sa Pobla et Manacor.

Voiture L'idéal pour découvrir à son rythme les plages les plus reculées de l'île, les villages des hauteurs et les montagnes. On peut louer des voitures dans toutes les villes et les stations balnéaires. Conduite à droite.

Bus Les bus desservent les villes principales et nombre de villages. En basse saison, seules quelques lignes fonctionnent. Certaines (par exemple à destination des plages) sont interrompues.

Pour plus de précisions sur les **transports locaux**, voir p. 222

Pour un premier séjour

Pour plus de précisions, consultez le *Carnet pratique* (p. 214)

N'oubliez pas...

- De vérifier que votre carte d'identité ou votre passeport est en cours de validité
- De réserver le transport l'hébergement, les circuits organisés et les restaurants
- De contracter une assurance voyage (p. 215)
- De vous procurer la Carte européenne d'assurance maladie (CEAM) (pour les citoyens de l'UE ; p. 215)

Ce qu'il faut emporter

- De l'écran solaire à haut indice de protection
- Du répulsif contre les moustiques et autres insectes
- Des tongs
- Des chaussures de marche
- Un adaptateur électrique (pour les Suisses et les Canadiens)
- Un chargeur de téléphone portable
- Un chapeau et des lunettes de soleil
- Une serviette de plage et un maillot de bain
- Un sac étanche
- Un manuel de conversation

Bon à savoir

- Il existe en fait deux Majorque. Quittez les sentiers battus un bref moment, et vous découvrirez une campagne paisible, de tranquilles *fincas* (fermes) et des plages peu fréquentées.
- Prenez de la hauteur : la vue n'est jamais plus belle que depuis les monastères, les forts et les châteaux érigés au sommet des collines. Pour un spectacle magique, tâchez d'y être au coucher du soleil.
- Prévoyez du temps pour aller d'un point à un autre, car les cartes sont trompeuses. Si l'île est assez compacte, les virages des routes de montagne rallongent les temps de trajet de manière importante.
- Prévoyez de marcher : monastère, ruelles pavées d'une cité ancienne ou petite crique secrète, nombre des sites les plus séduisants de Majorque ne sont accessibles ou ne se visitent qu'à pied.

Comment s'habiller

À Majorque, l'ambiance est à la décontraction et l'on s'aperçoit souvent que l'on a emporté bien trop de vêtements, en particulier pour les vacances à la plage ou au bord de la piscine – maillots de bain, shorts et T-shirts suffisent amplement dans ces cas-là. Et quand on sort, la décontraction reste de mise.

Les étés sont chauds, en revanche, le reste de l'année, il faut prévoir de quoi se couvrir car le temps est plus capricieux, et les soirées sont fraîches. Enfin, mesdames, dans les bourgades de montagnes aux rues pavées, oubliez les talons hauts.

Hébergement

Il est toujours bon de réserver son hébergement. Faites-le bien à l'avance (au moins 2 mois) si vous voyagez en haute saison (juillet-août), car, alors, les places sont chères.

- **Hôtels** Des établissements de stations balnéaires familiales aux anciens manoirs de l'arrière-pays aménagés façon boutique-hôtel chic.
- **Hostal** Petit hôtel bon marché sans prétention, souvent tenu en famille.
- **Fincas** Séjours à la ferme dans de paisibles coins de campagne.

Argent

Les petits achats se règlent majoritairement en espèces, et il est bon d'avoir sur soi de la monnaie pour s'offrir un café ou se faire plaisir au marché. Évitez d'emporter à la plage plus que ce qu'il faut pour acheter des en-cas, et louer un transat et un parasol (10-15 € par jour).

Les cartes bancaires sont acceptées dans les hôtels, sauf dans certains B&B à la campagne. Dans les cafés et les petits restaurants familiaux, il se peut que l'on insiste pour que vous payiez en espèces. Renseignez-vous avant de passer commande.

Les DAB sont très répandus dans les villes et les stations balnéaires, mais pas dans les zones rurales. Sachez toutefois qu'une commission s'applique parfois sur ces transactions.

Pour plus de précisions, voir p. 214.

Marchandage

Ne se pratique que sur les marchés.

Pourboires

- **Hôtels** À la discrétion du client. En règle générale, environ 1 € par valise au groom, et 2 € par jour aux femmes de chambre dans les hôtels chics.
- **Cafés et bars** Facultatif, mais rien n'empêche d'arrondir l'addition si l'on est satisfait du service.
- **Restaurants** Le service est compris, mais la plupart des clients laissent un pourboire d'environ 5% de l'addition.
- **Taxis** Pas indispensable. Pour autant, on peut laisser un petit pourboire, surtout après un long trajet.

Langue

On peut tout à fait visiter Majorque sans parler un mot d'espagnol ou de majorquin, mais avoir quelques rudiments de l'une ou l'autre langue aide à nouer des liens plus chaleureux. Si l'anglais est couramment parlé dans les stations balnéaires et les grandes villes, il est très pratique de se débrouiller un peu en espagnol dans l'arrière-pays rural et les petits villages. Et puis, c'est assez amusant !

1 À quelle heure cela ouvre/ferme-t-il ?
¿A qué hora abren/cierran?

Les Majorquins s'accordent une période de repos ou une sieste après le déjeuner. Cela peut influer sur les heures d'ouverture.

2 Sont-ils/elles gratuits/es ?
¿Son gratis?

Les tapas sont servies à pratiquement toute heure de la journée. Certains endroits les offrent gracieusement.

3 Quand l'entrée est-elle libre ?
¿Cuándo es la entrada gratuita?

Nombre de musées et galeries à Majorque sont gratuits un jour de la semaine. Vérifiez si c'est le cas avant d'acheter des billets.

4 Où peut-on danser (la salsa) ?
¿Dónde podemos ir a bailar (salsa)?

Danser est assurément une belle façon de voyager et d'échanger au son de la musique. Et cela est vrai à Majorque comme dans toute l'Espagne.

5 Comment se dit ceci en (catalan/majorquin) ?
¿Cómo se dice ésto en (catalán/mallorquín) ?

Le catalan et l'espagnol (castellano) sont les langues officielles de Majorque. Les habitants de l'île apprécieront sûrement que vous vous essayiez au catalan, voire à sa variante majorquine.

Politesse

- **Saluer** Lorsqu'on rencontre quelqu'un pour la première fois, on lui serre la main en disant "*bon dia*" (bonjour) ou "*bona tarda*" (bonsoir).
- **Lier connaissance** Les Majorquins, comme les Espagnols, sont d'un naturel ouvert et parlent facilement. Mettez votre timidité de côté et lancez-vous dans la conversation – si vous parvenez à placer un mot...
- **À table** Si vous êtes invité à dîner chez des Majorquins, apportez un petit présent (vin, fleurs ou chocolats). Attendez que vos hôtes aient dit "*bon profit !*" (bon appétit) avant de commencer à manger. Tremper son pain dans sa soupe ne se fait pas. Cela mis à part, les manières à table sont plutôt décontractées. Pour trinquer, levez votre verre et dites "*salut* ".

Envie de...

Routes panoramiques

Les à-pics vertigineux et les routes de montagne aux innombrables virages obligent, et c'est tant mieux, à ralentir le rythme. Au volant d'une voiture ou à vélo, préparez-vous à des trajets mémorables !

D'Andratx au Monestir de Lluc Cet itinéraire incontournable traverse les reliefs accidentés et spectaculaires de la Serra de Tramuntana, très haut au-dessus de la Méditerranée. (p. 95)

Sa Calobra La route menant à cette anse autrefois isolée (p. 111) fait honneur à son surnom de "Serpent".

Cap de Formentor Dix-huit kilomètres à tutoyer les précipices tout en profitant d'un panorama sublime sur la mer. (p. 123)

D'Artà à l'Ermita de Betlem Cette route au milieu des pins rejoint un monastère. (p. 131)

De Sóller à Alaró À travers des contreforts montagneux, des oliveraies et de petits hameaux assoupis. (p. 109)

Plages idylliques

Des criques secrètes, des plages de sable fin frangées de pins, des baies encaissées entre des falaises, uniquement accessibles à pied : les plages de Majorque ont chacune leur personnalité.

Platja des Coll Baix Il faut sauter de rocher en rocher pour atteindre ce croissant de sable, baigné d'eaux cobalt. (p. 128)

Platja d'Es Trenc Profitez du vaste espace qu'offre ce ruban de sable au sud de l'île. (p. 162)

Platja de Muro Du sable fin, des dunes et des eaux cristallines peu profondes, parfaites pour les enfants. (p. 130)

Côte est Passez d'une sublime crique de sable blanc à l'autre : Cala Torta (p. 155), Cala Agulla (p. 151), Cala Matzoc (p. 155) et Cala Mitjana. (p. 155)

Cap de Formentor Un chapelet de criques isolées, protégées par des falaises. (p. 121)

Cala Tuent se tient à l'ombre des 1 445 m du Puig Major. (p. 111)

ENVIE DE... PÈLERINAGES INTIMISTES

Promenez-vous dans un silence émerveillé dans le cloître du Monestir de Lluc (p. 112), ou passez la nuit dans l'atmosphère méditative du Santuari de la Mare de Déu des Puig (p. 122), au-dessus de Pollença.

Envolées culturelles

Fatigué de la plage ? Les trésors culturels de Majorque – cathédrales, galeries d'art et villages de montagne – valent le détour.

Cathédrale Cette merveille gothique ornée de vitraux colorés domine le front de mer de Palma. (p. 49)

Museu Fundació Juan March Picasso, Miró, Dalí, Juan Gris, et Miquel Barceló, né à Majorque. (p. 58)

Real Cartuja de Valldemossa Palais royal puis monastère, ce bâtiment fut aussi la résidence du couple Chopin-Sand. (p. 97)

Ses Païsses Découvrez les énigmatiques *talayots* (tours de guet) de l'âge du bronze. (p. 147)

Pol·lentia Ce site romain étendu compte un superbe théâtre au milieu des arbres. (p. 124)

Fundació Pilar i Joan Miró Les œuvres de Miró habitent son ancienne demeure (p. 83)

Aventures en famille

Majorque ne manque pas d'activités, de châteaux, d'aquariums et de parcs aquatiques : de quoi enchanter les enfants.

(En haut) Cap de Formentor, p. 123
(En bas) Palma Aquarium, p. 80

Palma Aquarium L'occasion de découvrir le monde sous-marin de Majorque ou de passer une nuit entouré de requins ! (p. 80)

Coves del Drac Spéléologues en herbe ou plus âgés : à vous les stalactites des grottes les plus magiques de l'île. (p. 155)

Castell d'Alaró Cette forteresse médiévale haut perchée est un terrain de jeu parfait. (p. 110)

Aqualand L'un des plus grands parcs aquatiques d'Europe. (p. 81)

Parc Natural de S'Albufera Balades paisibles dans des zones humides peuplées d'une riche faune aviaire. (p. 130)

Côte nord Spéléologie, saut depuis les falaises, *coasteering* et plongée sous-marine. (p. 114)

Randonnées le long de la côte

Que l'on se promène sur les falaises, que l'on passe d'une crique à l'autre, ou que l'on scrute l'horizon du haut d'une montagne, la mer, splendide, est omniprésente.

Ruta de Pedra en Sec Cette "route" époustouflante fait traverser plusieurs jours durant la Serra de Tramuntana. (p. 92)

De l'Ermita de la Victòria à Penya Rotja Depuis cette péninsule couverte de pinèdes, se contemple toute la côte nord. (p. 129)

Cap de Formentor La Tramuntana s'avançant dans la mer : époustouflant. (p. 123)

Parc Natural de la Península de Llevant Des sentiers relient plages et vallées plantées de pins. (p. 149)

Du Cap de Ses Salines à Colònia de Sant Jordi Un sentier rocailleux jalonné de petits coins propices à la baignade. (p. 164)

De la Finca Can Roig à Cala Magraner Pour rejoindre quatre jolies criques peu visitées. (p. 157)

Mois par mois

LE TOP 5

Sa Fira, mai

Es Firó, mai

Nit de Sant Joan, juin

Festes de la Patrona, août

Festes de la Verema, septembre

Janvier

Avec l'hiver vient le calme. Certaines journées sont douces, d'autres fraîches. Les stations balnéaires hibernent, nombre de leurs hôtels et restaurants sont fermés. Palma fait exception à la règle.

Fête des Rois mages

Les *tres reis* (trois rois) défilent le 5 janvier, la veille de l'Épiphanie, les bras chargés d'or, d'encens et de myrrhe, lors d'une fabuleuse procession à Palma.

Festes de Sant Antoni Abat

Au programme des Festes de Sant Antoni Abat (16 et 17 janvier) : concerts, danse des démons, immenses feux de joie et bénédiction des animaux de la ferme. Les festivités sont très joyeuses à Sa Pobla et Artà.

Sant Sebastià

Palma se lance dans une fête endiablée la veille de la saint Sébastien (20 janvier), son saint patron, avec des concerts, des feux d'artifice et maintes réjouissances sur les places de la ville.

Février

Les pétales des amandiers en fleurs recouvrent la campagne d'un blanc manteau cotonneux. Avant le carême, l'effervescence des carnavals secoue l'île de sa torpeur hivernale. De nombreux établissements restent toutefois fermés.

Carnavals

Avant le carême, des cortèges ont lieu dans toute l'île. À Palma, les enfants défilent d'abord (Sa Rueta), suivis par les adultes (Sa Rua). Au programme : musique, déguisements et chars bigarrés.

Mars

Un mois splendide à plus d'un titre : solennelles célébrations de Pâques, éclosion des fleurs des champs et superbes occasions d'observer des oiseaux dans le Parc Natural de S'Albufera.

Semana Santa

Durant la *Semana Santa* (Semaine sainte), des processions animent l'île. Le programme idéal : Palma, le Jeudi saint au soir, Pollença pour le Vendredi saint (El Davallament) et Montuïri pour le S'Encuentro, le dimanche de Pâques.

Avril

Hôtels et restaurants ouvrent de nouveau leurs portes, et les stations balnéaires commencent à se remplir. Les températures plus douces en journée en font le mois idéal pour la randonnée et le VTT.

Fira del Vi

À la fin du mois, Pollença met à l'honneur les vins régionaux lors de la Fira del Vi (foire au vin) organisée au Convent de Sant Domingo.

Mai

Sur la côte, le printemps est là et les stations balnéaires se réveillent.

Sa Fira

Depuis 1318, Sineu accueille le premier dimanche de mai la Sa Fira, le plus grand et le plus authentique marché aux bestiaux et produits frais de l'île.

Es Firó

Cette fête, célébrée le deuxième week-end de mai à Sóller, commémore l'assaut des pirates, en 1561, et la victoire menée par des femmes héroïques.

Fête-Dieu

La Fête-Dieu (Corpus Christi) est célébrée le jeudi de la neuvième semaine après Pâques. Durant les semaines qui la précèdent, des concerts ont lieu dans les patios des belles demeures de la ville.

Juin

Majorque vit à un rythme effréné. Tout est prétexte à faire la fête : célébration des saints patrons, festivals et autres réjouissances.

Nit de Sant Joan

La Sant Joan (24 juin) est précédée par une soirée de festivités enflammées lors de la Nit de Sant Joan (nuit de la Saint-Jean). À Palma, on peut assister à un *correfoc* (littéralement "un feu qui court"), à des concerts, ainsi qu'à des fêtes sur les plages.

Juillet

Peu d'événements viennent interrompre les longues journées de farniente sur la plage.

Festa de la Verge del Carme

Le 16 juillet, de nombreuses villes côtières organisent des processions lors de la Festa de la Verge del Carme, protectrice des pêcheurs et des marins.

Festa de Sant Jaume

Le 25 juillet, des *cossiers* exécutent des danses traditionnelles dans les rues d'Algaida durant cette fête. Six hommes et une femme dansent en compagnie d'un démon, finalement vaincu.

Août

La chaleur se fait torride, les fêtes battent leur plein, et les hôtels (ainsi que les plages) sont bondés.

Festes de la Patrona

C'est l'un des événements les plus hauts en couleurs de Pollença. Ces fêtes, qui durent une semaine, ont pour point d'orgue une fausse bataille entre les gens de la ville et une bande de pirates maures.

Festival Chopin

Valldemossa rend hommage à Chopin, l'un de ses illustres résidents. Durant tout le mois d'août, de beaux concerts classiques sont organisés à la grandiose Real Cartuja de Valldemossa.

Festival de jazz de Majorque

Tous les ans en août, de grands noms du jazz se produisent en plein air à Sa Pobla pour l'un des festivals de jazz les plus courus.

Septembre

Septembre sonne la fin des réjouissances. L'automne est parfait pour observer les oiseaux migrateurs du Parc Natural de S'Albufera, randonner sur le littoral, faire des balades à vélo et des sports nautiques.

Festes de la Verema

Dans l'arrière-pays, région viticole, la fin septembre est la période de la fête des vendanges, ou Festes de la Verema. Celle de Binissalem est l'occasion d'une bataille de grappes de raisins.

Octobre

Dernière tournée ! On dit adieu aux amis et aux amours d'été.

Foire d'Alcúdia

Concerts, marchés, défilés et musique animent Alcúdia lors de sa foire traditionnelle.

Novembre

Sur les marchés d'automne, on vend du vin, des olives tout juste récoltées et des champignons.

Décembre

Un scintillant marché de Noël s'installe sur la Plaça Major à Palma. On fête le Nouvel An en avalant un grain de raisin pour chacun des 12 coups de minuit et en tirant des feux d'artifice.

Itinéraires

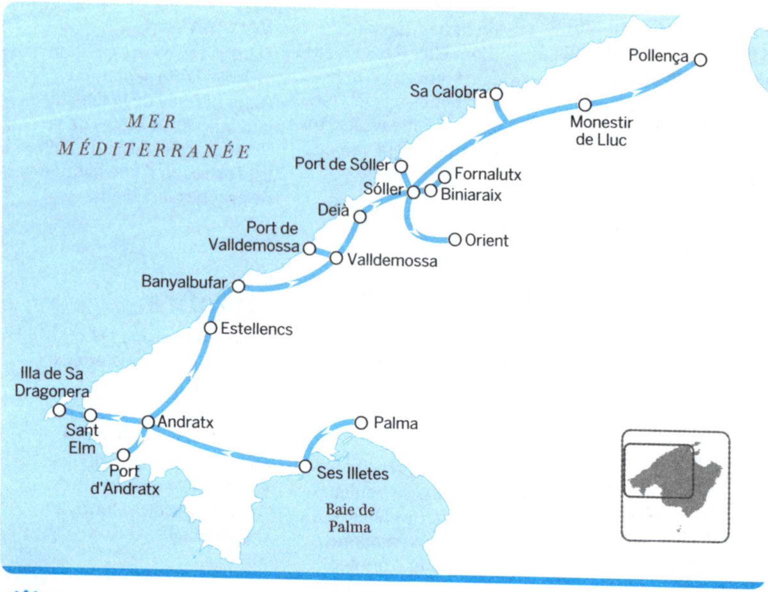

1 SEMAINE La côte ouest

Prenez une ou deux journées pour découvrir **Palma**, sa monumentale cathédrale, ses ruelles pittoresques, et ses remarquables galeries et palais. Puis, cap au sud-ouest à destination des plages de **Ses Illetes**, de la baie de **Port d'Andratx** et de l'ambiance tranquille de **Sant Elm**. Depuis cette dernière, faites la courte traversée en ferry jusqu'à l'**Illa de Sa Dragonera**. La route qui se déploie au nord-est d'**Andratx** offre de splendides paysages de falaises vertigineuses et de montagne. Prenez le temps d'explorer les jolis dédales de ruelles d'**Estellencs** et **Banyalbufar**, avant d'aller passer la nuit à **Valldemossa**, charmante localité d'altitude où Chopin résida autrefois. Là, ne manquez pas la visite des romantiques demeures de l'archiduc Louis Salvador de Habsbourg, Miramar et Son Marroig. Au nord, le ravissant village de **Deià** s'accroche à flanc de colline. Détendez-vous une journée à Cala de Deià, puis direction le nord et **Sóller**. Blottie dans une vallée, cette ville permet d'admirer des édifices modernistes, des Picasso et des Miró. Faites ensuite un détour jusqu'aux charmants villages d'**Orient**, **Biniaraix** ou **Fornalutx**, ou bien rejoignez la côte et **Port de Sóller** à bord d'un vieux tramway brinquebalant. Suivez la vertigineuse route qui dévale jusqu'à **Sa Calobra**, avant de rejoindre le **Monestir de Lluc**. Enfin, en descendant vers **Pollença**, ville majorquine par excellence, admirez les sommets austères et nus de la Tramuntana.

1 SEMAINE Le Nord-Est

La ravissante **Pollença** mérite deux ou trois jours, pour flâner dans ses ruelles, s'imprégner de l'atmosphère de sa place et gravir les 365 marches menant au Calvari. Allez-y un dimanche, jour du marché. De Pollença, rendez-vous à **Cala Sant Vicenç** pour vous baigner dans les eaux turquoise de criques entourées de falaises, et déjeuner de poissons frais. Frissons garantis sur la vertigineuse route côtière menant au **Cap de Formentor** et à son phare. Prévoyez du temps pour descendre à pied jusqu'à la crique de **Cala Figuera**. Si vous aimez les sports nautiques ou si vous voyagez en famille, passez une ou deux nuits à **Port de Pollença** ou à **Port d'Alcúdia**. Sinon, gagnez **Alcúdia**, dont la vieille ville est entourée de remparts médiévaux. À l'est vous attend le **Cap des Pinar**. Peu connue, cette péninsule frangée de pins d'une grande beauté est parfaite pour randonner et profiter du calme de la splendide Platja des Coll Baix. Vers l'est, partez observer des oiseaux dans les marais du **Parc Natural de S'Albufera**. Gagnez enfin **Artà**, où vous attendent, dans une ambiance décontractée, une vue splendide depuis la forteresse et la découverte du passé préhistorique de Majorque.

10 JOURS L'Est et le Sud

Attardez-vous une journée à **Artà**, dominée par sa forteresse, puis découvrez les superbes paysages côtiers reculés du **Parc Natural de la Península de Llevant**, petit bijou de criques secrètes et de paisibles sentiers. En repartant d'Artà, ne manquez pas **Capdepera** et son château. Passez ensuite quelques nuits à proximité de **Cala Ratjada**, et longez la côte est jusqu'à de jolies baies comme Cala Mesquida, Cala Agulla et Cala Matzoc. Piquez vers le sud depuis Cala Ratjada et visitez les Coves d'Artà et la médiévale Torre de Canyamel, dans les environs de **Platja de Canyamel**. Encore plus au sud, enfoncez-vous dans les profondeurs scintillantes des Coves del Drac à **Porto Cristo**, puis mettez le cap sur **Petra** et **Sineu**, dans l'arrière-pays. En repartant vers la côte, visitez la belle demeure majorquine d'**Els Calderers**, grimpez vers le **Santuari de Sant Salvador**, ermitage offrant une vue magnifique, puis rejoignez **Ses Salines** en faisant un détour par les jolies plages du coin. Terminez le périple par **Colònia de Sant Jordi**, tremplin idéal pour partir à la découverte des îles du **Parc Nacional Marítim-Terrestre de l'Arxipèlag de Cabrera**.

Majorque hors des sentiers battus

SA FORADADA

Cette étroite bande rocheuse s'avance dans la Méditerranée au pied du Son Marroig. Flânez dans les oliveraies jusqu'à la mer et attardez-vous pour contempler le coucher du soleil. (p. 100)

BANYALBUFAR

Encore sous le charme de Deià et Valldemossa ? N'en oubliez pas pour autant Banyalbufar. Les cultures en terrasses séculaires descendent jusqu'à la côte. Un vrai village de carte postale. (p. 94)

ILLA DE SA DRAGONERA

Cette île au relief accidenté, une réserve naturelle, se trouve au large de la pointe la plus occidentale de l'île. Les sentiers qui la sillonnent mènent à des caps paisibles, à mille lieues des foules des stations balnéaires. (p. 91)

PUIG D'ALARÓ

Même en été, rares sont ceux qui atteignent le sommet de ce rocher. Une rude ascension de 2 heures mène aux ruines énigmatiques d'un château. Mais l'on peut tricher en conduisant sur une partie du chemin. (p. 111)

FUMAT

Délaissez les foules du cap de Formentor et randonnez jusqu'au sommet du Fumat. Du haut de ses 334 m, la vue à 360° va de la pointe du cap jusqu'à la Tramuntana. En chemin, vous croiserez peut-être une chèvre ou deux. (p. 124)

SANTUARI DE LA MARE DE DÉU DES PUIG

Le silence enveloppe les cours et la chapelle de cet ancien couvent, haut perché au-dessus de Pollença. Difficile de se détourner de la vue sublime qui embrasse toute l'étendue de la côte nord. (p. 122)

CALES DE MALLORCA

Impossible de rejoindre autrement qu'à pied les minuscules criques qui jalonnent la côte au nord de Cales de Mallorca, où l'on profite des eaux scintillantes dans une parfaite solitude. (p. 157)

PLATJA D'ES TRENC

Ce ruban de sable blanc de 3 km, adossé à des dunes sur la côte sud de Majorque, est baigné d'eaux aigue-marine. Même en août, la plage n'est pas bondée, et le bronzage intégral est possible pour ceux qui osent. (p. 162)

Préparer son voyage

À table !

Vous aimez la bonne chère ? Tant mieux. Les Majorquins n'aiment rien tant que régaler leurs visiteurs. Du cochon de lait rôti à peine retiré de la broche dans les *cellers* voûtés d'Inca au poisson frais à déguster sur une terrasse avec vue sur la Méditerranée, en passant par la cuisine baléare nouvelle tendance de Palma, vous n'aurez que l'embarras du choix !

Produits de saison

Printemps

Les brins de romarin et de thym sauvages apportent toute leur saveur à l'*anyell de llet* (agneau de lait). Les *espàrrecs* (asperges) et les *caracoles* (escargots) figurent sur nombre de menus.

Été

C'est le moment de cueillir le *fonoll marí* (criste-marine), plante qui pousse sur les côtes. Mariné, il se consomme en salade. Sur les marchés et sur les cartes des restaurants, on trouve en abondance fruits, légumes et poisson frais.

Automne

Joignez-vous aux habitants qui ratissent les collines à la recherche de l'*esclata-sang*, champignon de la famille des lactaires sanguins. Les vendanges et les fêtes qui les accompagnent, à la fin septembre, donnent lieu à des réjouissances, dont la fameuse bataille de grappes de raisin de Binissalem.

Hiver

Viande et charcuterie sont à l'honneur, notamment la *sobrassada* (un saucisson de porc au paprika), *le llom amb col* (porc roulé dans des feuilles de chou avec des pignons et des raisins secs) et la *lechona asada* (cochon de lait rôti).

Expériences culinaires

Grandes tables

➡ **Simply Fosh** (p. 67). Marc Fosh est le chef de ce restaurant chic, vedette de la scène gastronomique de Palma, aménagé dans le réfectoire d'un couvent du XVIIe siècle. On y déguste une cuisine méditerranéenne inventive.

➡ **Es Verger** (p. 111). Ce restaurant rustique haut perché au-dessus de plaines fertiles, à proximité de Castell d'Alaró, se trouve au bout d'une longue route sinueuse. Sa grande spécialité : l'agneau lentement mijoté dans son jus sur un feu de bois.

➡ **Es Racó d'es Teix** (p. 102). Le restaurant gastronomique de Josef Sauerschell, à Deià, s'enorgueillit d'une étoile au Michelin. La vue sur les montagnes est sublime, et la carte, concise, mise sur les saveurs régionales, le tout merveilleusement cuisiné et présenté avec art.

➡ **Béns d'Avall** (p. 106). Ce restaurant au cadre enchanteur est accroché à flanc de falaise et a pour seul horizon l'immensité de la mer. Ses autres atouts : son ambiance romantique et ses produits de la mer cuisinés à la perfection.

➡ **Celler Ca'n Amer** (p. 137). Impossible de visiter l'arrière-pays sans faire une étape gourmande dans l'un des *cellers* garnis de tonneaux d'Inca. Goûtez leurs plats roboratifs comme le cochon de lait divinement rôti.

Sur le pouce

On peut souvent manger sur le pouce pour moins de 5 €. Il suffit pour cela d'aller dans un *forn* ou une *confiteria* (pâtisserie) pour acheter de croustillants *ensaïmades* (sortes de croissants saupoudrés de sucre, parfois garnis de crème), des *empanades* (chaussons à la garniture salée) ou des *cocarrois* (les mêmes, en plus grands).

Les tapas et les *pintxos* (mini-tapas ; souvent des bouchées de pain aux garnitures diverses) sont parfaits pour se régaler et découvrir les particularités culinaires majorquines. Si vous êtes tenté, rendez-vous dans la Ruta Martiana, à Palma, le mardi ou le mercredi soir : une boisson et une tapa coûtent seulement 2 €.

Pour les palais audacieux

- **Caracoles** Escargots cuits dans un bouillon parfumé à l'ail et aux herbes, ou servis en sauce.
- **Arròs brut** Littéralement "riz sale", c'est une délicieuse spécialité à base de porc, de lapin et de légumes.
- **Botifarró** Boudin noir.
- **Percebes** Pouces-pieds. Ces crustacés ont une drôle d'allure mais un goût divin. À manger avec les doigts.
- **Frit Mallorquí** Savoureuse poêlée d'abats d'agneau et de légumes, source précieuse de protéines à l'origine.

Cours de cuisine

Nouveauté à Majorque, les cours de cuisine (surtout destinés à une clientèle anglophone) se développement timidement : les restaurants et les *fincas* (fermes) proposent de temps à autre des cours pour apprendre les bases de la gastronomie majorquine. **Cooking Holidays Mallorca** (☎ 971 64 82 03 ; www.cookingholidaysmallorca.com ; Avinguda Llonga, Cala d'Or) organise divers cours au Yacht Club Cala d'Or, allant de la session d'une journée pour cuisiner des tapas à la formule de 7 jours et 6 nuits pour des cours de cuisine gastronomique. Vous pourrez également apprendre à concocter des tapas ou une paella grâce aux cours (3 heures) proposés par **Mallorca Cuisine** (☎ 971 61 67 19 ; www.mallorcacuisine.com ; Sa Mola Gran 8, Galilea), au nord-ouest de Palma. L'organisme assure également des visites de domaines viticoles et de marchés.

Spécialités locales

Majorque évoquant invariablement la mer, on pourrait s'attendre à ne trouver que du poisson au menu. Pourtant, les plats traditionnels à base de viande sont très présents, notamment dans l'arrière-pays rural. Le porc, fort apprécié, est utilisé pour la confection d'innombrables saucisses, ragoûts, soupes, et même parfois dans certains plats de légumes et desserts. Les siècles de famine ont appris à apprécier tous les morceaux de l'animal.

Si la plupart des poissons servis à Majorque viennent d'ailleurs, les eaux de l'île abritent encore de nombreuses espèces, notamment le *besugo* (dorade) et le *rape* (lotte). Le *cap roig* (rascasse rouge), que l'on trouve à l'Illa de Cabrera, est vraiment laid mais il est très apprécié.

Les poissons et fruits de mer sont cuisinés de manières diverses, mais il s'agit principalement de plats destinés à séduire les étrangers. Pour les Majorquins rien ne vaut un poisson frais grillé, avec un peu de sel et de citron. On le prépare aussi "*a la sal*", c'est-à-dire cuit dans une croûte de sel.

Si la paella trouve son origine à Valence, comme d'autres plats de riz, elle a été adoptée par les Majorquins, à tel point que l'on y cuisine parmi les meilleures d'Espagne !

SOUVENIRS GOURMANDS

Pour remporter un peu de Majorque à la maison, rien de plus facile : faites emplette de fleur de sel d'Es Trenc, récoltée à la main, de pain aux figues, de *sobrassada*, d'olives, d'amandes, de vin, de Hierba (liqueur d'herbes) et de conserves d'oranges de Sóller. Un bon moyen de retrouver le soleil de l'île bien longtemps après l'été. Voici des adresses où faire vos achats :

- Enseñat (p. 120)
- Típika (p. 76)
- Flor de Sal d'Es Trenc (p. 126)
- Fet a Sóller (p. 106)
- Tramuntana Gourmet (p. 109)
- Cassai Gourmet (p. 165)
- Colmado Santo Domingo (p. 76)
- Malvasia de Banyalbufar (p. 96)

Végétariens et végétaliens

Les restaurants proposant des plats végétariens et végétaliens sont de plus en plus nombreux. Ils tirent le meilleur parti des produits de l'île comme les fèves, les poivrons, les aubergines, les artichauts, le chou-fleur et les asperges. Côté fruits, les figues, les abricots et les oranges (surtout autour de Sóller) abondent.

Si vous souhaitez manger léger, goûtez le *trempó,* salade rafraîchissante à base de tomates coupées, de poivrons et d'oignons, le tout arrosé d'huile d'olive. Autres bonnes options : le *pa amb oli* et le *tumbet.* Le gaspacho et les tortillas (épaisses omelettes aux pommes de terre ou aux légumes), remportent aussi un franc succès.

Il faut garder à l'esprit que nombre de plats de légumes traditionnels sont confectionnés avec du lard, du bouillon de viande ou du saindoux. Précisez bien que vous êtes végétarien en disant *soy vegetariano/a* (je suis végétarien/ne) ou bien *no como carne* (je ne mange pas de viande).

Vin

Majorque produit du vin depuis l'époque romaine, mais sa qualité n'est reconnue que depuis peu. La production, modeste, est assurée par une trentaine de producteurs (pour un total de 2 500 ha). Il y a deux appellations d'origine (DO, Denominaciones de Orígen). Binissalem, à l'intérieur des terres, et une autre zone incluant Manacor, Felanitx, Llucmajor et d'autres villages. Des cépages comme le cabernet sauvignon sont plantés à côté de cépages locaux comme le *manto negro*, le *fogoneu* et le *callet.* Les principaux cépages blancs locaux sont le *prensal* blanc et le *girò* blanc, qui sont associés à des cépages catalans, comme le *parellada*, le *macabeo* et le moscatel, ou plus internationaux comme le chardonnay.

On produit également du vin sur les coteaux maritimes de la Serra de Tramuntana. Notamment aux environs de Banyalbufar, où le malvoisie connaît un regain d'intérêt.

Les offices du tourisme des régions viticoles possèdent généralement une liste de leurs producteurs, avec leurs horaires.

CATÉGORIES DE PRIX

Dans ce guide, les catégories de prix s'entendent pour un plat principal classique.

CATÉGORIE		PRIX
€	Petits budgets	< 15 €
€€	Catégorie moyenne	15-25 €
€€€	Catégorie supérieure	> 25 €

À table

S'asseoir à une table pour déguster un repas typique fait partie des bons moments d'un séjour à Majorque. Comme tous les Espagnols, les habitants de l'île mangent tard, quel que soit le repas. Toutefois, affluence touristique oblige, les restaurants ont tendance à ouvrir une heure plus tôt (voire davantage) que sur le continent.

Déchiffrer le menu

➡ **Arròs bogavante** Riz au homard.

➡ **Arròs brut** Littéralement "riz sale" ; spécialité à base de porc, de lapin et de légumes.

➡ **Arròs negre** Riz noir, ou riz à l'encre de seiche, parfois accompagné de coquillages. Sorte de version régionale de la paella.

➡ **Botifarra** Cette savoureuse saucisse de porc, ainsi que le *botiffarón* (une taille au-dessus), comptent parmi les meilleures de l'île.

➡ **Cocas de patata** Une sorte de petit pain saupoudré de sucre glace, particulièrement célèbre à Valldemossa.

➡ **Conill amb ceba** Lapin aux oignons.

➡ **Ensaïmada** La pâtisserie majorquine par excellence est une pâte feuilletée en forme de spirale saupoudrée de sucre en poudre, et parfois fourrée à la crème pâtissière, au chocolat ou à la *cabell d'àngel* (confiture de courge).

➡ **Gató Mallorquí** Gâteau aux amandes.

➡ **Lechona** Cochon de lait, souvent rôti à la broche dans une cheminée.

➡ **Llom amb col** Filet de porc enveloppé de feuilles de chou, avec de l'ail, des tomates, de la *sobrassada,* du persil, des raisins secs et des pignons.

➡ **Marisquada** Un grand plateau à partager de poisson et fruits de mer cuits à la vapeur.

➡ **Pa amb oli** Littéralement "pain à l'huile". Il s'agit du traditionnel *pa moreno* (pain bis) généralement tartiné de purée de tomates, mais aussi de diverses autres garnitures. Il peut parfois constituer un véritable plat.

➡ **Sobrassada** Soubressade ; saucisson de porc au paprika et au sel marin.

➡ **Suquet** Ragoût à base de poisson et/ou de fruits de mer.

➡ **Tumbet** Sorte de ratatouille avec des tomates, des aubergines, des courgettes, des pommes de terre et de l'ail. À manger avec du pain croustillant.

Heures des repas

La plupart des Majorquins commencent la journée par un simple *cafè* (café noir), mais peuvent ensuite *esmorzar* (pendre le petit-déjeuner) à l'extérieur en milieu de matinée. C'est le moment idéal pour goûter une *ensaïmada* accompagnée d'un *cafè amb llet* (café au lait) ou d'un *suc de taronja natural* (jus d'oranges pressées).

Le déjeuner est le repas le plus important de la journée. Le dimanche, le déjeuner familial peut traîner jusqu'en fin d'après-midi. Les dîners entre amis revêtent la même importance : de l'apéritif aux digestifs, on savoure son plaisir. Entrée, plat et dessert composent généralement le repas des Majorquins même quand ils mangent à la carte.

Les habitants commencent à grignoter vers 19h : l'heure pour s'adonner au rituel des tapas. Importées du continent, elles ne sont pas aussi répandues ici que dans les autres régions d'Espagne, mais beaucoup de bars et de cafés proposent un petit choix. Olives ou amandes grillées accompagnent idéalement une *caña* (demi pression).

La majorité des Majorquins dînent vers 21h. Le repas commence habituellement par un *pa amb olli,* voire une *pica pica* soit plusieurs petites entrées à partager. Vient ensuite le *primer plato,* qui peut être une salade, des pâtes, une assiette de légumes grillés ou quelque chose de plus inattendu. Le dessert est le plus souvent une simple glace (*gelat*), un entremets ou un fruit.

Les établissements

➡ **Celler** Cellier à vin de campagne transformé en restaurant, proposant une cuisine maison traditionnelle et roborative ; clientèle locale et ambiance détendue.

➡ **Cafe** Ouvert toute la journée, du café du matin aux tapas et apéritifs du soir. L'idéal pour des repas légers ou un en-cas tel le *pa amb oli.*

MENÚ DEL DÍA : POUR DÉJEUNER À PRIX DOUX

Pour faire des économies, imitez les Majorquins et prenez votre principal repas de la journée au déjeuner. Le *menú del día (menu du jour)* offre le meilleur rapport qualité/prix. Il propose plusieurs *primeros* (entrées), *segundos* (plats principaux) et *postres* (desserts), avec du pain et une boisson (vin ou bière compris), pour environ 10 à 15 €.

➡ **Chiringuito** Cabane de plage servant boissons, en-cas et parfois tapas et fruits de mer.

➡ **Confiteria** Pâtisserie, parfois appelée *forn* ou *pastelería.* On y trouve les meilleures *ensaïmades.*

➡ **Gelateria** Glacier, proposant souvent des glaces à l'italienne (à base de lait et de fruits frais).

➡ **Marisquería** Restaurant de poisson et fruits de mer, parfois appelé *restaurant de marisc.*

➡ **Restaurant** De la simple gargote à la table gastronomique. Un établissement comportant *ca'n* ou *ca's* dans son nom propose une cuisine traditionnelle dans une ambiance familiale.

➡ **Tabernas** Tavernes rustiques servant des tapas ou des repas. Les *tascas* sont le même genre d'établissement.

Bon à savoir

Il est toujours utile d'apprendre quelques mots de majorquin afin de pouvoir déchiffrer soi-même la carte. Classiquement, on boit de l'eau minérale *(aigua mineral)* en bouteille, gazeuse *(amb gas)* ou plate *(sense gas).*

Si vous êtes invité, pensez à apporter un petit quelque chose, comme une boîte de chocolats ou une bouteille de vin, comme vous le feriez chez vous ! Et attendez-vous à un vrai festin. Les Majorquins adorent combler leurs invités. Les repas de famille rassemblent de grandes et bruyantes tablées. Vous aurez sans doute du mal à placer un mot mais rien ne vous empêche d'essayer ! Avant de manger, dites "*bon profit*" (bon appétit), et "*salut* !" (santé) au moment de trinquer.

C'est généralement celui qui invite qui paie l'addition. Le service est compris, toutefois, pour marquer votre satisfaction, vous pouvez laisser un pourboire d'environ 5% de la note.

En haut : paella

En bas : biscuits dans une boulangerie majorquine

Préparer son voyage

Sports et activités

Randonnées au sommet des falaises au relief accidenté de la côte nord, balades à VTT dans les paysages calcaires sauvages de la Tramuntana, découverte en kayak de criques trop minuscules pour figurer sur les cartes... Majorque est idéale pour les activités de plein air. Entre ses montagnes, ses canyons et ses 550 km de côtes splendides, l'île ne manque pas d'atouts. À vous de l'explorer !

Préparer son voyage

Quand partir

En théorie, les activités de plein air peuvent se pratiquer toute l'année car les hivers sont plutôt doux. En outre, l'île peut compter sur 300 jours d'ensoleillement par an. Cela dit, la plupart des activités ne sont possibles que de Pâques à octobre environ, en particulier les sports nautiques.

Le printemps et l'automne sont les meilleures saisons pour pratiquer de nombreux sports, notamment la randonnée et le cyclisme. En été, les températures en journée sont parfois trop élevées, et la circulation chargée peut vite devenir un cauchemar pour les cyclistes. Ces désagréments sont en partie compensés par des journées où la nuit tombe tard.

Que faut-il emporter ?

La plupart des prestataires d'activités sont en mesure de vous fournir tout l'équipement nécessaire. Il est aussi possible de louer des vélos de bonne qualité dans toute l'île. Les randonneurs emporteront leurs chaussures de marche – les sentiers de la Serra de Tramuntana n'étant pas le meilleur endroit pour se faire à de nouvelles chaussures.

Le top des activités

Randonnée

Péninsules jumelles, le Cap de Formentor et le Cap des Pinar offrent les plus belles randonnées côtières, avec des falaises couvertes de pins plongeant en à-pic dans le bleu étincelant de la mer.

Cyclisme

Les adeptes du VTT et du cyclisme sur route seront dans leur élément dans les hauts sommets de la Serra de Tramuntana.

Plongée sous-marine

Autour de l'Illa de Sa Dragonera et de l'Illa de Cabrera, dans le sud de l'île, les plongeurs trouveront des épaves et des eaux cristallines peuplées de raies, de poulpes et de barracudas.

Canyoning

La Serra de Tramuntana est trouée de nombreux gorges et canyons, notamment les spectaculaires Gorg Blau Sa Fosca et Torrent d'es Pareis.

Planche à voile et kitesurf

À Sa Marina dans la Badia de Pollença, les conditions sont idéales pour la pratique de la planche à voile et du kitesurf.

Sur terre

Randonnée

Entre les montagnes calcaires dépouillées à l'ouest et les sentiers rocailleux du littoral au nord et à l'est, où l'attrait de la mer est permanent, Majorque est l'une des meilleures destinations d'Europe pour la randonnée. Le **Consell de Mallorca** (www.conselldemallorca.net) travaille désormais avec le plus grand sérieux au balisage et à l'entretien des chemins de l'île, dont beaucoup sont empruntés depuis des siècles par des animaux de bât et par des pèlerins.

Ne sous-estimez pas les sommets dentelés, les escarpements et les ravins sauvages de la Tramuntana. Un réseau de *refugis* (refuges ; p. 171) accueille les marcheurs fourbus pour la nuit, de même que les monastères et ermitages construits au sommet des montagnes, qui ont été transformés en hébergements simples.

Les courtes distances d'un chemin de randonnée à l'autre permettent d'effectuer de plus grands périples, à ceci près qu'il faut être motorisé pour rejoindre nombre de départs de sentiers. Mais une fois sur place, vous serez seul ou presque.

Le top des randonnées d'une journée

Si chaque offices du tourisme majorquin pourra vous renseigner sur les randonnées à faire dans les environs, voici 5 circuits très appréciés :

➡ **Du Cap de Ses Salines à Colònia de Sant Jordi** (p. 164). Randonnée d'une demi-journée le long de la côte sud. Paysages marins de toute beauté et nombreuses opportunités de baignade.

➡ **De la Finca Can Roig à Cala Magraner** (p. 157). Une splendide et tranquille balade de crique en crique, loin des foules.

➡ **De Sóller au Mirador de Ses Barques** (p. 104). Traversez des oliveraies, puis rentrez par la jolie bourgade de montagne de Fornalutx.

➡ **D'Ermita de la Victòria à Penya Rotja** (p. 129). Randonnée suivant le contour des falaises, à travers des pinèdes, avec vue sur la côte nord.

➡ **De Cala en Gossalba à Fumat** (p. 124). Randonnée côtière la plus spectaculaire du Cap de Formentor. Elle s'achève sur un panorama à 360° du haut du rocher escarpé de Fumat (334 m).

> **COLLECTIONNER LES PICS**
>
> Si le Puig Major (1 445 m), point culminant de Majorque, est une zone militaire inaccessible, vous pouvez randonner sur son deuxième plus haut sommet, le **Puig de Massanella** (1 365 m). Pensez à vous munir de provisions et d'une carte correcte avant de vous lancer à l'assaut de cette randonnée de 11 km (5 heures). Au sommet, vous serez récompensé par une vue panoramique jusqu'à la Badia d'Alcúdia. Par beau temps, on voit même l'île de Minorque au loin. Pour plus de précisions, voir www.lluc.net.

Randonnées de plusieurs jours

Il existe deux chemins de grande randonnée (GR) à Majorque. Comme dans le reste de l'Espagne, ces deux sentiers sont balisés en rouge et blanc.

➡ Les plus motivés pourront s'attaquer à la **Ruta de Pedra en Sec** ("route des pierres sèches", GR221 ; www.gr221.info), randonnée de quatre à sept jours allant de Port d'Andratx à Pollença, et traversant la Serra de Tramuntana. Plusieurs *refugis de muntanya* (refuges de montagne) où passer la nuit se trouvent sur le trajet.

➡ La **Ruta Artà-Lluc** (GR222) est en cours de balisage. Elle devrait relier les deux villes, mais le balisage avance lentement.

Cartes et guides

Les meilleures cartes de randonnée sont : *Tramuntana Central*, *Tramuntana Norte* et *Tramuntana Sur* (1/25 000) publiées par Editorial Alpina. Vous pourrez vous les procurer dans la plupart des librairies de l'île, mais la boutique idéale est La Casa del Mapa (p. 76) à Palma. La carte *Walking in Mallorca* (Cicerone) détaille 80 itinéraires.

Si une carte ne vous suffit pas, offrez-vous les services d'un guide :

➡ **Tramuntana Tours** (p. 105). Agence réputée basée à Sóller et à Port de Sóller. Elle organise des circuits dans la Serra de Tramuntana.

➡ **Mon d'Aventura** (p. 115). Agence spécialisée de Pollença proposant quantité de randonnées de divers niveaux (facile à avancé), dont la Ruta de Pedra en Sec.

➡ **Rich Strutt** (☎ 609 700826 ; www.mallorcanwalkingtours.puertopollensa.com). Guide basé à Port de Pollença. Propose 63 randonnées d'une journée et des circuits plus longs. Groupes de 4 personnes minimum.

Cyclisme

La popularité de Majorque comme destination de choix pour le cyclisme ne cesse de croître, notamment grâce à l'Anglais Bradley Wiggins, qui s'entraîne dans la Tramuntana pour le Tour de France.

Près de la moitié des 1 250 km de routes ont été aménagées pour la pratique du vélo, ces mesures allant des panneaux indicateurs aux pistes cyclables. La haute saison dans les régions montagneuses va de mars à mai, et de fin septembre à novembre, car alors le temps est doux.

Les vététistes quant à eux trouveront de nombreux sentiers, des chemins de terre peu accidentés aux pistes très cahoteuses. Quel que soit votre trajet en deux-roues, ne partez pas sans une bonne carte.

Les loueurs de vélos sont omniprésents sur l'île, et les offices du tourisme locaux sont généralement en mesure de vous renseigner. Les prix vont de 8 € par jour pour une bicyclette classique à 30 € pour un vélo de course ou un VTT plus perfectionné. Vous trouverez sans mal vélos pour enfants et siège-bébé.

Le top des itinéraires cyclistes

L'île est dotée d'un réseau dense de sentiers et, quels que soient votre niveau et vos centres d'intérêt, vous parviendrez toujours à dénicher des circuits sensationnels. Voici quelques suggestions :

- **De Palma à Capocorb Vell** Palma et sud de Majorque.
- **D'Andratx au Monestir de Lluc** Ouest de Majorque.
- **Parc Natural de la Península de Llevant** Est de Majorque.
- **Cap de Formentor** Nord de Majorque.
- **Port d'Alcúdia et Cap des Pinar** Nord de Majorque.

Circuits guidés

Vous pouvez aussi participer à de superbes excursions conduites par des guides qui connaissent Majorque comme leur poche :

- **Bike & Kite** (p. 121). Agence basée à Port de Pollença ; circuits VTT guidés dans le nord, location de vélos, et service de navette jusqu'au sommet des descentes.
- **Tramuntana Tours** (p. 105). Comme son nom l'indique, agence proposant des circuits guidés au cœur de la Tramuntana.

DOCUMENTATION SUR LA RANDONNÉE

Le Consell de Mallorca publie deux bonnes brochures, disponibles auprès de **l'office du tourisme du Consell de Mallorca** (carte p. 56 ; ☎971 71 22 16 ; www.infomallorca.net ; Plaça de la Reina 2 ; ⊙8h-20h lun-ven, 9h-14h sam) à Palma. Celles-ci fournissent des cartes d'orientation générale, mais il faut se procurer des cartes plus détaillées en complément :

- **Rutes per Mallorca** ("itinéraires à Majorque"). Six circuits de 33,2 à 113,5 km.
- **Caminar per Mallorca** ("marcher à Majorque"). Douze randonnées d'une journée de 4,5 à 14 km.

- **Rock and Ride** (p. 110). Donne des cours et publie une brochure sur le VTT avec cartes et fichiers GPX (échange de coordonnées GPS).

Documentation

La **Federació de Ciclisme de les Illes Balears** (Fédération de cyclisme des îles Baléares ; ☎971 75 76 28 ; www.webfcib.es) vous fournira les coordonnées des clubs de cyclisme locaux. Nombre d'hôtels se sont adaptés aux besoins propres aux cyclistes en proposant garages à vélos et menus énergétiques.

Canyoning

Le canyoning est aussi enthousiasmant qu'exténuant, mais côté sensations fortes, c'est le top ! En principe, une excursion classique implique de sauter de rocher en rocher, de descendre des cascades en rappel, de grimper de petites falaises et de nager dans des piscines naturelles d'eaux cristallines et glacées.

Il est impératif de se faire accompagner par un guide professionnel. Parmi les meilleures agences, citons **Món d'Aventura** (☎606 879514 ; www.mondaventura.com), Rock and Ride (p. 110), Tramuntana Tours (p. 105) et Experience Mallorca (p. 131).

Sites

Les meilleurs endroits pour pratiquer le canyoning se trouvent dans la partie centrale de la Serra de Tramuntana,

MAJORQUE VUE DU CIEL

Envie d'observer Majorque depuis une montgolfière ? Pour cela, adressez-vous à **Illes Balears Ballooning** (☎607 647647 ; www.ibballooning.net) qui propose des vols à plusieurs. Dans les environs de Port d'Alcúdia, il est fréquent d'apercevoir des parapentistes. Si l'expérience vous tente, contactez Tandem Mallorca (p. 127). En plus des vols en tandem pour les débutants, des cours sont proposés tout au long de l'année.

entre Valldemossa et Sa Calobra. Vous y trouverez deux de nos sites favoris :

➡ **Gorg Blau-Sa Fosca** Trajet ardu de 2,5 km avec parois hautes de 300 m, espaces de 40 cm de large à franchir en sautant, et un tronçon de 400 m dans l'obscurité totale.

➡ **Torrent de Pareis** Difficulté modérée pour ce trajet de 8 km, avec escalade de gros rochers et superbes paysages de calcaire.

Escalade

Les parois de calcaire de Majorque sont un terrain de jeu idéal pour les amateurs d'escalade. Ce sport se pratique principalement dans trois secteurs : le Sud-Ouest pour l'escalade de voies en plusieurs longueurs, le Nord-Ouest pour ses magnifiques rochers, et l'Est pour les superbes opportunités de *psicobloc* (ou DWS, Deep Water Soloing – escalade en solo au-dessus de l'eau).

Graal des grimpeurs, l'immense ensemble rocheux de Sa Gubia comporte des voies en plusieurs longueurs. Autres sites d'escalade très courus : les parois calcaires dentelées de la péninsule de Formentor, ainsi que les criques de Porto Cristo et Cala Barques, dans l'est de l'île.

L'agence Rock and Ride (p. 110) propose l'ascension guidée de voies en plusieurs longueurs, ainsi que des cours d'initiation. **Rockfax** (www.rockfax.com) publie des guides et des miniguides au format PDF sur l'escalade à Majorque.

Spéléologie

Majorque offre des conditions idéales pour la pratique de la spéléologie. Équipés de lampes frontales, les spéléologues peuvent s'aventurer dans les nombreuses grottes creusées dans les falaises des côtes sud, nord et est. Il est vivement recommandé de se faire accompagner d'un guide.

Experience Mallorca (p. 131) propose des excursions de spéléo d'une demi-journée toute l'année.

Coasteering

Alternative estivale au canyoning, le *coasteering* est un sport à sensations mêlant baignade, escalade, descente en rappel, saut du haut des falaises et bonds d'une roche à l'autre, la mer servant de filet de sécurité. Les meilleurs sites se trouvent à Bonaire, près d'Alcúdia dans le Nord, ou à Peguera dans le Sud-Ouest. Les spécialistes qui proposent des sorties de *coasteering* fournissent tout le matériel nécessaire. Món d'Aventura (p. 35) en organise de différents niveaux de difficulté (le circuit le plus facile est adapté aux enfants). Les circuits d'une demi-journée proposés par **Experience Mallorca** (p. 131) conviennent aux enfants de plus de 12 ans.

Golf

Palma est une destination bien connue des golfeurs. Rien d'étonnant à cela puisqu'elle allie un climat méditerranéen à un cadre naturel d'une grande beauté. Au dernier recensement, on comptait 22 terrains de golf dans toute l'île. Les meilleurs d'entre eux sont rassemblés près de Capdepera et Artà, dans l'est. Les tarifs d'un 18-trous peuvent aller de 30 à 130 €, la moyenne se situant entre 40 et 75 €. La location d'un chariot vous coûtera entre 30 et 45 €. Les prix baissent en été, mais il fait souvent trop chaud pour en profiter ; conséquemment, ils montent souvent en flèche au printemps et en automne.

Documentation

Pour en savoir plus sur le golf à Majorque :

➡ Le **Consell de Mallorca** (www.infomallorca.net) publie une brochure intitulée *Mallorca Golf* qui comporte une brève description des 22 terrains de l'île. Vous trouverez également des liens vers chaque parcours de golf sur le site Internet de l'organisme, en cliquant sur "Tourist Information", "Themes", "Sports" et "Golf".

➡ **Federació Balear de Golf** (Fédération de golf des îles Baléares ; ☎971 72 27 53 ; www.fbgolf.com). Informations générales sur la pratique du golf.

Équitation

De nombreux villages et stations balnéaires disposent de centres équestres proposant des cours (10-20 €) ou des excursions en groupe (environ 15 € la première heure, généralement 25-60 € par personne pour une sortie de 2-5 heures). On peut aussi faire des randonnées plus longues. Certains établissements proposent également des promenades à poney pour les plus petits.

Circuits

Cala Ratjada, Colònia de Sant Jordi et Pollença sont des endroits appréciés ; renseignez-vous auprès d'un office du tourisme local pour savoir où se trouvent les centres équestres les plus proches. À Cala Ratjada notamment, vous pourrez vous promener le long d'une côte en grande partie préservée, en direction de Cala Mesquida. Le Rancho Bonanza (p. 153), est le principal centre équestre de Cala Ratjada.

Documentation

Pour plus d'informations, adressez-vous à la **Federació Hipica de les Illes Baleares** (Fédération d'équitation des îles Baléares ; ☎ 971 75 67 54 ; www.fhbalear.com ; Avinguda Uruguay). Son site Web recense 15 centres équestres à Majorque (rubrique "Clubes Illes Balears").

Sports nautiques

Plongée sous-marine et snorkeling

Majorque est l'une des premières destinations pour la plongée sous-marine et le snorkeling en Europe. Ses eaux limpides et ses centres de plongée professionnels en font un endroit de prédilection pour découvrir ces deux disciplines, et, pourquoi pas, passer le brevet PADI Open Water.

Mallorca Diving (www.mallorcadiving.com) répertorie 10 clubs de plongée réputés. La meilleure période va de mai à octobre. La plongée (une bouteille) coûte environ 45 €, le cours d'initiation de 2 heures revient à environ 80 €. Des tarifs dégressifs intéressants sont appliqués lorsque l'on effectue plusieurs plongées. Le matériel et l'assurance ne sont pas systématiquement inclus dans les tarifs. Pour le snorkeling, comptez au moins 15 € l'heure.

Sites

Les sites sont nombreux, de Port d'Andratx au sud-ouest à Formentor, à l'extrémité septentrionale de l'île. Trois de nos sites favoris :

- **Badia de Pollença**. Meilleur site de l'île aux yeux des plongeurs expérimentés, avec de nombreuses grottes et une vie marine fournie, le long du tombant sud de la péninsule de Cap de Formentor ou de la pointe sud du Cap des Pinar.
- **Parc Nacional Marítim-Terrestre de l'Arxipèlag de Cabrera** (p. 166) Une autorisation spéciale est nécessaire pour la plongée. Idéal aussi pour le snorkeling.
- **Illa de Sa Dragonera** Les plus beaux paysages sous-marins au large de la côte sud-ouest.

Planche à voile et kitesurf

La Badia de Pollença et Port d'Alcúdia, où soufflent des vents forts, sont d'excellents spots pour ces deux sports. Comptez environ 145 € pour un cours de planche à voile de 3 jours niveau débutant, et un minimum de 16 € l'heure de location. Le kitesurf est une activité plus onéreuse. La location revient à environ 120 €/jour, et le cours de 3 jours à 390 €.

- **WSM** Cours de kitesurf à Playa de Muro et Sa Marina.
- **Bike & Kite** (p. 121). Cours de kitesurf et location de matériel à Port de Pollença.
- **Sail & Surf Pollença** (p. 122). Cours de voile et de planche à voile, et location de matériel.

SAUT DU HAUT D'UNE FALAISE

Certes, ce genre d'activité peut donner froid dans le dos à certains, mais pratiqué avec des guides qui connaissent parfaitement le terrain, c'est un sport très sûr. Les sensations sont aussi fortes qu'en saut à l'élastique. On saute du haut de falaises de 3 à 12 m de haut – rien de colossal en soi, mais l'adrénaline est au rendez-vous, comme en témoignent les cris mêlant l'euphorie et la peur à Cala Sant Vicenç, sur la côte nord. C'est là que les habitants font montre de leurs talents.

EXCURSIONS EN BATEAU

De Pâques à octobre, des bateaux à fond transparent naviguent le long de la côte est de l'île. La plupart des excursions proposées se limitent à une demi-journée et durent rarement plus de 4 heures. Tous proposent des billets aller-retour, mais il est possible d'effectuer un aller simple sur certains trajets de la côte est. Voici trois circuits que nous vous recommandons particulièrement :

➡ **Transportes Marítimos Brisa** (p. 127). De Port d'Alcúdia à Cala Sant Vicenç et retour par Cap de Formentor.

➡ **Barcos Azules** (p. 107). De Port de Sóller à Sa Calobra.

➡ **Excursions a Cabrera** (p. 166). Circuits aller-retour en vedette ou sur une embarcation moins rapide, de Colònia de Sant Jordi au Parc Nacional Marítim-Terrestre de l'Arxipèlag de Cabrera.

Voile

Trente-cinq marinas ponctuent les côtes de l'île : vous pourrez y louer un bateau à moteur ou un voilier, voire même y suivre des cours de navigation. Palma, Port de Pollença et d'autres stations possèdent de grandes écoles de voile. Tablez sur 400 € le cours de 2 jours – la Palma Sea School (p. 64) est l'agence la plus professionnelle.

Vous pourrez louer un bateau auprès de Llaüts (p. 90), à Port d'Andratx, à partir de 150 € la journée.

Circuits

Les possibilités sont illimitées. Quelques idées d'itinéraires :

➡ **De Palma à Illa de Cabrera** Vous devrez avoir fait une demande d'autorisation préalable pour entrer dans le parc national.

➡ **De Port d'Andratx à Port de Sóller** La plus jolie partie côtière de la Serra de Tramuntana.

➡ **De Cala Sant Vicenç à Port d'Alcúdia** Autour du magnifique Cap de Formentor.

Documentation

La navigation de plaisance est une affaire sérieuse à Majorque. Des organismes se chargent de promouvoir ce sport, de fournir des informations et de s'assurer du respect de l'environnement.

➡ **Harbours & Marinas Guide** Guide gratuit des mouillages et marinas publié chaque année par Tallers de Molí ; disponible auprès des offices du tourisme et des marinas.

➡ **Conselleria de Medi Ambient** (☎ 971 17 68 00 ; www.caib.es ; Avinguda de Gabriel Alomar i Villalonga 33). À contacter pour obtenir des instructions sur l'ancrage des bateaux en eau libre sans détériorer les fonds marins.

➡ **Federación Balear de Vela** (Fédération de voile des îles Baléares ; ☎ 971 40 24 12 ; www.federacionbalearvela.org ; Avinguda de Joan Miró 327).

Kayak de mer

Le littoral dentelé de Majorque est ponctué d'une foule de ravissantes baies et criques. Pour les explorer tranquillement, rien de mieux que de glisser sur l'eau à bord d'un kayak afin d'approcher au plus près formations rocheuses, grottes et plages paisibles. Les sites les plus propices à ces balades sont les côtes des alentours de Sóller à l'ouest, de Porto Cristo à l'est, et de Port de Pollença au nord.

Circuits

Les agences sont regroupées autour d'Alcúdia et de Port de Pollença.

➡ **Escola d'Esports Nàutics Port de Sóller** (p. 107). Port de Sóller.

➡ **Kayak Mallorca** (p. 122). Port de Pollença.

➡ **Piraguas Mix** (p. 162). Colònia de Sant Jordi.

➡ **Nemar Kayaks** (p. 169). Cala d'Or.

➡ **Skualo Adventure Sports Centre** (p. 158). Portocolom.

➡ **Skualo Adventure Sports & Dive Centre** (p. 156). Porto Cristo.

Documentation

Pour obtenir des informations sur les cours pour enfants et adultes, ainsi qu'une liste des clubs nautiques proposant la pratique du kayak, consultez le site de la **Federación Balear de Piragüismo** (Fédération de canoë-kayak des îles Baléares ; ☎ 971 79 20 19 ; www.fibp.org ; Carrer Joan Miró 327).

Préparer son voyage

Voyager avec des enfants

Majorque est une destination formidable pour les vacances en famille. Et découvrir l'île avec des enfants est… un jeu d'enfants ! Entre les châteaux (les vrais et de sable), les eaux peu profondes idéales pour la baignade, les parcs aquatiques, les grottes et les plages où s'ébattre en toute liberté, on ne s'ennuie pas une minute.

Majorque en famille

Avec leurs promenades de front de mer bien entretenues, leurs aires de jeux, leurs piscines, leurs activités à toute heure, mais aussi leurs hôtels et restaurants accueillant les enfants, les stations balnéaires sont pratiquement taillées sur mesure pour la clientèle familiale. En outre, les Majorquins sont très affectueux avec les petits !

Ce sont les choses simples qui leur font souvent très plaisir : manger une *ensaïmada* en forme d'escargot au petit-déjeuner, construire des châteaux de sable, faire le superbe trajet le long de la côte jusqu'à Sa Calobra, ou encore prendre le vieux train brinquebalant qui va à Sóller.

Les plus grands auront eux aussi de quoi s'occuper : VTT, plongée sous-marine ou spéléo dans des grottes sous-marines leur permettront d'engranger de formidables souvenirs de vacances.

À voir et à faire

Majorque abonde en sites et curiosités adaptés aux enfants. Allez par exemple vous promener avec eux dans les forts érigés au sommet des collines à Capdepera (p. 182), Alaró (p. 110) et Artà (Santuari de Sant Salvador ; p. 147) – l'idéal pour les jeux de cape et d'épée. Les enfants adorent les forêts de stalactites et de stalagmites

Le top des régions à découvrir en famille

Nord de Majorque

Avec leurs immenses plages, Alcúdia et Port de Pollença sont accueillantes pour les familles. Vous attendent aussi les toboggans aquatiques de l'Hidropark (p. 127), ainsi que des balades à vélo et des expéditions d'observation des oiseaux dans le Parc Natural de S'Albufera (p. 130). Du kayak à la spéléo, les activités pour ados sont légion.

Est de Majorque

Jouez les troglodytes dans les vastes grottes scintillantes de l'île, en particulier les Coves del Drac (p. 155), parmi les plus spectaculaires. L'est de Majorque a aussi d'autres atouts : châteaux, balades à dos de poney, circuits en bateau, safaris et une poignée de ravissantes baies.

Palma et sa baie

Arpenter Palma est l'occasion d'une passionnante plongée dans l'histoire, que se soit en repérant les gargouilles de la **cathédrale** (La Seu ; Carrer del Palau Reial 9 ; adulte/enfant 4/3 € ; ⏲10h-17h15 lun-ven, 10h-14h15 sam) ou en grimpant au sommet du Castell de Bellver (p. 63). D'immenses parcs aquatiques et un aquarium se trouvent à proximité.

des grottes labyrinthiques de l'est et de l'arrière-pays, tels les Coves del Drac (p. 155), les Coves d'Artà (p. 154) et les Coves de Campanet (p. 139).

Pour échapper à la chaleur torride de l'été, rien de tel que les parcs aquatiques. **Aqualand** (☎971 13 08 11 ; www.aqualand.es ; Carretera de Cala Figuera ; adulte/enfant 21/13 € ; ⏲10h-18h juil-août, 10h-17h mi-mai/juin et sept), à Palma, tient le haut du pavé, mais les piscines à vagues et les toboggans du Western Water Park (p. 85) de Magaluf, et de l'Hidropark (p. 127) d'Alcúdia amuseront tout autant petits et grands. L'aquarium de Palma (p. 80), peuplé de nombreuses créatures marines remporte un franc succès. Idem pour Artestruz (p. 163), près de Ses Salines, qui permet aux enfants d'approcher des autruches.

Les offices du tourisme vous renseigneront sur les activités et aires de jeux destinées aux jeunes visiteurs.

Activités de plein air

Les enfants ont tout le loisir de se dépenser sur les plages et dans les vagues. Selon leur âge et leurs goûts, ils trouveront toutes sortes d'activités nautiques à disposition dans les principales stations balnéaires : sorties remuantes en banane (bouée tractée), cours de plongée PADI Bubblemaker, snorkeling et balades en kayak le long des côtes. Les bateaux à fond transparent permettent quant à eux de découvrir les fonds marins.

Sur la terre ferme, vous pourrez vous lancer à vélo sur les superbes pistes de l'île, notamment le tronçon plat qui traverse les marais du Parc Natural de S'Albufera (p. 130). Monter à cheval passionnera les plus grands et les petits pourront faire du poney dans nombre de centres équestres.

Juste en retrait de la route principale de la Serra de Tramuntana, on trouve des dizaines d'aires de jeux publiques, de parcs et de domaines ruraux équipés de barbecues et d'espaces récréatifs.

Restaurants

Manger au restaurant avec des enfants : voilà encore une activité des plus faciles à Majorque, où les déjeuners familiaux composés de grandes tablées font partie du quotidien, et où l'ambiance est à la décontraction quasiment partout. L'accueil est des plus souriants, et on peut généralement laisser les enfants gambader, tant qu'ils se tiennent bien.

Nombre de restaurants de stations balnéaires proposent des menus enfants économiques. Sinon, les restaurateurs se font souvent un plaisir d'improviser un menu adapté au goût des petits et de préparer des portions réduites. Les enfants au palais plus audacieux aimeront peut-être le *pa amb oli* (pain frotté à l'huile d'olive et à la tomate avec diverses garnitures) et la paella. Quant au sorbet à l'orange de Sóller, il plaît toujours.

Les restaurants possèdent parfois des chaises hautes pour enfants, mais pas toujours. Et quand il y a en a, mieux vaut arriver tôt ! Rares sont les établissements qui disposent de tables à langer. Couches, nourriture pour bébé et lait maternisé s'achètent très facilement dans les supermarchés et les pharmacies des villes et des stations balnéaires.

Réductions

Les enfants (généralement de moins de 12 ans) ont droit à des réductions dans les transports en commun. Les moins de 5 ans voyagent quant à eux gratuitement. Des réductions substantielles s'appliquent dans

LE TOP DES ASTUCES

- Dans les bars, demandez un supplément de tapas, par exemple des olives ou des carottes crues, plus susceptibles d'être au goût des enfants.
- Adaptez vos enfants à l'heure espagnole (autrement dit à la vie nocturne) le plus vite possible, sans quoi ils manqueront la moitié du plaisir.
- Au restaurant, emportez papier et crayons pour faire dessiner les enfants quand le repas traîne en longueur.
- Dans les hôtels, les lits supplémentaires coûtent entre 20 et 30 €. Il n'y a pas de supplément si l'enfant partage votre lit.

les sites touristiques, mais les âges varient considérablement. L'entrée gratuite peut ainsi s'appliquer de 0 à 16 ans. En règle générale, c'est gratuit pour les moins de 4 ans, moitié prix pour les moins de 12 ans, et d'autres réductions s'appliquent aux enfants plus grands. La plupart des circuits organisés pratiquent une réduction de 50% pour les enfants

S'INFORMER

Pour des conseils sur les voyages avec des enfants, vous pouvez consulter :

- *Voyager avec ses enfants*, Lonely Planet
- www.graines-voyageurs.fr

Le best of

Pour se dépenser

- **Sports aquatiques** Baignade, snorkeling, plongée, planche à voile et kayak sur toute l'île.
- **Randonnée** Sur le littoral et dans les parcs naturels (et ouvrez l'œil pour apercevoir des chèvres sauvages et des échassiers).
- **Vélo** Il y a de belles balades à faire sur la côte et dans les marais du Parc Natural de S'Albufera, peuplés d'une riche faune aviaire. Les ados pourront faire du VTT dans la Tramuntana.
- **Sports d'aventure** Le nord de l'île est un immense terrain de jeux pour les sports d'aventure (pour les plus de 12 ans) – spéléologie, *coasteering*, canyoning etc.

Parcs aquatiques et parcs de loisirs

- **Aqualand** (p. 81). Gigantesque parc aquatique proche de Palma, avec toboggans et autres jeux d'eau. Les enfants adorent.
- **Artestruz** (p. 163). Parc, près de Ses Salines, où l'on peut caresser des autruches, les nourrir, s'amuser à les regarder, etc.
- **Palma Aquarium** (p. 80). 8 000 créatures marines peuplent les aquariums et bassins du lieu. Cerise sur le gâteau : les petits peuvent passer la nuit au milieu des requins.
- **Western Water Park** (p. 85). Les enfants les plus intrépides adorent les toboggans à sensation de ce parc aquatique sur le thème du Far West.
- **Safari-Zoo** (p. 155). Dans l'est de l'île, ce safari en train offre une chance rare de voir des girafes, des émeus et des lions.
- **Marineland** (p. 85). Spectacles de dauphins, manchots, otaries et bien d'autres animaux.
- **Hidropark** (p. 127). Parc aquatique adapté aux enfants, pratique d'accès pour les stations balnéaires du nord de l'île.

Merveilles naturelles

- **Coves del Drac** (p. 155). Grottes souterraines emplies de stalactites millénaires, à découvrir en barque.
- **Serra de Tramuntana** (p. 93). Chaîne montagneuse aux sommets dentelés, aux splendides parois et formations rocheuses.
- **Sa Calobra** (p. 111). La vue, depuis la route, sur les falaises et les canyons vertigineux est éblouissante.
- **Coves d'Artà** (p. 154). Grotte magique abritant une forêt de formations minérales, dont la “reine des Colonnes” et la “salle de l'Enfer”.
- **Sa Cova Blava** (p. 167). Admirez l'azur étincelant des eaux de cette “grotte bleue” lors d'un trajet en bateau jusqu'à l'Illa de Cabrera.
- **Parc Natural de S'Albufera** (p. 130). Apportez vos jumelles pour observer les échassiers, les tortues et même les buffles d'eau.

Plages familiales

- **Platja de Muro** (p. 130). Superbe bande de sable blanc baignée d'eaux turquoise peu profondes, dans le nord de la Badia d'Alcúdia, avec le Parc Natural de S'Albufera en toile de fond.
- **Cala Mondragó** Cette ravissante baie du sud de l'île, dans le Parc Natural de Mondragó (p. 168), a reçu l'écolabel Pavillon Bleu. Sable fin et eaux cristallines idéales pour le snorkeling.
- **Cala Agulla** (p. 151). Frangée de pins et de dunes, cette splendide baie, classée elle aussi Pavillon Bleu, est juste au nord de Capdepera. Ses eaux peu profondes sont idéales pour les enfants.
- **Platja de Formentor** (p. 124). Le trajet jusqu'à cette plage de la côte nord (en bateau ou par la route du littoral) est déjà amusant en soi. Sur place : du sable, des pins et peu de monde.
- **Cala Mesquida** (p. 154). Autre lieu prisé de la côte est, cette baie aux courbes douces est baignée d'une eau étincelante. Elle est mieux adaptée aux enfants plus grands car le vent souffle et les vagues sont hautes.

Voyage dans le temps

➡ **Castell de Bellver** (p. 63). Du haut de ce majestueux château rond, la Badia de Palma ressemble à une minuscule carte postale.

➡ **Train de Palma à Sóller** (p. 79). Ce petit train brinquebalant est un authentique souvenir du passé. Les enfants (et les parents) adorent.

➡ **Santuari de Sant Salvador** (p. 147). Promenez-vous sur les remparts de ce château érigé au-dessus d'Artà, au sommet d'une colline.

➡ **Enceinte médiévale** (p. 125). Faites un bond dans le passé en vous promenant sur les remparts anciens d'Alcúdia.

➡ **Torre des Verger** (p. 94). Cette tour de guet en équilibre précaire au-dessus de la mer, près d'Estellencs, est parfaite pour jouer aux pirates.

Préparer son voyage

Quand partir

Nombre des sites et activités destinés aux enfants ne sont ouverts que de mai à octobre. La meilleure saison pour voyager dépend étroitement de ce que vous voulez faire et voir. Le printemps et l'automne, secs et chauds, sont les saisons idéales pour pratiquer des activités sportives. Si vous partez pendant les vacances d'été, choisissez une station balnéaire paisible, ou prenez vos quartiers à l'intérieur des terres dans une *finca* (ferme).

Hébergement

Que vous cherchiez un appartement tout équipé, un complexe hôtelier sur la côte, ou une ferme avec chèvres et ânes pour amuser les enfants, nous indiquons dans cet ouvrage quantité d'adresses familiales. Elles sont signalées par le pictogramme .

Nombre d'hôtels de stations balnéaires proposent des appartements assez grands pour une famille, ou des suites avec une chambre, un petit coin salon et un canapé-lit. Beaucoup d'établissements ajouteront un berceau gratuitement, ou un lit d'enfant moyennant un petit supplément. Pensez à le demander lors de la réservation.

Les hôtels-clubs tout compris qui dominent les côtes sud, est, et (dans une moindre mesure) nord, ont au moins un avantage : la plupart emploient des équipes de jeunes animateurs qui organisent des activités pour les enfants. Pour plus de précisions, voir p. 170.

Équipement

La plupart des compagnies aériennes – y compris Ryanair et easyJet – acceptent la poussette sans supplément (elle doit être étiquetée au comptoir d'enregistrement ou de dépôt des bagages). Concernant les autres objets du type rehausseur et lit pliant, elles facturent souvent dans les 36,50 € en sus par vol. On peut emporter de la nourriture pour bébé, du lait et de l'eau stérilisée dans son bagage à main.

Si vous préférez ne pas vous déplacer avec tout ce matériel supplémentaire, des agences comme **Multi-Hire** (www.multi-hire.com) et **Baby Equipment Hire Mallorca** (www.babyequipmenthiremajorca.co.uk) louent le minimum nécessaire.

Nourriture pour bébé

On peut acheter lait et céréales pour bébé, liquide ou en poudre, ainsi que des solutions de stérilisation (tel Milton) dans les pharmacies (*farmacias*). Les couches se trouvent dans les supermarchés et les pharmacies. Le lait de vache frais se trouve dans les supermarchés des grandes villes, mais moins facilement dans les petits bourgs, où il n'y a souvent que du lait UHT.

Si vous apportez la nourriture de votre bébé, la plupart des restaurants accepteront de vous la réchauffer.

Baby-sitting

Dans les bons hôtels, un service de garde est généralement proposé (facturation à l'heure). Sinon, pour trouver des baby-sitters (*canguros* en espagnol), consultez le site **Canguroencasa** (www.canguroencasa.com). Cliquez sur "Canguros Baleares". Le tarif actuel s'échelonne entre 5 et 10 € l'heure.

Location de voitures

La plupart des loueurs de voitures disposent de sièges pour bébés et pour enfants (en général facturés à la journée). Réservez-les suffisamment à l'avance.

Il y a généralement peu de place dans les petites voitures. Vous aurez donc peut-être du mal à faire tenir vos bagages et une poussette dans le coffre. Vérifiez les dimensions du véhicule avant de le réserver.

Les régions en un clin d'œil

Palma et sa baie

Architecture
Musées
Gastronomie

Édifices historiques

Palma est un veritable florilège d'architecture méditerranéenne. Sa cathédrale gothique est le monument incontournable, mais les ruelles de la vieille ville cachent quant à elles des chefs-d'œuvre modernistes, demeures médiévales et *patis* (patios) baroques.

Miró, Barceló, Picasso et Dalí

Miró a laissé son empreinte caractéristique dans toute la ville, Miquel Barceló est né à Felanitx, située non loin, et quantité d'œuvres de Picasso et de Dalí peuplent les galeries et musées de la ville.

Cuisine majorquine

Palma compte les meilleurs restaurants de poisson et fruits de mer de l'île, divers établissements du fameux chef Marc Fosh, d'intimes bars à tapas autour de la Plaça Major et d'irrésistibles pâtisseries.

p. 46

L'Ouest

Villages
Paysages
Randonnée

Villages dans les hauteurs

Découvrez à un rythme nonchalant les contreforts de la Tramuntana pour graver dans votre mémoire la beauté de Valldemossa, Deià, Fornalutx, Binaraix et Orient.

L'épine dorsale de Majorque

Dans la galerie des splendides paysages majorquins, la Serra de Tramuntana, ses pics de calcaire dépouillés et ses falaises en à-pic semblant surgir de la mer remportent la palme.

Randonnées en montagne

La Ruta de Pedra en Sec, qui franchit la Tramuntana, est l'itinéraire le plus célèbre. Autres choix : l'ascension du Puig de Massanella, la balade dans les vergers d'agrumes de Sóller, ou le pèlerinage jusqu'au Monestir de Lluc.

p. 86

Le Nord

Paysages
Vieilles villes
Plages

Cap de Formentor

La pointe nord de la Serra de Tramuntana forme une péninsule aux paysages dignes du *Seigneurs des anneaux* : sommets montagneux, falaises dentelées et anses abritées.

Villes de culture

Deux petites villes méritent le détour. Pollença pour ses rues pavées et les 365 marches qui montent au Calvari. Alcúdia pour ses ruines romaines et ses remparts.

Splendeur des plages

Les touristes se concentrent sur les grandes plages de sable baignées d'eaux limpides de la Badia de Pollença et de la Badia d'Alcúdia, deux baies jumelles. Des criques plus paisibles jalonnent Cala Sant Vicenç, le Cap de Formentor et le Cap des Pinar.

p. 114

Le Centre

Vins
Gastronomie
Architecture

Vins

Les zones viticoles sont à l'intérieur des terres. Certains domaines proposent des visites guidées, d'autres ne font que de la vente directe.

Cuisine traditionnelle

L'authenticité est de mise dans les *cellers* (restaurants dans d'anciennes caves à vin) d'Inca et de Sineu, comme dans les *fincas* (fermes) rurales converties en hôtels et restaurants.

Monastères et villages médiévaux

Sur presque toutes les collines de l'intérieur de l'île se dresse un monastère, d'où la vue embrasse l'horizon tout entier. Les petites agglomérations de Sineu et de Petra, très tranquilles, possèdent un charme souvent sous-estimé.

p. 132

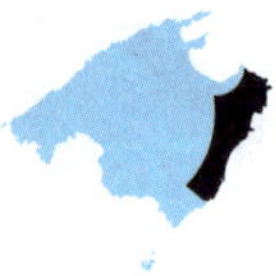

L'Est

Plages
Grottes
Paysages

Loin des stations balnéaires

Cap sur les plages sauvages au nord-est de Cala Ratjada, une des parties du littoral majorquin les plus sauvages. Les criques isolées au sud de Porto Cristo sont tout aussi séduisantes.

Cathédrales souterraines

Les spectaculaires grottes et forêts de stalactites de l'est font partie des trésors naturels de l'île. Découvrez les Coves del Drac, les Coves d'Artà et les Coves dels Hams.

Une péninsule protégée

Le Parc Natural de la Península de Llevant attire passionnés d'ornithologie et randonneurs. Le Cap Ferrutx marque l'extrémité de la péninsule, et l'Ermita de Betlem se prête à la contemplation.

p. 145

Le Sud

Plages
Paysages
Archéologie

Plages immaculées

Le Sud se distingue par ses splendides plages aux eaux limpides, idéales pour la plongée. Prélassez-vous sur la Platja d'Es Trenc, ou baladez-vous de crique en crique jusqu'aux jolies Cala Pi, Cala Llombards et le Parc Natural de Mondragó.

Les boucliers du littoral

Les hautes falaises bordant la côte son préservées, notamment entre le Cap Blanc et le Cap de Ses Salines. L'Illa de Cabrera est un véritable joyau.

Le mystérieux passé de Majorque

La civilisation talayotique n'a pas encore livré tous ses secrets. Le site de Capocorb Vell et ceux proches de Ses Salines abritent des vestiges de cette civilisation préromaine.

p. 159

Sur la route

Nord de Majorque (p. 114)
Ouest de Majorque (p. 86)
Centre de Majorque (p. 132)
Palma et sa baie (p. 46)
Est de Majorque (p. 145)
Sud de Majorque (p. 159)

Palma et sa baie

Dans ce chapitre ➡

Le top des restaurants

- Simply Fosh (p. 67)
- Can Cera Gastro Bar (p. 67)
- Wine Garage (p. 68)
- Toque (p. 70)
- Misa Braseria (p. 67)

Le top des hébergements

- Can Cera (p. 172)
- Hotel Tres (p. 174)
- Palma Suites (p. 172)
- Boutique Hotel Calatrava (p. 173)
- Puro Oasis Urbano (p. 173)

Pourquoi y aller

Petite, balnéaire, festive, Palma est l'une des capitales méditerranéennes les plus sous-estimées. Paradoxalement pour une ville de cette taille, ses curiosités touristiques lui permettent de jouer dans la cour des grandes métropoles. Son immense cathédrale gothique semble amarrée comme la proue d'un grand navire au bord de la Méditerranée. La ville compte de superbes musées, dont Es Baluard, édifice fortifié recelant des Miró et des Picasso, et le Museu Fundació Juan March où sont exposées des œuvres de Dalí et de Barceló. Ce n'est d'ailleurs là que la partie émergée de l'iceberg. Dans le dédale de ruelles de la vieille ville, les palais médiévaux côtoient des demeures seigneuriales cachant certaines des plus belles cours intérieures d'Espagne.

Si vous ne tombez pas sous le charme de la pierre et de l'art, parions que vous succomberez à la vue sublime sur la mer, à la gastronomie fabuleuse et à l'effervescence des bars de la ville. Envie d'un peu d'air ? En quelques minutes, on peut se retrouver dans un château au sommet d'une colline, à bord d'un vieux train brinquebalant à travers les montagnes ou allongé sur une plage. En bref, la décontraction est toujours le maître mot à Palma.

Quand partir

À la différence du reste de l'île, la ville est animée tout au long de l'année. La plupart des sites, hôtels et restaurants restent ouverts, même hors saison. Cela dit, on s'y sent particulièrement bien quand le temps est clément, que les mâts se balancent dans le port de plaisance et que l'une des nombreuses régates amène du beau monde, autrement dit d'avril à octobre. Pas un mois ne se passe à Palma sans quelque festivité, d'un genre ou d'un autre : les défilés du carnaval en février, avant le carême, les feux d'artifice de la Nit de Foc en juin, et le marché de Noël en décembre sont des événements à ne pas manquer. En revanche, les stations balnéaires situées dans la baie ferment en hiver.

Les patios de Palma

Difficile de passer un moment plus charmant à Palma qu'en flânant dans les ruelles de la vieille ville, qui s'étend à l'est de la cathédrale. Des portes métalliques cachent les *patis* (patios) de la ville, somptueuses cours intérieures où les nobles recevaient jadis leurs hôtes, et où les voitures à cheval faisaient halte. Les patios marquaient la limite entre la vie privée et la vie publique. À ce titre, ils servaient en quelque sorte de vitrine, d'où leur aspect rutilant et leur ornementation de plantes et de fleurs.

Il existe aujourd'hui quelque 150 demeures seigneuriales avec patio à Palma, mais la plupart ne sont visibles qu'à distance. De styles variés – gothique, Renaissance, baroque, moderniste –, toutes ont cependant des caractéristiques communes : arches gracieuses, colonnes ioniques, vastes escaliers à balustrade en fer forgé, ainsi qu'un puits ou une citerne. La promenade à pied que nous suggérons en p. 61 vous fera découvrir certaines de nos préférées. Pour les admirer de plus près, participez à l'une des visites guidées organisées par Mallorca Rutes (p. 64).

Faire son marché

Se promener au milieu des étals des marchés de Palma est une excellente manière de découvrir le vrai visage de la capitale majorquine. Vous y trouverez tout ce qu'il faut pour concocter un savoureux pique-nique : fromages, charcuterie, fruits et légumes. Le plus fascinant est le Mercat de l'Olivar (p. 69), marché central où l'on vend de tout : olives charnues, légumes insolites, melons énormes, chapelets de *sobrassada* (soubressade ; saucisson de porc parfumé au paprika), jambon Serrano et toutes sortes de poissons. Flânez-y la matinée durant et déjeunez sur place aux stands de traiteur qui proposent des tapas ou des huîtres. Le **Mercat de Santa Catalina** (carte p. 66 ; Plaça de la Navegació ; 8h-14h et 17h-20h lun-ven, 8h-14h sam) et le **Mercat de Pere Garau** (carte p. 52 ; Plaça de Pere Garau ; 8h-14h et 17h-20h lun-ven, 8h-14h sam) sont tout aussi animés, mais moins touristiques.

Top 5 des musées

- **Museu Fundació Juan March** (p. 58). Expose des pointures de l'art contemporain, dont Miquel Barceló, natif de Majorque.
- **Es Baluard** (p. 60). Musée installé sur une digue datant de la Renaissance, avec vue superbe sur la ville. Picasso et Miró sont à l'honneur.
- **Fundació Pilar i Joan Miró** (p. 83). Pour admirer 2 500 œuvres de Miró.
- **Museo Can Morey de Santmarti** (p. 53). Œuvres de Dalí exposées dans une somptueuse demeure.
- **Palau March** (p. 51). Tableaux de Dalí, sculptures de Moore, Rodin et Chillida, dans un ravissant palais.

Photographier la cathédrale

Pour prendre un cliché de la cathédrale de Palma, allez au Parc de la Mar au crépuscule : vous pourrez cadrer parfaitement votre photo et voir la cathédrale superbement illuminée.

Bon à savoir

- Nombre des principaux sites et curiosités de Palma sont fermés le lundi, notamment la Fundació Pilar i Joan Miró et Es Baluard.
- Le dimanche, fermeture de la cathédrale, du Palau March et du Palau de l'Almudaina.

À prévoir

- Réservez l'hébergement plusieurs mois à l'avance si vous venez en haute saison.
- Réservez votre table dans les grands restaurants jusqu'à 2 semaines à l'avance.
- Programmez votre itinéraire une semaine à l'avance.
- Réservez visites guidées à pied ou visites de la ville plusieurs jours à l'avance.

Sites Internet

- **Ajuntament de Palma** www.palmademallorca.es
- **Office du tourisme du Consell de Mallorca** www.infomallorca.net
- **Visit Calvia** www.visitcalvia.com
- **Transports en commun EMT Palma** www.emtpalma.es

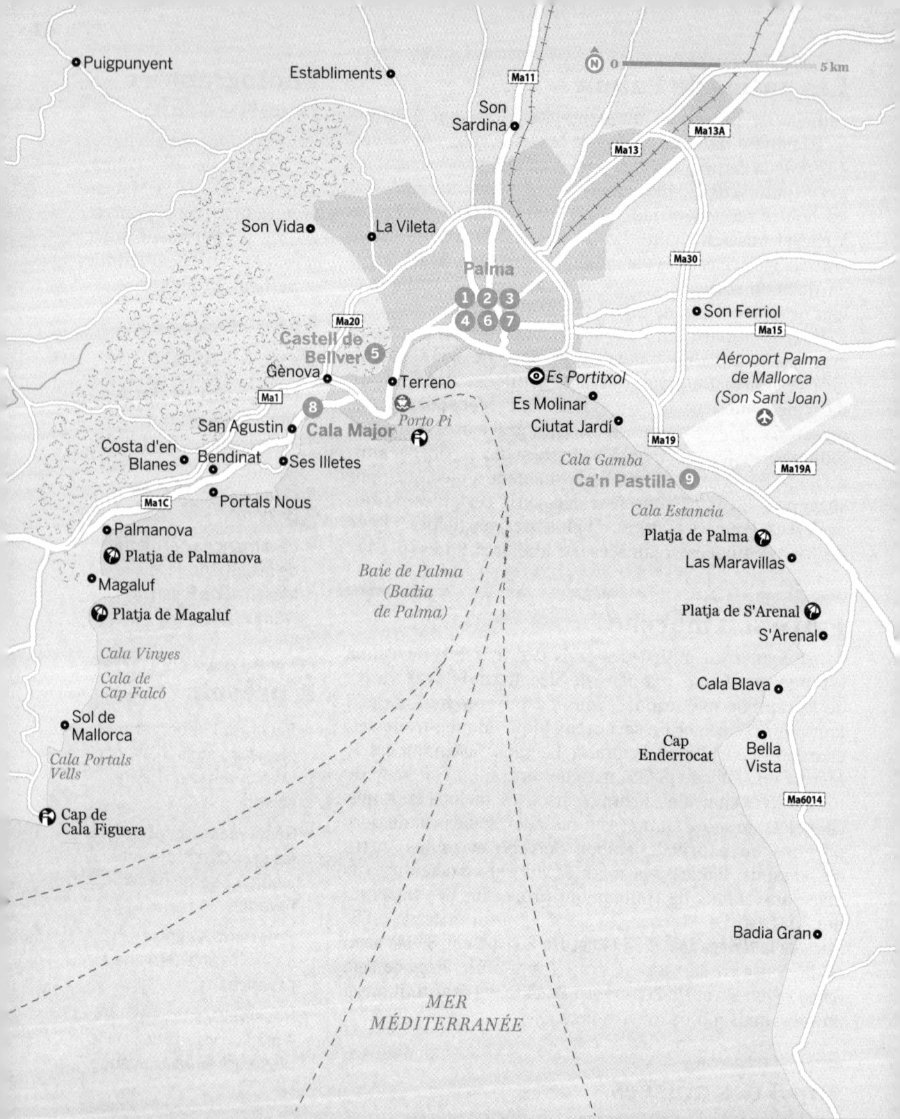

À ne pas manquer

1 La signature de Gaudí et celle de Barceló dans la **cathédrale** (p. 49) gothique aux inoubliables vitraux

2 La scène artistique contemporaine de Palma au musée **Es Baluard** (p. 60)

3 Les patios baroques et les **Banys Àrabs** (p. 53) mauresques du vieux Palma

4 Les œuvres de Picasso, Miró et Dalí au **Museu Fundació Juan March** (p. 58)

5 La vue sur la baie de Palma depuis les hauteurs du **Castell de Bellver** (p. 63)

6 L'animation bohème des bars et des boutiques de **Santa Catalina** (p. 55)

7 La vue splendide sur la cathédrale au crépuscule depuis le **Parc de la Mar** (p. 52), en bord de mer

8 La lumière selon Miró à la **Fundació Pilar i Joan Miró** (p. 83) à Cala Major

9 L'ambiance Ibiza et les cocktails du **Puro Beach** (p. 81) à Ca'n Pastilla

PALMA

407 650 HABITANTS

Nichée dans la Badia de Palma, la capitale majorquine est une ville méditerranéenne des plus agréables. Avec en arrière-plan des montagnes peu lointaines, cette cité façonnée par la mer s'ouvre sur un vaste horizon et profite de ciels souvent limpides. Elle a fière allure et cultive en outre l'esprit de la fête. Sa vieille ville, sur un petit promontoire, est couronnée d'une monumentale cathédrale gothique. Il suffit de s'écarter des sites et monuments phares quelques minutes pour se retrouver au cœur d'un dédale de ruelles pavées, véritable invite à la flânerie. Prenez exemple sur les habitants et baladez-vous nonchalamment, sans hésiter à faire des pauses : au marché, dans les boutiques, le temps de prendre en photo églises baroques, palais et cours de demeures seigneuriales, et pour savourer un déjeuner qui s'étirera jusque tard dans l'après-midi.

Histoire

Palma fut habitée dès l'époque romaine, on l'appelait alors Palmeria ou Palma. Au XIIe siècle, Medina Mayurka (littéralement Ville de Majorque) fut l'une des capitales musulmanes les plus florissantes d'Europe. Après avoir été conquise par les chrétiens en 1229, elle allait connaître une nouvelle période de prospérité au XIVe siècle en tant que carrefour commercial. Les chrétiens l'avaient rebaptisée Ciutat de Mallorca ou Ciudad Capital (Ville capitale).

Au XVIe siècle, la ville sombra, comme le reste de l'île, dans une longue torpeur. Les imposants remparts que l'on voit aujourd'hui côté mer furent en grande partie construits aux XVIe et XVIIe siècles, quand le lit du Riera, le torrent saisonnier qui dévalait la ville sur le tracé du Passeig d'es Born, fut détourné vers son cours actuel à l'ouest des remparts. Le vieux centre-ville connut alors le déclin. La majeure partie de l'enceinte fut démolie au début du XXe siècle pour permettre l'expansion urbaine. Mais le cœur de la cité connut une transformation spectaculaire à partir des années 1960, quand l'argent des touristes commença à affluer dans l'île. Un rapport de 2007 indiquait que les prix de l'immobilier autour de la Dalt Murada (partie de l'enceinte Renaissance) figuraient parmi les plus élevés d'Espagne.

Les attentats à la bombe perpétrés à Palma par l'ETA, le groupe séparatiste basque, en juillet et en août 2009, qui seraient liés à la venue à Majorque du roi et de la reine d'Espagne comme chaque année pendant les vacances d'été, propulsèrent brusquement la ville sous les feux de l'actualité internationale.

À voir

Vieille ville

Catedral CATHÉDRALE

(La Seu ; carte p. 56 ; www.catedraldemallorca.org ; Carrer del Palau Reial 9 ; adulte/enfant 6 €/gratuit ; 10h-18h15 lun-ven, 10h-14h15 sam). La vaste cathédrale constitue le principal repère de la ville. Outre sa taille et son indiscutable beauté, elle impressionne par ses étonnants apports intérieurs d'Antoni Gaudí et du célèbre artiste contemporain majorquin Miquel Barceló (né en 1957), qui

PALMA EN DEUX JOURS

Palma se prête à merveille à une escapade d'un week-end. Commencez par le plus évident, la **cathédrale gothique** (p. 49) et le **Palau de l'Almudaina** (p. 51). Vous passerez des heures dans le dédale de ruelles de la vieille ville ; mais allez aussi admirer les Dalí exposés au **Museo Can Morey de Santmarti** (p. 53) et visiter les **Banys Àrabs** (p. 53). Après un déjeuner au **Can Cera Gastro Bar** (p. 67), poursuivez par la visite de la **Basílica de Sant Francesc** (p. 54) et du musée **Es Baluard** (p. 60). Le soir, rendez-vous à Santa Catalina, pour dîner chez **Koh** (p. 70), prendre un verre à l'**Idem Café** (p. 74) et faire un tour dans les clubs du Passeig Marítim. Le lendemain, sortez de la ville côté est pour grimper au **Castell de Bellver** (p. 63) et à la **Fundació Pilar i Joan Miró** (p. 83). Réservez une table chez **Ca'n Eduardo** (p. 71) et passez l'après-midi à explorer le **Museu Fundació Juan March** (p. 58), avant de prendre un verre à la **Guiness House** (p. 74). Dans la soirée, dégustez une *ensaïmada* chez **Ca'n Joan de S'Aigo** (p. 68), dînez au **Simply Fosh** (p. 67) ou à la **Misa Braseria** (p. 67), avant de faire un tour du côté des bars de Sa Gerreria, à commencer par **L'Ambigú** (p. 73).

À NE PAS MANQUER

LES PLUS BEAUX TRÉSORS DE LA CATHÉDRALE

Pénétrez dans la cathédrale par le côté nord. Après avoir pris votre billet, entrez dans la sacristie, qui abrite la majeure partie du petit **Museu Capitular** (Musée capitulaire). Au centre se trouve un énorme ostensoir doré datant de 1585. Il quitte le musée chaque année pour la procession de la Fête-Dieu. Parmi les pièces intéressantes figure un autel portatif, qui aurait appartenu à Jacques Ier et qui contient des reliques. D'autres reliquaires sont exposés. L'un d'entre eux est censé renfermer trois épines de la couronne du Christ.

Viennent ensuite deux salles capitulaires. Dans la **salle capitulaire gothique**, conçue par Guillem Sagrera, remarquez le tombeau de l'évêque Gil Sánchez Muñoz (l'antipape Clément VIII), la *Tabla de l'Almoina* (table de l'Aumône) et deux tableaux du maître Monti-Sion – *El Calvario* (*Le Calvaire*) et *Nuestra Señora de la Misericordia* (*Notre-Dame de la Miséricorde*). Ils font référence à la terrible inondation qui frappa Palma en 1403 et fit 5 000 morts. La ravissante **salle capitulaire baroque**, en pierre sculptée, abrite un *relicario de la vera cruz* (reliquaire de la vraie croix) du XVIe siècle incrusté de pierres précieuses. Remarquez les deux chandeliers en argent pesant chacun 243 kg.

Lorsqu'après avoir traversé l'une des chapelles latérales on débouche dans la cathédrale elle-même, on est frappé par la hauteur des voûtes en croisée d'ogive et par la finesse des piliers octogonaux qui les soutiennent. La vaste **nef** et les bas-côtés sont flanqués de chapelles. Les murs sont illuminés de superbes vitraux, dont 87 fenêtres et huit rosaces. La plus imposante (l'**oculus maior** ou "grand œil"), doté d'une étoile de David, comporte 1 115 carreaux. Elle scintille de tons rubis, or et saphir. C'est la plus grande rosace gothique au monde. Il faut admirer le matin ses reflets de lumière colorée. Ce spectacle atteint le sublime à 8h30 le 2 février et le 11 novembre, lorsque la lumière de l'*oculus maior* se projette directement sur la rosace de la façade occidentale.

Très différentes, les trois **absides** montrent, de gauche à droite, trois moments de l'Eucharistie : l'institution, la célébration et l'adoration. L'abside de gauche abrite le retable du Corpus Christi, merveille baroque dorée de Jaume Blanquer (1626-1641), consacré à l'institution de l'Eucharistie lors de la Cène.

Antoni Gaudí fut chargé de rénover l'édifice de 1904 à 1914. Sa contribution la plus importante est l'étrange **baldaquin** qu'il fit installer au-dessus du maître-autel. À ce baldaquin surmonté d'une curieuse sculpture du Christ en croix et flanqué de la Vierge et de saint Jean, sont suspendues 35 lampes. Difficile de reconnaître là le génie du modernisme de Barcelone, mais, à l'époque, ce n'était censé être qu'une version temporaire. La version finale ne fut jamais réalisée.

Non contente de cette étrangeté, la paroisse commanda à l'artiste majorquin Miquel Barceló (un agnostique) la décoration de la **Capella del Santíssim i Sant Pere**, dans l'abside droite. Inauguré en 2007, ce paysage onirique, qui demanda 15 tonnes de céramique, représente les miracles de la multiplication des pains et des poissons. Sur la gauche, poissons et autres créatures marines jaillissent du mur. De l'autre côté, des représentations de pains et de fruits figurent dans une sorte de jungle. Entre les poissons et les feuilles de palmier, se dressant au-dessus d'empilements de crânes, apparaît un corps lumineux censé être celui du Christ, mais inspiré en fait de celui de l'artiste, petit et trapu.

Autres éléments notables à l'intérieur : un **immense orgue**, datant de 1798 (récitals d'orgue à 12h le 1er mardi du mois, entrée libre) et les deux chaires, dont la plus petite fut refaite en partie par Gaudí.

la rendent unique en son genre. L'imposant édifice est essentiellement gothique, hormis la façade principale, très belle, mais étonnante par son caractère hybride.

La cathédrale occupe le site de ce qui fut la grande mosquée de Medina Mayurka, la capitale musulmane de Majorque durant trois siècles. Quand Jacques Ier et ses hommes s'emparèrent de la ville en 1229, la mosquée fut transformée en église dédiée à la Vierge Marie. La construction de la cathédrale (La Seu, en catalan), l'une des plus grandes d'Europe, ne commença pas avant 1300 et ne s'acheva qu'en 1601.

Renaissance à l'origine, la façade fut gravement endommagée par un séisme en 1851 (qui sema la panique mais ne fit pas de victimes). Plutôt que de la restaurer purement et simplement, il fut décidé d'ajouter des éléments néogothiques. Avec ses entrelacs d'arcs-boutants sur chacun de ses flancs et ses immenses pinacles, elle constitue un exemple magistral de ce style. Une certaine artificialité se dégage de cette association entre la partie Renaissance (en particulier le portail principal) et ce monumentalisme pseudo-gothique.

Les horaires des messes varient, mais une a lieu à 9h tous les jours.

Palau de l'Almudaina — PALAIS

(Carte p. 56 ; Carrer del Palau Reial ; adulte/enfant 9/4 €, audioguide 4 €, visites guidées 6 € ; 10h-20h avr-sept, 10h-18h oct-mars). Ancienne forteresse musulmane, cet édifice impressionnant, face à la cathédrale, fut transformé à la fin du XIIIe siècle en résidence destinée aux rois de Majorque. Le roi d'Espagne réside aujourd'hui encore dans ce palais, symboliquement du moins. La famille royale l'occupe rarement, sauf dans le cadre de cérémonies officielles. Elle préfère en effet passer l'été dans le Palau Marivent (à Cala Major). À d'autres moments de l'année, on peut se promener dans une série de salles aux murs en pierre, somptueusement décorées.

Les Romains avaient, dit-on, construit un *castrum* (fort) ici, peut-être à l'emplacement d'un site préhistorique. Les *wālis* (gouverneurs) de la Majorque musulmane remanièrent et agrandirent le fort romain, puis Jacques Ier et ses successeurs le modifièrent encore, à un tel point qu'il ne reste pas grand-chose de sa version arabe.

La première salle étroite dans laquelle on pénètre est ornée d'un plafond noir et blanc, symbolisant les extrêmes : le jour et la nuit, l'ombre et la lumière. Puis trois salles majestueuses se succèdent. Remarquez les arches gothiques murées au milieu. À l'origine, ces trois salles étaient deux fois plus hautes et formaient une seule et même salle immense, qui avait été ajoutée au fort arabe d'origine, connue sous le nom de **Saló del Tinell** (du mot italien *tinello,* signifiant l'"endroit où l'on mange"). Il s'agissait d'une salle de banquet et de cérémonie. Ces salles sont décorées de mobilier d'époque, de tapisseries et d'autres curiosités. Les six salles nues qui suivent, ainsi que la terrasse, faisaient partie de la citadelle arabe d'origine.

Dans le patio principal, le **Patio de Armas**, avait lieu l'inspection des troupes qui défilaient ensuite avant de sortir dans la ville. La fontaine au lion, au centre, est l'un des rares vestiges maures du palais. En haut du grand escalier royal se trouvent les **appartements royaux**, une succession de pièces luxueusement meublées (remarquez les superbes plafonds à caissons *artesonado*). Au centre est situé le Saló Gòtic, la partie supérieure de l'ancien Saló del Tinell, où se terminent les arches gothiques. À côté des appartements s'ouvre la **Capella de Sant'Anna**, une chapelle royale gothique, dont l'entrée offre un rare exemple majorquin de la fin du roman en marbre rose et blanc.

Après la mort de Jacques III en 1349, plus aucun roi ne fit de ce palais sa résidence permanente.

À l'ombre des murs de l'Almudaina, le long de l'Avinguda d'Antoni Maura, s'étend S'Hort del Rei (le jardin du Roi).

Palau March — MUSÉE

(Carte p. 56 ; Carrer del Palau Reial 18 ; adulte/enfant 4,50 €/gratuit ; 10h-18h30 lun-ven, 10h-14h sam). Ce palais fut l'une des résidences de la riche famille March. Des sculptures de grands artistes du XXe siècle, tels Auguste Rodin, Henry Moore, Barbara Hepworth et Eduardo Chillida, ornent la terrasse. De nombreux autres trésors signés de grands noms de l'art espagnol sont exposés à l'intérieur, notamment Salvador Dalí, et les Barcelonais Josep Maria Sert et Xavier Corberó. On peut également admirer une extraordinaire *belén* (crèche) napolitaine de style baroque du XVIIIe siècle.

On entre par une terrasse extérieure où sont installées des sculptures modernes, avec au centre, l'énorme *Orgue del Mar* (1973) de Corberó.

Dans le palais, plus d'une vingtaine de toiles de Dalí sur le thème "Alchimie et Éternité" attirent le regard, de même que la crèche avec ses centaines de figurines incroyablement détaillées : anges, rois, bergers, animaux de la ferme et scènes de marché. Cette nativité est exceptionnelle.

À l'étage, la peinture de la principale voûte et du plafond du salon de musique est l'œuvre de l'artiste Josep Maria Sert (1874-1945). La voûte est divisée en quatre parties, les trois premières représentant l'audace, la raison et l'inspiration, trois vertus incarnées par Juan March, figuré sur la quatrième partie. Une salle conserve une étonnante exposition de cartes médiévales de la Méditerranée établies par des cartographes majorquins.

Palma

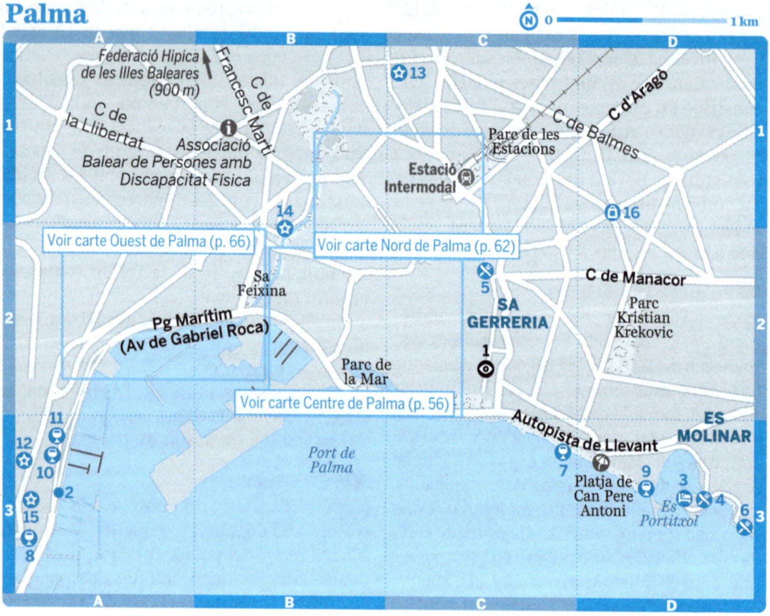

Museu Diocesà

MUSÉE

(Carte p. 56 ; Carrer del Mirador 5 ; adulte/enfant 3 €/gratuit ; ⏲10h-14h lun-sam). Le Museu Diocesà (derrière la cathédrale, côté est), qui a été inauguré en 2007, offre une plongée passionnante dans l'histoire de l'art chrétien. Son nouveau site, le Palau Episcopal (palais épiscopal), est absolument magnifique. Il abrite des œuvres d'Antoni Gaudí, de Francesc Comes et de Pere Niçard, ainsi qu'un impressionnant *retaule* (*retablo* en espagnol ; retable) représentant la Passion du Christ (vers 1290-1305) et provenant du couvent de Santa Clara.

Les épisodes de la Passion sont dépeints avec une profusion de détails : le dimanche des Rameaux, la Cène, le reniement de saint Pierre. La flagellation montre un Christ au visage impavide, tandis que sa crucifixion est bouleversante. Sur la droite figure une œuvre clé de Comes : *Sant Jaume de Compostela* (saint Jacques, en Espagne, est surnommé le Matamoros, “tueur de maures”). D'une remarquable minutie dans les détails, le *Sant Jordi* (saint Georges) terrassant le dragon, de Pere Niçard (vers 1468-1470), montre en arrière-plan la Ciutat de Mallorca (Palma). Au-dessous de cette peinture, une scène de Niçard et de son maître Rafel Mogèr représente la reconquête de Palma en 1229. La dernière salle de cette aile est une petite chapelle gothique, l'Oratori de Sant Pau. Le vitrail est un essai effectué par Gaudí en préparation de ceux qu'il réalisa pour la cathédrale.

Une succession d'autres salles présentent des artistes majorquins tels Pere Terrencs et Mateu López (père et fils). L'étage supérieur expose une modeste collection d'art baroque et de céramiques. On y a aussi une belle vue sur la baie.

Dalt Murada et Parc de la Mar

REMPARTS, PARC

(Carte p. 56). La majeure partie des remparts de Palma fut détruite au début du XXe siècle pour faciliter l'expansion de la ville. Seule une partie de l'enceinte Renaissance côté mer, la Dalt Murada (commencée en 1562, achevée en 1801), est restée intacte. Le Parc de la Mar, qui comporte des espaces verts, un lac artificiel et une fontaine, fut inauguré en 1984. En allant légèrement vers l'est, on rejoint une aire de jeux pour enfants.

Le parc est agréable pour boire un verre en été, à une terrasse de café aérée. C'est aussi le meilleur endroit d'où prendre la cathédrale en photo, surtout lorsqu'elle s'illumine à la nuit tombée.

Palma

À voir
1 Remparts de la ville maure C2

Activités
2 Palma Sea School A3

Où se loger
3 Hotel Portixol D3

Où se restaurer
4 Es Mollet D3
5 Horno San Antonio C2
6 MOMO Seabar D3
Portixol .... (voir 3)

Où prendre un verre et faire la fête
7 Anima Beach C3
8 El Garito A3
9 Nassau Beach D3
10 Pacha A3
11 Tito's A3

Où sortir
12 Aries Sauna Hotel Pub A3
13 Dark C1
14 Teatre Municipal B2
15 Yuppii Club A3

Achats
16 Mercat de Pere Garau D1

Museo Can Morey de Santmartí — GALERIE

(Carte p. 56 ; www.museo-santmarti.es ; Carrer de la Portella 9 ; adulte/enfant 9/5 € ; 9h30-20h30 avr-oct, horaires restreints le reste de l'année). Ce musée, inauguré en 2012, occupe une somptueuse demeure rénovée, entourant une cour intérieure. Rêve devenu réalité pour le marchand d'art allemand Wolfgang Hörnke, le musée est une ode au monde étrange de Salvador Dalí (1904-1989), peintre catalan surréaliste. Quelque 226 œuvres originales, des années 1930 aux années 1970, sont exposées sur 3 niveaux.

La sorcellerie, la corrida (le matador étant souvent représenté de façon monstrueuse) et la mythologie sont les thèmes récurrents des œuvres visibles dans les belles salles ornées de parquet. Citons notamment plusieurs gravures, dont *Faust* (1968) et *Les Hippies* (1969-1970).

Jardí del Bisbe — JARDIN

(Carte p. 56 ; Carrer de Sant Pere Nolasc 6 ; 9h-15h lun-ven). GRATUIT Jouxtant le Palau Episcopal, ce modeste jardin botanique est un havre de paix. On se promène avec bonheur au milieu des palmiers, des grenadiers, des nénuphars, du thym, des artichauts, des kumquats, des citronniers et orangers, ou l'on s'assied sur un banc pour les contempler.

Can Bordils — SITE HISTORIQUE

(Carte p. 56 ; Carrer de l'Almudaina 9). Cette demeure du XVIe siècle, dont la cour fut remaniée au XVIIe siècle, abrite l'Arxiu Municipal (Archives municipales), qui accueille parfois des expositions temporaires.

Porta de l'Almudaina — PORTE

(Carte p. 56 ; Carrer de l'Almudaina). L'arche située dans la rue à l'est de Can Bordils fait partie d'un tronçon de mur défensif et d'une tour. Il aurait rempli sa fonction défensive de l'Antiquité jusqu'au XIIIe siècle. Malgré son apparence somme toute médiévale, il est quasi certain qu'il faisait partie de l'enceinte romaine.

Museu de Mallorca — MUSÉE

(Carte p. 56 ; museudemallorca.caib.es ; Carrer de la Portella 5 ; 11h-20h lun-ven, 11h-14h sam). GRATUIT Cet excellent musée municipal devrait rester fermé pour de grands travaux de rénovation jusqu'à fin 2014 au moins. Il méritera alors une visite, car il occupe un ensemble de demeures du XVIIe siècle dans la Carrer de la Portella. Dans l'intervalle, il est provisoirement hébergé par la Fundació Sa Nostra (p. 60), et conserve une collection d'objets archéologiques, d'art sacré, d'antiquités et de céramiques, allant de bronzes talayotiques à de délicats bijoux almohades en or.

Banys Àrabs — BAINS

(Carte p. 56 ; Carrer de Serra 7 ; adulte/enfant 2 €/gratuit ; 9h-19h30). Ces modestes bains arabes sont le seul monument qui témoigne encore de la domination musulmane sur l'île. Ils se résument à deux petites salles en sous-sol, dont une couronnée d'une coupole supportée par une douzaine de colonnes – certains chapiteaux ont été construits avec les matériaux de bâtiments romains démolis.

À ces deux salles, le *caldarium* (bains chaud) et le *tepidarium* (bains tièdes), s'ajoutait sans doute une troisième, le *frigidarium* (bains froids). Les Arabes s'étaient inspirés du modèle romain. Ces bains n'étaient sans doute pas publics, mais attenant à une maison particulière. Ils se situent dans l'un des plus jolis jardins du vieux Palma, où l'on peut s'asseoir et se détendre.

PALMA AVEC DES ENFANTS

Entre les plages, les parcs et les activités nautiques, rien de plus facile que de séjourner à Palma avec des enfants. Ces derniers adoreront explorer le Castell de Bellver (p. 63) et le **Castell de Sant Carles** (Carretera del Dic de l'Oest ; ⌚9h-13h lun-sam) GRATUIT. On peut aussi combiner art et plaisir sur les remparts à Es Baluard (p. 60). Le Palma Aquarium (p. 80), à l'est de la ville, remarquable, offre de quoi s'occuper une bonne demi-journée. Les enfants peuvent même y passer une nuit (blanche peut-être) au milieu des requins. Les fans de toboggans et piscines seront ravis au parc aquatique Aqualand (p. 81), près de S'Arenal.

Des terrains de jeux sont disséminés un peu partout en ville, par exemple au **Parc de les Estacions**, derrière la gare routière et ferroviaire, et au parc **Sa Feixina**, près d'Es Baluard. Un superbe espace de jeux d'aventure se trouve un peu plus loin, près des remparts, immédiatement à l'est du **Parc de la Mar**.

Església de Santa Eulàlia — ÉGLISE

(Carte p. 56 ; Plaça de Santa Eulàlia 2 ; ⌚9h30-12h et 18h30-20h30 lun-ven, 10h30-13h et 18h30-20h30 sam, 9h30-13h30, 18h30-19h30 et 21h-22h dim). GRATUIT Cette église gothique fut l'une des premières grandes églises édifiées après la Conquête de 1229. Sa façade néogothique a été entièrement refaite entre 1894 et 1924. C'est, avec la cathédrale, la seule église de Majorque à être dotée de trois nefs. Elle abrite un retable baroque assez abîmé. Les chapelles de l'abside ne sont pas accessibles.

Basílica de Sant Francesc — ÉGLISE

(Carte p. 56 ; Plaça de Sant Francesc 7 ; 1,50 € ; ⌚9h30-12h30 lun-dim, 15h30-18h lun-sam). La construction de cette basilique franciscaine, une des églises les plus anciennes de Palma, débuta en 1281 dans le style gothique. Sa façade fut achevée dans le style baroque au XVIIe siècle. Son splendide cloître gothique de forme trapézoïdale, à deux niveaux, est doté d'élégantes colonnes dont la diversité des styles reflète le temps nécessaire à sa réalisation. Dans la pénombre de l'église, cette fusion des styles est encore plus saisissante. La voûte élevée, typiquement gothique, contraste avec l'autel tout en courbes baroques.

La première chapelle (dédiée à Nostra Senyora de la Consolació), sur la gauche de l'abside, abrite le tombeau de Raymond Lulle. Érudit du XIIIe siècle, Raymond Lulle est la grande fierté de l'église et l'enfant chéri de Majorque (seul le champion de tennis Rafael Nadal peut rivaliser avec lui dans le cœur des Majorquins). Un tronc attend les pièces destinées à une campagne pour sa canonisation (il a seulement été béatifié). Du côté droit de l'abside, la Capilla de los Santos Mártires Gorkomienses est dédiée au martyre de 19 catholiques, dont 11 franciscains, en Hollande en 1572. Dans la représentation de cet événement, qui a souffert du temps, on voit les suppliciés se faire pendre, couper le nez, éviscérer et subir d'autres atrocités.

Remparts de la ville maure — SITE HISTORIQUE

(Carte p. 52 ; Carrer de Mateu Enric Lladó). À un pâté de maisons à l'est de l'Església de Sant Jeroni s'élèvent des vestiges des remparts de la ville maure du XIIe siècle (avec à la base de lourds blocs datant de l'enceinte romaine). Au-delà s'étend un parc qui doit son nom à l'ancienne porte de la ville qui se dressait là : la Porta d'es Camp (porte de la Campagne). Les musulmans l'appelaient Bab al-Jadid (la Nouvelle Porte).

Església del Monti-Sion — ÉGLISE

(Carte p. 56 ; Carrer del Monti-Sion ; ⌚17h15-19h). Cette église à la façade baroque exubérante est le fruit du remaniement extérieur et intérieur d'une ancienne synagogue gothique aux XVIe-XVIIe siècles. Parmi les vestiges gothiques figurent les arches en ogive devant les chapelles, la clé de voûte du plafond et l'arcade gothique catalane, longue et basse, située tout près de l'entrée.

Quand vous la visiterez, il se peut qu'un prêtre assis en retrait vous éclaire le retable baroque, tout en courbes et en volutes, au fond de l'église.

Ajuntament — ÉDIFICE HISTORIQUE

(Hôtel de ville ; carte p. 56 ; Plaça de la Cort 1). Dominant la place qui fut longtemps le cœur du pouvoir municipal à Palma, l'hôtel de ville (*ajuntament*) cache une longue histoire derrière sa façade baroque. L'édifice résulte en effet de l'agrandissement d'un hôpital gothique élevé ici peu après la conquête de l'île. Le mécanisme actuel de l'horloge, située en haut de la façade principale, date de 1863 et fut acheté en France. Cela fait toutefois des siècles qu'une horloge sonne les heures ici.

On ne peut pénétrer que dans le hall de style gothique. Notez le superbe escalier et la demi-douzaine de *gegants* rangés là : ces géants représentant rois, reines et autres personnages paradent dans la ville lors des fêtes, portés à épaule d'homme.

Centre Cultural Contemporani Pelaires CENTRE CULTUREL, GALERIE

(Carte p. 56 ; www.pelaires.com ; Carrer de Can Verí 3 ; ⏲10h-13h30 et 16h45-20h mar-ven, 10h-13h30 sam). Ce centre culturel privé mérite autant la visite pour son architecture que pour ses expositions artistiques. Il se tient dans Can Verí, superbe maison de ville du XVIIe siècle, qui servit aussi un temps de couvent. Il donne sur une étroite rue piétonne bordée de galeries, d'antiquaires et de boutiques de mode.

Convent de Santa Clara COUVENT

(Carte p. 56 ; Carrer de Can Fonollar 2 ; ⏲9h-12h30 et 16h15-18h15). Cette église baroque sans grand charme était fermée pour rénovation lors de notre passage. Les habitants lui préfèrent le bâtiment voisin, où une poignée de moniales vendent depuis toujours des douceurs faites maison.

Vous verrez un *torno*, sorte de tourniquet en bois placé dans une fenêtre. Sonnez pour appeler une sœur, commandez ce que vous désirez et placez l'argent dans le tourniquet. Il vous délivrera en retour vos *bocaditos de almendra* (bouchées aux amandes) ou *rollitos de anís* (roulades à l'anis), à 3 € les 200 g.

SE REPÉRER DANS PALMA

La cathédrale est *le* point de repère de Palma. Le cœur de la vieille ville (les quartiers de **Sa Portella** et de **Sa Calatrava**) est depuis toujours centré autour de son principal lieu de culte et de ce qui fut jadis le siège du pouvoir séculier, juste en face. La plupart des lieux à voir à Palma sont groupés dans ce dédale de ruelles étroites et tortueuses et de places ensoleillées, où imposantes églises et maisons seigneuriales se dressent côte à côte.

Au nord se tient la **Plaça Major**, une grand-place typiquement espagnole, entourée d'arcades, de boutiques et de cafés et très animée dans la journée. À l'est, la Carrer del Sindicat part vers les avenues qui marquent les limites de la Palma historique. Elle traverse le quartier de **Sa Gerreria**. Longtemps vétuste et plutôt malfamé, Sa Gerreria connaît actuellement un renouveau et se transforme en un haut lieu branché de la vie nocturne. Partant de la Plaça Major, la Carrer de Sant Miquel, l'artère commerçante, part vers le nord en direction de la vaste **Plaça d'Espanya**, principal carrefour des transports de la ville. La Plaça Major et la Carrer de Sant Miquel sont situées sur une hauteur qui descend vers l'ouest en direction du **Passeig de la Rambla**, un boulevard arboré.

À l'ouest de la cathédrale, le **Passeig d'es Born**, classique boulevard dédié à la promenade, est aussi l'une des grandes artères de Palma. Il flanque le quartier historique d'**Es Puig de Sant Pere**, bordé par les remparts fortifiés d'Es Baluard à l'ouest et l'Avinguda de Jaume II, jalonnée de boutiques, au nord. En franchissant la Sa Riera, on rejoint **Santa Catalina**. Quadrillé de longues rues bordées de maisons traditionnelles à un ou deux étages, c'était autrefois un quartier pauvre, habité par les marins. Dès le XVIIe siècle, des moulins à vent furent érigés dans ce secteur (encore appelé Es Jonquet) au sud de la Carrer de Sant Magí, la plus vieille rue du *barri* (quartier). Depuis quelques années, l'embourgeoisement de Santa Catalina en a fait un quartier branché et bobo, rempli de boutiques uniques en leur genre, de galeries, de bars et de restaurants. En longeant le **Passeig Marítim** en front de mer, on rejoint plus à l'ouest le port des ferries et l'atout majeur de l'ouest de Palma : le Castell de Bellver.

Une promenade d'un kilomètre depuis la Platja de Can Pere Antoni (côté centre-ville) conduit à **Es Portitxol**. Ce "petit port", qui abrite une tranquille foule de bateaux de plaisance, est coupé de l'intérieur des terres par l'autoroute (à distance respectable). Depuis le centre de Palma, on peut y accéder à pied, à vélo ou en roller en empruntant le Passeig Marítim. Depuis Es Portitxol, en contournant la pointe suivante, on entre dans **Es Molinar**. Ce quartier du front de mer aux modestes maisons basses de pêcheurs, compte aujourd'hui quelques restaurants qui attirent des gourmands. De l'autre côté du pont s'étend **Ciutat Jardí**, un quartier résidentiel tranquille avec une grande plage de sable.

Centre de Palma

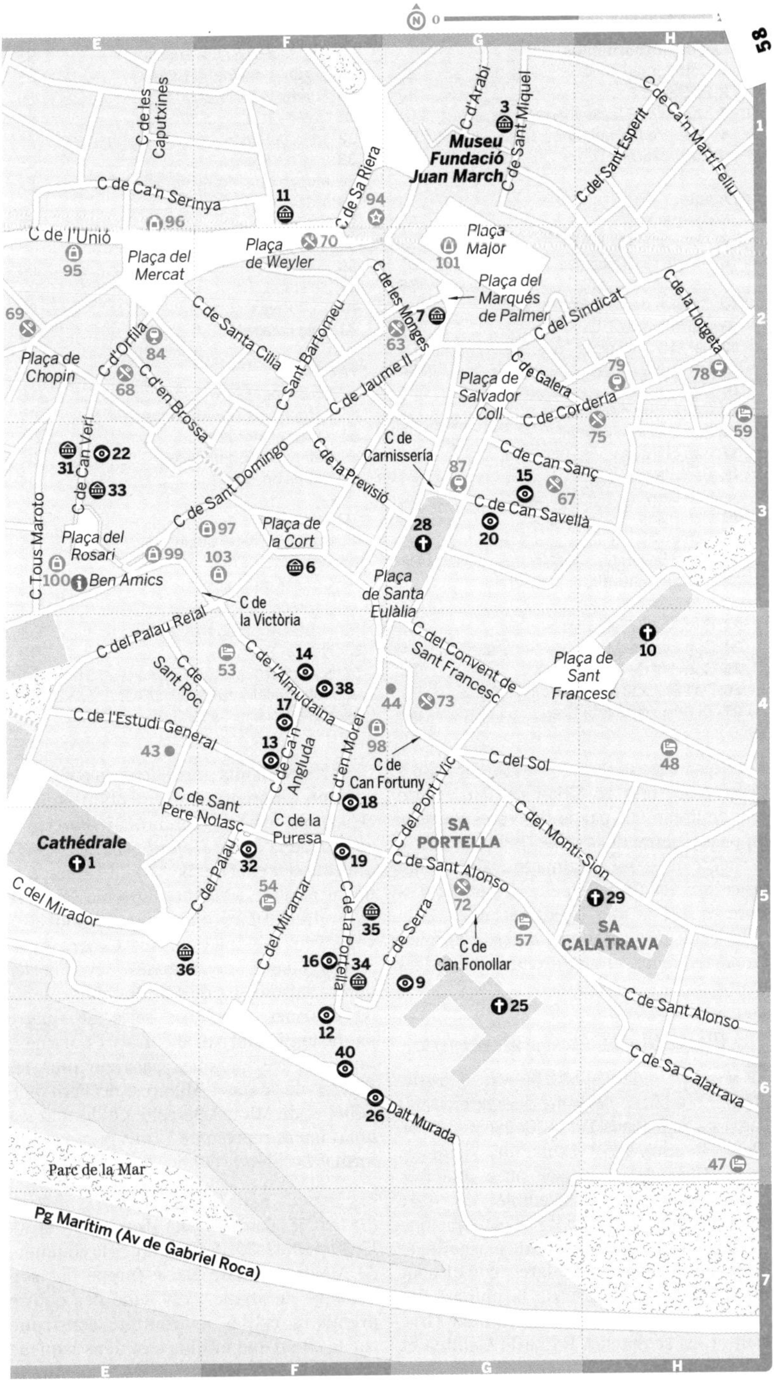
E
F
G
H
1
2
3
4
5
6
7
Museu Fundació Juan March
3
C d'Arabi
C de Sant Miquel
C de les Caputxines
C de Ca'n Serinya
11
C de Sa Riera
94
C del Sant Esperit
C de Ca'n Martí Feliu
C de l'Unió
96
95
Plaça del Mercat
Plaça de Weyler
70
Plaça Major
101
C de les Monges
Plaça del Marqués de Palmer
7
C de la Llotgeta
C del Sindicat
69
C de Santa Cilia
C Sant Bartomeu
63
Plaça de Chopin
C d'Orfila
84
68
C d'en Brossa
C de Jaume II
Plaça de Salvador Coll
C de Galera
79
78
C de Cordería
75
59
C de Can Verí
31
22
33
C de Sant Domingo
C de Carnissería
C de la Previsió
87
C de Can Sanç
15
67
C de Can Savellà
20
C Tous Maroto
Plaça del Rosari
97
Plaça de la Cort
28
99
103
6
100
Ben Amics
Plaça de Santa Eulàlia
C de la Victòria
C del Palau Reial
C del Convent de Sant Francesc
10
Plaça de Sant Francesc
53
C de Sant Roc
14
38
C de l'Almudaina
17
44
73
C de l'Estudi General
43
13
C de Ca'n Angluda
98
C d'en Morei
C de Can Fortuny
C del Sol
48
C del Pont i Vic
C de Sant Pere Nolasc
18
C de la Puresa
SA PORTELLA
C del Monti-Sion
Cathédrale
1
32
19
C de Sant Alonso
C del Mirador
C del Palau
54
72
29
SA CALATRAVA
C del Miramar
C de la Portella
35
C de Serra
57
C de Can Fonollar
36
16
34
9
25
C de Sant Alonso
12
40
C de Sa Calatrava
26
Dalt Murada
47
Parc de la Mar
Pg Marítim (Av de Gabriel Roca)

Centre de Palma

Les incontournables
1 Cathédrale ... E5
2 Es Baluard ... A2
3 Museu Fundació Juan March ... G1
4 Palau de l'Almudaina ... D4
5 Palau March ... D4

À voir
6 Ajuntament ... F3
7 Almacenes El Águila ... G2
8 Arc de sa Drassana ... D5
9 Banys Àrabs ... G5
10 Basílica de Sant Francesc ... H4
11 CaixaForum ... F1
12 Cal Marquès de la Torre ... F6
13 Cal Poeta Colom ... F4
14 Can Bordils ... F4
15 Can Catlar del Llorer ... G3
16 Can Espanya-Serra ... F5
17 Can Marquès ... F4
18 Can Oleza ... F4
Can Oms ... (voir 14)
19 Can Salas ... F5
20 Can Vivot ... G3
21 Casal Solleric ... D2
22 Centre Cultural Contemporani Pelaires ... E3
23 Círculo de Bellas Artes ... D1
24 Consolat de Mar ... B4
25 Convent de Santa Clara ... G6
26 Dalt Murada et Parc de la Mar ... F6
27 Església de Santa Creu ... B2
28 Església de Santa Eulàlia ... G3
29 Església del Monti-Sion ... H5
30 Fundació Sa Nostra ... D1
31 Galeria K ... E3
32 Jardí del Bisbe ... F5
33 La Caja Blanca ... E3
34 Museo Can Morey de Santmartí ... F5
35 Museu de Mallorca ... F5
36 Museu Diocesà ... E5
37 Passeig d'es Born ... D3
38 Porta de l'Almudaina ... F4
39 Sa Llotja ... B4
40 Sa Portella ... F6
41 Sala Pelaires ... D2

Activités
42 Cruceros Marco Polo ... A6
43 Estudi Lul·lià de Mallorca ... E4
44 Mallorca Rutes ... G4
45 Palma City Sightseeing ... D4
46 Palma on Bike ... D4

Où se loger
47 Boutique Hotel Calatrava ... H6
48 Can Cera ... H4
49 Consell de Mallorca (office du tourisme) ... D3
50 Hostal Apuntadores ... C3
51 Hostal Pons ... B2
52 Hotel Born ... D1
53 Hotel Dalt Murada ... F4
54 Hotel Palacio Ca Sa Galesa ... F5

Arc de sa Drassana ÉDIFICE HISTORIQUE
(Carte p. 56 ; près de S'Hort del Rei). Cette grande arche fait partie des rares vestiges du passé maure de la ville. Quand la Riera, la rivière qui passe à Palma, suivait le cours de ce qui est actuellement le Passeig d'es Born et que la mer lapait les murs de la ville, cette porte donnait accès, côté mer, au palais maure et aux premiers chantiers navals.

Plaça Major et ses alentours

Museu Fundació Juan March GALERIE
(Carte p. 56 ; www.march.es/arte/palma ; Carrer de Sant Miquel 11 ; 10h-18h30 lun-ven, 10h30-14h sam). GRATUIT Dans une demeure du XVIIe siècle, ce musée offre une très intéressante vue d'ensemble de l'art contemporain espagnol. Les quelque 70 œuvres de la collection permanente de la Fundación Juan March constituent un véritable inventaire de la plupart des artistes du XXe siècle dont Miró, Juan Gris, Dalí et les sculpteurs Eduardo Chillida et Julio González.

Après ces noms prestigieux, la collection présente différents mouvements artistiques espagnols, comme celui né à Barcelone autour de la revue *Dau al Set* (1948-1953), qui eut pour chef de file Antoni Tàpies. À la même période, à Valence, Eusebio Sempere et Andreu Alfaro ouvraient de nouvelles voies vers l'abstraction. *Las Cuatro Estaciones* (1980), de Sempere, évoque les quatre saisons par de subtils changements de couleurs dans une série de quatre panneaux jouant sur des tracés purement linéaires. Ne manquez pas non plus les œuvres de Manuel Millares, de Fernando Zóbel et de Miquel Barceló. Ce dernier est notamment représenté à travers son grand format *La Flaque* (1989).

Església de Sant Miquel ÉGLISE
(Carte p. 62 ; Carrer de Sant Miquel 21 ; 9h30-13h30 et 17h-19h30). Édifiée après la conquête de Majorque, cette église frappe par son mélange de styles. C'est l'une des quatre premières églises à avoir été construite sur le site d'une mosquée et dans laquelle fut dite la première messe de la victoire le

55 Hotel Palau Sa Font B3
56 Hotel San Lorenzo B3
57 Hotel Santa Clara G5
58 Hotel Tres C4
59 Palma Suites H2
60 Puro Oasis Urbano C3

Où se restaurer

61 13% C2
62 Aramís C3
63 Bar España G2
64 Bon Lloc C3
65 Bruselas D3
66 Caballito de Mar C4
Can Cera Gastro Bar .... (voir 49)
67 Ca'n Joan de S'Aigo G3
68 Confitería Frasquet E2
69 Forn del Santo Cristo E2
70 Forn des Teatre F2
71 La Bodeguilla D1
72 La Taberna del Caracol G5
73 Las Olas G4
74 Opio C3
75 Quina Creu H3
Wine Garage .... (voir 61)

Où prendre un verre et faire la fête

76 Abaco C4
77 Atlantico Café C2
78 Bar Flexas H2
79 Ca La Seu H2
80 Café La Lonja C4
81 Cappuccino L
82 Es Jaç C
83 Escape Bar B3
84 Gibson E2
85 Ginbo A1
86 Guiness House D6
87 L'Ambigú G3
88 Mojo C4
89 Rocco's C2
90 Varadero A7

Où sortir

91 Blue Jazz Club A1
92 Bluesville C3
93 Jazz Voyeur Club C4
94 Teatre Principal F1

Achats

95 Carmina E2
96 Chocolate Factory E1
97 Colmado Santo Domingo F3
98 Fine Books F4
99 La Casa del Mapa E3
100 Món E3
101 Marché artisanal de la Plaça Major G2
102 Quesada D3
Típika .... (voir 45)
103 Vidrierias Gordiola F3

Renseignements

Office du tourisme du Consell de Mallorca .... (voir 50)

31 décembre 1229. La façade et l'entrée, avec sa longue arcade basse, offrent un parfait exemple du gothique catalan du XIVe siècle. Le clocher trapu de sept étages est également gothique.

Pour le reste, l'église, à voûte en berceau, fut largement remaniée dans le style baroque. Notez, sur la droite en entrant, la statue du pape Jean Paul II.

Claustre de Sant Antoniet — CLOÎTRE, GALERIE

(Carte p. 62 ; Carrer de Sant Miquel 30 ; 10h-14h et 15h30-20h lun-ven, 10h-13h30 sam). GRATUIT Construit en 1768, ce ravissant cloître baroque, de forme ovale et sur deux niveaux, appartient aujourd'hui à la banque BBVA qui y présente des expositions temporaires. À l'origine, il était rattaché à l'**Església de Sant Antoni de Viana**, voisine (fermée pour restauration lors de notre visite).

Almacenes El Águila — ÉDIFICE HISTORIQUE

(Carte p. 56 ; Plaça del Marqués de Palmer 1). Gaspar Bennàssar (1869-1933) – l'un des architectes qui a le plus marqué la Palma moderne, sa ville natale – a joué de différents styles durant sa longue carrière. Les Almacenes El Águila, construits en 1908, constituent l'une de ses réalisations les plus remarquables dans le style moderniste. Les trois étages sont différents les uns des autres. Notez l'usage abondant du fer forgé sur la façade principale.

Círculo de Bellas Artes — GALERIE

(Carte p. 56 ; www.circulopalma.es ; Carrer de l'Unió 3). Le Casal Balaguer, au superbe patio pavé planté de quatre beaux palmiers, abrite cette véritable institution artistique qu'est le Círculo de Bellas Artes. Lors de notre passage, le site était fermé pour travaux de rénovation. Il doit rouvrir et accueillir de nouvelles expositions en 2015.

CaixaForum — GALERIE, CENTRE CULTUREL

(Carte p. 56 ; www.lacaixa.es/ObraSocial ; Plaça de Weyler 3 ; 10h-21h lun-sam, 10h-14h dim). GRATUIT Ce centre culturel dépend de l'une des plus grandes entreprises espagnoles du bâtiment, La Caixa, basée à Barcelone. La CaixaForum occupe un merveilleux bâtiment moderniste, l'ancien Grand Hotel.

Prenez le programme, gratuit, à la réception et allez le consulter dans le café du rez-de-chaussée. Le centre possède aussi une excellente librairie.

Le Grand Hotel, construit entre 1900 et 1903 par le grand architecte catalan Lluís Domènech i Montaner, fut le premier bâtiment de Palma à être équipé de l'électricité et d'un ascenseur. Fermé durant la guerre civile, l'hôtel ne rouvrit jamais. Outre des expositions artistiques, il accueille souvent conférences, ateliers, cycles de films, concerts et autres manifestations.

Fundació Sa Nostra GALERIE, CENTRE CULTUREL

(Carte p. 56 ; www.obrasocialsanostra.com ; Carrer de la Concepció 12 ; 8h-20h lun-ven, 11h-14h sam). GRATUIT La Caixa de Balears, Sa Nostra, a créé, à Can Castelló, une fondation à vocation culturelle. Allez y faire un tour pour admirer le joli patio du XVIIIe siècle, qui abrite un café branché. Les expositions temporaires sont, en outre, toujours intéressantes.

La maison originelle remonte au XVIIe siècle et comporte aujourd'hui quelques touches modernistes dues à sa rénovation en 1909. Juste en face s'élève la **Font del Sepulcre**, le baptistère gothique d'une église disparue depuis longtemps. À l'intérieur se trouve un puits datant de l'ère musulmane (XIIe siècle). Du temps du royaume de Majorque, la Carrer de la Concepció s'appelait Carrer de la Monederia, car c'est là que se trouvait la Monnaie.

Església de Sant Jaume ÉGLISE

(Carte p. 62 ; Carrer de Sant Jaume 10 ; 11h30-13h30 et 17h30-20h30). GRATUIT Derrière sa façade baroque, ce haut édifice gris est l'une des églises gothiques les plus anciennes de Palma. C'est l'une des quatre premières églises paroissiales à avoir été construites après 1327 "sous la protection de la maison royale de Majorque". On dit que la famille Bonapart (les futurs Bonaparte) vécut dans ce quartier avant son départ pour la Corse en 1406. Sans quoi Napoléon aurait pu naître majorquin...

Església de Santa Magdalena ÉGLISE

(Carte p. 62 ; Plaça de Santa Magdalena ; 9h-12h30 et 17h30-19h30 lun-sam). GRATUIT Cette église baroque doit sa célébrité à la tombe de Santa Catalina Thomàs de Valldemossa. Les reliques de ses vêtements, visibles à travers un cercueil de verre situé dans une chapelle sur la gauche de l'autel, font l'objet d'un pèlerinage.

On dit que la future sainte s'était vu refuser l'entrée dans les couvents parce qu'elle était trop pauvre. Elle s'était alors assise en pleurs sur une grosse pierre, quand quelqu'un vint lui dire que le couvent alors rattaché à l'Església de Santa Magdalena l'accepterait. Sa joie fut immense. La pierre en question est aujourd'hui encastrée dans le mur du fond de l'**Església de Sant Nicolau** (XIVe siècle), Plaça del Mercat.

Església de Sant Crist de la Sang ÉGLISE

(Carte p. 62 ; Plaça de l'Hospital ; 7h30-13h et 16h-20h). GRATUIT Au sein de l'hôpital général (fondé au XVIe siècle), on découvre la façade gothique de cette église qui fait l'objet d'un pèlerinage et d'une dévotion en raison de son *paso* (une image sculptée portée en procession) du "saint Christ du Sang" considéré comme miraculeux.

Lors des messes, il est émouvant de voir la ferveur des fidèles qui montent derrière l'autel pour vénérer l'image du Christ crucifié, avec son *perizonium* (pagne de pureté du Christ) et ses longs cheveux (véritables) flottants. Juste à gauche en entrant dans l'église se trouve une Nativité du XVe siècle, sans doute importée de Naples.

Es Puig de Sant Pere

Es Baluard GALERIE

(Museu d'Art Modern i Contemporani ; carte p. 56 ; www.esbaluard.org ; Plaça de Porta de Santa Catalina 10 ; adulte/enfant 6 €/gratuit, expositions temporaires 4 € ; 10h-20h mar-sam, 10h-15h dim). Bâti avec ingéniosité et talent au sein même des remparts Renaissance, ce musée d'art moderne et contemporain est l'un des plus beaux de l'île. Ses expositions temporaires méritent l'attention, mais son attrait tient surtout à sa collection permanente, comprenant des œuvres de Miró, Barceló et Picasso.

L'architecture en béton de l'édifice s'inscrit dans les remparts, qui englobent les vestiges en partie restaurés d'un bastion de la fin du XVIe siècle (sur la droite quand on arrive de la Carrer de Sant Pere).

À l'intérieur, au rez-de-chaussée, se trouve le cœur de l'exposition permanente. Elle commence par une section consacrée à des paysages majorquins réalisés par des artistes locaux et étrangers, dont Santiago Rusiñol (1861-1931), Joaquín Sorolla

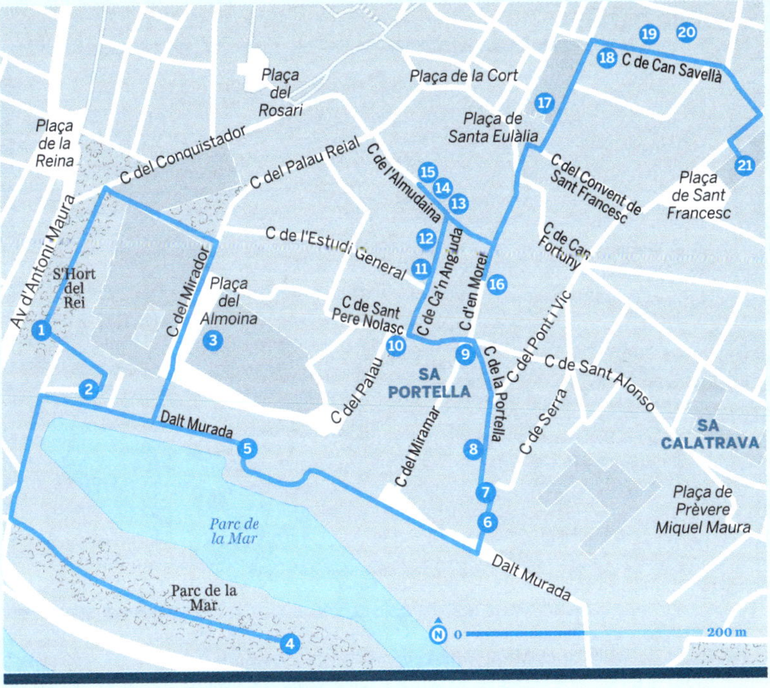

Promenade à pied
Palma historique et patios secrets

DÉPART S'HORT DEL REI
ARRIVÉE BASÍLICA DE SANT FRANCESC
DISTANCE 2,5 KM ; 2-3 HEURES

Commencez par le 1 **S'Hort del Rei** (jardin du Roi), où 2 l'**Arc de sa Drassana** (p. 58) se déploie au-dessus d'un étang. Allez vers le nord jusqu'au bronze de Miró ("l'Œuf"). Ensuite, gravissez les marches situées après le Palau March pour rejoindre l'immense 3 **cathédrale** (p. 49). Descendez en direction du 4 **Parc de la Mar** (p. 52), qui compte un lac avec fontaine.

Contemplez la vue depuis la 5 **Dalt Murada** (p. 52), une digue Renaissance, puis franchissez à gauche la porte médiévale 6 **Sa Portella**, reconnaissable à sa clef de voûte et à ses armoiries. La Carrer de la Portella recèle de secrètes cours historiques : la 7 **Cal Marquès de la Torre** du XVIIe siècle, et la 8 **Can Espanya-Serra** du XIXe siècle, dotée d'un escalier néogothique. Prenez la Carrer de la Puresa, et faites halte dans la 9 **Can Salas**. Ce patio, l'un des plus anciens de Palma, abrite des piliers sculptés, une superbe loggia et des armoiries du XIIIe siècle.

Faites au choix une pause dans le minuscule 10 **Jardí del Bisbe** (p. 53), ou continuez jusqu'à la 11 **Cal Poeta Colom**, baptisée du nom du poète qui y vécut jadis. Son patio baroque se caractérise par des colonnes fuselées. Ensuite vous attend la 12 **Can Marquès**, grandiose demeure médiévale.

Dans la Carrer de l'Almudaina, la 13 **Porta de l'Almudaina** (p. 53), porte médiévale, faisait à l'origine partie des murailles romaines. Tout près se trouve la 14 **Can Bordils** (p. 53), un patio du XVIIe siècle voisin de la 15 **Can Oms**, dotée d'un portail gothique. Dans la Carrer d'en Morei, le patio baroque de la 16 **Can Oleza** s'orne d'une loggia, de colonnes ioniques, d'arches basses et d'une balustrade en fer forgé. Dépassez 17 l'**Església de Santa Eulàlia** (p. 54) pour rejoindre la Carrer de Can Savellà. Celle-ci donne accès à la 18 **Can Vivot**, aux colonnes corinthiennes, et à la 19 **Can Catlar del Llorer**, comptant l'un des plus vieux patios gothiques de Palma. Allez déguster un chocolat chaud chez 20 **Ca'n Joan de S'Aigo** (p. 68), puis achevez la balade à la 21 **Basílica de Sant Francesc** (p. 54).

Nord de Palma

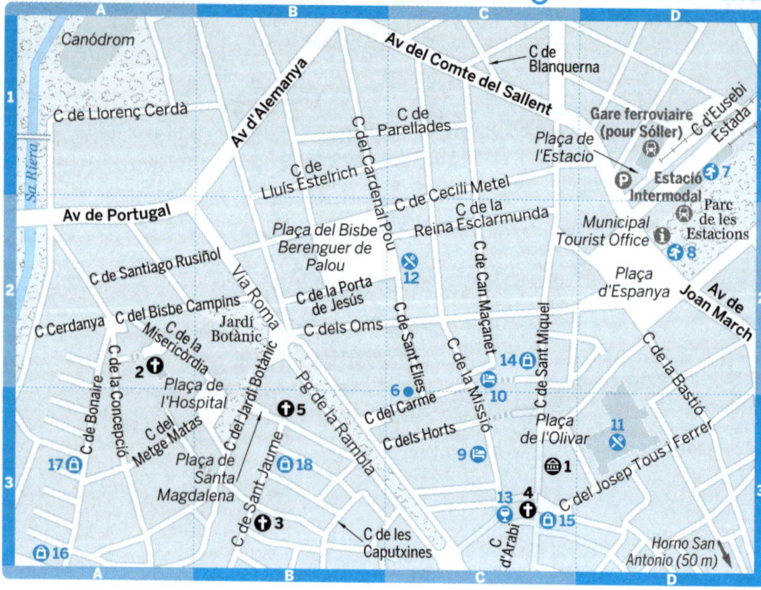

(1863-1923) de Valence et Miquel Barceló (né en 1957 à Majorque). Dans la collection permanente du rez-de-chaussée, une salle est aussi dédiée à l'œuvre de Joan Miró. À l'étage supérieur, on peut voir une collection de céramiques insolites de Pablo Picasso. Il est aussi possible de sortir sur les remparts pour contempler la vue. Le musée mérite bien qu'on lui consacre deux heures.

Sa Llotja

ÉDIFICE HISTORIQUE

(Carte p. 56 ; Plaça de la Llotja ; ⏲11h-13h45 et 17h-20h45 mar-sam, 11h-13h45 dim). GRATUIT Superbe bâtiment gothique, au grès patiné par le temps, Sa Llotja, qui donne sur le front de mer, fut édifié au XVᵉ siècle pour abriter la Bourse des marchands. Il accueille aujourd'hui des expositions temporaires – une saisissante sculpture de l'artiste britannique Tony Cragg lors de notre visite. Construite par Guillem Sagrera et achevée en 1450, Sa Llotja marque l'apogée de l'architecture civile gothique.

À l'intérieur, six fines colonnes torses soutiennent le haut plafond voûté. L'extérieur, d'une élégante fantaisie, se caractérise par des galeries ajourées, des tourelles octogonales à chaque angle de l'édifice, des hautes fenêtres gothiques et des gargouilles.

Passeig d'es Born

PASSAGE

(Carte p. 56). Le Passeig d'es Born débouche sur la Plaça del Rei Joan Carles I (du nom du père du roi d'Espagne actuel, après avoir porté le nom du pape Pie XII), un rond-point connu localement sous le nom de Plaça de les Tortugues, du fait d'un obélisque placé sur quatre tortues de bronze. Sur le côté est de l'avenue, à l'angle de la Carrer de Jovellanos, vous verrez, en hauteur d'un bâtiment, la tête d'un maure, au visage déformé et au turban de pierre blanc.

Connue sous le nom de **Cap del Moro** (Tête du Maure), elle représente un esclave musulman qui, dit-on, tua son maître, un chapelain, en octobre 1731. L'esclave fut exécuté, et sa main coupée aurait été attachée au mur de la maison où le crime avait été commis. Selon des chroniques, les restes de cette main seraient demeurés en place, derrière une grille, jusqu'en 1840.

Casal Solleric

ÉDIFICE HISTORIQUE

(Carte p. 56 ; www.solleric.org ; Passeig d'es Born 27 ; ⏲11h-14h et 15h30-20h30 mar-sam, 11h-14h30 dim). Cette grandiose demeure baroque du XVIIIᵉ siècle, typique de Palma avec son patio aux larges arcades gracieuses et aux pavés inégaux, réunit un centre culturel présentant des expositions temporaires, une librairie et un

Nord de Palma

À voir
1 Claustre de Sant Antoniet C3
2 Església de Sant Crist de la Sang A2
3 Església de Sant Jaume B3
4 Església de Sant Miquel C3
5 Església de Santa Magdalena B3

Activités
6 Dialog..C3
7 Mallorca Vintage D1
8 Palma Lock & Go..................................D2

Où se loger
9 Convent de la Missió C3
10 Misión de San Miguel C2

Où se restaurer
11 Mercat de l'Olivar D3
Misa Braseria.............................. (voir 10)
12 Restaurant Celler Sa Premsa C2
Simply Fosh .... (voir 9)

Où prendre un verre
13 Café L'Antiquari C3

Achats
14 Addaia C2
15 Bordados Valldemossa........................C3
16 Camper A3
Dialog.. (voir 6)
17 Millésimée A3
18 Rosario P...B3

Transports
Estació Intermodal de Palma ...... (voir 8)

office du tourisme. Généralement, les expositions sont gratuites et présentées sur deux étages.

Consolat de Mar ÉDIFICE HISTORIQUE
(Carte p. 56 ; Passeig de Sagrera). Le Consolat de Mar, fondé en 1326, était le siège du tribunal maritime. Le bâtiment actuel, l'un des rares exemples (bien qu'imparfait) d'architecture Renaissance à Majorque, fut achevé en 1669. Il fait face à une chapelle gothique achevée vers 1600 pour les membres de Sa Llotja.

Església de Santa Creu ÉGLISE
(Carte p. 56 ; Carrer de Sant Llorenç 4 ; messe). La construction de cette église gothique commença en 1335, mais son entrée principale (Carrer de Santa Creu 7) est un ajout baroque. Son premier attrait est la Cripta de Sant Llorenç (crypte de saint Laurent), datant du début du gothique, sans doute de la fin du XIIIe siècle. À l'intérieur de l'église, on peut voir des peintures de Rafel Mòger et de Francesc Comes.

Le Passeig Marítim et l'ouest de Palma

Castell de Bellver CHÂTEAU
(www.cultura.palma.es ; Carrer de Camilo José Cela 17 ; adulte/enfant 4/2 €, gratuit dim ; 8h30-13h lun, 8h30-20h mar-sam, 10h-18h dim). Le Castell de Bellver, château circulaire du XIVe siècle doté d'une seule tour ronde, est construit sur le flanc d'une colline boisée. C'est l'unique édifice de ce genre en Espagne. Il fut construit en dix années au début du XIVe siècle, sur ordre de Jacques II, au sommet de la colline du nom de Puig de Sa Mesquida. Le meilleur de la visite consiste à déambuler dans l'enceinte du château et à profiter de la vue spectaculaire sur les bois jusqu'à Palma, la Badia de Palma et la mer.

Le château fut conçu pour être une résidence royale, mais seuls y séjournèrent un temps le roi Sanche Ier de Majorque (en 1314) et Jean Ier d'Aragon (en 1395). En 1717, il fut transformé en prison. Remarquez au passage les graffitis des prisonniers dans la pierre.

Au rez-de-chaussée, le **Museu d'Història de la Ciutat** (musée municipal d'Histoire) se résume à quelques panneaux explicatifs et à une modeste collection de poteries. À l'étage, on visite une série de salles relativement vides, dont les anciennes cuisines. Ces salles sont fermées le dimanche, jour où l'entrée est gratuite.

Les bus n°3, 46 et 50 vous amènent Plaça de Gomila, d'où il faut encore grimper une colline escarpée, soit environ 15 minutes (1 km) à pied. Sinon, vous pouvez prendre le bus à toit ouvert Palma City Sightseeing, qui grimpe jusqu'au château dans le cadre de sa visite de la ville.

Activités

Marenostrum EXCURSIONS EN BATEAU
(Carte p. 66 ; 971 45 61 82 ; www.marenostrum-catamarans.com ; Passeig Marítim 8 ; avec/sans prise en charge à l'hôtel 57/49 € ; 10h-15h et 15h30-20h30 avr-oct). Marenostrum propose tous les jours, deux balades de 5 heures en catamaran vers la Cala Portals Vells ou la Cala Vella (selon la direction du vent), un peu à l'est de la baie de Palma. Le tarif inclut la nourriture à bord et le matériel de snorkeling.

Cruceros Marco Polo EXCURSIONS EN BATEAU
(Carte p. 56 ; ☎647 843667 ; www.crucerosmarcopolo.com ; en retrait du Passeig Marítim ; croisière de 1 heure : 12 € ; ⊙ttes les heures 11h-16h lun-sam, 14h-16h dim mars-oct). Propose un circuit de 1 heure dans la baie, jusqu'à six fois par jour.

Palma on Bike LOCATION DE VÉLOS
(Carte p. 56 ; ☎971 71 80 62 ; www.palmaonbike.com ; Avinguda d'Antoni Maura 10 ; vélo de ville/VTT/vélo électrique 14/22/24 € par jour, 67/95/130 € par sem ; ⊙10h-14h et 16h-20h). Palma on Bike loue des vélos de ville, des VTT, des rollers et des kayaks. Pour les vélos, le tarif de location comprend assurance et casque.

Mallorca Vintage LOCATION DE SCOOTERS
(Carte p. 62 ; ☎620 476285 ; www.mallorcavintage.com ; Plaça Espanya 6 ; ⊙9h30-19h30). Échappez-vous de la ville avec une Vespa de Mallorca Vintage pour sillonner l'île et découvrir villages et plages désertes. Comptez un minimum d'environ 42 €/jour. L'agence est à la gare ferroviaire, en sous-sol.

Cours

Dialog LANGUE
(Carte p. 62 ; ☎971 71 99 94 ; www.dialog-palma.com ; Carrer del Carme 14 ; stage de 2 semaines 395 € ; ⊙9h30-14h et 16h30-20h30 lun-ven, 10h-14h sam). Cette librairie propose des stages intensifs d'espagnol sur deux semaines qui ont bonne réputation.

Estudi Lul·lià de Mallorca LANGUE
(Carte p. 56 ; ☎971 71 19 88 ; www.estudigeneral.com ; Carrer de Sant Roc 4 ; à partir de 400 €). Stages intensifs de langue et de culture espagnoles en été.

Palma Sea School VOILE
(Carte p. 52 ; ☎971 10 05 18 ; www.palmaseaschool.com ; Passeig Marítim 38 ; cours de voile 2 jours à partir de 400 €). Qu'il s'agisse de s'initier ou de perfectionner sa pratique, cette école affiliée à la Royal Yachting Association propose une large gamme de cours de navigation de plaisance, de voile, de hors-bord et de Jet-Ski.

Circuits organisés

♥ **Mallorca Rutes** À PIED
(Carte p. 56 ; ☎971 72 89 83 ; www.mallorcarutes.com ; Carrer d'en Morei 1 ; 15-35 €/pers). Mallorca Rutes propose un large éventail de promenades guidées à pied, permettant de découvrir diverses facettes de Palma. Elles vont de la visite guidée basique englobant les principaux sites d'intérêt aux visites thématiques, telle celle, superbe, consacrée aux patios et palais. L'agence organise également des dégustations de vin et de produits majorquins typiques. La réservation peut s'effectuer auprès de Típika, à côté de la Plaça de Santa Eulalia.

Palma City Sightseeing EN BUS
(Carte p. 56 ; ☎902 101081 ; www.mallorcatour.com ; Avinguda d'Antoni Maura ; adulte/enfant 15/7,50 € ; ⊙9h30-22h). Dans ces bus, sur le parcours desquels on monte et descend autant de fois qu'on le souhaite, sont diffusés des commentaires en différentes langues (dont le français). Les billets sont valables 24 heures (il est possible d'en acheter d'un peu plus chers, valables 48 heures). Un bus part toutes les 15 minutes de l'Avinguda d'Antoni Maura. Outre son circuit dans le centre-ville, il longe le front de mer et monte jusqu'au Castell de Bellver.

LE QUARTIER DES GALERIES

Les passionnés d'art contemporain peuvent se réjouir : de nombreuses galeries bordent les rues étroites juste à l'est du Passeig d'es Born.

La Caja Blanca (carte p. 56 ; www.lacajablanca.com ; Carrer de Can Verí 9 ; ⊙11h-14h et 17h-20h lun-ven, 11h30-14h sam). Artistes majorquins et internationaux d'avant-garde sont exposés dans cet espace austère et minimaliste, qui accueille 3 à 4 expositions par an.

Galeria K (carte p. 56 ; www.galeria-k.com ; Carrer de Can Verí 10 ; ⊙10h30-14h30 et 16h-20h lun-ven, 10h30-18h sam). Petite galerie novatrice présentant des peintres et sculpteurs espagnols et internationaux.

Sala Pelaires (carte p. 56 ; www.pelaires.com ; Carrer de Pareires 5 ; ⊙10h-13h30 et 16h45-20h lun-ven, 10h-13h30 sam). Branche du Centre Cultural Contemporani Pelaires et première galerie d'art contemporain de Palma, idéale pour admirer les œuvres des plus grands artistes espagnols.

INTERVIEW

PATIOS ET PALAIS

Le guide Mateu Masegosa, de Mallorca Rutes, nous fait découvrir de l'intérieur ses *patis* (patios) majorquins préférés, et nous dévoile les détails des ruelles labyrinthiques de Palma, qui passent souvent inaperçus aux yeux des néophytes.

Nobles et marchands Les patios de Palma reflètent une certaine distinction de classes. L'élite (nobles et propriétaires terriens) vivait dans le luxe de Palma Alta, quartier historique se déployant autour de Sa Portella. Marchands et marins résidaient quant à eux à Palma Baixa, dans le secteur d'Es Puig de Sant Pere, où les patios s'ornont souvent de gravures représentant des bateaux, ou de motifs à l'effigie de Mercure, le dieu du commerce.

Un homme aux vues originales Juan March était un riche homme d'affaires haut en couleur, qui aimait impressionner. Le Palau March (p. 51) entoure le patio le plus inhabituel de Palma : une loggia ouverte sur tous les côtés qui permet de bénéficier de la meilleure vue possible sur la cathédrale et sur le Palau de l'Almudaina.

Amour courtois Au-dessus de la Porta de l'Almudaina (p. 53), une porte médiévale, une minuscule fenêtre rappelle le temps où les messieurs faisaient leur cour. Les belles jeunes femmes jetaient des regards par la fenêtre et flirtaient avec leurs prétendants en ouvrant leurs éventails ou en agitant leurs mouchoirs.

La légende du dragon À l'angle de la Carrer de la Portella, levez les yeux pour observer El Drac de Na Coca, une sculpture en pierre en forme de crocodile. Selon la légende, au XVIIe siècle, un dragon assoiffé de sang rôdait dans les égouts, terrorisant tous ceux qui le croisaient. Un courageux chevalier vint un jour rendre visite à sa belle. Lorsque le dragon surgit de l'ombre pour attaquer la damoiselle, le chevalier le tua avec son épée.

Fêtes et festivals

Festa de Sant Sebastiá — MUSIQUE

(19-20 jan). La nuit précédant la fête du saint patron de Palma, des concerts (du funk au folk) ont lieu sur les places de la ville, des feux de joie sont allumés et un feu d'artifice, l'*aiguafoc*, illumine la baie. Un grand soir, malgré la fraîcheur !

Sa Rueta et Sa Rua — CARNAVAL

(Fév-mars). Le carnaval de Palma, qui a lieu les derniers jours précédant le Carême, comporte un défilé pour les enfants (Sa Rueta), suivi d'un défilé plus important (Sa Rua) avec chars et autres attractions.

Semana Santa — FÊTE RELIGIEUSE

(Semaine sainte ; mars-avr). Parmi les diverses processions de la Semaine sainte, la plus impressionnante est celle qui a lieu le soir du Jeudi saint. Durant le Processó del Sant Crist de la Sang (procession du Christ du Sang), les membres des confréries, vêtus de grandes robes et coiffés de cagoules portent en procession un *paso* (une lourde sculpture du Christ portée par une équipe d'hommes). La procession part à 19h de l'Església de Sant Crist de la Sang, où le *paso* est conservé, pour y revenir quelques heures plus tard.

Boat Show Palma — SALON NAUTIQUE

(www.boatshowpalma.com ; mai). Ce grand salon nautique a généralement lieu la première semaine de mai, du côté des quais du Moll Vell.

Corpus Christi — RELIGION

(Mai-juin). La Fête-Dieu ou fête du Saint-Sacrement est célébrée le jeudi de la neuvième semaine qui suit Pâques, mais la principale procession au départ de la cathédrale a lieu le dimanche suivant à 19h. Ce jour-là, un tapis de pétales de fleurs est déposé devant la cathédrale et sur la Plaça de la Cort. Des concerts accompagnent ces célébrations durant environ un mois. Ceux-ci se déroulent souvent dans les *patios*, que l'on peut ainsi visiter à cette époque.

Nit de Foc — FÊTE LOCALE

(23 juin). La veille de la Saint-Jean (24 juin) est une fête spectaculaire. Quand la nuit tombe, le *correfoc* ("feu qui court") démarre dans le Parc de la Mar. Des danseurs-artificiers déguisés en démons tirent une pluie de feux d'artifice tout en sautant et dansant en une infernale procession. Tout le monde se rend alors sur les plages où des groupes de musiciens et d'autres feux mettent la foule en joie. La fête dure jusqu'à l'aube.

Ouest de Palma

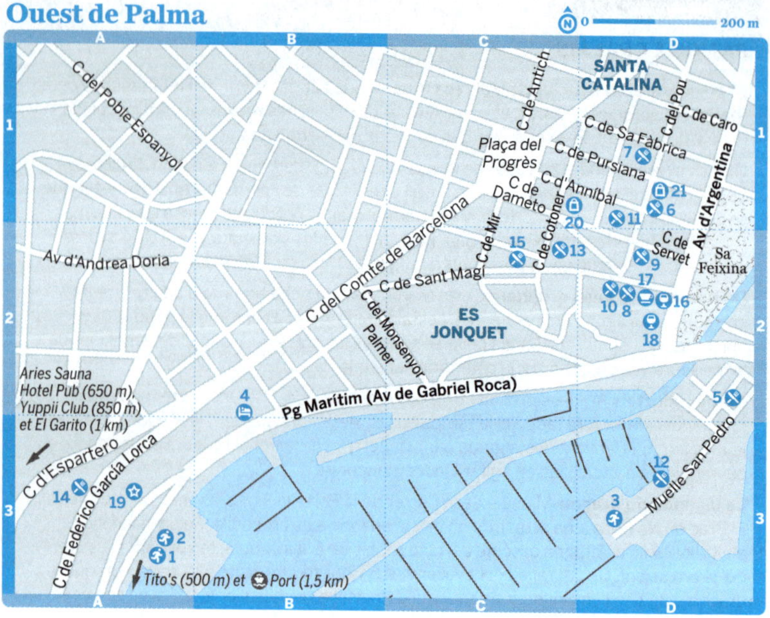

Cinema a la Fresca — FESTIVAL D'ÉTÉ

(www.imtur.es ; juil et août). Les spectacles en plein air – cinéma, musique populaire et théâtre – se succèdent au Parc de la Mar.

Nit de l'Art — CULTURE

(www.nitdelartartpalma.com ; sept). Une manifestation artistique bien établie : galeries et institutions culturelles de toute la ville ouvrent leur porte pour exposer les dernières tendances de l'art.

TaPalma — FESTIVAL GASTRONOMIQUE

(www.tapalma.es ; fin oct/début nov). Délicieuse manifestation mettant à l'honneur les meilleures tapas de la ville. Quelque 40 restaurants participent à l'événement. Il suffit ensuite de suivre les circuits tapas (dont le plan figure sur le site Internet).

Marché de Noël — MARCHÉ

(Plaça Major ; 10h-21h). Le marché de Noël se tient sur la Plaça Major du 1er décembre au 6 janvier.

Où se restaurer

Vieux Palma

Confitería Frasquet — PASTELERÍA €

(Carte p. 56 ; www.confiteriafrasquet.com ; Carrer d'Orfila 4 ; pâtisseries et gâteaux 1,50-4 € ; 10h-20h lun-sam). Cette élégante pâtisserie au décor XIXe siècle offre un choix étonnant de douceurs, avec pour spécialités les pralines, les génoises aux amandes et les *embatumats* (un délice au chocolat) ; tout est tentant. Une confiserie occupe les lieux depuis le XVIIe siècle.

Forn del Santo Cristo — PASTELERÍA €

(Carte p. 56 ; www.hornosantocristo.com ; Carrer de Paraires 2 ; ensaïmades à partir de 1,30 € ; 8h-20h30 lun-sam, 8h30-13h dim). On confectionne ici des *ensaïmades* depuis 1910, ainsi que d'autres délices traditionnelles comme les *cocas de patata* (petits pains à la patate douce).

La Taberna del Caracol — ESPAGNOL €€

(Carte p. 56 ; 971 71 49 08 ; www.tabernacaracol.com ; Carrer de Sant Alonso 2 ; tapas 1,50-17 €, assiette de dégustation de tapas 14 € ; 19h30-23h lun, 12h-15h et 19h30-23h mar-sam). Après avoir descendu les trois marches, on se retrouve dans un bel espace gothique, haut de plafond. Au fond, une large voûte laisse entrevoir ce qui se prépare : artichauts grillés, escargots ou autres savoureuses tapas. Le large assortiment de tapas (4 tapas différentes pour 14 €, 2 pers minimum), à déguster sur fond de musique douce, fait un vrai repas.

Ouest de Palma

Activités
1 Attraction A3
2 Marenostrum A3
3 Real Club Náutico D3

Où se loger
4 Hotel Mirador B2

Où se restaurer
5 Ca'n Eduardo D2
6 El Perrito D1
7 Hórreo Veinti3 .... D1
8 Japo Express D2
9 Koh D2
10 La Baranda D2
11 Mercat de Santa Catalina D1
12 Nautic D3
13 Room C2
14 Toque A3
15 Ummo C2

Où prendre un verre
16 Hostal Cuba Colonial D2
17 Idem Café D2
Novo Café Lisboa .... (voir 10)
18 Soho D2

Où sortir
19 Auditòrium A3

Achats
20 B Connected Concept Store C1
21 Cronopios D1
Trading Place .... (voir 21)

Las Olas MÉDITERRANÉEN, ASIATIQUE €€
(Carte p. 56 ; 971 21 49 05 ; www.lasolasbistro.com ; Carrer de Can Fortuny 5 ; repas 25-30 €, tapas 2-9 € ; 12h30-16h et 20h30-23h30 mer-sam, 12h30-16h lun-mar ;). Une table qui change. Tenue par un couple irlando-cambodgien, La Olas présente deux visages : au déjeuner, ce ne sont qu'arômes méditerranéens avec des touches internationales, au dîner, l'heure est aux préparations vietnamo-cambodgiennes.

Plaça Major et ses alentours

Simply Fosh EUROPÉEN MODERNE €€€
(Carte p. 62 ; 971 72 01 14 ; www.simplyfosh.com ; Carrer de la Missió 7A ; plats 23-29 €, menus 21,50-76 € ; 13h-15h30 et 19h-22h30 lun-sam). Une cuisine méditerranéenne amoureusement préparée avec une touche novatrice, à déguster dans l'ancien réfectoire d'un couvent du XVIIe siècle. C'est l'un des restaurants du chef Marc Fosh, étoilé au Michelin. L'élégante salle monochrome et le patio composent le décor idéal pour savourer des menus de grande qualité à prix raisonnables. Mention spéciale au menu déjeuner (3 plats, 21,50 €), une affaire. Saveurs simples et produits de saison. Réservation indispensable.

Can Cera Gastro Bar MÉDITERRANÉEN €€
(Carte p. 56 ; 971 71 50 12 ; www.cancerahotel.com ; Carrer del Convent de Sant Francesc 8 ; plats 14-22 €, menus 18-31 € ; 13h-15h30 et 19h30-22h30). Ce restaurant bénéficie d'un cadre enchanteur : il occupe l'un des plus beaux patios de Palma, dans l'hôtel du même nom, lui-même aménagé dans un palais du XIIIe siècle. À la lueur des lanternes, dînez de tapas ou de plats de saison comme le gaspacho à la tomate et à la pastèque, ou le riz crémeux à l'aïoli, au safran et aux calamars. Cerise sur le gâteau : le jardin vertical, qui suscite une grande curiosité chez les passants.

Misa Braseria MÉDITERRANÉEN €€
(Carte p. 62 ; 971 59 53 01 ; www.misabraseria.com ; Carrer de Can Maçanet 1 ; plats 17-23 € ; 13h-15h30 et 19h30-22h30 lun-sam). Cet autre restaurant de Marc Fosh est une brasserie rustique chic, combinant une salle en sous-sol et un joli patio à l'étage. Les plats sont élégamment présentés, et d'une grande fraîcheur. Ils changent au fil des saisons, mais côtoient sur la carte des classiques comme le poulet rôti et le bœuf grillé accompagné de purée de pommes de terre aux truffes. Le menu déjeuner (3 plats, 15,50 €) est d'un rapport qualité/prix remarquable.

Restaurant Celler Sa Premsa ESPAGNOL €
(Carte p. 62 ; 971 72 35 29 ; www.cellersapremsa.com ; Plaça del Bisbe Berenguer de Palou 8 ; plats 9-14 € ; 12h30-16h et 19h30-23h30 lun-sam). Cette vaste taverne aux murs couverts de vieilles affiches de corrida, où trônent d'énormes barriques de vin, est une institution locale quasi incontournable. Le genre d'endroit que l'on trouve partout dans l'arrière-pays majorquin, mais qui est en voie de disparition à Palma. Sur la carte prédominent les spécialités majorquines.

Au menu donc : agneau rôti, *tumbet* (ratatouille de légumes typique de Majorque), *frit Mallorquí* (abats d'agneau sautés avec pommes de terre frites, oignons et herbes aromatiques), porc au chou et lapin aux oignons.

Quina Creu TAPAS €€
(Carte p. 56 ; 971 71 17 72 ; www.quinacreu.com ; Carrer de Cordería 24 ; plats 9-35 €, menus

déj 9,90 € ; ⏲12h-1h lun-sam). Bric-à-brac de mobilier vintage, lustres scintillants dignes d'une maison hantée, murs placardés d'affiches : le Quina Creu joue la carte du négligé chic. Ambiance design au bar, qui se retrouve dans les assiettes de tapas alignées sur le comptoir (et énumérées à la craie sur une ardoise). Toutes délicieuses, elles vont de la *sobrassada* aux œufs de caille en passant pas la morue aux gambas et à la *salsa verde*.

Ca'n Joan de S'Aigo PASTELERÍA, CAFÉ €
(Carte p. 56 ; Carrer de Can Sanç 10 ; pâtisseries 1,30-3 € ; ⏲8h-21h). Proposant des douceurs depuis 1700, cet établissement est incontournable pour savourer un chocolat chaud onctueux (2 €) et des pâtisseries, dans un cadre qui évoque une sorte de drugstore rempli d'objets anciens. La spécialité maison est le *quart*, un gâteau moelleux et léger que les enfants adorent, servi avec de la glace aux amandes.

La Bodeguilla ESPAGNOL €€
(Carte p. 56 ; ☎971 71 82 74 ; www.la-bodeguilla.com ; Carrer de Sant Jaume 3 ; plats 17-28 € ; ⏲12h-23h30). Ce restaurant gourmet interprète avec originalité des plats de toute l'Espagne tel le *cochinillo* (cochon de lait) de Ségovie ou le *lechazo* (agneau rôti au romarin de Cordoue). Il propose aussi un appétissant choix de tapas, dont des cubes de saumon marinés au chutney à l'aneth.

Bar España ESPAGNOL €€
(Carte p. 56 ; ☎971 72 42 34 ; Carrer de Ca'n Escurrac 12 ; menus tapas 12-22 € ; ⏲18h30-0h30 lun-sam). Tomber sur ce bar le soir, quand alentour tout est fermé, donne le sentiment de découvrir un secret. Dans ce lieu aux murs de pierre et à juste titre des plus populaire, un sympathique brouhaha de conversations accompagne les délicieux *pintxos* (tapas basques), alignés sur le bar ou indiqués à la craie sur un tableau.

Horno San Antonio PASTELERÍA €
(Carte p. 52 ; Plaça Sant Antoni 6 ; ensaïmades à partir de 1,30 € ; ⏲8h-20h mar-ven, 8h-14h sam-dim). Cette vénérable pâtisserie est considérée par la plupart des Majorquins comme le top du top en matière d'*ensaïmades*. Elle en fait de toutes tailles et de toutes sortes, nature, au chocolat, à la crème ou à l'abricot. Si vous souhaitez en rapporter chez vous, on vous les emballe dans un joli paquet.

Forn des Teatre PASTELERÍA €
(Carte p. 56 ; www.forndesteatre.com ; Plaça de Weyler 9 ; ensaïmades à partir de 1,30 € ; ⏲8h-20h). Cette pâtisserie, au décor moderniste datant de 1916, prépare des *ensaïmades* légères comme des plumes. Les grandes doivent se commander, et les petites à emporter coûtent à partir de 1,30 €. Également de délicieux gâteaux aux amandes.

Es Puig de Sant Pere

♥ **Wine Garage** INTERNATIONAL €€
(Carte p. 56 ; ☎971 72 44 83 ; Carrer de Montenegro 10 ; menus 3 plats avec vin et eau 40 € ; ⏲13h-16h et 19h30-23h lun-ven, 19h-0h sam-dim). Cadre branché et citadin pour ce restaurant avec pierre apparente, hauts

MANIFESTATIONS NAUTIQUES

La voile est à l'honneur à Palma où de nombreuses régates ont lieu au fil de l'année. Outre celles indiquées ci-dessous, le **Real Club Náutico** (carte p. 66 ; www.realclubnauticopalma.com), le plus prestigieux des clubs nautiques de la ville, organise plus d'une vingtaine de manifestations dans l'année (dont certaines en collaboration avec d'autres clubs).

Copa del Rey (Coupe du Roi ; ⏲juil-août). Cette coupe, qui se déroule sur 8 jours en été, marque l'un des temps forts de l'année. Le roi Felipe VI et son père Juan Carlos Ier y participent souvent sur des bateaux de course.

PalmaVela (www.palmavela.com ; ⏲fin avr). Cette course attire des centaines de voiliers de toutes catégories venus du monde entier.

Trofeo SAR Princesa Sofía (www.trofeoprincesasofia.org ; ⏲avr). L'une des six régates qui composent les World Cup Series, attirant des équipes olympiques internationales.

The Superyacht Cup (www.thesuperyachtcup.com ; ⏲juin). La coupe se court sur 3 jours et constitue l'une des plus grandes courses pour les super yachts de 25 à 90 m.

Trofeo Ciutat de Palma (www.trofeociutatdepalma.com ; ⏲déc). Gigantesque manifestation de 4 jours consacrée aux dériveurs.

INTERVIEW

LA SCÈNE CULINAIRE DE PALMA

Ces dernières années, Marc Fosh, célèbre chef britannique propriétaire des restaurants Misa Braseria (p. 67) et Simply Fosh (p. 67), a révolutionné la scène gastronomique de Palma avec ce qu'il décrit comme une "cuisine moderne mais simple, soulignant la pureté des saveurs et du goût".

Pourquoi Majorque ? Lentement mais sûrement, Majorque est en train de devenir une destination gastronomique de premier rang. Ces dernières années, de jeunes chefs passionnés ont ouvert d'excellentes petites tables. Côté produits, on assiste à l'éclosion de nombreux domaines viticoles, et l'on trouve maintenant également des huiles d'olive, des fromages et des sels de grande qualité produits sur l'île.

Votre plat préféré La cuisine majorquine a des racines rustiques. C'est une cuisine de style campagnard, et l'un de mes plats préférés est l'*arròs brut*. C'est un plat de riz très savoureux, avec de la viande et des légumes cuits dans un bouillon. J'adore manger chez Sa Cuina de n'Aina, à Sencelles. Le chef concocte le meilleur *arròs brut* de l'île.

Les marchés de Palma Le **Mercat de l'Olivar** (carte p. 62 ; Plaça de l'Olivar ; ⏲8h-14h et 17h-20h lun-ven, 8h-14h sam), à Palma, est un must pour les gastronomes avisés. Les étals de poisson sont proprement sensationnels, et le choix de produits de la mer est extraordinairement varié. Il y a également un bar à huîtres en plein milieu du marché, et, si vous en avez envie, rien de plus facile à partir de là que de gagner à pied la Misa Braseria et Simply Fosh pour déjeuner.

Produits de saison Ce n'est un secret pour personne, Palma est la destination estivale par excellence. Mais l'hiver réserve aussi nombre de bonnes surprises. C'est à l'automne que poussent l'*esclata-sang*, ou lactaire sanguin, un délicieux champignon sauvage local. Ces gros champignons forts en goût sont parfaits grillés ou rôtis. Il suffit d'ajouter un peu de sel marin, un trait d'huile d'olive, des gousses d'ail écrasées et du persil haché. Un régal !

plafonds et murs bordeaux, toujours très animé. Tous les plats sont préparés avec un sens aigu du détail, qu'il s'agisse d'un simple steak-frites ou de la divine panna cotta au chocolat avec sauce à la menthe. La vaisselle d'un blanc étincelant met les plats en valeur, et la carte des vins est, comme de juste, excellente.

Opio ASIATIQUE €€

(Carte p. 56 ; ☎971 42 54 50 ; www.purohotel.com ; Carrer de Montenegro 12 ; plats 14-23 € ; ⏲restaurant 19h30-23h30, bar 19h30-2h). Sous ses airs glamour chic (morceaux de DJ, tons champagne et cour éclairée de bougies), l'Opio, au Puro Hotel, a du répondant. Au programme : cocktails, *beautiful people*, mais surtout une délicieuse cuisine fusion asiatique, par exemple du saumon en croûte de miso et de l'aloyau de bœuf aux shitaké.

13% TAPAS €

(Carte p. 56 ; ☎971 42 51 87 ; www.13porciento.com ; Carrer de Sant Feliu 13a ; tapas 3-11 €, déj/menus dégustation 11/20 € ; ⏲18h-23h lun-mer, 12h30-16h et 19h-0h jeu-sam ; 🌿). Dans un coin plus calme, au bout de la vieille ville, cet établissement en L fait à la fois bar à vins et tapas, bistrot et épicerie. La plupart des produits sont bio et les végétariens ont tout le choix voulu. La carte très fournie comporte aussi bien des canapés, des salades, du carpaccio de lotte au parmesan et à l'huile de truffe, que des filets de sardine fraîche au *cava* (vin pétillant). Le menu déjeuner correspond à un choix de 3 tapas.

Aramís ESPAGNOL €€

(Carte p. 56 ; ☎971 72 52 32 ; Carrer de Sant Feliu 7 ; plats 8-17 € ; ⏲13h-15h30 et 19h30-22h30 lun-ven, 19h30-22h30 sam). Ce repaire de gourmets, avec parquet noir et œuvres d'art aux murs, pratique des prix étonnamment raisonnables. Cuisine créative du genre calamars sautés à la *sobrassada* et aux pignons.

Bruselas INTERNATIONAL €€

(Carte p. 56 ; ☎971 71 09 54 ; www.restaurantebruselas.com ; Carrer d'Estanc 4 ; plats 9-25 € ; ⏲13h-16h et 20h-0h lun-sam). Cet ancien piano-bar, dont le propriétaire est belge, est aujourd'hui dédié aux amateurs de viande rouge. Dans un sous-sol en pierre voûté joliment décoré dans l'esprit contemporain, la carte fait la part belle aux steaks argentins, tel le *solomillo con foie* (steak d'aloyau au foie gras). On sert aussi de savoureux hamburgers. Et pour accompagner le tout, rien de tel qu'un rouge majorquin de caractère, comme le Son Bordils Negre.

Bon Lloc VÉGÉTARIEN €

(Carte p. 56 ; ☎ 971 71 86 17 ; www.bonllocrestaurant.com ; Carrer de Sant Feliu 7 ; menus 14,50 € ; ⏲ 13h-16h lun-mer, 13h-16h et 19h30-23h jeu-sam ; ✍). Un restaurant 100% végétarien, ouvert et lumineux, à l'ambiance décontractée et en même temps raffinée. Tous les produits sont bio et on est là entre de bonnes mains : c'est le plus ancien restaurant végétarien de Palma et le choix s'avère des plus simples, car il n'y a qu'un menu comportant 4 plats. Réservation recommandée.

Santa Catalina et ses alentours

Koh ASIATIQUE €€

(Carte p. 66 ; ☎ 971 28 70 39 ; www.kohmallorca.com ; Carrer de Servet 15 ; plats 10-15 € ; ⏲ 19h-23h lun-sam). Envie de plats épicés ? Cap sur ce restaurant thaïlandais moderne et gai de Santa Catalina, où les chefs Abel Denhard et Mika Drouin revisitent les saveurs asiatiques en les rendant plus marquées, qu'il s'agisse des rouleaux de printemps vietnamiens, des côtes de porc à la sauce *hoisin* ou du curry malaisien.

Ummo ESPAGNOL, BASQUE €€

(Carte p. 66 ; ☎ 871 953873 ; Carrer de Sant Magí 66 ; plats 13-18 € ; ⏲ 8h-23h30 mar-dim). Élégant bistrot avec parquet, faisant la part belle à la simplicité et aux produits frais de saison. Le chef, originaire de San Sebastián, apporte sa touche novatrice aux tapas avec des créations comme les petits poulpes farcis sur nid de polenta, et la *morcilla* (boudin) de Burgos accompagnée de gelée de poivron blanc de Majorque, de piment rouge et d'un œuf de caille. Cette originalité lui a valu la médaille d'or au concours de tapas Tapalma en 2013.

Room ESPAGNOL €€

(Carte p. 66 ; ☎ 971 28 15 36 ; www.theroompalma.es ; Carrer de Cotoner 47 ; en-cas 3-7 €, menus déj 2 plats 13 € ; ⏲ 8h-17h lun-ven, 9h30-17h sam ; 👪). Élégant café contemporain très apprécié au petit-déjeuner et au déjeuner, notamment pour son ambiance décontractée et les livres de coloriage à disposition pour les petits. La carte fait la part belle aux pâtisseries, salades, pâtes et tapas maison.

El Perrito SUÉDOIS €

(Carte p. 66 ; ☎ 971 45 59 16 ; Carrer d'Anníbal 20 ; plats 8-11 € ; ⏲ 8h-17h lun-sam). Le "Petit Chien" tient son nom des photos en noir et blanc des chiens des clients accrochées aux murs. Tenu par des Suédois, ce ravissant café agréablement décontracté, à l'ambiance bobo, sert des bagels, des gâteaux maison, des jus de fruits frais et des plats du jour comme le goulasch et les boulettes de viande aux airelles rouges. Attention : les portions sont plutôt réduites.

Hórreo Veinti3 MÉDITERRANÉEN €€

(Carte p. 66 ; ☎ 649 033806 ; Carrer de Sa Fàbrica 23 ; plats 15-45 € ; ⏲ 13h-0h30 jeu-lun, 19h-0h30 mar-mer). Chaises transparentes et teintes monochrome composent le cadre de ce restaurant moderne et pimpant, avec tables en terrasse. Les plats vont du risotto au thon grillé en passant par le chateaubriand.

La Baranda ITALIEN €€

(Carte p. 66 ; ☎ 971 45 45 25 ; www.labaranda.co.uk ; Carrer de Sant Magí 29 ; pizzas 8-16 €, plats 16-40 € ; ⏲ 13h-15h30 et 18h30-0h). Un italien décontracté (pierre apparente, murs jaunes, mobilier en bois simple et œuvres d'art disséminées) parfait pour les pizzas au feu de bois, les plats de pâtes et son choix de gâteaux maison. Sinon, il y a aussi des tapas au rez-de-chaussée.

Japo Express SUSHIS €

(Carte p. 66 ; ☎ 971 73 83 21 ; www.ilovejapo.com ; Carrer de Sant Magí 25 ; sushis 1-4 €/pièce ; ⏲ 13h30-16h et 19h-23h30). Impossible de manquer la façade rose vif de cet insolite bar à sushis de Santa Catalina, qui mériterait un nom d'enseigne plus inspiré. Des lanternes en papier ornent la salle aux murs blanchis à la chaux, où l'on savoure sushis, makis, sashimis et *nigiri* d'une extrême fraîcheur. La formule déjeuner (2 plats, 9 €) est une affaire.

Passeig Marítim et ouest de palma

♥ **Toque** INTERNATIONAL €€

(Carte p. 66 ; ☎ 971 28 70 68 ; www.restaurante-toque.webs.com ; Carrer Federico García Lorca 6 ; plats 14-20 €, menus déj 3 plats 13 € ;

13h-15h30 et 19h-23h mar-sam, 13h-15h30 dim ;). Ne vous fiez pas à son allure de énième restaurant de quartier d'une rue quelconque. Si le Toque reçoit d'excellents échos, c'est à juste titre. Son honnête cuisine maison (belge avec une touche méditerranéenne), ses prix abordables (la bouteille de vin premier prix coûte seulement 13 €) et son accueil très chaleureux le placent bien au-dessus de ses concurrents. Commencez en entrée par des moules à la crème, et poursuivez par un cochon de lait rôti confit dans son jus accompagné de purée de patates douces, et vous ne serez pas déçu.

Nautic POISSON ET FRUITS DE MER €€

(Carte p. 66 ; 971 72 63 83 ; www.nautic-restaurant.com ; Muelle San Pedro 1 ; plats 16-29 €, menus déj 3 plats 25 € ; 13h-15h30 et 20h-23h30 mar-dim). Dans le prestigieux Real Club Nautico, le Nautic sert les habituels poissons grillés, fruits de mer et plats à base de riz, mais réserve aussi quelques surprises telles ces courgettes farcies au homard, dans une sauce *sobrassada*. La salle chic, avec murs blancs, lucarnes, et baies vitrées tout autour, surplombe la marina, de même que la terrasse.

Caballito de Mar POISSON ET FRUITS DE MER €€

(Carte p. 56 ; 971 72 10 74 ; www.caballitodemar.info ; Passeig de Sagrera 5 ; plats 17-34 € ; 12h-23h30 dim-jeu, 12h-0h ven-sam). Le "Petit Hippocampe", l'un des restaurants de poisson incontournables de Palma, présente ses plats de manière contemporaine. On y sert notamment des médaillons de lotte, *sobrassada* et *butifarrón* (boudin noir) enveloppés dans des feuilles de chou avec une sauce aux noix. Ou, dans un genre plus traditionnel, des poissons frais du jour, des plats à base de riz ou des crevettes roses de Sóller. Si possible, attablez-vous en terrasse, au soleil.

Ca'n Eduardo POISSON ET FRUITS DE MER €€€

(Carte p. 66 ; 971 72 11 82 ; www.caneduardo.com ; 3e ét., Travesía Contramuelle, Es Mollet ; plats 20-38 € ; 13h-23h30 ;). Juste au-dessus du marché aux poissons : on ne peut rêver mieux pour être assuré de leur fraîcheur ! Cette vénérable maison, en activité depuis les années 1940, se distingue par son lumineux cadre contemporain, sa vue panoramique sur le port, ses serveurs en veste noire, ses poissons grillés, ses fruits de mer et quelques merveilleux plats à base de riz (pour 2 personnes minimum) tel l'*arroz bogavante* (riz au homard), spécialité maison.

Casa Jacinto ESPAGNOL, MAJORQUIN €€

(971 40 18 58 ; www.casajacintomallorca.com ; Camí de la Tramvía 37 ; plats 9-23 €, menus déj 3 plats 15-22 € ; 13h-17h et 19h-0h30). Un classique depuis les années 1980. Ce restaurant immense et bien conçu a la cote auprès des Majorquins qui viennent de loin pour ses copieuses portions de plats locaux ou d'ailleurs en Espagne. Et, en particulier, pour ses viandes grillées et son gibier à poil et à plumes, dont le sanglier. Vous le trouverez à Gènova, à 4 km à l'ouest du centre-ville.

Es Portitxol, Es Molinar et Ciutat Jardí

Portixol MÉDITERRANÉEN €€€

(Carte p. 52 ; 971 27 18 00 ; www.portixol.com ; Carrer de la Sirena 27 ; plats 17-40 €, menus déj 3 plats 19 € ; 7h30-22h30). Le restaurant de l'Hotel Portixol donne sur le port. Pimpant et coquet, il est décoré en bleu et blanc et a vue sur la mer. Il joue la carte des saveurs méditerranéennes mâtinées d'influences internationales, avec des plats simples comme les Saint-Jacques grillées, le steak d'aloyau et le thon rouge accompagné de mayonnaise au wasabi.

LA RUTA MARTIANA

Le quartier de Sa Gerreria, au sud-est de la Plaça Major, a connu une extraordinaire réhabilitation. Hier zone ghettoïsée infréquentable du centre de Palma, c'est maintenant l'un des endroits les plus branchés côté vie nocturne. Cette évolution est en partie imputable à ce qu'on appelle, inexplicablement, **La Ruta Martiana** ("la route des Martiens") : 25 bars rassemblés dans quelques rues offrent un petit morceau à grignoter (une tapa ou un *pintxo*) et une boisson moyennant 2 € de 19h30 à minuit le mardi, et de 19h30 à 2h le mercredi. Une formule d'un excellent rapport qualité/prix qui permet de faire le tour des bars à tapas sans se ruiner, et qui a redonné vie à ce quartier longtemps délaissé. Parmi les bars qui participent à ces soirées, citons le Barafina, L'Ambigú et Ca La Seu.

À NE PAS MANQUER

CLUBS DE PLAGE

Lorsque la chaleur se fait torride en ville l'été, beaucoup optent pour les clubs et lounges de plage afin de paresser au bord d'une piscine, de siroter des cocktails et de profiter de la compagnie d'une clientèle aussi bronzée que décontractée. Voici notre sélection :

Nikki Beach (www.nikkibeach.com ; Avenida Notario Alemany 1 ; 11h-20h). Basé à Magaluf, le Nikki Beach propose des sushis, du champagne, de luxueux lits de plage blancs, de la musique de DJ et des barbecues en été.

Anima Beach (carte p. 52 ; www.animabeachpalma.com ; Platja de Can Pere Antoni ; 10h30-1h30). Lounge décontracté en bord de plage, très apprécié pour un apéritif et des tapas.

Nassau Beach (carte p. 52 ; www.nassaubeach-palma.com ; Passeig Portitxol ; 9h-1h). Élégant club de plage d'Es Portitxol, avec vue sur la mer et sur la baie jusqu'à la cathédrale.

MOMO Seabar INTERNATIONAL €
(Carte p. 52 ; 871 711798 ; www.momoportixol.com ; Carrer Vicari Joaquim Fuster 93 ; plats 8-16 € ; 9h-19h dim-jeu, 9h-23h ven-sam). Nous aimons beaucoup la vue sur la mer, l'ambiance décontractée et le menu international de ce café. Il sert un excellent choix de salades et de *bruschette*, ainsi que des plats sautés au wok, des curries thaïlandais et des steaks. La formule déjeuner à 12,50 € est d'un bon rapport qualité/prix.

Mares Marisquería POISSON ET FRUITS DE MER €€€
(971 49 19 78 ; www.maresmarisqueria.com ; Carrer de l'Illa de Xipre 12 ; menus 40-55 € ; 13h-15h30 et 20h-23h lun-ven, 13h-15h30 sam). C'est l'un des restaurants de poisson et fruits de mer classiques de Palma. Il attire une clientèle d'affaires et d'amateurs de produits de la mer en tous genres. En rejoignant la salle (trop éclairée mais décorée avec goût), on voit le poisson frais (vendu au poids) qui se retrouvera dans les assiettes. Du fait de son emplacement en retrait de la côte, la vue manque à l'appel, ce que compensent amplement les plats. À 3 km à l'est de Portixol.

Es Mollet POISSON ET FRUITS DE MER €€€
(Carte p. 52 ; 971 24 71 09 ; www.restaurantees-mollet.com ; Carrer de la Sirena 1 ; plats 18-40 € ; 13h-15h30 et 19h30-22h30 lun-sam). Un restaurant de poisson classique dont la véranda donne sur une petite baie (Cala Portixolet), juste de l'autre côté de la route. Le poisson frais pêché du jour y est facturé au poids (45-60 €/kg), un prix élevé, mais il vient en direct de pêcheurs locaux triés sur le volet, et il est grillé à la perfection.

Où prendre un verre et faire la fête

Palma ne sera jamais élue ville la plus festive d'Espagne. Mais il s'y passe toujours quelque chose et elle compte des dizaines de petits bars plaisants. Ceux qui cherchent la véritable animation touristique estivale iront à Platja de Palma ou à Magaluf. L'épicentre des boîtes de nuit se situe autour du Passeig Marítim (Avinguda de Gabriel Roca) et du Club de Mar. C'est là que vous trouverez les *discotecas* les plus vastes et les plus courues.

La plupart des clubs ouvrent vers minuit, voire plus tôt, mais l'ambiance ne s'installe pas avant 2h et continue à chauffer jusqu'à 5h. Quand les portes se ferment, certains clubbers regagnent leur domicile tant bien que mal, tandis que d'autres poursuivent la fête dans les “afters” du petit matin (vous trouverez certains de ces clubs autour de la Plaça de Gomila), où la musique se prolonge jusqu'à l'heure du petit-déjeuner.

L'entrée tourne autour de 10-20 € (première boisson incluse), mais vous pouvez vous la voir refuser si votre tenue vestimentaire ne fait pas assez impression.

Vieux Palma

Gibson BAR
(Carte p. 56 ; Plaça del Mercat 18 ; 8h-3h). Ce bar à cocktails, avec tables en terrasse, reste animé (surtout par une clientèle locale) les soirs de semaine quand tout est fermé à la ronde.

Cappuccino CAFÉ
(Carte p. 56 ; www.grupocappuccino.com ; Carrer del Conquistador 13 ; 8h30-22h lun-mer, 8h30-23h jeu et dim, 8h30-0h ven-sam). Emplacement imbattable pour ce café, véritable terrasse située “à la proue” du Palau March. Il sert des repas légers, des en-cas et des spécialités internationales, mais se distingue surtout à nos yeux par son cappuccino (un peu cher),

et l'occasion qu'il donne de voir et d'être vu. Rien d'étonnant à ce que l'endroit vende les CD de sa propre musique lounge.

Plaça Major et ses alentours

L'Ambigú BAR À TAPAS

(Carte p. 56 ; Carrer de Carnissería 1 ; ⏲12h-16h et 19h-1h lun-sam). Caché derrière l'Església de Santa Eulàlia, cet irrésistible petit bar attire tant de monde les mardis et mercredis soir que l'on peut à peine voir les tapas posées sur le bar. Il est tout aussi appréciable les autres soirs pour son ambiance à la fois conviviale, chic et détendue. Le tout sous les hauts murs de pierre de la Palma médiévale.

Bar Flexas BAR

(Carte p. 56 ; www.barflexas.com ; Carrer de la Llotgeta 12 ; ⏲13h-17h et 20h-1h lun-ven). Installé là bien avant que les rues au sud-est de la Plaça Major ne deviennent branchées, ce bar est resté authentique. Animé, fréquenté par les gens du quartier, un brin grunge, le lieu est génial pour bavarder bruyamment loin des établissements touristiques. Des expositions d'art y sont programmées et des groupes s'y produisent à l'occasion. Le personnel est charmant.

Café L'Antiquari BAR

(Carte p. 62 ; www.facebook.com/cafeantiquari ; Carrer d'Arabi 5 ; ⏲11h-1h lun-sam). Cette ancienne boutique d'antiquités a été transformée en l'un des endroits les plus originaux de Palma pour siroter un verre et grignoter des tapas. Pas un coin, pas un centimètre de mur qui ne soit orné d'objets anciens. Jusqu'aux tables et aux chaises, qui datent d'un autre temps. Délicieux café et musique live à l'occasion.

Ca La Seu BAR À TAPAS

(Carte p. 56 ; Carrer de Cordería 17 ; ⏲20h-2h lun-sam). Aménagé avec art dans une ancienne grange vieille de cinq siècles, c'est un des meilleurs bars de la ville. On adore y déguster des tapas originales, posées sur les jolies tables en marbre. Ambiance sympathique et animée presque tous les soirs. Si certains établissements du quartier disparaissent aussi vite qu'ils sont apparus, celui-ci tient sur la durée.

Es Puig de Sant Pere

Ginbo BAR

(Carte p. 56 ; Passeig de Mallorca 14 ; ⏲21h30-3h lun-sam, 18h-3h dim). Le Ginbo sert les meilleurs gin-tonic de Palma (concoctés avec une centaine de variétés de gin). Les barmen confectionnent aussi de délicieux cocktails, dont le Porn Star Martini (!), à siroter dans l'animation du bar de style citadin chic, à l'éclairage tamisé, ou sur la terrasse.

Abaco BAR

(Carte p. 56 ; www.bar-abaco.es ; Carrer de Sant Joan 1 ; ⏲20h-0h dim-jeu, 20h-3h ven-sam). Ce bar extraordinaire se cache derrière une série de portes en bois anciennes. Installé dans le patio restauré d'une maison ancienne majorquine, l'Abaco est orné de riches candélabres, de subtils compositions florales, de pyramides de fruits frais et de bizarres œuvres d'art. Il oscille entre l'extravagant et le kitsch. Le prix des cocktails est à la hauteur du décor.

Rocco's BAR

(Carte p. 56 ; Carrer de Sant Feliu 16). Tons chauds, mobilier vintage et petits recoins douillets, cette nouvelle adresse bohème éclairée de lanternes est l'endroit idéal pour des conversations intimes en dégustant un verre de vin, avec musique douce en fond sonore. Le bar sert souvent une *caña* (petit verre de bière) et une tapa pour 2 €.

Atlantico Café BAR

(Carte p. 56 ; Carrer de Sant Feliu 12 ; ⏲22h-3h lun-sam). L'un des bars les plus séduisants de la ville, avec ses mojitos concoctés à la demande, sa musique dans le style *Hotel California* et ses plaques de voitures américaines au mur (sans parler des généreux graffitis en constante expansion).

Café La Lonja CAFÉ

(Carte p. 56 ; Carrer de Sa Llotja 2 ; ⏲10h-1h lun-jeu, 10h-3h ven, 11h-3h sam Pâques-nov). Avec son bar en marbre incurvé, son sol à damiers et son petit nombre de tables et de bancs, ce café est un endroit aussi attirant pour le petit-déjeuner que pour des tapas et une *pomada* (gin minorquin et limonade). Beaucoup choisissent de s'asseoir dehors, à l'ombre de Sa Llotja.

Mojo BAR

(Carte p. 56 ; Carrer Jaume Ferrer 14 ; ⏲17h-1h mar-jeu, 17h-3h ven, 18h-3h sam, 18h-1h dim). Une musique douce passe dans ce bar éclairé de lustres, et baignant dans une ambiance détendue. Il propose 3 *happy hours* (de 17h à 20h, cocktails à 6 €). De temps à autre également : soirées festives plus endiablées et soirées quiz.

Escape Bar BAR

(Carte p. 56 ; Plaça de la Drassana 13 ; ⌚17h-1h lun-jeu, 17h-3h ven, 10h-3h sam, 10h-1h dim). Dès les premières heures du soir, une foule largement internationale (parmi laquelle de nombreux Britanniques) remplit les deux salles de ce petit bar. Profitez d'une des tables devant pour prendre un rafraîchissement l'après-midi ou, le matin, un petit-déjeuner complet à l'anglaise. L'endroit sert aussi des formules déjeuner bon marché.

Es Jaç BAR À COCKTAILS

(Carte p. 56 ; Carrer de Vallseca 13 ; ⌚20h-1h jeu et dim, 20h-3h ven-sam). Ce bar à cocktails design joue la carte de la perfection sur toute la longueur avec sa déco étonnante et un personnel qui connaît parfaitement ses mélanges, toujours prêt à conseiller les hésitants.

Santa Catalina et ses alentours

Soho BAR

(Carte p. 66 ; Avinguda d'Argentina 5 ; ⌚19h-2h30 ; 📶). Autoproclamé "bar vintage urbain", le Soho compte un réfrigérateur à lumière verte pour les bières, une décoration années 1960 (dont un papier peint effectivement très sixties), des canapés en velours, le tout pour un effet merveilleusement rétro. La musique est surtout indé. Et en terrasse, la foule décontractée semble oublier le bruit de la circulation. Le cocktail du jour coûte 5 €.

Idem Café CAFÉ

(Carte p. 66 ; Carrer de Sant Magí 15A ; ⌚21h-3h). Velours rouge foncé, lustres et miroirs baroques, et œuvres d'art osées donnent à ce café des allures de maison close chic. La déco burlesque est fabuleuse, et c'est l'endroit idéal où siroter un mojito ou un gin avant d'aller en boîte.

Hostal Cuba Colonial BAR

(Carte p. 66 ; Carrer de Sant Magí 1 ; ⌚8h-2h dim-jeu, 8h-4h ven-sam). Dans le quartier de Santa Catalina, cette auberge du début du XXe siècle, où s'arrêtaient les marins qui passaient par Palma, a retrouvé vie. C'est désormais un bar qui accueille une clientèle sophistiquée. Du café au repas complet, vous trouverez tout ici, y compris un espace détente au 1er étage.

Novo Café Lisboa MUSIQUE LIVE

(Carte p. 66 ; Carrer de Sant Magí 33 ; ⌚21h-3h jeu, 22h-4h ven-sam). Le bar en bois incurvé donne tout de suite un côté chaleureux. Et quand fusent des airs de musique latina, de bossa nova, de rock indé et de pop électro, c'est encore mieux. L'endroit est vite plein les soirs où jouent des musiciens.

Passeig Marítim et ouest de Palma

Pacha CLUB

(Carte p. 52 ; www.pachamallorca.es ; Passeig Marítim 42 ; ⌚23h30-6h tlj juil-août, jeu-sam sept-juin). Cette nouvelle boîte glamour apporte un peu de l'ambiance d'Ibiza sur sa piste de danse. Inauguré en 2013, ce temple de l'hédonisme installé sur 3 niveaux accueille régulièrement des fêtes et des DJ programmant de la house. Ses terrasses sont idéales pour se reposer un peu. L'entrée coûte dans les 15 €.

El Garito MUSIQUE LIVE

(Carte p. 52 ; www.garitocafe.com ; Dàrsena de Can Barberà ; ⌚20h-4h30). DJ et musiciens, jouant aussi bien du jazz que des classiques du disco et de l'electro beat, enflamment la scène à partir de 22h environ. L'entrée est généralement gratuite, mais on est censé prendre une consommation.

Varadero BAR

(Carte p. 56 ; www.varaderomallorca.com ; Carrer del Moll Vell ; ⌚9h-2h dim-jeu, 9h-4h ven-sam). Ce bar minimaliste à la devanture vitrée, superbement situé, donne l'impression de lever l'ancre. Quand on sirote son breuvage favori sur la vaste terrasse, le cri des mouettes se mêle à l'ambiance lounge, et l'on embrasse du regard la majestueuse cathédrale de la ville à l'arrière ou toute la baie côté est.

Guiness House BAR

(Carte p. 56 ; Parc de la Mar ; ⌚8h-0h dim-jeu, 8h-2h ven-sam). Tout est dans l'emplacement, entre la cathédrale, sur laquelle on a une vue exceptionnelle, et la mer. Pour en profiter au maximum, venez y prendre votre café tôt le matin, ou allez-y à la nuit tombée, quand la cathédrale est éclairée.

Tito's CLUB

(Carte p. 52 ; www.titosmallorca.com ; Passeig Marítim 33 ; entrée 15-20 € ; ⌚23h30-6h tlj juin-sept, jeu-dim oct-mai). Ray Charles, Marlene Dietrich et Frank Sinatra comptaient autrefois parmi les clients de cette boîte classique, au succès non démenti depuis les années 1950. Aujourd'hui, les DJ passent une musique variée à la clientèle attirée par l'ambiance enjouée, la vue panoramique, et, de temps à autre, les shows sexy sur la piste de danse.

✪ Où sortir

Concerts, opéras, bons films, corridas en été, régates ou matchs de football, les divertissements ne manquent pas à Palma. Pour nombre de manifestations, les billets peuvent s'acheter sur Internet en passant par www.ticketmaster.es. On peut aussi acheter son billet au grand magasin El Corte Inglés.

Consultez la liste actualisée des sorties et manifestations sur http://ocio.diariodemallorca.es.

Cinéma

Palma compte au moins sept cinémas, chacun regroupant plusieurs salles. Un seul passe des films en version originale.

Cine Ciutat CINÉMA
(☎971 20 54 53 ; www.cineciutat.org ; Carrer Emperadriu Eugènia 6). Ce cinéma projette des films d'art et d'essai, dont certains en VO sous-titrés en espagnol. À environ 2 km au nord du centre.

Théâtre, danse et opéra

Auditòrium MUSIQUE CLASSIQUE
(Carte p. 66 ; ☎971 73 47 35 ; www.auditorium-palma.es ; Passeig Marítim 18 ; ⌚billetterie 10h-14h et 16h-21h). Ce théâtre spacieux et moderne abrite les deux principales salles de Palma pour les grands concerts, de l'opéra au rock en passant par les comédies musicales, mais aussi les ballets classiques et les conférences. La Sala Mozart accueille une partie du programme de l'Opéra de la ville (avec le Teatre Principal) et, régulièrement d'octobre à mai, les concerts de l'Orquestra Simfónica de Balears (Orchestre symphonique des Baléares).

Teatre Principal THÉÂTRE
(Carte p. 56 ; ☎971 21 96 96 ; www.teatreprincipal.com ; Carrer de Sa Riera 2 ; ⌚billetterie 11h-14h et 17h-21h mar-sam). Édifiée en 1854 et restaurée en 2007, c'est la salle la plus prestigieuse pour les pièces de théâtre, les concerts de musique classique, l'opéra et les ballets. Les travaux de rénovation ont redonné au théâtre la somptuosité néoclassique de son âge d'or (1860), et il a acquis une formidable acoustique grâce aux dernières technologies.

Teatre Municipal DANSE
(Carte p. 52 ; ☎971 71 09 86 ; Passeig de Mallorca 9 ; ⌚billetterie 1 heure avant le spectacle). De la danse contemporaine au théâtre, la programmation est très variée.

Musique live

À Palma, la plupart des musiciens se produisent dans les petits bars situés du côté de Sa Llotja. Les concerts commencent entre 22h et 0h pour se terminer au plus tard à 2h.

Jazz Voyeur Club MUSIQUE LIVE
(Carte p. 56 ; ☎971 90 52 92 ; www.jazzvoyeur-festival.com ; Carrer dels Apuntadors 5 ; entrée libre-25 € ; ⌚20h30-1h lun-jeu et dim, 20h30-3h ven-sam). Une grande partie de l'année, des musiciens se produisent ici tous les soirs : le jazz est à l'honneur, mais on y entend aussi du flamenco, du blues, du funk et à l'occasion un bœuf. La salle minuscule, éclairée par des bougies rouges sur les tables, n'est pas plus grande qu'un salon ordinaire, il faut donc venir tôt pour mettre la main sur l'un des rares fauteuils. En automne, ce club accueille un excellent festival de jazz.

Blue Jazz Club BLUES, JAZZ
(Carte p. 56 ; ☎971 72 72 40 ; www.bluejazz.es ; 7e ét., Passeig de Mallorca 6 ; ⌚22h-tard jeu-sam, 20h30-tard lun). Situé au 7e étage de l'Hotel Saratoga, ce club chic possédant une vue panoramique propose, après le dîner, des concerts de jazz, de soul et de blues du jeudi au samedi, et un bœuf le lundi soir. L'entrée est gratuite mais l'on est censé prendre une consommation.

Bluesville BLUES
(Carte p. 56 ; Carrer de Ma d'es Moro 3 ; ⌚22h30-4h mar-sam). Sombre et un peu mélancolique comme un bar à blues se doit de l'être, ce lieu intime se cache à deux pas de l'effervescence de la Carrer dels Apuntadors. Ses concerts de blues, gratuits, ont lieu vers minuit. Ils attirent surtout la jeunesse hippie.

Football

Meilleur club de Majorque, le **RCD Mallorca** (☎971 22 12 21 ; www.rcdmallorca.es) ou Real Majorque est aussi l'une des meilleures équipes de football au sein de la Primera Liga. S'il n'a jamais remporté la première place, il finit généralement à un niveau respectable. Il joue depuis 1999 à l'**Iberostar Estadi** (Camí dels Reis, Polígon Industrial), à 3 km au nord du centre de Palma. On peut acheter son billet au stade ou effectuer sa réservation par téléphone.

PALMA GAY ET LESBIEN

L'essentiel de la scène gay de l'île se situe à Palma et dans ses environs. La plus forte concentration de bars gays se trouve dans l'Avinguda de Joan Miró, au sud de la Plaça de Gomila. Pour bien démarrer la nuit, commencez par les suivants :

Dark (carte p. 52 ; www.darkpalma.com ; Carrer de Ticià 22 ; ⌚18h30-2h30 dim-jeu, 18h30-10h30 ven-sam)

Aries Sauna Hotel Pub (carte p. 52 ; www.ariesmallorca.com ; Carrer de Porras 3 ; ⌚sauna 16h-0h, bar 22h-6h)

Yuppii Club (carte p. 52 ; Carrer de Joan Miró 98 ; ⌚0h-tard jeu-lun)

Sites Internet permettant de se brancher sur les réseaux homosexuels de Palma :

- www.mallorcagaymap.com (version papier dans certains offices du tourisme)
- www.gay-mallorca.blogspot.com

Achats

Commencez par explorer les boutiques chics autour du Passeig d'es Born. Le Passeig lui-même abrite à la fois des chaînes, comme Massimo Dutti et Zara, et des boutiques élitistes. Dans le dédale des rues piétonnes à l'ouest du Passeig, vous trouverez quelques magasins particulièrement attrayants (mais chers). Autre rue parfaite pour le shopping : la Carrer de Sant Miquel, également piétonne.

Vieux Palma

Colmado Santo Domingo ALIMENTATION
(Carte p. 56 ; www.colmadosantodomingo.com ; Carrer de Sant Domingo 1 ; ⌚10h-20h lun-sam). Une petite boutique étroite où l'on peut à peine bouger tant les étagères débordent de produits locaux : fromage, miel, olives, huile d'olive, pâté, pain aux figues, vinaigre balsamique, marmelade d'oranges de Sóller et bien d'autres, tandis que la *sobrassada* est pendue au plafond.

Chocolat Factory CHOCOLAT
(Carte p. 56 ; www.chocolatfactory.com ; Camí de son Rapinya, 55 ; ⌚10h30-21h lun-sam). Comme son nom l'indique, l'établissement est une chocolaterie. Outre d'irrésistible pralines, macarons et tablettes de chocolat 100% cacao au goût intense, elle propose aussi un exquis assortiment d'*ensaïmades* garnies de chocolat, et des fondues, gâteaux et glaces… au chocolat.

Típika ALIMENTATION, ARTISANAT
(Carte p. 56 ; www.tipika.es ; Carrer d'en Morei 1 ; ⌚10h-19h30 lun-ven, 10h-16h sam). Une petite boutique dédiée à la promotion de l'artisanat et de la gastronomie de Majorque. Vous y trouverez du vin, des huiles d'olive et une sélection, modeste mais bien étudiée, d'autres spécialités alimentaires, ainsi que des céramiques et d'autres objets d'artisanat provenant de petites entreprises familiales à travers toute l'île.

Carmina CHAUSSURES, ACCESSOIRES
(Carte p. 56 ; www.carminashoemaker.com ; Carrer de l'Unió 4 ; ⌚10h-14h et 17h-20h lun-ven, 10h-14h sam). Ce grand chausseur majorquin traditionnel se distingue par ses tons sombres, ses brogues et ses mocassins qui coûtent entre 300 et 500 €.

Món VÊTEMENTS
(Carte p. 56 ; Plaça del Rosari 2 ; ⌚10h-13h30 et 16h-20h lun-ven, 10h-13h30 sam). On peut faire d'excellentes affaires dans cette boutique qui vend les belles fins de série du magasin **Addaia** (carte p. 62 ; Carrer de Sant Miquel 57), avec des marques comme Essentiel et Hoss.

La Casa del Mapa LIVRES, CARTES
(Carte p. 56 ; Carrer de Sant Domingo 11 ; ⌚9h30-14h lun, 9h30-19h mar-ven). Vous irez peut-être dans ce magasin d'État pour acheter des cartes topographiques ou autres documents utiles à la randonnée. On peut aussi y aller pour ses fac-similés de cartes anciennes, par exemple la carte du monde connu en 1375, par Abraham Cresques.

Fine Books LIVRES
(Carte p. 56 ; Carrer d'en Morei 7 ; ⌚9h30-20h lun-sam, 9h30-14h dim). Cette formidable collection de livres d'occasion, avec de véritables trésors, s'étend sur trois niveaux. Si vous ne trouvez pas ce que vous cherchez, Rodney essaiera de vous le dénicher.

Quesada ARTISANAT D'ART
(Carte p. 56 ; Passeig d'es Born 12 ; 10h-20h lun-ven, 10h-14h sam). Ces tissus rayés bicolores typiques de Majorque, appelés *roba de llengües*, se vendent ici depuis 1890, tout comme les autres pièces, également ravissantes.

Vidrierias Gordiola ARTISANAT D'ART
(Carte p. 56 ; www.gordiola.com ; Carrer de la Victòria 2 ; 10h15-13h45 et 16h30-20h lun-sam). Fort de 150 ans de tradition, le verrier le plus célèbre de Majorque propose aussi bien des gobelets traditionnels que de ravissants pendants d'oreille et autres pièces d'art contemporaines.

Plaça Major et environs

Dialog LIVRES
(Carte p. 62 ; www.dialog-palma.com ; Carrer del Carme 14 ; 9h30-14h et 16h30-20h30 lun-ven, 10h-14h sam). La sélection de livres en français, en anglais et en allemand est limitée mais bien faite, en particulier pour ce qui est des langues et des livres sur Majorque.

Bordados Valldemossa ARTISANAT
(Carte p. 62 ; Carrer de Sant Miquel 26 ; 10h-20h lun-sam). Cette boutique à l'ancienne déborde de linge de maison brodé, souvent de fabrication locale.

Rosario P ARTISANAT D'ART
(Carte p. 62 ; Carrer de Sant Jaume 20 ; 10h30-13h30 et 17h-20h lun-ven, 10h30-13h30 sam). Le centre de Palma est émaillé de boutiques d'artisans comme celle-ci. Ici, vous trouverez des tops, des robes et des châles, tous en soie merveilleusement légère et délicatement peinte à la main.

Es Puig de Sant Pere

Millésimée VIN
(Carte p. 62 ; www.millesimee.com ; Carrer de Sant Joan 4 ; 10h30-13h30 et 17h-20h30 lun-ven, 10h30-13h30 sam). Si vous cherchez une bouteille de vin un peu spéciale, faites halte chez ce nouveau caviste qui propose des crus choisis avec le plus grand soin (vins de petits producteurs, vins de dessert, *cavas* et champagnes). L'endroit est tenu par Marina Mut, sommelière professionnelle, qui organise régulièrement dégustations et autres événements en lien avec le vin.

Camper CHAUSSURES
(Carte p. 62 ; www.camper.com ; Avinguda de Jaume III 16 ; 10h-20h30 lun-sam). La marque de chaussures la plus célèbre de Majorque. Amusantes, éco-chics, les Camper remportent aujourd'hui un succès formidable dans le monde entier.

Santa Catalina et environs

Cronopios MODE, ARTISANAT
(Carte p. 66 ; www.cronopiospalma.com ; Carrer del Pou 33 ; 11h-15h et 18h-21h30). Boutique fantaisie regorgeant de vêtements faits main et d'objets artisanaux réalisés par les Argentins Marcelo et Mara. Le frère et la sœur possèdent sans doute la boutique la plus originale de Palma. Dès l'entrée, le regard est attiré par un extraordinaire mobile où dansent des funambules en papier.

Marcelo et Mara ont étudié la mode à Buenos Aires. Le choix de vêtements et d'accessoires qu'ils proposent est aussi éclectique que coloré, et se caractérise par des motifs audacieux, beaucoup d'originalité et maints détails accrocheurs. Mention spéciale également aux colliers en fermetures à glissière, ainsi qu'aux chaussures et bottes de pluie branchées et décontractées.

B Connected Concept Store MODE, ART DE VIVRE
(Carte p. 66 ; www.bconnected-conceptstore.com ; Carrer de Dameto 6 ; 10h-14h30 et 17h-21h lun-ven, 10h-15h sam). Ce "concept store" de designer, au style contemporain avec quelques touches rétro, a tout à fait sa place dans Santa Catalina. Outre du mobilier et quelques articles mode (il a une autre boutique consacrée aux vêtements

DU CÔTÉ DES MARCHÉS

Marchés aux puces, marchés d'artisanat et autres marchés spécialisés ne manquent pas à Palma. Pour l'artisanat, rendez-vous au **marché artisanal de la Plaça Major** (carte p. 56 ; Plaça Major ; 10h-14h lun et sam mars-juil et oct-déc, tlj août-sept) ou au **marché artisanal de la Plaça des Meravelles** (Plaça des Meravelles ; 20h-0h mai-oct). Tous les samedis, un immense **marché aux puces** (Avinguda de Gabriel Alomar et Avinguda de Villalonga ; 10h-14h sam) investit les avenues Gabriel Alomar et Villalonga, à l'ouest du centre-ville. Quant au **marché de Noël**, il s'installe sur la Plaça Major du 16 décembre au 5 janvier.

vintage à quelques rues de là), vous y trouverez toutes sortes d'articles pour la maison dont vous n'aviez aucune idée mais qui vous paraîtront indispensables.

Trading Place LIVRES
(Carte p. 66 ; www.mallorca-books.com ; Carrer de Pou 35 ; ⏲10h-13h30 et 17h-19h30 lun-ven, 10h-13h30 sam). L'une des plus grandes boutiques de livres d'occasion (surtout en anglais, mais aussi en espagnol et en allemand) sert de point de rencontre et d'information pour la communauté d'expatriés de Palma. On y trouve aussi des meubles d'occasion.

Renseignements

MÉDIAS

La meilleure façon de vous informer est bien sûr de lire la presse locale en espagnol. Si toutefois vous ne parlez pas espagnol mais anglais, voici quelques publications anglophones qui vous permettront de vous tenir informé.

Le *Daily Bulletin* (www.majorcadailybulletin.es) publie des nouvelles locales, tout comme le bimensuel *Youthing* (www.youthing.es). Le mensuel gratuit *Dígame* (www.digamemallorca.com) répertorie les manifestations, activités et adresses actualisées dans toute l'île. Ces publications sont distribuées dans les offices du tourisme et les bars. Autre source de renseignements utile pour les manifestations et adresses : le site Internet www.seemallorca.com.

La communauté anglophone étant très présente à Majorque, les magazines mensuels en anglais ne cessent de se développer. Gratuit, *abcmallorca* (www.abc-mallorca.com) présente des articles sur la ville et sur l'île. *Contemporary Balears* (www.contemporarybalears.com), qui paraît trois fois par an, comporte des informations et des articles intéressants. Vous le trouverez dans certains hôtels, restaurants, bars et galeries. *Anglo Info* (www.angloinfo.com) comporte un forum, des listes de manifestations et un répertoire des entreprises où l'on parle anglais.

OFFICES DU TOURISME

Vous pourrez obtenir une foule de renseignements sur la ville en appelant le ☎010 (certains opérateurs parlent anglais, rarement français).

Office du tourisme municipal - bureau principal (carte p. 56 ; ☎971 72 96 34 ; www.imtur.es ; Casal Solleric, Passeig d'es Born 27 ; ⏲9h-20h)

Office du tourisme municipal de l'aéroport (☎971 78 95 56 ; aéroport de Palma ; ⏲8h-20h lun-sam, 8h-16h dim)

Office du tourisme du Consell de Mallorca (carte p. 56 ; ☎971 17 39 90 ; www.infomallorca.net ; Plaça de la Reina 2 ; ⏲8h-18h lun-ven, 8h30-15h sam ; 📶). Couvre toute l'île.

Office du tourisme municipal (carte p. 56 ; ☎902 102365 ; ⏲9h-20h lun-sam). Dans l'un des bâtiments des chemins de fer près de la Plaça d'Espanya.

SÉCURITÉ

Palma est une ville relativement sûre – le principal risque étant celui des pickpockets et des vols de sacs à l'arraché. La nuit, mieux vaut éviter certaines rues, notamment autour de la Plaça de Sant Antoni et des avenues voisines, Avinguda de Villalonga et Avinguda d'Alexandre Rosselló.

SERVICES MÉDICAUX

Les principaux quotidiens (comme le *Diario de Mallorca*) publient la liste des pharmacies ouvertes de 9h à 22h et de celles, plus rares, ouvertes de 22h à 9h.

Hospital Universitari Son Espases (☎871 205000 ; www.hospitalsonespases.es ; Carretera de Valldemossa 79). Le nouvel hôpital de Palma se situe à 4 km au nord de la ville. Pour s'y rendre, le mieux est de prendre les bus n°20, 29, 33 ou 34.

Farmàcia Castañer-Buades (☎971 71 15 34 ; Plaça de Joan Carles I 3 ; ⏲8h30-22h30)

Farmàcia Salvà Saz (☎971 45 87 88 ; Carrer de Balanguera 15 ; ⏲24h/24)

SITES INTERNET

Asociación Hotelera de Palma de Mallorca (www.visit-palma.com). Renseignements sur les hôtels et informations générales sur Palma.

Site de l'Institut Municipal de Turisme (www.imtur.es). Principal portail touristique de la ville.

URGENCES

Ambulances (☎061). Numéro d'appel d'urgence valable à Palma et dans toute l'île.

Numéro d'urgence européen (☎112). Numéro d'appel unique et gratuit pour tous les services d'urgence.

Policía Local (☎092, 971 22 55 00 ; Carrer de Son Dameto 1). Poste de police municipal, au nord-ouest du centre.

Policía Nacional (☎091, 971 22 52 45 ; www.policia.es ; Carrer Simó Ballester 8). Police nationale.

Depuis/vers Palma

AVION

L'aéroport Palma de Mallorca (PMI) se trouve à 8 km à l'est de la ville et connaît un trafic intense. Un grand nombre de compagnies desservent Majorque (p. 222).

LE PETIT TRAIN DE SÓLLER

Bienvenue à bord de ce petit train qui, depuis 1912, cahote sur sa voie étroite et sinueuse pour relier Palma à Sóller, à 27,3 km (aller simple/aller-retour 12,50/19,50 €). C'est l'une des excursions les plus agréables à faire dans l'île. Ce petit train aux wagons en bois, venu remplacer un service de diligence, part de la Plaça de l'Estació 7 fois par jour (5 fois par jour de novembre à février) et met environ 1 heure 15. Quatre ou cinq trains quotidiens assurent le retour. Sur le trajet, on découvre une campagne qui ne cesse de changer, avec des paysages spectaculaires quand le train traverse la Serra de Alfàbia, un tronçon qui comporte 13 tunnels et une série de ponts et de viaducs.

Après une traversée des rues de Palma, on se retrouve au bout de 20 minutes en pleine campagne. La vue la plus belle, sur la Serra de Tramuntana, se situe alors sur la gauche. Puis à mesure que le terrain grimpe doucement, toujours sur la gauche, le regard balaie des olivieraies, parfois quelques maisons couleur sable et les montagnes au fond. Une demi-heure après le départ, le train s'arrête à Bunyola. Vous pouvez monter ici et n'effectuer que la moitié du trajet jusqu'à Sóller (aller simple/aller-retour 6,25/12,50 €).

Peu après Bunyola, quand on arrive vers la montagne (à un certain point, on voit Palma et la mer derrière soi), on aborde le premier d'une série de tunnels. Peu après le Túnel Major (le plus long avec près de 3 km, taillé dans la roche entre 1907 et 1910), certains trains s'arrêtent brièvement à un merveilleux point de vue, le Mirador Pujol de'n Banya, d'où le regard embrasse toute la vallée de Sóller. Après quoi, le train emprunte un viaduc avant de pénétrer dans un autre tunnel, qui dessine une lente courbe à 180 degrés dans sa descente sur Sóller. La gare d'arrivée est installée dans une demeure noble du XVIIe siècle. Le billet de retour est valable 2 semaines.

À la gare ferroviaire de Palma, on peut acheter des forfaits incluant le trajet en tram au départ de Sóller, puis le trajet en bateau jusqu'à Sa Calobra, et le retour jusqu'à Palma. Il en coûte environ 49 €. Pour en savoir plus, appelez le ☎902 364711, ou allez sur le site www.trendesoller.com.

BATEAU

Palma est le principal port de l'île. De nombreuses lignes de bateaux relient Majorque à l'Espagne continentale et aux autres îles Baléares.

BUS

Tous les bus de l'île depuis/vers Palma partent de (ou à proximité de) l'**Estació Intermodal de Palma** (carte p. 62 ; ☎971 17 77 77 ; www.tib.org ; Plaça d'Espanya). Il y a des liaisons dans toutes les directions, notamment à destination de Valldemossa (2 €, 30 min, 4-9/jour), Sóller (3,50 €, 30 min, jusqu'à 5/jour), Pollença (5 €, 45 min, jusqu'à 12/jour) et Alcúdia (5 €, 45 min, jusqu'à 16/jour). D'autres localités du littoral ou de l'intérieur sont desservies par des lignes moins fréquentes. Quelques régions sont plus accessibles par le train.

TRAIN

Deux lignes de train partent de la Plaça d'Espanya. Le train Palma-Sóller, très fréquenté, suit un trajet superbe. Au départ de l'Estació Intermodal de Palma, l'autre ligne, moins spectaculaire, dessert le Nord-Est pour rallier Inca (3 €), puis se scinde en deux branches, l'une pour Sa Pobla (4 €, 58 min), l'autre pour Manacor (4 €, 66 min). En semaine, les trains circulent entre 5h45 et 22h10. Le week-end (les trains s'arrêtent partout sur les deux lignes), les horaires varient, mais la fréquence reste à peu près identique.

ℹ Comment circuler

DEPUIS/VERS L'AÉROPORT

Le bus n°1 relie toutes les 15 min l'aéroport à la Plaça d'Espanya (côté gare ferroviaire), dans le centre de Palma (3 €, 15 min), puis continue vers le terminal des ferries. Il marque plusieurs arrêts en chemin. Il entre dans le cœur de la ville par l'Avinguda de Gabriel Alomar i Villalonga, contourne le centre-ville et revient vers la côte par le Passeig de Mallorca et l'Avinguda d'Argentina. Il longe l'Avinguda de Gabriel Roca (ou Passeig Marítim) pour rejoindre l'Estació Marítima (terminal des ferries) avant de faire demi-tour. Le billet s'achète auprès du conducteur.

Les taxis sont généralement nombreux (sauf en cas de grève) et le trajet entre l'aéroport et le centre-ville coûte entre 18 et 22 €.

DEPUIS/VERS LE TERMINAL DES FERRIES

Le bus n°1 (bus de l'aéroport) part toutes les 15 minutes du terminal des ferries (Estació

Marítima) pour traverser la ville (via Plaça d'Espanya) et continuer vers l'aéroport. Pour rallier le centre-ville en taxi, comptez entre 10 et 12 €.

VÉLO

Le vélo est un moyen idéal pour explorer la Badia de Palma. Palma compte nombre de loueurs de vélos de ville et de VTT. Citons parmi eux Palma on Bike (p. 64) et **Palma Lock & Go** (carte p. 62 ; ☎971 71 64 17 ; www.palmalockandgo.com ; Estació Intermodal de Palma, Plaça d'Espanya ; vélos 6-10 €/jour ; ⏲9h-20h avr-sept, 9h30-19h30 oct-mars).

BUS

Il existe 30 lignes de bus locaux dans Palma et alentour gérées par l'**EMT** (☎971 21 44 44 ; www.emtpalma.es). Ces lignes comprennent entre autres la n°1 entre l'aéroport et le port, et la n°23 Palma-S'Arenal-Cala Blava via Aqualand. Un aller simple coûte 1,50 € ; une carte de 10 trajets vaut 10 €.

VOITURE ET MOTO

Stationner dans le centre n'est pas évident. Outre les rues piétonnes interdites aux voitures, la plupart des autres rues, y compris les avenues circulaires (*avingudes*, ou *avenidas*) qui contournent le centre, sont soit interdites de stationnement soit à stationnement payant (parcmètres). Les zones de stationnement payant sont indiquées en bleu et la durée de stationnement est souvent limitée à 2 heures (2,50 €), mais la durée et le prix peuvent aussi varier. Le ticket de parcmètre est de rigueur de 9h à 14h et de 16h30 à 20h du lundi au vendredi et de 9h à 14h le samedi.

MÉTRO

Une ligne de métro, peu utilisée par les touristes, relie la Plaça d'Espanya à l'université. Le trajet simple coûte 0,75 € ; l'aller-retour 1,40 €.

TAXI

Pour appeler un taxi, composez les ☎971 72 80 81, ☎971 75 54 40, ☎971 40 11 14, ☎971 74 37 37 ou ☎971 20 09 00. Pour les taxis spéciaux pour handicapés, contactez le ☎971 703 529. Les taxis sont équipés de taximètres, mais pour les courses en dehors de la ville, fixez le prix à l'avance. Vous pouvez héler un taxi dont la lumière est verte (libre) ou aller en prendre un à l'une des bornes du centre, comme celles du Passeig d'es Born. La prise en charge coûte 3/4 € de jour/nuit ; ensuite, comptez 0,80/1 € du kilomètre de jour/nuit (davantage le week-end et les jours fériés). Il y a un supplément de 0,60 € par bagage. D'autres suppléments sont appliqués, notamment 2,70 € pour l'aéroport ou le port et 0,60 € pour Castell de Bellver.

BAIE DE PALMA

La vaste baie de Palma (Badia de Palma) s'étend à l'est et à l'ouest du centre-ville. C'est là, d'un côté comme de l'autre, que la côte a été le plus bétonnée et que les infrastructures touristiques sont les plus denses, ce qui n'empêche les plages d'être fort belles, en particulier à l'ouest.

À l'est de Palma

Après la plage tranquille de Ciutat Jardí et la marina de Cala Gamba, on arrive dans une zone aménagée pour le tourisme de masse autour de la Platja de Palma et de S'Arenal. Quelques havres de paix, à proximité, permettent toutefois d'échapper à la foule.

De Ca'n Pastilla à S'Arenal

CA'N PASTILLA : 5 390 HABITANTS ; S'ARENAL : 9 560 HABITANTS

À l'ombre de l'aéroport, **Ca'n Pastilla** marque le début de la zone hyper construite à l'est de Palma. Là, le tourisme de masse est vraiment roi. La **Platja de Ca'n Pastilla** constitue l'extrémité ouest – et plus venteuse – d'une zone de 4,5 km de plage appelée **Platja de Palma** – un endroit parfait pour la planche à voile. Un peu à l'ouest de Ca'n Pastilla se trouve la charmante **Cala Estancia**, une crique paisible idéale pour les familles. Le front de mer, avec sa promenade piétonne, est bordé de bâtiments bas abritant hôtels, restaurants, cafés et bars. Deux minutes à pied à l'ouest de la Cala Estancia, le Puro Beach (p. 81) est le repaire de la clientèle branchée lorsqu'il fait chaud.

Un marché alimentaire et un marché aux puces se tiennent à S'Arenal tous les mardis et jeudis.

À voir et à faire

Palma Aquarium AQUARIUM

(☎902 70 29 02 ; www.palmaaquarium.com ; Carrer de Manuela de los Herreros i Sorà 21 ; adulte/enfant 24/17 €, nuit avec les requins/plongée 50/200 € ; ⏲9h30h-18h30 tlj mai-sept, 10h-15h30 lun-ven, 10h-18h30 sam-dim oct-avr ; 👪). Cet aquarium, l'un des plus beaux du pourtour méditerranéen, constitue une excellente raison, parmi d'autres, de visiter la Platja de Palma. Il comporte 55 bassins, soit cinq millions de litres d'eau salée, où vivent des créatures marines venant de la mer Méditerranée (raies, hippocampes, coraux, etc.) mais aussi d'océans lointains.

Un tunnel transparent permet de circuler au milieu du plus grand des bassins et d'une vingtaine de requins ! On peut facilement passer ici une demi-journée.

On peut voir au total quelque 8 000 spécimens, ainsi qu'une exposition expliquant la menace qui pèse sur le stock mondial de thon. Les panneaux d'information sont bien conçus et traduits, notamment en français. Si les enfants ont envie de se donner le frisson, ils peuvent une fois par mois (le vendredi) dormir entourés de requins. Quant aux adultes qui veulent revivre *Les Dents de la mer*, il leur suffit d'enfiler une combinaison pour plonger au milieu des squales dans un bassin de 8,50 m de profondeur. Réservation indispensable.

Aqualand PARC DE LOISIRS

(www.aqualand.es ; Ma6014 ; adulte/enfant 26/19 € ; ⌚10h-18h juil-août, 10h-17h mi-mai/juin et sept ; 👪). Succès garanti auprès des enfants pour ce gigantesque parc aquatique fort de nombreuses attractions, dont des pataugeoires, des rapides, et des toboggans aux noms évocateurs comme Anaconda, Harakiri et Kamikaze.

Attraction EXCURSIONS EN BATEAU

(Carte p. 66 ; ☎971 74 61 01 ; www.attraction-catamarans.com ; Carrer de Nanses ; adulte/enfant avec repas et boisson 54/31 € ; ⌚mi-avr à sept). Attraction propose des excursions en catamaran (4 heures 30) dans la Badia de Palma. Au programme : grottes, coins baignade et paella au déjeuner. Départs de Palma, Ca'n Pastilla et Magaluf.

Ciclos Quintana LOCATION DE VÉLOS

(☎971 44 29 25 ; www.ciclosquintana.com ; Carrer de San Cristóbal 32 ; vélo 12-30 €/jour, 70-195 €/semaine). Vous trouverez quantité de loueurs sur le front de mer de S'Arenal. Si vous cherchez un vélo de route, essayez Ciclos Quintana, un peu plus haut que la rue principale. Les heures d'ouverture sont variables – consultez le site Internet pour plus de précisions.

Circuits organisés

Segway Tours SEGWAY

(☎605 666365 ; www.segwaypalma.com ; Carretera del Arenal 9 ; circuits 1h/2h/2h30 35/65/79 €). Découvrez la ville en Segway (gyropode), lors de balades d'une heure le long des plages, de 2 heures jusqu'à Es Portitxo, et de 2 heures 30 jusqu'à la cathédrale, avec retour à la Platja de Palma.

Où se restaurer

Pour se restaurer, Platja de Palma et S'Arenal offrent un vaste choix allant des saucisses allemandes à la médiocre paella. Une foule de personnes, des Allemands en particulier, viennent ici davantage pour faire la fête que pour bien manger. Fête qui consiste souvent à boire verre sur verre en écoutant une musique assourdissante, un phénomène qu'on appelle "Ballermann" (du nom d'un célèbre bar-discothèque sur la plage de Palma, le Balneari 6).

Où prendre un verre et faire la fête

Le cœur de la vie nocturne tourne autour d'immenses *beer gardens* (bars à bière en plein air) dans la Carrer del Pare Bartomeu Salvà et alentour. Cette artère est connue des touristes allemands sous le nom de Schinkenstrasse ("rue du Jambon"). Ces bars se situent à peu près aux trois quarts du trajet le long de la plage vers l'est en direction de S'Arenal (ce qui correspond aux repères Balneario 5 et 6 sur la plage). Tous sortent du même moule.

Puro Beach LOUNGE, BAR

(www.purobeach.com ; ⌚11h-1h mai-sept, 11h-19h avr et oct ; 📶). Ce lounge décontracté évoque Ibiza à plus d'un titre : par sa situation sur un promontoire au-dessus de l'eau, son bar entièrement blanc parfait pour les cocktails au couchant, ses sessions de DJ et ses soins de spa donnés en plein air. La plupart des clients s'habillent en blanc pour être en harmonie avec l'élégant décor et mettre leur bronzage en valeur.

Notre conseil : allez-y pour boire un verre ou deux, mais oubliez la cuisine fusion aux tarifs exorbitants. À 2 minutes à pied à l'est de la Cala Estancia (elle-même immédiatement à l'est de Ca'n Pastilla).

Depuis/vers l'est de Palma

Le bus n°23 va de la Plaça d'Espanya à Ca'n Pastilla et suit la Platja de Palma en passant par S'Arenal et en continuant par La Porciúncula jusqu'à Aqualand (1,25 € ; 1 heure). Les bus circulent à peu près toutes les 30 minutes et, une fois toutes les 2 heures, ils continuent jusqu'à la Cala Blava (1,35 € ; 1 heure 50). Le bus n°15 relie toutes les 8 minutes la Plaça de la Reina à S'Arenal en passant par la Plaça d'Espanya. Pour l'aquarium, descendez à Balneari 14.

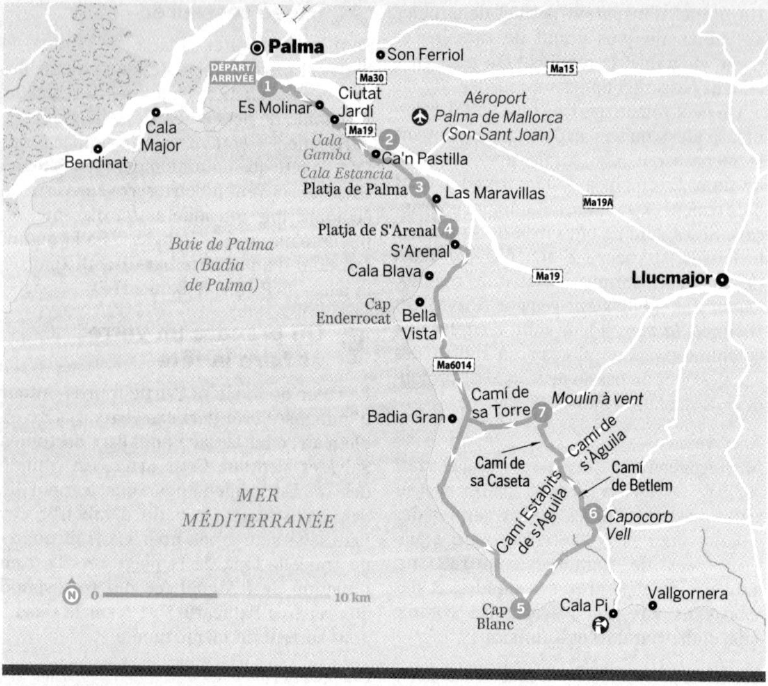

Balade à vélo
De Palma à Capocorb Vell

DÉPART/ARRIVÉE PALMA
DISTANCE 67 KM
NIVEAU DE DIFFICULTÉ FACILE À INTERMÉDIAIRE
VÉLO DE ROUTE OU DE TOURISME

Cette boucle permet de parcourir une bonne partie de la baie de Palma. Elle suit la piste cyclable du front de mer, puis grimpe légèrement vers l'intérieur en direction du Cap Blanc. Au retour, on serpente sur de petites routes de campagne avant une descente bien méritée pour regagner la ville le long de la même piste cyclable.

Empruntez la piste cyclable du front de mer dans le 1 **centre de Palma** et mettez le cap au sud-est. Longeant la côte la majeure partie du temps, le chemin rejoint la 2 **Ca'n Pastilla**. De là, suivez la route du front de mer jusqu'à la 3 **Platja de Palma** et son prolongement, 4 **S'Arenal**. Après, suivez les panneaux en bois indiquant le 5 **Cap Blanc**. Bien qu'en bordure d'une grande route, ce trajet de 23 km traverse une campagne charmante, et les automobilistes y sont habitués à la présence des cyclistes. La route grimpe jusqu'à 150 m sans que la montée soit trop épuisante.Tournez à gauche dans le virage plutôt que de suivre la route indiquée à droite. En arrivant à un embranchement (Cala Pi est indiquée à droite), prenez à gauche vers 6 **Capocorb Vell**, dont l'entrée se situe sur la gauche. Il y a un bar rustique près des ruines.

Laissez le bar sur votre droite pour prendre le Camí de Betlem, (indiqué aussi Carreró de Betlem). Suivez-le jusqu'au croisement et continuez sur le Camí Estabits de s'Àguila. En tournant complètement sur la droite, il devient le Camí de s'Àguila. Après 200 m, un virage sur la gauche vous amène sur le Camí de sa Caseta, bordé de murs de pierres sèches et ombragé par une voûte d'arbres. Le chemin s'arrête au niveau d'un 7 **moulin** et d'une église, sur la gauche. Tournez alors à gauche : un panneau indique le paisible Camí de sa Torre, et plus loin, S'Arenal. En arrivant à hauteur de la Ma6014, prenez à droite et suivez les panneaux en bois en direction de la Platja de Palma. De là, il suffit de revenir sur vos traces pour rejoindre la capitale.

VAUT LE DÉTOUR

CALA BLAVA

Rien n'est plus éloigné des *beer gardens* de la Platja de Palma que la résidentielle Cala Blava (340 habitants), 2,5 km au sud-ouest de S'Arenal. Il y a là plusieurs endroits où se baigner au milieu des rochers et une plage de sable. Après la bifurcation sur la route Ma6014 (vers Cala Blava et Cala Pi), prenez la première à droite. La plage se trouve à une centaine de mètres plus bas (le bus s'arrête devant le Carrer D'Ondategui 36). Guettez le panneau indiquant Pas a Sa Platja et les escaliers en face de la Carrer de Mèxic.

Bella Vista est le prolongement vers le sud de la Cala Blava. Une partie de la côte est une zone protégée interdite d'accès, mais on peut descendre jusqu'au **Calò des Cap d'Alt** pour se baigner dans des eaux cristallines.

Du côté ouest de la baie, on peut rejoindre deux jolies criques au sud de Magaluf. La **Cala Vinyes** est baignée par des eaux tranquilles. L'anse suivante, la **Cala de Cap Falcó**, est une crique émeraude entourée de rochers couverts d'arbres. Malheureusement, les promoteurs s'approchent de plus en plus... Suivez les panneaux indiquant Sol de Mallorca vers le sud, puis les panneaux indiquant chacun de ces sites. Le bus n°107 relie Palma à la Cala Vinyes via Magaluf.

À l'ouest de Palma

Au sud-ouest du centre de Palma, la baie s'étire en une série de mini-baies et plages autour desquelles s'agglomèrent des zones de constructions touristiques très denses. Les plages elles-mêmes sont jolies et propres pour la plupart. C'est à Magaluf que petits-déjeuners à l'anglaise, fêtes et beuveries pour touristes atteignent un sommet. Au-delà, une zone beaucoup plus calme s'étend jusqu'au Cap de Cala Figuera.

Cala Major

5 630 HABITANTS

À 4 km au sud-ouest du centre-ville, Cala Major est une jolie plage (un temps fréquentée par la jet-set) et la première que l'on rencontre en allant vers l'ouest de la ville. Entre les hôtels et les résidences à multiples étages se dressant directement sur la plage se niche un ensemble hétéroclite de bars, snacks et clubs.

Hormis la plage, l'attraction phare du lieu est la **Fundació Pilar i Joan Miró** (http://miro.palma.cat ; Carrer de Saridakis 29 ; adulte/enfant 6 €/gratuit ; ⏲10h-19h mar-sam, 10h-15h dim), grand musée en retrait du front de mer. Pour vous y rendre, prenez le bus n°3 ou 46 depuis le centre-ville de Palma (Plaça d'Espanya).

Le bâtiment principal, qui jouxte l'atelier dans lequel Miró travailla pendant des décennies, fut réalisé en 1992 par le grand architecte espagnol Rafael Moneo. La collection, riche de plus de 2 500 œuvres de l'artiste (dont 118 toiles), ainsi que de nombreux souvenirs, est exceptionnelle. Sa femme et sa mère étant originaires de Majorque, Miró fut incité à s'installer en 1956 à Palma, où il demeura jusqu'à sa mort en 1983. Son atelier, qui surplombe la Cala Major, est l'œuvre de l'architecte Josep Lluís Sert, son ami.

Une sélection des œuvres de Miró se trouve dans la Sala Estrella, une partie du bâtiment que Moneo a dessinée sous une forme éclatée, en harmonie avec l'œuvre de l'artiste. Les autres espaces du bâtiment accueillent des expositions temporaires tandis que les sculptures de Miró sont disséminées à l'extérieur. Au-delà de l'atelier se dresse Son Boter, une ferme du XVIIIe siècle dont Miró fit l'acquisition afin de pouvoir s'isoler. À l'intérieur, il a tracé sur les murs blanchis à la chaux les dessins préparatoires de certaines de ses sculptures en bronze.

Gènova et ses environs

4 100 HABITANTS

La plupart des touristes poussent jusqu'à Gènova, ville satellite à 1 km environ au nord de la Fundació Pilar i Joan Miró, pour visiter les grottes les plus proches de la capitale, les **Coves de Gènova** (Carrer d'es Barranc 45 ; adulte/enfant moins de 10 ans 9/5 € ; ⏲11h-13h30 et 16h-18h mar-dim). Découvertes en 1906, ces grottes ne sont pas aussi intéressantes que les Coves del Drac dans l'est de l'île, mais offrent l'occasion plaisante de se promener parmi des stalactites et des stalagmites.

On atteint une profondeur de 36 m, pour découvrir toutes sortes de formes fantastiques éclairées par-derrière. Dans ces grottes, il règne une température quasi constante de 20°C.

De Palma ou de la Cala Major, prenez le bus n°46 pour Coves de Gènova. Descendez à Camí dels Reis 19 : de là, il vous reste 300 m à parcourir à pied. Si vous disposez d'un véhicule, du centre de Gènova, quittez la rue principale et suivez la direction de Na Burguesa (pas loin au nord de l'embranchement pour les grottes). Après 1,5 km d'une mauvaise route qui tournicote, vous passerez devant de belles demeures et atteindrez un monument à la Vierge Marie, pas franchement beau, mais d'où on a une vue panoramique sur la ville (c'est à peu près le seul moyen de voir le Castell de Bellver d'en haut) et la baie.

Les habitants de Palma adorent faire de bons repas dans les restaurants bondés du coin. L'un des meilleurs, le **Mesón Ca'n Pedro** (☎971 70 21 62 ; Carrer del Rector Vives 4 ; plats 12-25 €, déj 4 plats 26 € ; ⏲12h30-0h30), est réputé pour son *pa amb oli* (pain bis frotté à l'huile d'olive et garni de purée de tomates), ses escargots et la viande rouge que l'on cuit soi-même à table sur une pierrade.

Ses Illetes et Portals Nous

2 650 HABITANTS

Ses Illetes et Portals Nous se tiennent au large des plages bordées de pins. Cette zone de villégiature chic et résidentielle occupe la plus belle partie de la Badia de Palma. La côte élevée plonge de façon abrupte dans des criques turquoise, principalement la Platja de Ses Illetes et la Platja de Sa Comtesa, un peu moins fréquentée. Se garer n'est pas une mince affaire.

Bendinat, du nom d'un château privé (reconstruction néogothique d'un château du XIIIe siècle, qui n'est visible que depuis l'autoroute Ma1), fait pratiquement partie de Ses Illetes. Ce secteur n'abrite que des hôtels et des villas de grand standing. Un peu au-delà s'étend **Portals Nous**, avec sa super-marina pour les super-yachts des nantis de **Puerto Portals**, bordé de restaurants. La plage qui se trouve au nord de la marina est plus longue et plus large que celles de Ses Illetes.

Au sommet d'une belle falaise en surplomb de Ses Illetes et Portals Nous, le **Restaurante Port'Alt** (☎971 67 61 79 ; www.restauranteportalt.com ; Carrer Oratori 1 ; plats 16-25 €, menus 3/4 plats 26/33 €) bénéficie d'une vue de rêve sur la mer, et son ravissant jardin est planté de palmiers illuminés de guirlandes le soir venu. L'ambiance est à la décontraction, et la cuisine est un modèle de simplicité méditerranéenne : calamars croustillants, carré d'agneau rosé à point au citron, ail et menthe, entre autres.

Après le repas, cap sur le **Virtual Club** (www.virtualclub.es ; Passeig d'Illetes 60 ; ⏲10h-1h avr-oct). Situé au bord de l'eau, ce club ultra-branché et très propice à la détente propose une longue carte de cocktails, des canapés en osier, des hamacs, des transats, et une programmation musicale assurée par des DJ. Snob ou parfait ? À vous de décider. Il y a aussi un bar sombre empli d'étranges lumières stroboscopiques la nuit. Notre conseil : délaissez la nourriture aux tarifs excessifs, et contentez-vous d'une consommation.

Le bus local n°3 de Palma dessert Ses Illetes depuis le centre-ville (1,50 €) ; on peut le prendre dans le Passeig de la Rambla ou l'Avinguda de Jaume III. Les bus n°103, 104, 106 et 111, qui partent de la gare routière de Palma, desservent Portals Nous (1,45 € ; 30-50 min).

Palmanova et Magaluf

PALMANOVA : 7 020 HABITANTS ; MAGALUF : 4 410 HABITANTS

À 2 km au sud-ouest des yachts et des grandes fortunes de Portals Nous s'ouvre un tout autre monde. Palmanova et Magaluf ont fusionné pour offrir cette formule de vacances "mer, sable, sangria et sexe", qui a valu à toute l'île de Majorque une réputation non méritée. Mais bonne nouvelle, le changement est à l'œuvre, grâce à des investissements de plusieurs millions d'euros et à l'imminente interdiction de consommer de l'alcool dans les lieux publics. Voilà qui va à coup sûr modifier l'image peu flatteuse de ces stations balnéaires.

À voir et à faire

Ce succès s'explique : les quatre plages principales situées entre Palmanova et Magaluf sont belles et impeccablement entretenues. Les vastes étendues de sable blanc et fin, en partie ombragées par des pins et des palmiers stratégiquement plantés, possèdent un charme indéniable, et les constructions à l'arrière pourraient être pires.

Marineland PARC DE LOISIRS

(☎971 67 51 25 ; www.marineland.es ; Carrer Garcilaso de la Vega, Costa d'En Blanes ; adulte/enfant 24/16,50 € ; ⌚9h30-17h30 fin mars-oct). Les spectacles de dauphins et autres animaux enchantent les foules chaque jour à 11h45 et 15h45 dans ce parc d'attractions aquatique. Les requins de l'aquarium, les singes de la maison tropicale, les bassins à manchots, et le spectacle d'otaries (11h30 et 15h30 tlj) remportent aussi un grand succès. Au rond-point de Puerto Portals, près de Portals Nous.

Western Water Park PARC AQUATIQUE

(☎971 13 12 03 ; www.westernpark.com ; Carretera de Cala Figuera a Sa Porrasa ; adulte/enfant 26/18,50 € ; ⌚10h-18h juil-août, 10h-17h mai, juin et sept). Le Far West à Majorque… Pourquoi pas ? Ce parc aquatique est la grande vedette du genre à Magaluf, avec ses piscines à vagues et ses toboggans comme le Tijuana Twins et The Beast, doté d'une descente presque verticale de 30 m. Les enfants pourront s'en donner à cœur joie dans le secteur Kidzworld qui leur est consacré.

Cruceros Costa de Calvià EXCURSIONS EN BATEAU

(☎971 13 12 11 ; www.cruceroscostadecalvia.com ; Avinguda Magaluf 10 ; adulte/enfant 17/9 € ; ⌚11h, 13h et 15h lun-ven, 11h et 15h sam-dim mai-sept). Excursions de 2 heures dans un bateau à fond transparent, avec l'idée de voir des dauphins. Les bateaux partent de la plage principale de Magaluf et font escale à Palmanova 15 minutes plus tard.

Big Blue Diving PLONGÉE, SNORKELING

(☎971 68 16 86 ; www.bigbluediving-mallorca.net ; Carrer de Martí Ros García 6 ; snorkeling 35 €/pers, forfait 1/2 plongées 60/89 € ; ⌚avr-oct). Club de plongée très pro sur la plage de Palmanova, proposant toute la gamme des cours et brevets PADI. Les prix indiqués s'entendent matériel inclus.

Où prendre un verre et faire la fête

Tandis que les jeunes Allemands font la fête dans les bars à bière de la Platja de Palma à l'est de la ville, leurs homologues britanniques se défoulent dans les boîtes de nuit de Magaluf. Une répartition du territoire nocturne qui connaît peu de transgressions. Les pitreries des buveurs britanniques sont devenues légendaires (pas forcément pour de bonnes raisons). L'endroit le plus animé se trouve autour de l'extrémité nord de la Carrer de Punta Ballena où pubs et bars sont côte à côte.

À NE PAS MANQUER

MALLORCA ROCKS

Les clubbeurs et amateurs de concert sont aux anges grâce à cette nouvelle venue sur la scène festive de Magaluf (et de Palma d'ailleurs). Petite sœur du légendaire établissement d'Ibiza, le **Mallorca Rocks** (☎+33 (0)207 9522 919 ; www.mallorcarocks.com ; Carrer Blanc 8, Magaluf) a ouvert ses portes en 2010. Le complexe comprend un hôtel gigantesque de 656 chambres rassemblées autour de piscines où la musique est des plus entraînantes. On fait la fête, mais l'ambiance n'est pas à la provoc'. En revanche, ne comptez pas trop dormir.

Les deux grands événements hebdomadaires sont les concerts du mardi, et la soirée W.A.R! du jeudi : la crème des DJ européens passe alors de la techno, de l'électro et de la house. Dizzee Rascal s'est produit ici en 2013. Pour l'ouverture de la programmation 2014, on attend Haim, groupe californien féminin de rock indé, ainsi que le groupe de rock indé britannique The 1975. Les résidents ont accès à tout, les autres peuvent réserver leurs billets en ligne (environ 40 € pour les concerts).

Renseignements

Informations sur les hôtels (www.palmanova-magaluf.com). Site de l'association des hôteliers locaux.

Office du tourisme de Magaluf (☎971 13 11 26 ; Carrer de Pere Vacquer Ramis 1 ; ⌚9h-18h)

Office du tourisme de Palmanova (☎971 68 23 65 ; Passeig de la Mar 13 ; ⌚9h-18h tlj avr-oct, 9h-15h lun-ven nov-mars)

Depuis/vers l'ouest de Palma

Depuis Palma, le bus le plus direct vers Palmanova et Magaluf est le n°105 (3 € ; 45 min), qui circule 11 fois par jour. Le bus n°107 (7/jour) met 5 minutes de plus car il s'arrête en route à Marineland. Le n°106 (1 heure) est le plus fréquent.

Ouest de Majorque

Dans ce chapitre ➡

Le top des restaurants

- Trespaís (p. 90)
- Es Verger (p. 111)
- QuitaPenas (p. 99)
- Es Passeig (p. 108)
- Béns d'Avall (p. 106)

Le top des hébergements

- Ca N'Aí (p. 177)
- Es Petit Hotel de Valldemossa (p. 175)
- Alqueria Blanca (p. 178)
- Hostal Miramar (p. 176)
- Gran Hotel Son Net (p. 175)

Pourquoi y aller

"Un ciel turquoise, une mer couleur lapis-lazuli, des montagnes vert émeraude et un air d'une pureté céleste", ainsi s'enthousiasmait Chopin à propos de Valldemossa, où il avait élu domicile en 1838. Ses mots résonnent toujours de vérité près de 200 ans plus tard.

La chaîne montagneuse de la Serra de Tramuntana court tout le long de la côte ouest, se dressant au-dessus de la Méditerranée. Flanquées d'oliveraies et de pinèdes, ses aiguilles calcaires plongent en à-pic sur 1 000 m jusqu'à la mer, semblables aux remparts de quelque forteresse insulaire. À pied sur ses chemins de randonnée, à vélo sur ses routes tortueuses, ou en bateau le long du littoral dominé par ses falaises, ce massif montagneux vous ravira par ses paysages enchanteurs.

Certains des plus jolis villages et bourgades de l'île, haut perchés au sommet de collines ou nichés dans de verdoyantes vallées, jouissent d'une vue grandiose sur les montagnes et sur la mer. En flânant dans leur dédale de ruelles, laissez-vous charmer, à l'image de nombre d'artistes, de poètes et de célébrités avant vous.

Quand partir

Le printemps et l'automne sont les meilleures saisons pour ceux qui veulent pédaler dans la Tramuntana. Le reste du temps, les criques ravissantes, les sentiers et les hauteurs parsemées de fleurs seront tout à vous ou presque. La plupart des hôtels et restaurants sont ouverts de Pâques à octobre. En été, les stations balnéaires et les villages connaissent une affluence record. Cela dit, les vastes étendues sauvages vous réservent le calme, que ce soit dans une *finca* (ferme), un château ou un monastère. La saison festive bat son plein au cœur de l'été avec notamment les concerts de musique classique organisés à Deià et à Valldemossa. Enfin, les pèlerins, les vrais, marchent toute la nuit de Palma à Lluc en août.

LE SUD-OUEST

En allant au-delà des quelques constructions sans goût, vous trouverez dans le sud-ouest de l'île de petits trésors méconnus. Prenez vos quartiers à Andratx, Port d'Andratx ou Sant Elm afin de faire de belles excursions d'une journée jusqu'aux criques exquises de Portals Vells, ou une balade en bateau jusqu'à l'Illa de Sa Dragonera. Dans ce coin-là, les activités sont légion, car les eaux cristallines se prêtent à toutes sortes de sports nautiques. Enfin, la fameuse randonnée de plusieurs jours sur la Ruta de Pedra en Sec, la plus belle de l'île, commence ici également.

Andratx

12 150 HABITANTS / 132 M D'ALTITUDE

Plus grande ville du Sud-Ouest, Andratx fut bâtie, comme c'est souvent le cas à Majorque, dans les terres, à l'abri des pirates, et son port (Port d'Andratx) est à 4 km au sud-ouest. Son ambiance calme, loin de la cohue touristique, en fait une base idéale pour explorer la côte vers l'ouest, et les montagnes qui s'étendent au nord-est. Les bâtiments les plus importants se répartissent sur deux niveaux. Le **Castell de Son Mas**, beau château défensif du XVIe siècle, se dresse sur la colline à l'extrémité nord de la ville. Il abrite aujourd'hui l'*ajuntament* (hôtel de ville). De là, vous verrez la massive **Església de Santa María d'Andratx**, construite au XVIIIe siècle à l'endroit où se dressait à l'origine une église datant de 1248.

Où se restaurer

Bar Restaurante Sa Societat MAJORQUIN €€

(☎971 23 65 66 ; Avinguda Juan Carlos I 2 ; plats 11-19 €, menus 2 plats 8,50-15,50 € ; ⏲13h-16h et 19h30-23h mer-dim, 13h-16h lun). Une bonne adresse pour savourer une cuisine typique de l'île dans une ambiance hors du temps. On peut s'attabler dans l'arrière-cour ou dans la salle aux poutres apparentes pour savourer du *trampó* (salade de tomates, poivrons, oignons), suivi d'une paella, de cochon de lait rôti ou de morue à l'aïoli. Le menu déjeuner (2 plats, 8,50 €) est une affaire.

Renseignements

Office du tourisme (☎971 62 80 19 ; Avinguda de la Curia ; ⏲10h-14h lun-ven). Dans l'enceinte de l'hôtel de ville, tout en haut d'Andratz.

Depuis/vers Andratx

Le bus n°102 circule chaque jour approximativement toutes les heures entre Palma et Andratx (4,55 €, 1 heure).

Port d'Andratx

3 150 HABITANTS

La belle et longue baie de Port d'Andratx attire des plaisanciers venus de loin, et vit davantage à l'heure internationale que majorquine. L'endroit, chic et opulent, est doté d'une belle promenade en front de mer, agréable pour une balade ou un dîner. C'est un bon point de chute sur la côte ouest pour profiter des sports nautiques (voile, plongée, etc.) et se détendre dans le joli chapelet de criques qui s'étend au sud.

À voir

Museo Liedtke MUSÉE

(☎971 67 36 35 ; www.liedtke-museum.com ; Carrer de l'Olivera 35 ; ⏲horaires variables). GRATUIT Ce surprenant musée, à 2 km au sud du centre, fut construit entre 1987 et 1993 par l'artiste allemand Dieter Walter Liedtke. Il est situé à même les falaises, près du Cap de Sa Mola. Il conserve les œuvres de son créateur et accueille des expositions temporaires. La vue sur la côte mérite à elle seule le détour. Les heures d'ouverture étant variables, mieux vaut se renseigner au préalable par téléphone.

Cala Llamp PLAGE

C'est à Cala Llamp, à 2 km au sud de Port d'Andratx, que les gens du coin viennent pour trouver le silence et une eau d'un vert étincelant. Il n'y a pas de sable, mais le paysage, très singulier, se compose de falaises dentelées couvertes de pins se déployant comme un amphithéâtre autour de la crique en forme de demi-lune. Allez-y pour piquer une tête ou prendre un verre au Gran Folies Beach Club. Comptez environ 30 minutes de marche, à moins de vous y rendre en voiture par la Ma1020 au départ de Port d'Andratx, en suivant les panneaux une fois sur la crête.

Activités

Comme toute station de la côte majorquine, Port d'Andratx compte quelques clubs de plongée et de snorkeling, et des loueurs de bateaux.

À ne pas manquer

1 Les charmes poétiques de **Deià** (p. 100), magnifique village des hauteurs de Majorque

2 Le trajet par la route le long de la côte depuis **Port d'Andratx** (p. 87), en bord de mer, jusqu'au paisible **Monestir de Lluc** (p. 112)

3 Une balade dans les ruelles étroites de **Valldemossa** (p. 97) en écoutant la musique de Chopin

4 La traversée des vergers d'agrumes, des plantations d'amandiers et des oliveraies jusqu'aux ravissantes bourgades de **Biniaraix** (p. 108) et **Fornalutx** (p. 108)

5 Les trains d'époque, les œuvres de Miró et l'élégance moderniste de **Sóller** (p. 102), réputée pour ses oranges

6 Le trajet à donner le frisson sur la vertigineuse route de **Sa Calobra** (p. 111)

7 L'ascension jusqu'aux ruines de l'inexpugnable **Castell d'Alaró** (p. 110)

8 L'exploration des fonds cristallins de l'**Illa de Sa Dragonera** (p. 91)

9 Une balade jusqu'à **Sa Foradada** (p. 100) quand le soleil couchant donne à la Méditerranée des teintes d'aquarelle

10 Une pause hors du temps à **Orient** (p. 110), dans le paisible arrière-pays

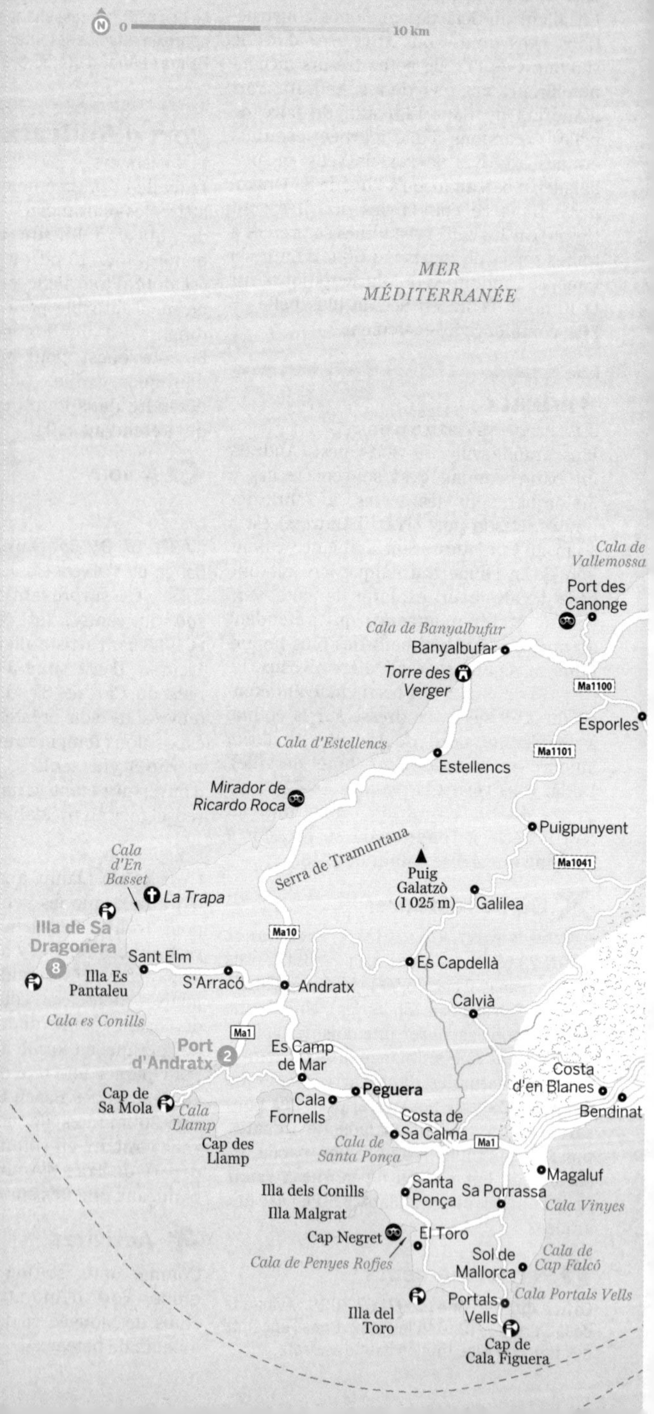

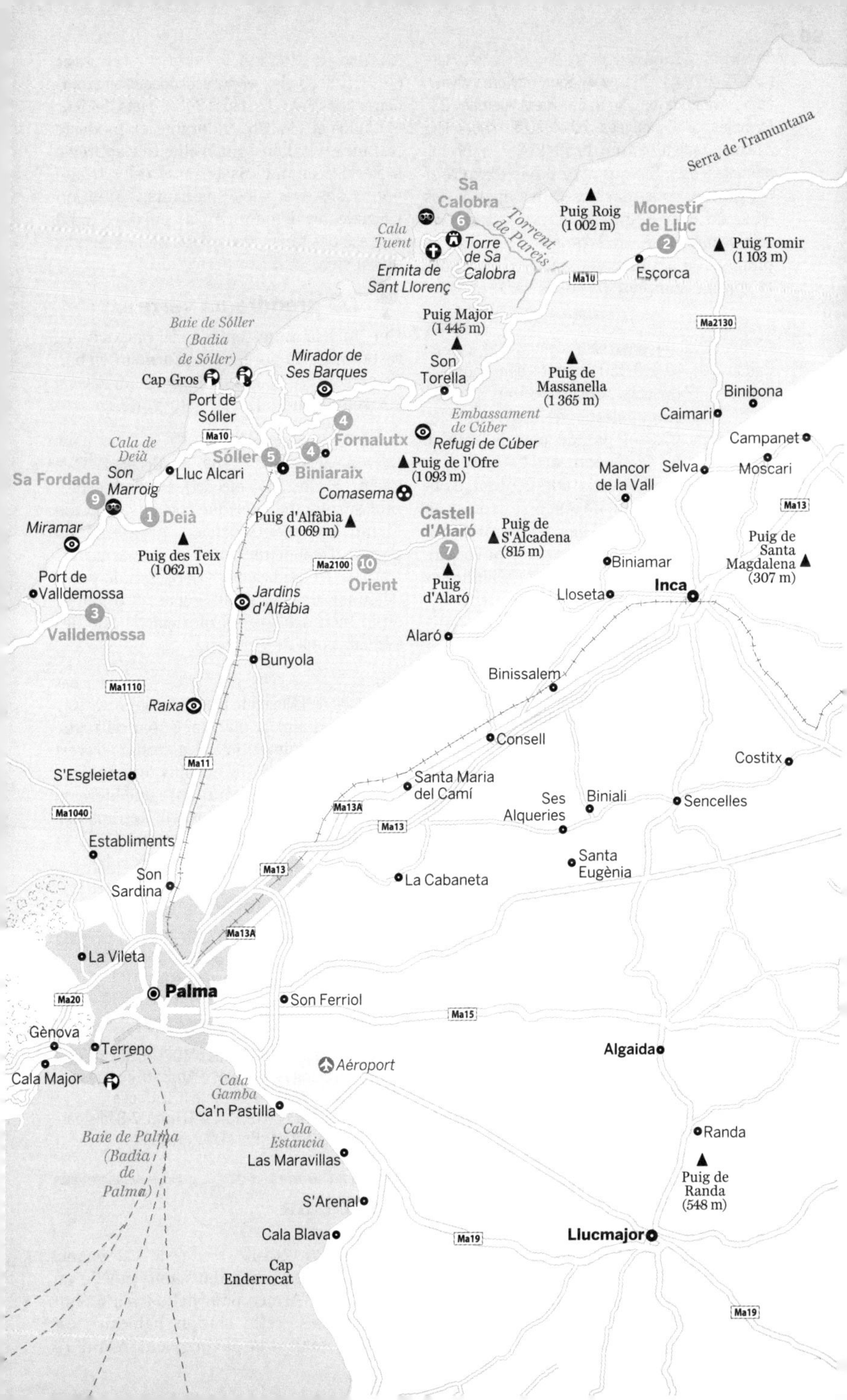
Serra de Tramuntana
Sa Calobra
6
Cala Tuent
Torre de Sa Calobra
Ermita de Sant Llorenç
Torrent de Pareis
Puig Roig (1 002 m)
Monestir de Lluc
2
Puig Tomir (1 103 m)
Escorca
Ma10
Puig Major (1 445 m)
Ma2130
Baie de Sóller (Badia de Sóller)
Cap Gros
Mirador de Ses Barques
Son Torella
Puig de Massanella (1 365 m)
Binibona
Port de Sóller
4
Embassament de Cúber
Caimari
Cala de Deià
Ma10
Fornalutx
Refugi de Cúber
Campanet
Sóller
5
4
Biniaraix
Puig de l'Ofre (1 093 m)
Mancor de la Vall
Selva
Moscari
Son Marroig
Lluc Alcari
Sa Fordada
9
Comasema
1
Deià
Ma13
Miramar
Puig d'Alfàbia (1 069 m)
Castell d'Alaró
Puig de S'Alcadena (815 m)
Puig des Teix (1 062 m)
7
Puig de Santa Magdalena (307 m)
Ma2100
10
Orient
Biniamar
Port de Valldemossa
Puig d'Alaró
Jardins d'Alfàbia
Lloseta
Inca
3
Valldemossa
Alaró
Bunyola
Binissalem
Ma1110
Raixa
Consell
Costitx
Ma11
S'Esgleieta
Santa Maria del Camí
Ses Alqueries
Biniali
Sencelles
Ma1040
Ma13A
Ma13
Establiments
Santa Eugènia
Son Sardina
Ma13
La Cabaneta
Ma13A
La Vileta
Palma
Ma20
Son Ferriol
Ma15
Gènova
Terreno
Algaida
Cala Major
Aéroport
Cala Gamba
Ca'n Pastilla
Baie de Palma (Badia de Palma)
Cala Estancia
Randa
Las Maravillas
Puig de Randa (548 m)
S'Arenal
Cala Blava
Ma19
Llucmajor
Cap Enderrocat
Ma19

Diving Dragonera PLONGÉE
(☎971 67 43 76 ; www.aqua-mallorca-diving.com ; Avinguda de l'Amirante Riera Alemany 23 ; formules 6/10 plongées 204/320 €, snorkeling 2 heures adulte/enfant 19,50/15 € ; ⊙8h-19h mi-mars à oct). Si vous avez envie d'explorer les grottes sous-marines et les épaves des eaux de Port d'Andratx et Sa Dragonera, adressez-vous à ce sympathique club de plongée de gérance allemande. Il propose la gamme complète de cours PADI et SSI.

Llaüts PLAISANCE
(☎971 67 20 94 ; www.llauts.com ; Carrer de San Carlos 6A ; 40/110/150 € heure/demi-journée/journée ; ⊙avr-oct). Cette bonne adresse dispose d'embarcations de 4 m pour les personnes n'ayant pas de permis bateau. Demandez les tarifs pour des bateaux plus perfectionnés. Les prix augmentent d'environ 10% en août. L'agence se trouve au sud-ouest de la zone des restaurants sur le front de mer. Les heures d'ouverture étant sujettes à changement, téléphonez au préalable.

Où se restaurer

Le front de mer est bordé de restaurants qui, tous, disposent de terrasses donnant directement sur l'eau. La qualité n'est pas toujours au rendez-vous, mais quelques adresses sortent du lot.

♥ Trespaís MÉDITERRANÉEN €€
(☎971 67 28 14 ; www.trespais-mallorca.com ; Carrer Antonio Callafat 24 ; plats 10,50-29,50 €, menu 3 plats 29,90 € ; ⊙18h-0h mar-dim). Ambiance romantique nouvelle tendance pour ce restaurant doté d'une élégante salle monochrome et d'un patio arboré, tous deux éclairés par des bougies. Le chef étoilé Domenico Curcio en a fait la meilleure table de la ville. Avec son épouse Jenny Terler, il concocte des plats aux saveurs mémorables. Réservation conseillée.

Restaurante El Coche POISSON ET FRUITS DE MER €€
(☎971 67 19 76 ; Avinguda de Mateu Bosch 13 ; plats 13,50-21 € ; ⊙13h-15h30 et 19h-22h30 mer-lun). Légèrement plus haut de gamme que la plupart des établissements du front de mer, El Coche connaît toujours le même succès depuis 1977. On y sert les classiques majorquins de poisson et de fruits de mer, avec parfois des mariages inattendus, comme la dorade à l'ail, au vinaigre et au piment.

Rústico da Giuliano ITALIEN €€
(☎971 23 85 64 ; www.rusticodagiuliano.com ; Carrer Isaac Peral 43 ; tapas 3-15 €, plats 15-25 € ; ⊙12h-15h et 18h-23h). Adorable et modeste restaurant italien dont la clientèle apprécie le service enjoué. Sa terrasse est parfaite pour observer les passants. Mention spéciale également à la cuisine, qu'il s'agisse des tapas, des pizzas au feu de bois ou du steak cuit à la perfection.

Où prendre un verre

Une fois la nuit tombée, la plupart des restaurants du port se transforment en bar. Vous trouverez aussi de bonnes adresses à l'extrémité sud-ouest de cette zone.

Gran Folies Beach Club BAR
(www.granfolies.net ; Carrer de Congre 2, Cala Llamp ; ⊙10h-23h45 mai-oct). Ce bar-restaurant surplombe la crique rocheuse de Cala Llamp. Les clients peuvent profiter de la piscine d'eau de mer entre deux margaritas frappés. L'établissement sert aussi le petit-déjeuner, des tapas, des repas, et organise aussi bien des soirées mexicaines que des dégustations de gin-tonic.

Tim's BAR
(Avinguda de l'Almirante Riera Alemany 7 ; ⊙10h-tard). Dominant la marina, ce bar où règne une belle animation peut rester ouvert jusqu'à 4 h du matin au plus fort de l'été. Une bonne adresse pour boire une bière ou un mojito au coucher du soleil. Retransmission des matchs de foot sur grand écran, et concerts les vendredis et samedis soir.

Renseignements

Office du tourisme (☎971 67 13 00 ; Avinguda de Mateu Bosch ; ⊙9h-16h mar-sam, 9h30-14h30 dim). À côté de l'arrêt de bus.

Depuis/vers Andratx

La plupart du temps, le bus n°102, au départ de Palma, prolonge son trajet d'Andratx jusqu'au port (1,50 €, 10 min). La ligne n°100 relie Andratx à Sant Elm (2,10 €, 40 min), 7-8 fois par jour en passant par Port D'Andratx.

Sant Elm

410 HABITANTS

La Ma1030, étroite route de campagne, s'enfonce très avant dans une pinède au départ de S'Arracó pour déboucher à Sant Elm. Certes, cette station balnéaire est connue, mais son éloignement relatif l'a

HORS DES SENTIERS BATTUS

PORTALS VELLS ET LE CAP DE CALA FIGUERA

À 20 km au sud d'Andratx, le flanc est du Cap de Cala Figuera constitue l'un des derniers tronçons vierges du littoral dans cette région très construite du Sud-Ouest. On se sent ici à mille lieues des foules et de l'agitation de Magaluf, située non loin.

Trois anses paradisiaques, les Portals Vells, jouissent d'une solitude parfaite. Baignées par des eaux limpides, elles ont pour arrière-plan des falaises de grès couvertes de pins. La **Cala Mago** désigne deux petites anses. Celle de droite, fréquentée par les nudistes, compte un restaurant. L'autre, plus longue, avec sa plage étroite et ombragée, est plus jolie.

La **Cala Portals Vells** est encore plus belle. Ses eaux turquoise viennent lécher la plage, dont le sable s'étend loin sous les rangées de parasols en paille. Au sud, un sentier de randonnée mène à des grottes creusées dans la paroi rocheuse. L'une renferme les vestiges d'une **chapelle** dont l'autel a été sculpté dans la roche. La légende veut que des marins génois l'aient construite au XVe siècle pour remercier Dieu de les avoir sauvés d'un naufrage.

Prévoyez environ 3 heures pour parcourir les 10 km de la Cala Portals Vells jusqu'au Cap de Cala Figuera, ponctué de phares. Celui-ci offre une vue superbe sur la Badia de Palma (baie de Palma). Le sentier côtier, facile et plat pour l'essentiel, longe le sommet de falaises et conduit à de petites baies.

Il faut être motorisé pour rejoindre Portals Vells car il n'y a pas de transports en commun. Prenez la sortie n°14 sur la Ma1 en direction de Portals Vells, et dépassez le parc aquatique et club de golf Western Park. Au bout de 2 km à travers les pinèdes, on atteint une intersection : prenez à gauche et suivez les panneaux jusqu'à la Cala Mago afin de vous garer en surplomb de la baie, ou bien rejoignez la Cala Portals Vells à 1,8 km au sud.

préservée du tourisme de masse, et il y a quelque chose de magique à regarder le soleil disparaître derrière les contours de l'Illa de Sa Dragonera.

À voir et à faire

Quelques belles promenades partent vers le nord depuis la Plaça del Monsenyor Sebastià Grau, à l'extrémité nord-est du village. L'une d'elles suit le GR 221 pendant 1 heure 15, soit environ sur 4 km, jusqu'à **La Trapa**, un monastère en ruine. À quelques centaines de mètres de l'édifice, vous pourrez jouir d'un fabuleux point de vue. Au départ du même sentier, une bifurcation vers l'ouest, à peu près à mi-chemin (2,5 km de marche au total, environ 45 minutes), mène à la **Cala d'En Basset**, ravissante crique aux eaux transparentes, mais dépourvue de vraie plage.

Platja Sant Elm PLAGE

La plage principale de Sant Elm est une agréable étendue de sable (dépourvue d'ombre) bercée par le clapotis des vagues, face au sud. Accessible pour des nageurs de niveau moyen, l'îlot rocheux de l'**Illa Es Pantaleu** délimite en partie une réserve marine. Au sud de la plage principale de Sant Elm, la **Cala es Conills** est une anse charmante, mais dépourvue de sable. Pour vous y rendre, suivez la Carrer de Cala es Conills.

Illa de Sa Dragonera ÎLE

Une partie de la réserve marine est dominée par l'**Illa de Sa Dragonera**, île longue de 4 km au relief accidenté, qui s'étire à l'ouest. Le ferry accoste dans un port naturel protégé côté est de l'île. De là, vous pourrez suivre les sentiers vers les caps à chaque extrémité, ou gravir le **Puig de Na Pòpia** (appelé aussi Puig des Far Vell, 349 m). Des excursions à bord de **bateaux à fond transparent** sont proposées autour de l'île. Pour faire de la plongée, vous pouvez vous adresser à Scuba Activa.

Keida SPORTS D'AVENTURE

(☎971 23 91 24 ; www.keida.es ; Plaça de na Caragola 3 ; ⏲horaires variables). Keida propose un choix immense d'activités : randonnées guidées (38-60 €), excursions en bateau d'une demi-journée à destination de l'Illa de Sa Dragonera (42 €), randonnées équestres de 3 heures (60 €), et cours d'une heure et demie de stand-up paddle (45 €). On peut aussi louer des vélos (demi-journée/journée 10/15 €) et des kayaks (11/15 €).

À NE PAS MANQUER

RANDONNÉE SUR LA RUTA DE PEDRA EN SEC

Cette randonnée d'une semaine vous transportera dans des paysages à couper le souffle, à travers tout le Nord-Ouest montagneux de l'île, du Cap de Formentor à Sant Elm. Les 167 km du GR 221 (encore incomplet), aussi appelé Ruta de Pedra en Sec (**Route de pierre sèche**), sont principalement constitués d'anciens chemins muletiers. Technique de construction ancestrale utilisée dans l'île, ces "pierres sèches" apparaissent un peu partout dans la montagne : chemins pavés, terrasses de cultures, maisons, murs et autres constructions sans mortier.

Le GR 221 débute à **Pollença**, à côté de Can Diable et du Torrent d'en Marc, mais vous pouvez aussi commencer par une randonnée d'une journée en partant du Cap de Formentor. Un marcheur en bonne forme peut parcourir le tronçon de 8 étapes entre Pollença et Port d'Andratx en 4 jours. Toutefois, cela vaut la peine de prévoir quelques jours de plus pour faire halte dans de beaux villages.

Le premier tronçon est une randonnée facile d'environ 4-5 heures vers le sud-ouest et s'achève au Monestir de Lluc (p. 112), un monastère où l'on peut passer la nuit. Vous parcourrez un dénivelé d'environ 600 m sur la journée, avant de redescendre un peu aux alentours du monastère. Le deuxième jour, vous monterez à plus de 1 000 m, pour franchir le Puig de Massanella (1 365 m) et vous diriger au sud-ouest vers la retenue d'eau du nom d'Embassament de Cúber, puis vous rendre au Puig de l'Ofre (1 093 m), que beaucoup aiment ajouter à leur liste d'exploits, pour finalement redescendre vers le ravin de Biniaraix et atteindre Sóller pour un repos bien mérité. Passer quelques jours ici vous permettra d'explorer les alentours.

Comptez 2-3 heures de marche jusqu'à **Deià** (www.deia.info), que l'on peut rejoindre par plusieurs sentiers partant de Sóller, outre le GR 221, et 2 heures de plus pour **Valldemossa** (www.valldemossa.com). Si le temps vous est compté, vous pouvez vous rendre directement à **Estellencs** mais, là encore, vous aurez peut-être envie de passer quelques jours dans les environs. Le dernier jour, vous rejoindrez Sant Elm depuis Estellencs en passant par **La Trapa**.

Cette randonnée exige une bonne forme physique, mais ne requiert pas de compétences ni d'équipement particuliers, si ce n'est de bonnes chaussures, de l'eau, de quoi vous protéger du soleil, etc. Il est essentiel de savoir lire une carte et de se servir d'une boussole, les sentiers n'étant pas toujours bien balisés (le retard dans le balisage du GR 221 est notamment dû au fait que 92 % de la Serra de Tramuntana fait partie de propriétés privées et que les droits de passage posent souvent problème). Le GR 221 étant traversé par de nombreux sentiers, on peut facilement être désorienté.

On trouve cinq refuges sur le parcours : à Pollença, Monestir de Lluc, Escorca, Port de Sóller et Deià (réservez votre lit au ☎ 971 13 77 00, du lundi au vendredi de 9h à 14h, ou sur www.conselldemallorca.net/refugis). De nombreuses autres possibilités d'hébergement s'offrent aux randonneurs dans les villages. Pour plus d'informations sur l'itinéraire, consultez le site du Consell de Mallorca, **Pedra en Sec i Senderisme** (www.conselldemallorca.net/?id_section=3198).

Scuba Activa PLONGÉE, SNORKELING

(☎971 23 91 02 ; www.scuba-activa.com ; Plaça del Monsenyor Sebastià Grau 7 ; plongée avec équipement 38 €, équipement 15-17 €/jour ; 9h-18h avr-oct). Ce club de plongée bien rodé vous emmène dans les profondeurs des eaux limpides de l'Illa de Sa Dragonera, l'un des meilleurs sites de plongée de Majorque. Il loue du matériel et propose une gamme complète de cours, ainsi que des sorties de snorkeling (1 heure, 29 €).

Où se restaurer

♥ **Es Molí** MÉDITERRANÉEN €€

(☎971 23 92 02 ; http://esmoli.cat ; Plaça de Mossèn Sebastià Grau 2 ; plats 14,50-21 € ; 13h-16h et 19h-23h mar-dim avr-oct ;). Niché sur une place proche de la mer, voici sans l'ombre d'un doute notre restaurant préféré à Sant Elm – et nous adorerions faire un tour dans la Seat 600 bleu layette garée devant... Décoration épurée et minimaliste, équipe jeune et enjouée, et cuisine méditerranéenne aux nettes influences italiennes. Tout, du carpaccio de saumon à la mangue, aux raviolis maison avec champignons sauvages, huile de truffe et jambon ibérique, est délicieux.

El Pescador POISSON ET FRUITS DE MER €€
(☎971 23 91 98 ; Avinguda de Jaume I 48 ; plats 15-25 € ; ⏲13h-15h30 et 19h30-22h30 ;). Ce restaurant est juché en retrait de la Plaça de Na Caragola, à mi-chemin en direction du centre-ville (après l'office du tourisme). La paella est un bon choix pour le déjeuner, mais le meilleur reste le poisson du jour (au poids). Le service est aléatoire.

Renseignements

Office du tourisme (☎971 23 92 05 ; Avinguda de Jaume I 28B ; ⏲9h-16h lun-sam et 9h30-14h dim). À quelques pas de la plage.

Depuis/vers Sant Elm

Sept ou huit bus desservent Sant Elm depuis Andratx (2,10 €, 40 min) via Port d'Andratx et S'Arracó. Vous pouvez également prendre le bateau Sant Elm-Port d'Andratx (8 €, 20 min, tlj fév-oct). Si vous êtes en voiture, évitez de payer les 3,50 € du parking du front de mer en vous garant un peu plus haut.

Des ferries desservent l'Illa de Sa Dragonera (aller-retour 12 €, 15 min, 3-4/jour fév-nov) depuis le petit port situé au nord de la plage principale de Sant Elm. Cruceros Margarita (☎639 617545 ; www.crucerosmargarita.com) est l'une des principales compagnies. En haute saison, il est conseillé de réserver ses billets.

SERRA DE TRAMUNTANA

Dominés par la chaîne montagneuse de la Serra de Tramuntana, la côte nord-ouest de Majorque et son arrière-pays créent un contraste saisissant avec les stations bétonnées des alentours de Palma. Ce paysage incroyablement sauvage est enserré de pics de calcaire sculptés par le vent et la pluie, et de falaises. Plongeant en à-pic dans le bleu scintillant de la mer, celles-ci forment comme des remparts naturels. Les villages et hameaux en pierre dorée, perchés au sommet des collines, offrent un aperçu envoûtant de ce qu'était Majorque avant le tourisme de masse. Les cultures en terrasses qui s'étagent depuis la côte sont vieilles de plusieurs siècles, et l'intérieur, hauteurs au relief accidenté, est apprécié des marcheurs pour ses pinèdes, ses oliveraies et ses fleurs sauvages au printemps. Du fait de sa singularité culturelle et géographique, la région a été inscrite au patrimoine mondial de l'Unesco.

D'une superficie de 1 100 km² et d'une longueur de 90 km, la chaîne rejoint le Cap de Formentor tout au nord de l'île. Les pics les plus élevés sont concentrés dans le massif montagneux central. Le plus haut, le Puig Major de Son Torrella (1 445 m), est inaccessible et sert de base militaire. Il est suivi du Puig de Massanella (1 365 m). Pratiquement dépourvue de cours d'eau en surface, la zone est riche en rivières souterraines, qui alimentent les cultures en terrasses des villages côtiers.

Route côtière d'Andratx à Valldemossa

Bienvenue sur l'une des plus belles côtes méditerranéennes, enserrée par la Ma10 qui s'éloigne d'Andratx pour gravir les collines plantées de pins marquant le début de la majestueuse Serra de Tramuntana. Accrochés aux sommets des falaises et à flanc de colline, les hameaux et belvédères qui jalonnent cette route presqu'entièrement solitaire bénéficient d'une vue sur la côte d'une beauté à couper le souffle.

Estellencs

380 HABITANTS / 151 M D'ALTITUDE

Agréablement paisible, le village d'Estellencs se compose d'édifices en pierre aux tons chauds dispersés sur les collines ondoyantes en contrebas du Puig Galatzò (1 025 m). L'ensemble est splendide, notamment depuis la route principale en venant du nord. C'est en descendant la colline, à l'écart de la route principale, que l'on a le meilleur angle de vue.

À voir et à faire

Cala d'Estellencs PLAGE
Depuis Estellencs, une route de 1,5 km serpente parmi les terrasses de palmiers, les vergers d'agrumes, les oliviers, les amandiers, les cactus, les pins et les fleurs sauvages, pour arriver à Cala d'Estellencs, une crique rocailleuse aux eaux vert bouteille.

Puig Galatzò MONTAGNE
Pour monter au Puig Galatzò (1 052 m), empruntez le sentier de randonnée qui part à proximité du Km 97 sur la Ma10, à environ 2,5 km à l'ouest d'Estellencs.

L'ascension étant ardue, munissez-vous d'une bonne carte et de beaucoup d'eau et de nourriture. Comptez 5-6 heures de marche aller-retour. Un autre chemin, qu'il est facile de confondre, vous fait redescendre vers Estellencs.

Où se restaurer

Cafeteria Vall-Hermós CAFÉ €
(☎971 61 86 10 ; www.vallhermos.com ; Carrer de Eusebio Pascual 6 ; plats 8-17,50 € ; ⏱10h-23h jeu-mar). La vue sur la mer, surtout au soleil couchant, est l'atout principal de ce café sans chichis. Allez-y en journée pour savourer un café et un *bocadillo* (sandwich), ou attardez-vous devant un verre de vin rouge et quelques tapas le soir.

♥ **Arandora** INTERNATIONAL €€
(☎638 417595 ; Plaça de la Constitució 6 ; plats 13-18 € ; ⏱14h-0h mer-lun). Notre adresse favorite à Estellencs est cet adorable restaurant tenu par des Suédois, situé en face de l'église. Les soirs d'été, la terrasse est idéale pour paresser devant un verre de *cava* (vin pétillant) et des plats comme la salade betterave, chèvre, roquette, ou le burger d'agneau sur une *focaccia* accompagné de feta et de sauce épicée. Vous n'en laisserez pas une miette, mais pensez à garder de la place pour les desserts, divins.

Montimar MAJORQUIN €€
(☎971 61 85 76 ; Plaça de la Constitució 7 ; plats 20-30 € ; ⏱13h-15h30 et 19h-22h30 mar-dim). Ce bastion de la cuisine majorquine traditionnelle se trouve juste à côté d'Arandora. Vous pourrez choisir, entre autres, parmi les sardines grillées, les plats à base de riz, le cochon de lait ou la *sobrassada* majorquine au miel. En dessert, goûtez aux savoureux fromages de l'île.

Achats

Estel@rt ALIMENTATION, ARTISANAT
(Carrer de Sa Siquia ; ⏱10h-14h et 17h-20h lun et mer-sam, 10h-14h dim). Tout au nord du village, cette charmante petite boutique vend principalement des vêtements, bijoux, céramiques, des spécialités locales et du vin. La sélection est limitée, mais de qualité. Une galerie d'art occupe le rez-de-chaussée.

Banyalbufar

560 HABITANTS / 112 M D'ALTITUDE

À 8 km au nord-est d'Estellencs, Banyalbufar est lové dans un pli du versant de la Serra de Tramuntana, tourné vers la mer en surplomb de la côte. Ce petit bourg, un dédale ramassé et escarpé, comporte des ruelles fleuries qui se faufilent jusqu'à la mer – le rêve pour les promeneurs.

Le village fut fondé au Xe siècle par les Arabes, qui lui donnèrent le nom de Banyalbufar ("construit près de la mer"). Il est entouré de cultures en terrasses séculaires taillées dans la pierre, appelées *ses marjades*, qui forment un ensemble de marches descendant jusqu'à la mer. Elles sont irriguées par l'eau de la montagne qui s'écoule dans des canaux à ciel ouvert avant d'être stockée dans des citernes.

À voir

Torre des Verger TOUR
(Torre de Ses Animes ; Carretera de Banyalbufar-Andratx). GRATUIT À 1 km de la ville, sur la route d'Estellencs, la Torre des Verger est un *talayot* (tour de guet) datant de 1579. Elle figure sur nombre de cartes postales de l'île. Son emplacement est l'un des plus incroyables de Majorque : la tour est littéralement suspendue au bord de l'à-pic qui plonge dans la mer.

Cala de Banyalbufar PLAGE
En descendant sur 1 km la pente raide de la colline qui part de Banyalbufar, à travers des cultures en terrasses, on rejoint cette crique de galets. Profitez de la baignade ou offrez-vous une boisson fraîche à la cabane de plage installée sur les rochers. Une jolie cascade se trouve à proximité.

Bodega Son Vives DOMAINE VITICOLE
(☎609 601904 ; www.sonvives.com ; Carretera de Banyalbufar-Andratx, Font de la Vila 2 ; ⏱11h-19h jeu-dim mai-oct). En haut de la colline, à l'entrée sud du village, ce petit domaine viticole propose en été des dégustations et des ventes à la propriété. Il produit un vin rouge et des vins blancs, dont le meilleur provient du malvoisie (Malvasia), un cépage local.

Où se restaurer

Pegasón y el Pajarito Enmascarado MÉDITERRANÉEN €
(☎971 14 87 13 ; www.pegasonyelpajaritoenmascarado.com ; Carrer del Pont 2 ; plats 7-16 € ; ⏱12h-16h et 19h30-23h sam-mer, 19h30-23h ven). Murs en pierre, nappes à carreaux et mobilier vintage de bric et de broc, ce ravissant bistrot baigne dans une ambiance très bohème. Niché à l'angle d'une ruelle étroite, il comporte un patio

En voiture d'Andratx au Monestir de Lluc

DÉPART ANDRATX
ARRIVÉE MONESTIR DE LLUC
DISTANCE 140 KM ; 6 HEURES

Cet itinéraire de 140 km d'Andratx, au sud, au Monestir de Lluc, au nord, permet de pleinement apprécier l'aspect spectaculaire du littoral. Au départ 1 d'**Andratx**, la route grimpe dans les pinèdes pour un premier coup d'œil sur la Méditerranée. À 14 km d'Andratx, garez-vous sur le parking en face du Restaurant El Grau et montez jusqu'au 2 **Mirador de Ricardo Roca** pour jouir de l'un des plus beaux panoramas de toute la côte ouest. Roulez 4 km et vous traverserez 3 **Estellencs**, avant de parcourir 5 km de plus jusqu'à la 4 **Torre des Verger**, tour de guet dont l'emplacement en a-pic est extraordinaire. La tour se trouve à l'orée de 5 **Banyalbufar**, autre charmant village côtier, d'où la route s'enfonce dans les terres. Au bout de 7 km, à l'intersection, prenez la route étroite vers le nord (gauche). Bifurquez à l'ouest vers 6 **Port de Valldemossa**, en suivant la descente vertigineuse jusqu'à la mer, puis remontez jusqu'à la route principale. De là, vous n'êtes plus très loin de 7 **Valldemossa**, très agréable pour une halte. C'est aussi le cas de 8 **Deià**, dont les 9 km qui la séparent de l'intersection pour Valldemossa, sur la Ma10, sont de toute beauté. Écartez-vous un peu de la route principale pour découvrir la 9 **Cala de Deià**, l'une des plus belles criques de Majorque. La vue sur 10 **Lluc Alari** depuis la route principale est exceptionnelle. 11 **Sóller**, qui bénéficie d'une situation fabuleuse, est le point d'accès à 12 **Biniaraix** et 13 **Fornalutx**, deux des plus ravissants villages de l'île. Depuis Fornalutx, la Ma10 monte jusqu'au 14 **Mirador de Ses Barques**, avant de passer à proximité de lacs d'altitude. Le temps que vous arriviez à l'intersection pour 15 **Sa Calobra**, les montagnes auront revêtu un aspect dénudé et fantastique. Suivez les virages en épingle à cheveux jusqu'à Sa Calobra et faites un crochet par 16 **Cala Tuent**, avant de revenir sur la route principale menant au 17 **Monestir de Lluc**.

agrémenté de plantes d'où observer les passants en dégustant divers plats, du *tumbet* (ratatouille majorquine) au porc rôti en passant par les boulettes d'agneau. Excellente affaire, le déjeuner (15,50 €) comporte 3 plats, l'eau, le vin et des olives.

Ca'n Paco MAJORQUIN €€
(☎971 61 81 48 ; www.canpaco.es ; Carrer de la Constitució 18 ; plats 11,50-17,50 € ; ⏰13h-17h et 19h30-23h mar-dim). Sur la route qui descend à la Cala de Banyalbufar, ce restaurant traditionnel reste fidèle aux racines majorquines en servant de généreuses portions d'*arroz negro* (riz à l'encre de seiche) et de poisson grillé. Son *gato con helado de almendra*, génoise à la glace aux amandes, est imbattable, tout comme, depuis la terrasse, la vue sur le soleil s'enfonçant dans la mer.

Son Tomás MAJORQUIN €€
(☎971 61 81 49 ; Carrer de Baronia 17 ; plats 14-21 € ; ⏰12h30-16h et 20h-22h30 mer-lun ; 🅕). Établissement classique, surplombant la route principale à l'extrémité sud-ouest du village. Si les tables donnant sur la rue sont assaillies par les cyclistes cassant la croûte, le restaurant à l'étage propose une cuisine de grande qualité, dont une croustillante *lechona* (cochon de lait) et l'un des meilleurs riz au homard que nous ayons goûté sur l'île.

Achats

Malvasia de Banyalbufar VIN
(☎971 14 85 05 ; www.malvasiadebanyalbufar.com ; Carrer de Comte Sallent 5 ; ⏰11h-14h et 17h-20h mar-sam, 11h-14h dim juin-août, horaires restreints le reste de l'année). Gérée par une coopérative de producteurs de vins locaux, cette boutique a pour but de promouvoir le cépage malvoisie (Malvasia), cultivé dans la région. C'est donc l'endroit idéal où dénicher une bonne bouteille pour votre pique-nique ou pour rapporter en cadeau.

Esporles et le circuit des terres

Quelques centaines de mètres après la route pour le Port des Canonge, la Ma1100 met le cap vers le sud, en direction d'Esporles. Au bout de 1 km, vous arriverez à une intersection et à La Granja.

De La Granja, si vous disposez de votre propre moyen de locomotion, vous pourrez faire un circuit dans les terres. En direction du sud, la Ma1101 s'enfonce dans les forêts épaisses et vous fait dévaler une série de virages en épingle à cheveux avant d'arriver à **Puigpunyent**. Ce village typique de l'arrière-pays majorquin n'est pas riche en curiosités touristiques, mais le luxueux Gran Hotel Son Net (p. 175) aux tons roses, perché sur la colline, justifie à lui seul une halte (si vous en avez les moyens).

De Puigpunyent, une route serpente jusqu'à **Galilea**, hameau perché dans la montagne environ 4 km plus au sud. Grimpez jusqu'à la place de l'église pour admirer la vue sur les vallées et prendre un verre au bar d'à côté, ou montez encore plus haut pour une vue encore plus saisissante.

EN BATEAU D'ANDRATX À PORT DE SÓLLER

Que vous choisissiez d'explorer les côtes spectaculaires de la Serra de Tramuntana à pied, à vélo ou en voiture, attendez-vous à en avoir plein la vue ! Autre alternative : découvrir ces paysages en bateau. Partez de Port d'Andratx, au sud-ouest, longez ensuite Sant Elm et l'Illa de Sa Dragonera, puis mettez le cap au nord-est, jusqu'à Port de Sóller, où vous pourrez passer une nuit au calme. Arrêtez-vous pour une petite baignade à Port des Canonge, Cala de Deià et Lluc Alcari (mais vous ne pourrez pas y jeter l'ancre pour la nuit). Les anses d'Estellencs et de Valldemossa ne sont pas assez profondes pour accueillir la majorité des bateaux. Le jour suivant, filez sur le Cap de Formentor et contournez-le pour vous abriter dans la baie de Pollença. Dans des conditions similaires, cette étape prend plus de temps que la première. Cala Tuent, Sa Calobra, Cala Sant Vicenç et Cala Figuera sont des points d'escale intéressants pour la journée. Au total, l'itinéraire fait environ 60 milles marins.

L'un des principaux facteurs à prendre en compte est la météo. Le vent est quasi omniprésent, ce qui signifie que vous pouvez naviguer toutes voiles dehors. Mais les conditions climatiques peuvent aussi gêner la navigation, souvent dangereuse en hiver le long de ce littoral. Vous pouvez louer un bateau à Port d'Andratx, auprès de Llaüts. Sinon, renseignez-vous auprès d'un office du tourisme.

De retour à Puigpunyent, prenez la Ma1101 jusqu'à Esporles. Niché dans les contreforts de la Tramuntana, ce joli village aux maisons en pierre ocre se trouve à côté d'un ruisseau généralement à sec. Il accueille un marché le samedi. L'ambiance est à la décontraction dans les ruelles bordées de cafés que domine une église néogothique. Les soirées sont assez animées à Esporles, où résident beaucoup de personnes travaillant à Palma.

À voir

La Granja ÉDIFICE HISTORIQUE
(www.lagranja.net ; Carretera de Esporles-Banyalbufar ; adulte/enfant 12,50/6 € ; 10h-19h). Cette magnifique *possessió* (propriété rurale) est aujourd'hui le théâtre d'une reconstitution quelque peu kitsch de la vie majorquine d'autrefois, avec des gens en habits traditionnels. La grande demeure mérite d'être visitée, tout comme les immenses jardins qui l'entourent. Certains éléments de la propriété datent du Xe siècle. On pourrait passer des heures à explorer les différentes pièces et leurs meubles d'époque, la vaste salle à manger, les écuries, les ateliers et les caves où sont stockés quelques instruments de torture médiévaux ; les pressoirs à olives et à raisins sont également à voir.

Où se restaurer

El Mesón La Villa MAJORQUIN €€
(971 61 09 01 ; www.mesonlavilladeesporles.com ; Calle Nou de Sant Pere 5 ; plats 15-25 € ; 20h-23h lun-sam juin à mi-sept, horaires restreints le reste de l'année). La clientèle locale, de fidèles habitués, encense les *asados* (grillades) d'El Mesón La Villa, où le chef enfourne agneau et cochon de lait dans un four en terre chauffé au feu de bois, pour les cuire lentement à la perfection. Le cadre – poutres et outils agricoles – correspond en tous points au côté rustique et copieux des plats.

Es Brollador ESPAGNOL €€
(971 61 05 39 ; Passeig del Rei 10 ; plats 11,50-21,50 € ; 10h-22h). Avec ses sols carrelés, ses hauts plafonds et sa cour intérieure à l'arrière, Es Brollador constitue une halte agréable, que ce soit pour un café le matin ou pour le déjeuner ou le dîner. Si le filet de porc accompagné de sa sauce à la *sobrassada* est mémorable, la carte comprend également des plats plus légers. En terrasse, vous ne vous lasserez pas d'observer les passants.

Depuis/vers Estellencs

Le bus n°200 Palma-Estellencs (3,85 €, 1 heure 20, 4-11/jour) passe par Esporles et Banyalbufar.

Valldemossa

2 027 HABITANTS / 425 M D'ALTITUDE

Dominé par la flèche de son monastère cartusien qui fait s'élever lentement le regard sur les pentes boisées de la Tramuntana, Valldemossa est un véritable bijou. Installé sur un petit promontoire, ce village aux ruelles pavées bordées d'arbres, aux solides maisons en pierre et aux belles villas, est fait pour flâner sans but. Les cars de touristes arrivent cependant par dizaines, et la plupart des bars et des restaurants servent une nourriture moyenne à un prix bien trop élevé. Mais il suffit de s'éloigner un peu de la foule pour comprendre à quel point il mérite sa popularité.

À voir

Vous remarquerez peut-être qu'un carreau de céramique coloré représentant une religieuse et portant l'inscription "*Santa Catalina Thomàs, pregau per nosaltres*" ("Sainte Catherine Thomas, priez pour nous"), est accroché devant la plupart des maisons. Oui, Valldemossa a sa propre sainte !

Real Cartuja de Valldemossa MONASTÈRE
(www.cartujadevalldemossa.com ; Plaça Cartoixa ; adulte/enfant 8,50/4 € ; 9h30-18h30 lun-sam, 10h-13h30 dim). Ce beau et vaste bâtiment entouré de somptueux jardins et jouissant d'un agréable panorama abrita des rois, des moines, mais aussi le couple Frédéric Chopin-George Sand au XIXe siècle. Plusieurs cellules permettent désormais de voir comment vivaient les moines, liés par un vœu de silence qu'ils ne pouvaient rompre qu'une demi-heure par semaine dans la bibliothèque. Sont exposés divers objets rappelant le séjour de George Sand et de Frédéric Chopin, notamment le piano Pleyel du compositeur.

Le palais d'origine fut construit en 1310 par Jacques II. Laissé ensuite à l'abandon, il fut repris par des chartreux, qui en firent un monastère et l'agrandirent considérablement en 1388. Conformément aux règles définies par l'ordre, seuls 13 moines, dont les cellules laissent deviner l'existence, vivaient dans ce lieu immense. Après

Valldemossa

Valldemossa

Les incontournables
1 Real Cartuja de Valldemossa B2

À voir
2 Casa Natal de Santa Catalina Thomàs D1
3 Costa Nord B1
4 Miranda des Lledoners C2

Où se loger
5 Es Petit Hotel de Valldemossa C1

Où se restaurer
6 Casa de Sa Miranda C2
7 Forn Ca'n Molinas B2
8 Gelatimossa B2
9 Hostal Ca'n Marió C1
10 QuitaPenas D1

Où prendre un verre
11 Aromas C1

Achats
12 Es Carreró C2

l'expulsion des moines en 1835, l'endroit devint un lieu de villégiature, principalement pour les habitants de Palma. Le prix d'entrée comprend les récitals de piano (8/jour en été) et la visite du **Palau de Rei Sanxo**, de Jacques II, labyrinthe de chambres médiévales remplies de meubles d'époque et de souvenirs entourant un modeste cloître.

Casa Natal de Santa Catalina Thomàs ÉDIFICE HISTORIQUE
(Carrer de la Rectoria). La maison natale de sainte Catherine Thomas jouxte l'**Església de Sant Bartomeu**, à l'est de la ville. Elle renferme une petite chapelle et un fac-similé de la déclaration de béatification de la sainte par le pape Pie VI datant de 1792. La sainte fut canonisée en 1930. Les horaires d'ouverture de la maison natale sont variables, mais les portes sont rarement closes.

Miranda des Lledoners BELVÉDÈRE
Pour une vue imprenable sur les terrasses, les vergers, les jardins, les cyprès, les palmiers et les quelques maisons ocre, en surplomb des montagnes et des plaines lointaines menant à Palma, descendez la Carrer de Jovellanos jusqu'au Miranda des Lledoners.

Costa Nord CENTRE CULTUREL
(☎971 61 24 25 ; www.costanord.es ; Avinguda de Palma 6 ; adulte/enfant 6 €/gratuit ; ⏲9h-17h). Initiative de l'acteur Michael Douglas, qui partage son temps entre Valldemossa et Hollywood, Costa Nord se dit "centre culturel". Tout commence effectivement par une présentation historique de Valldemossa de 15 minutes, narrée par Michael Douglas lui-même. Le voyage virtuel qui suit, à bord de la *Nixe*, bateau du XIXe siècle de l'archiduc Louis Salvador d'Autriche (1847-1915), alors propriétaire de la plupart des terres de l'ouest de l'île, n'intéressera pas grand monde.

Fêtes et festivals

Dimanche est jour de marché à Valldemossa.

Festa de la Beata FÊTE RELIGIEUSE
Le 28 juillet, Valldemossa rend hommage à Santa Catalina Thomàs : des carrioles

tirées par des ânes défilent dans les rues, et des enfants habillés en paysans lancent des bonbons à la foule.

Festival Chopin MUSIQUE
(www.festivalchopin.com). Tout au long du mois d'août, la Real Cartuja de Valldemossa accueille des concerts de musique classique. Si la plupart des œuvres sont de Chopin, d'autres compositeurs sont également joués. Les billets coûtent entre 20-30 €.

Où se restaurer

QuitaPenas TAPAS €
(☎675 993082 ; www.quitapenasvalldemossa.com ; Carreró de la Amargura 1 ; tapas 3-15 € ; 12h-16h et 18h-20h). Descendez des marches pavées pour rejoindre ce traiteur qui prépare des tapas avec soin et des produits de saison de premier choix. Installez-vous à l'extérieur (quelques places, pas plus) et goûtez à ses versions revisitées du *pa amb oli* (pain frotté à l'huile d'olive et garni d'une purée de tomates) ou de la *sobrassada* aux figues caramélisées. Ajoutez à cela un vin majorquin bien frais et la vue magique sur les montagnes, et vous voilà au paradis.

Forn Ca'n Molinas BOULANGERIE €
(Carrer de Blanquerna 15 ; coca de patata/ensaïmada 1,15/1,20 € ; 7h30-20h ;). Cet établissement, dans la rue piétonne principale, confectionne depuis 1920 la *coca de patata* (petit pain rond sucré à la pomme de terre), spécialité locale, ainsi que les fameuses *ensaïmades*. Ferme plus tard en plein été.

Gelatimossa GLACIER €
(www.gelatimossa.com ; Plaça de Cartoixa 18 ; 1,60 € la boule ; 11h-22h juin-sept, horaires restreints le reste de l'année). Pistache, amandes de Majorque, pêche, café, yaourt... Un choix cornélien ! Dans cette *gelateria*, toutes les glaces sont faites maison et délicieuses. Offrez-vous un cornet et allez le déguster dans le jardin situé derrière la Real Cartuja, à 50 m de là.

Hostal Ca'n Marió MAJORQUIN €
(☎971 61 21 22 ; http://hostalcanmario.net ; Carrer d'Uetam 8 ; plats 8,50-14 € ; 13h30-15h30 et 20h-22h30 mer-lun, horaires restreints en hiver). Si vous parvenez à vous attabler près d'une fenêtre dans cet accueillant restaurant, vous pourrez alors voir presque jusqu'à Palma ! La carte propose de bons plats majorquins simples et bien cuisinés, du type *lomo com col* (filet de porc au chou), *caracoles* (escargots), aubergines farcies et *tumbet* (plat d'aubergines, de tomates, de pommes de terre et de courgettes, parfumé à l'ail et cuit au four).

Casa de Sa Miranda FUSION €€
(☎971 61 22 96 ; www.samiranda.com ; Plaça Miranda des Lladoners 3 ; tapas 8-10 €, plats 14-24 € ; 19h-22h lun, 13h-15h30 et 19h-22h mar-sam). Quelle vue ! La ville et la vallée s'offrent ici au regard dans toute leur splendeur. Le chef Fecundo apporte sa touche novatrice aux produits locaux en concoctant de divins plats comme le poulpe à la sauce miso et les raviolis de poire au gorgonzola et aux fraises. Une multitude de saveurs mises en valeur avec élégance. Les tapas sont excellentes, elles aussi.

Où prendre un verre

Aromas CAFÉ
(Carrer de la Rosa 25 ; 11h-21h ;). Sol en damier noir et blanc, murs chaleureux en terre cuite, et musique jazzy, ce café bohème et détendu est idéal pour siroter des thés spéciaux (plus de 60 variétés) ou un onctueux chocolat chaud. Un jardin odorant se cache à l'arrière. Bref, une adresse à ne pas manquer !

Achats

Es Carreró ARTISANAT
(Carrer de Jovellanos 6B ; 11h-21h juin-sept, horaires restreints le reste de l'année). Vicky Vidal a un goût très sûr. Elle fabrique ou recycle elle-même les articles pour la maison, bijoux et accessoires de sa petite boutique (boutons montés en bagues, lunettes de soleil aux montures en bois, plats en coupures de journaux et origamis aux formes de poissons et d'oiseaux). Une adresse au-dessus de la moyenne des boutiques de souvenirs de Valldemossa.

Renseignements

Office du tourisme (☎971 61 20 19 ; www.ajvalldemossa.net ; Avinguda de Palma 7 ; 10h-18h30 lun-ven, 10h-14h sam-dim). Dans la rue principale, à environ 2 minutes à pied de l'arrêt de bus principal.

Depuis/vers Valldemossa

Le bus n°210 effectue le trajet Palma-Valldemossa (1,85 €, 30 min) 4-9 fois par jour. Trois à quatre d'entre eux continuent jusqu'à Port de Sóller (2,25 €, 1 heure) en passant par Deià.

VAUT LE DÉTOUR

LES ROMANTIQUES DEMEURES DE L'ARCHIDUC

En allant au nord-est de Valldemosa par la spectaculaire route côtière qui serpente jusqu'à Deià, on rejoint deux des demeures les plus remarquables de l'île. Elles ont appartenu à l'archiduc Louis-Salvador de Habsbourg (1847-1915), romantique invétéré qui avait trouvé ici son paradis.

La première, **Miramar** (www.sonmarroig.com ; Carretera de Valldemossa-Deià ; adulte/enfant 4 €/gratuit ; 10h-18h mai-oct, horaires restreints le reste de l'année), splendide demeure face à la mer, fut construite à l'emplacement d'un monastère du XIIIe siècle. On peut visiter son cloître et ses jardins paysagers, et admirer son *tàfona* (pressoir à olives). Raymond Lulle (1232-1316, Ramón Llull en catalan), théologien, philosophe et poète, fonda le monastère, où il écrivit nombre de ses ouvrages et apprit à ses frères à faire du prosélytisme auprès des musulmans. C'est grâce à lui que le catalan est devenu une langue littéraire. Derrière le bâtiment, la vue du haut de la falaise est admirable.

À 7 km de Valldemossa se trouve une autre résidence de l'archiduc, **Son Marroig** (www.sonmarroig.com ; Carretera de Valldemossa-Deià ; adulte/enfant 4 €/gratuit ; 10h-18h mai-oct, horaires restreints le reste de l'année). Cette charmante demeure labyrinthique est remplie de meubles, de livres et d'objets d'époque. Mais avant tout, elle jouit d'un panorama féerique.

Demandez l'autorisation de descendre jusqu'à la **Sa Foradada**, étrange trou dans la roche au bord de l'eau qui, de loin, ressemble à un éléphant. La superbe balade de 3 km (aller) s'effectue à travers des oliveraies où tintent les clochettes des moutons, et sur des chemins flanqués de pins et de grottes. Vos efforts seront récompensés par une baignade dans cette insolite piscine naturelle. Évitez la mi-journée car il y a peu d'ombre. En revanche, les feux du soleil couchant offrent un spectacle fascinant.

Port de Valldemossa

À environ 1,5 km à l'ouest de Valldemossa, en direction de Banyalbufar, une route de montagne (la Ma1113) descend sur 5,5 km jusqu'à Port de Valldemossa. La vue sur la mer et les falaises est à couper le souffle. Lors de la vertigineuse descente, on aperçoit au loin un village en contrebas à travers les arbres ; les conducteurs devront veiller à garder l'œil sur la route. Notez qu'il n'y a qu'un endroit permettant de s'arrêter pour prendre des photos. Vous trouverez à l'arrivée une plage de galets et d'algues au pied des falaises rouges, et quelques maisons, dont l'une abrite le réputé (à juste titre) Restaurant Es Port.

Où se restaurer

Restaurant Es Port POISSON ET FRUITS DE MER €€
(971 61 61 94 ; Carrer Ponent 5 ; plats 12,50-23,50 € ; 10h-22h juin-août, horaires restreints le reste de l'année). Tout semble encore meilleur installé à la terrasse du 1er étage, un soir d'été. Les plats de riz éclipsent tout le reste, tout comme les assiettes de poisson et de fruits de mer. Quant aux *calamares al ajillo con patatas* (calamars et pommes de terre sautées, le tout légèrement épicé), ils frôlent la perfection.

Deià et ses environs

750 HABITANTS / 222 M D'ALTITUDE

Lorsque le soleil de la fin de l'après-midi caresse les maisons couleur de miel de Deià, accrochées au flanc d'une colline de forme conique, et que le bleu de la mer, à l'horizon, se fait plus sombre, même les personnalités les plus blasées se sentent l'âme romantique. Véritable nid d'aigle perché dans la Tramuntana, ce village est flanqué de pentes escarpées sur lesquelles s'étagent des cultures en terrasses – potagers, vergers d'agrumes, amandiers, oliviers, et même quelques vignes, avec en toile de fond le **Puig des Teix** (1 062 m).

Deià fut autrefois le village d'adoption de nombreux écrivains, comédiens et musiciens, dont Anaïs Nin, qui y séjourna une année, assez longtemps pour faire de Déia le décor d'une de ses nouvelles. Le plus célèbre résident reste cependant le poète anglais Robert Graves.

À voir et à faire

Il suffit d'arpenter les rues pavées pour comprendre la fascination qu'ont exercée les lieux sur les artistes, notamment les artistes catalans qui l'ont "découvert" au début du XXe siècle : coquettes maisons de pierre, débauche de bougainvillées et une vue extraordinaire sur la mer, les cultures en terrasse et les montagnes.

♥ **Casa Robert Graves** ÉDIFICE HISTORIQUE
(Ca N'Alluny ; www.lacasaderobertgraves.com ; Carretera Deià-Sóller ; adulte/enfant 7/3,50 € ; ⏲10h-17h lun-ven, 10h-15h sam). La Casa Robert Graves rend un bel hommage à l'écrivain anglais. Arrivé à Deià en 1929, il y fit construire trois ans plus tard **Ca N'Alluny** (maison au loin), cette demeure de pierre sur trois étages. Mobilier d'époque, livres, objets divers, photos et vidéos donnent un aperçu émouvant de sa vie et de son œuvre.

Robert Graves quitta les lieux précipitamment en 1936, alors qu'éclatait la guerre civile, et confia sa maison à un habitant du village. Dix ans plus tard, les autorités espagnoles l'autorisèrent à revenir dans sa demeure, où rien n'avait bougé depuis son départ. “Si j'en avais eu envie, j'aurais pu m'asseoir et... me remettre d'emblée au travail”, déclara-t-il plus tard. Aujourd'hui encore, l'endroit est resté intact, comme si l'écrivain était simplement sorti faire un tour. Sa voix retentit dans les différentes pièces, grâce aux enregistrements diffusés en boucle, comme à l'infini, d'une lecture qu'il avait faite de son poème “Le Visage dans le miroir” (*Poèmes*, L'Harmattan, 2000).

Des œuvres telles que *Moi, Claude*, version romancée de la vie de l'empereur romain, ont fait la renommée de Robert Graves. Il est aussi l'auteur de nombreux poèmes et d'un livre sur sa terre adoptive, *Mallorca Observed* (1965). Le prologue de son roman *La Toison d'or* (Gallimard, 2010) se passe à Deià. Quelques-unes de ses 146 œuvres sont en vente à la billetterie. Demandez aussi la fiche de suggestions de lectures.

Es Puig BELVÉDÈRE, ÉDIFICE RELIGIEUX
Du haut d'Es Puig, colline au cœur de Deià, on voit l'ensemble composite des toits du village et toute la vallée, jusqu'à la Méditerranée étincelante. Au sommet se trouve la modeste **Església de Sant Joan Baptista** (église paroissiale dont le Museu Parroquial, rarement ouvert, abrite une collection d'objets religieux locaux). Le **cimetière** est en face. C'est ici qu'est enterré “Robert Graves, Poeta, 24-4-1895 - 7-12-1985 E.P.D” (“*en paz descanse*”, ce qui signifie “repose en paix”), figure de la littérature anglaise. Sa deuxième femme, Beryl Pritchard (Beryl Graves), décédée en 2003, est enterrée à l'autre bout du cimetière.

Cala de Deià PLAGE
À 3 km de Deià en voiture (direction Sóller), un peu moins loin à pied, la Cala de Deià est l'une des plus belles criques de la Serra de Tramuntana. Accessible uniquement à pied, la petite plage de galets qui donne sur des eaux cristallines est entourée d'une poignée de maisons. Le parking, à quelques centaines de mètres au bord de la route, est vite saturé, alors n'arrivez pas trop tard.

Pour manger, vous avez le choix entre le Can Lluc, un petit restaurant sans prétention en haut de la plage, et le Ca's Patró March qui sert du poisson frais sur une plate-forme rocheuse au-dessus de l'eau. Plusieurs bons sentiers de randonnée quadrillent la zone, comme le très accessible chemin côtier de Deià, qui mène au joli hameau de Lluc Alcari. De mai à octobre, un bus dessert la Cala depuis Deià 3 fois par jour (15 minutes).

Lluc Alcari VILLAGE
À 3 kilomètres au nord-est de Deià, ce hameau semble incrusté dans le flanc rocheux de la montagne. Malgré la place occupée par l'hôtel, la vue, depuis la route, sur les toits en tuiles et les palmiers, avec la Méditerranée en toile de fond, est magique.

Fêtes et festivals

Festival Internacional de Deià MUSIQUE
(☎971 63 91 78 ; www.dimf.com ; 20 €). Aux alentours de Deià, sur la côte de la Serra de Tramuntana, la demeure Son Marroig accueille les concerts de musique classique du Festival Internacional de Deià tous les jeudis d'avril à septembre.

Où se restaurer

La Ma10 traverse le centre-ville, dont elle devient l'artère principale bordée de bars, de restaurants et de boutiques, en particulier à l'est du village. La qualité est variable, mais certaines adresses ont fait leurs preuves au fil des ans.

Village Cafe INTERNATIONAL €
(☎971 63 91 99 ; www.villagecafedeia.com ; Carrer Felipe Bauzà 1 ; plats 9-15 € ; ⏲12h-23h mer-lun mars-oct ; 👪). Couverte de fleurs et de vigne vierge, la terrasse de ce café aux murs en pierre offre une vue panoramique sur la Tramuntana. Les burgers raffinés

sont un excellent choix, de même que les salades et les *bocadillos* (sandwichs). Quand la lumière des lanternes en céramique scintille et que les cigales chantent au crépuscule, c'est une adresse tout à fait charmante pour boire un cocktail et grignoter quelques tapas.

Sa Vinya MÉDITERRANÉEN €€
(☎971 63 95 00 ; www.restaurant-savinya.com ; Carrer de Sa Vinya Vella 4 ; plats 15-29 € ; ⏲13h-23h mer-lun fév-nov ; 👪). Des marches pavées mènent à ce restaurant dont la terrasse, subtilement éclairée, donne sur des vergers d'agrumes et les sommets boisés de la Tramuntana. L'endroit est magique au dîner, et les plats font la part belle à la fraîcheur des saveurs méditerranéennes (gaspacho au melon et à l'estragon, colin avec risotto au safran, et bar entier). Soirées barbecue très prisées, service sympathique et impeccable.

Ca's Patró March ESPAGNOL €€
(☎971 63 91 37 ; Cala Deià ; plats 10-25 € ; ⏲10h-23h juin-août, horaires restreints le reste de l'année). Probablement le meilleur des deux établissements donnant sur la mer, pour son point de vue légèrement surélevé, mais le match est serré. Large choix de viandes grillées et de poissons – avec en vedette les gambas de Sóller. Ce restaurant est tenu par la même famille de pêcheurs depuis trois générations.

Can Lluc POISSON ET FRUITS DE MER €€
(☎649 198618 ; Cala Deià ; plats 10-20 € ; ⏲10h30-19h mai-oct). Si vous avez du mal à vous éloigner de votre serviette de plage, rien de plus pratique que ce modeste bar-restaurant. Boissons fraîches, sardines grillées et calamars avec un zeste de citron par une languissante après-midi d'été… Le bonheur !

♥ **Es Racó d'es Teix** FUSION €€€
(☎971 63 95 01 ; www.esracodesteix.es ; Carrer de San Vinya Vella 6 ; plats 36-38 €, menu déj 3 plats 35 €, menu dégustation 4/6 plats 72/98 € ; ⏲13h-15h et 19h-22h fév-oct). Légende dans l'île, Josef Sauerschell a une étoile au Michelin, bien méritée. Sa cuisine fait la part belle aux plats à base de viande, à la fois raffinés et copieux, allant de l'épaule de veau braisée à la sauce au xérès et à la moelle, au cochon de lait rôti en passant par les pieds de cochon au foie gras.

La cuisine n'est pas aussi excentrique que dans d'autres établissements de ce genre, mais le résultat est tout autant à la hauteur – sans parler du cadre, un sublime paysage de montagne. Chaque mois, un vignoble majorquin différent est à l'honneur.

Sebastian MÉDITERRANÉEN €€€
(☎971 63 94 17 ; Carrer de Felip Bauzà 2 ; plats 26-30 € ; ⏲19h30-22h30). Murs en pierre et nappes blanches immaculées apportent tout le raffinement voulu à l'endroit. La carte, restreinte, propose 3 plats de poisson et 3 plats de viande, chacun rehaussé d'une délicate sauce ou purée. Elle varie au fil des saisons, mais l'on peut s'attendre à des plats du type millefeuille de fromage de chèvre au pesto aux noisettes, ou ceviche de bar à l'avocat et aux tomates cerises.

Depuis/vers Deià

Deià est à 15 minutes de Valldemossa sur le trajet du bus n°210 reliant Palma (2,85 €, 45-60 min) à Port de Sóller (1,60 €, 30-40 min).

Sóller

14 150 HABITANTS / 40 M D'ALTITUDE

Les Arabes avaient bien perçu le potentiel de cette vallée, appelée Vall d'Or ("vallée d'or"), blottie dans une vallée entourée des collines gris-vert de la Serra de Tramuntana. Les vergers d'orangers et de citronniers, irrigués par les sources des collines, dateraient du XIIIe siècle.

Sóller en elle-même vaut largement le détour, avec ses trains et tramways d'époque, sa gracieuse architecture moderniste et ses galeries exposant Picasso et Miró. Mais c'est aussi une base formidable pour visiter la côte ouest et la Tramuntana. C'est également le point de départ de magnifiques randonnées en montagne.

À voir

Le simple fait de se promener dans les rues calmes de Sóller est un plaisir. Où que vous alliez, en quelques minutes, les allées étroites et sinueuses deviennent des routes de campagne bordées de murets derrière lesquels s'épanouissent citronniers et orangers.

♥ **Ca'n Prunera – Museu Modernista** MUSÉE, ÉDIFICE HISTORIQUE
(http://canprunera.com ; Carrer de Sa Lluna 86-90 ; adulte/enfant 5 €/gratuit ; ⏲10h30-18h30 mars-oct, fermé lun nov-fév). Ce musée, l'un des plus importants de Majorque, occupe une demeure moderniste emblématique de la ville. Il renferme une étonnante

Sóller

Sóller

Les incontournables
1 Ca'n Prunera – Museu Modernista D1
2 Sala Picasso et Sala Miró B3

À voir
3 Banco de Sóller C2
4 Església de Sant Bartomeu C2
5 Plaça de la Constitució C2

Activités
6 Lengua Sóller B2
7 Trams B3
8 Tramuntana Tours D1

Où se loger
9 Ca'l Bisbe B3
10 Ca'n Isabel B3
11 Hostal Nadal B1
12 Hotel Salvia D3
13 Hotel S'Ardeviu B2

Où se restaurer
14 Cafe Scholl C1
Ca'l Bisbe .... (voir 9)
15 Ca'n Boqueta A1
16 Casa Alvaro B2
17 Sa Fàbrica de Gelats B1

Achats
18 Arte Artesanía C1
19 Ben Calçat D1
20 Fet a Sóller B1

collection d'œuvres d'art : tableaux de Joan Miró, dessins de Toulouse-Lautrec, Picasso, Gauguin, Klimt, Kandinsky, Klee, Man Ray et Cézanne. On y trouve aussi une galerie consacrée à Juli Ramis (1909-1990), peintre originaire de Sóller qui avait son atelier dans le village voisin de Biniaraix, ainsi que des œuvres de Miquel Barceló, d'Antoni Tapiès et d'Eduardo Chillida.

Vous pourrez également admirer à l'arrière l'intéressant *Movement* (2006) de Francesca Martí, un jardin de sculptures, et une exposition de poupées datant du début du XXe siècle. Élément du musée à part entière, la demeure est un bel exemple d'architecture moderniste, de l'étonnante façade en pierre et fer forgé aux plafonds travaillés et aux meubles du début du XXe siècle.

Sala Picasso et Sala Miró MUSÉE
(Plaça d'Espanya 6, Estación de Tren ; 10h-18h30). GRATUIT Le hall de la gare de Sóller abrite, au niveau de la rue, deux étonnantes salles d'exposition, la Sala Picasso et la Sala Miró. La première renferme

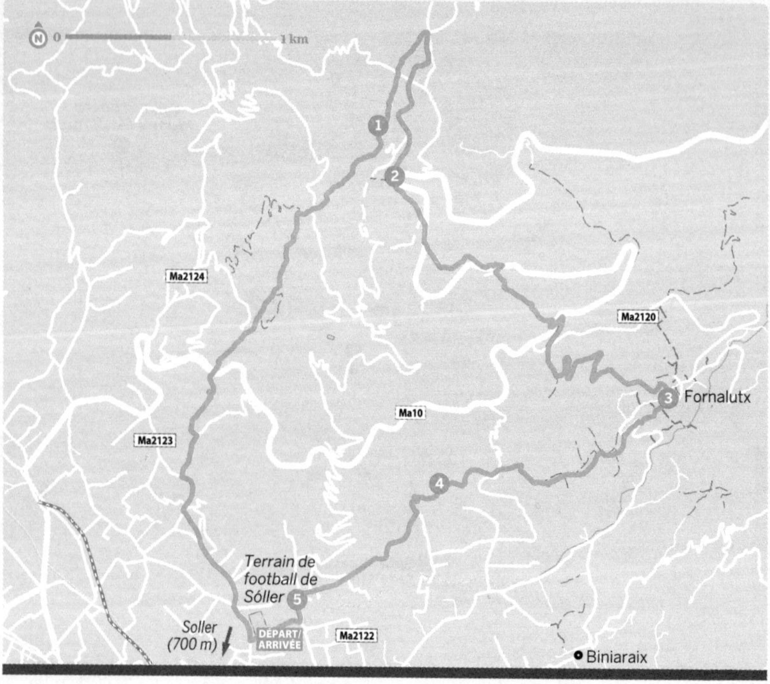

Promenade à pied **de Sóller au Mirador de Ses Barques**

DÉPART/ARRIVÉE SÓLLER
DISTANCE 8 KM ;
3 HEURES 45-4 HEURES 15

Mieux vaut entamer ce splendide périple lorsqu'il fait plus frais. Nous vous conseillons de vous munir de la carte *Tramuntana Central* (1/25 000) publiée par Editorial Alpina.

Partez du terrain de football situé à la lisière nord de Sóller. Longez le Camí de Sa Figuera en direction de Port de Sóller, et tournez à droite dans le Camí de ses Argiles. Suivez-le jusqu'au panneau indiquant le 1 **Camí Vell de Bàlitx**, puis empruntez à droite le Camí de son Blanco. Lorsque le chemin se scinde en deux, prenez à gauche, puis juste à droite pour grimper jusqu'à la Ma10. Bifurquez à gauche, puis à droite sur une piste bitumée. Empruntez alors le sentier pavé à gauche qui monte. À hauteur du panneau indiquant Cala Tuent, tournez à gauche dans le Camí Vell de Bàlitx. Arrivé à la première porte, virez à droite et continuez à monter. Le sentier pavé longe un fossé puis s'élargit avant de déboucher sur une route gravillonnée. Ignorez les panneaux indiquant Cala Tuent, et tournez à droite pour l'ascension finale jusqu'au 2 **Mirador de ses Barques** (1 heure 45-2 heures), qui offre une belle vue sur Port de Sóller.

Prenez à droite sur la Ma10, puis de nouveau à droite, et suivez les panneaux indiquant Fornalutx et Sóller. Un chemin étroit sinue à travers des forêts, puis descend en zigzag et franchit la Ma10. Au terme de près de 3 heures de marche, on atteint 3 **Fornalutx**. De là, suivez le 4 **Camí Binibassí** qui passe devant des amandiers et le cimetière municipal. Un chemin pavé traverse des oliveraies et se fait plus étroit à l'approche du hameau de Binibassí. À hauteur de la maison, tournez à gauche, en suivant le cours d'eau, puis à droite. Vous voici sur une route. Parvenu à un embranchement en Y, continuez tout droit pour rejoindre le 5 **Camí de ses Marjades**, d'où la vue sur les vergers d'agrumes et en contrebas, sur Sóller, est ravissante. Allez sur la gauche en descendant, traversez le Pont de Can Rave et tournez à droite dans le Camí des Maurterar pour revenir au terrain de football.

plus de 50 œuvres en céramique réalisées par Picasso entre 1948 et 1971, dont beaucoup reflètent les sujets de prédilection de l'artiste : les danseuses, les femmes, la corrida. La seconde abrite une collection de lithographies colorées du maître catalan. Le grand-père maternel de Miró était originaire de la ville.

Església de Sant Bartomeu ÉGLISE
(Plaça de la Constitució ; 11h-13h15 et 15h-17h15 lun-jeu, 11h-13h15 ven-sam, 12h-13h dim). Disciple de l'architecte Antoni Gaudí, Joan Rubió, qui a réalisé de nombreuses constructions à Sóller, fut chargé en 1904 de rénover l'Església de Sant Bartomeu, datant du XVIe siècle. Cette église, en grande partie baroque (construite entre 1688 et 1723), a conservé des éléments de son intérieur gothique, plus ancien, mais l'architecte la dota d'une belle (bien qu'inhabituelle) façade moderniste.

L'intérieur est doré mais sombre, et des chapelles faiblement éclairées contrastent avec le retable richement orné. Marchez vers l'autel, faites demi-tour pour admirer le lustre, l'orgue et la rosace lumineuse. La partie supérieure de l'église, en forme de candélabre, est visible de tout le village, se détachant sur la Serra de Tramuntana qui se dessine en toile de fond.

Banco de Sóller ÉDIFICE HISTORIQUE
(Plaça de la Constitució). Joan Rubió est aussi à l'origine de la façade de la banque de Sóller (aujourd'hui Banco de Santander), datant de 1912, de style moderniste, qui jouxte l'Església de Sant Bartomeu. Le projet était audacieux, avec ses deux énormes balcons circulaires collés à la façade et ses fenêtres ornées de grilles en fer forgé semblables à de la dentelle.

Plaça de la Constitució SQUARE
(Centre-ville). La Plaça de la Constitució, cœur et âme de la ville, est à 100 m en contrebas de la gare ferroviaire. Elle est flanquée de l'*ajuntament*, ainsi que de bars et de restaurants. Le soir venu, elle sert d'aire de jeu aux enfants.

Jardí Botànic et Museu Balear de Ciències Naturals JARDINS, MUSÉE
(www.jardibotanicdesoller.org ; Carretera Palma-Port de Sóller ; adulte/enfant 5 €/gratuit ; 10h-18h lun-sam). Une agréable balade (600 m) à l'ouest du centre-ville de Sóller conduit au paisible Jardí Botànic, dont les fleurs et autres plantes endémiques des Baléares (chêne vert, magnolia, myrte, cumin des prés – une espèce menacée) côtoient d'autres végétaux méditerranéens. Le même billet donne accès gratuitement au Museu Balear de Ciències Naturals (musée des Sciences naturelles), qui offre un aperçu de la flore et la faune des Baléares. Mention spéciale à la collection de fossiles.

Activités

Pour planifier vos randonnées autour et au-delà du bassin de Sóller, procurez-vous la carte *Tramuntana Central* (1/25 000) publiée par Editorial Alpina. Pour des randonnées guidées, contactez Tramuntana Tours.

Trams TRAMWAY ANCIEN
(Tranvías ; aller simple 5 € ; toutes les 30 ou 60 min 7h-23h30 ;). Rappel du bon vieux temps, les tramways de Sóller, ouverts sur les côtés, parcourent 2 km cahin-caha jusqu'à Port de Sóller, sur la côte. Ils partent de l'extérieur de la gare. Horaires à l'office du tourisme.

Tramuntana Tours SPORTS D'AVENTURE
(971 63 24 23 ; www.tramuntanatours.com ; Carrer de Sa Lluna 72 ; location de vélos 12-30 €/jour ; 9h-13h30 et 15h-19h30 lun-ven, 9h-13h30 sam). Ce prestataire rodé organise toute une gamme d'excursions guidées autour d'activités diverses, notamment le canyoning (45 €), le kayak de mer (50 €), la randonnée (25-45 €) et le VTT (à partir de 40 €) dans la Serra de Tramuntana. Il loue aussi des vélos (comme neufs) et vend du matériel. Si les portes sont closes, adressez-vous à son antenne de Port de Sóller, dont les horaires d'ouverture sont plus larges.

Cours

Lengua Sóller COURS DE LANGUE
(674 216677 ; http://lenguas-soller.es ; Carrer de Vives 5 ; 11h-13h et 17h-20h lun-ven). École de langues dans le centre-ville proposant des cours intensifs d'espagnol.

Fêtes et festivals

Es Firó FÊTE LOCALE
Vers le 2e week-end de mai, Sóller voit s'affronter les *pagesos* (gens de la ville et des campagnes environnantes) et une foule bigarrée de pirates *mauros*. Appelée Es Firó, cet événement (auquel participent environ 1 200 habitants) commémore l'assaut des pirates sur la ville, qui fut repoussé le 11 mai 1561. **Ses Valentes Dones**

(les femmes courageuses), le moment le plus fort, fait référence à deux sœurs qui parvinrent à tuer plusieurs pirates, participant ainsi à la victoire finale de la ville.

Où se restaurer

Cafe Scholl CAFÉ €

(☎971 63 23 98 ; Carrer de la Victòria 11 Maig 9 ; en-cas légers et plats 5-15 € ; ⏲9h-20h lun-ven, 9h-17h sam). Lustres, miroirs en laiton et patio ravissant : ce café bobo-rétro est une adresse fabuleuse où il fait bon s'attarder. Installé sur une chaise Art nouveau au petit-déjeuner, régalez-vous de croissants et de jus d'oranges frais, ou bien, au déjeuner, d'un repas léger (notre conseil : la salade au fromage de chèvre et les raviolis maison), ou encore d'un café et d'une tranche de gâteau moelleux à l'orange et aux amandes.

Sa Fàbrica de Gelats GLACES €

(Avinguda de Cristòfol Colom 13 ; 1,20 € la boule ; ⏲9h-22h juil-août, horaires restreints le reste de l'année). Des glaces légendaires. Parmi la quarantaine de parfums produits sur place, ceux à base d'orange fraîche et de citron sont exquis. Vous pouvez vous installer dans le petit patio.

Ca'l Bisbe MAJORQUIN €€

(☎971 63 12 28 ; www.hotelcalbisbe.com/restaurante ; Carrer del Bisbe Nadal 10 ; menus 29,50-38,50 € ; ⏲20h-22h30 mars-oct). Ce vieux moulin à huile (d'olive) est devenu un restaurant où l'on dîne sous de massives poutres en bois dans une salle éclairée de lanternes, ou bien en terrasse au bord de la piscine. La carte est bien au-dessus de la moyenne grâce à ses plats raffinés tels que la morue lentement mijotée aux nouilles de calamar, ou l'agneau en croûte d'olives noires avec risotto au basilic, tous merveilleusement accompagnés de vins locaux.

Ca'n Boqueta MÉDITERRANÉEN €€

(☎971 63 83 98 ; Gran Via 43 ; menu 3/5 plats 15/29,50 € ; ⏲13h-15h15 et 19h45-22h15 mar-sam, 13h-15h15 dim). Ce bistrot aménagé avec goût dans une maison de ville est orné d'œuvres d'art sur les murs, de plafonds à poutres apparentes et d'un patio-jardin. Sa cuisine inventive a toujours une touche de saison. Au délicieux menu, entre autres : gaspacho de cerises et Saint-Jacques à la crème de courgettes blanches en entrée, suivi par un porc noir de Majorque à l'orange en plat principal.

Casa Alvaro TAPAS €€

(☎871 709315 ; Carrer del Vicari Pastor 17 ; tapas 4,50-7 €, plats 16-24,50 € ; ⏲13h-16h et 18h-23h). Il faut descendre une ruelle pavée partant de la place principale pour rejoindre la Casa Alvaro, qui marie sans complexe le style minimaliste et celui d'une bodega traditionnelle. Sous les poutres, on se régale de délicieuses tapas qu'apporte à table un personnel fort sympathique : calamars croustillants, lapin tendre, cœurs d'artichauts etc. Accompagnez le tout d'un bon vin de Majorque et savourez !

♥ **Béns d'Avall** POISSON ET FRUITS DE MER €€€

(☎971 63 23 81 ; www.bensdavall.com ; Urbanització Costa Deià, près de Carretera Sóller-Deià ; menus dégustation 54-75 € ; ⏲13h-15h30 et 19h30-22h mer-dim, 19h30-22h mar). Perché sur une falaise surplombant la mer, ce restaurant possède une terrasse des plus romantiques, en particulier au soleil couchant. C'est aussi et surtout l'établissement de Benet Vicens, l'un des meilleurs chefs de l'île. Le menu dégustation de nouvelle cuisine baléare suit les saisons, mais il se peut que vous ayez l'occasion de goûter à un carpaccio de crevettes de Sóller ou à un cochon de lait farci aux fruits et lentement rôti à la perfection. À 7 km à l'ouest de Sóller, sur la route de Deià.

Achats

Ben Calçat CHAUSSURES

(www.bencalcat.es ; Carrer de Sa Lluna 74 ; ⏲9h30-20h30 lun-ven, 9h30-13h30 sam). On vient ici pour les authentiques *porqueras* majorquines faites à la main (chaussures fabriquées à l'origine à partir de pneus de voiture). Le style bowling de certains modèles aux couleurs très vives ne plaira pas à tout le monde, mais on ne fait pas plus majorquin. Articles à partir de 54 €.

Fet a Sóller PRODUITS LOCAUX

(www.fetasoller.com ; Carrer de Romaguera 12 ; ⏲10h-20h mai-oct, horaires restreints le reste de l'année). Voisine de la fameuse Sa Fàbrica de Gelats, Fet a Sóller propose des produits majorquins, provenant pour l'essentiel de Sóller : huile d'olive, vin, amandes, confitures, figues au cognac, charcuterie ou encore un vinaigre balsamique fabriqué à partir d'oranges de Sóller.

Arte Artesanía BIJOUX

(www.arteartesania.com ; Carrer de Sa Lluna 43 ; ⏲10h30-20h lun-ven, 10h30-15h sam). Lieu artistique dynamique, Arte Artesania est à la fois chic et d'avant-garde, avec ses bijoux de créateurs et ses quelques peintures, céramiques et sculptures. Artisans et designers espagnols et étrangers y présentent leur production. Des expositions sont souvent organisées.

Renseignements

Office du tourisme (☎971 63 80 08 ; www.visitsoller.com ; Plaça d'Espanya 15 ; ⌚9h45-16h15 lun-ven, 9h-13h sam). Installé dans un ancien wagon de train, à côté de la gare.

Depuis/vers Sóller

BUS

Le bus n°211 suit la Ma11 de Palma à Sóller (3,50 €, 30 min, jusqu'à 5/jour). Le n°210, quant à lui, emprunte le trajet plus long vers/depuis Palma (3,50 €) qui passe par Deià et Valldemossa (2 €, 40-50 min). Une ligne locale relie Fornalutx à Sóller (1,50 €, 15 min, 2-4/jour) via Biniaraix.

TRAIN

Le train Palma-Sóller est une attraction touristique à lui seul (p. 79).

VOITURE ET MOTO

En venant de Palma, vous avez le choix entre le tunnel (5,05 €/voiture, 2 €/moto) et la route sinueuse jusqu'au col, plus longue de 7 km, mais offrant un beau panorama sur Palma en contrebas.

Port de Sóller

Situé dans une grande baie en demi-cercle bien protégée, Port de Sóller représente le nec plus ultra des ports de pêche et de plaisance majorquins. Des millions d'euros furent injectés en 2007 pour lui donner une nouvelle jeunesse. Cela dit, l'endroit est chic tout en ayant l'air abandonné dans certains endroits. L'architecture reflète des influences venues de France et même de Porto Rico, les deux destinations principales de nombreux émigrants majorquins. Certains revinrent au pays avec de l'argent… et de nouveaux goûts.

À voir

La balade est agréable sur l'esplanade piétonne bordée de restaurants, notamment vers l'extrémité nord, où se trouve le cœur de la ville d'origine.

Les plages sont agréables, mais on trouve mieux dans l'île. La **Platja d'en Repic**, à l'extrémité sud de la baie, est la plus intéressante, en grande partie parce qu'elle se situe à l'écart du flot des passants. On ne peut pas en dire autant de la **Platja d'es Port**, qui longe la marina.

Activités

Tramuntana Tours SPORTS D'AVENTURE
(☎971 63 27 99 ; www.tramuntanatours.com ; Passeig Es Travès 12 ; location de vélo 12-30 €/jour, excursion de 3 heures en kayak de mer 50 € ; ⌚9h-19h30 mars-oct). Cet excellent magasin de matériel et prestataire de circuits guidés, situé sur le front de mer, est la bonne adresse si vous souhaitez faire du kayak de mer ou louer des vélos. On pourra aussi vous organiser des randonnées guidées dans la Serra de Tramuntana, ainsi que des sorties canyoning, VTT, bateau et pêche en haute mer. Tramuntana Tours possède une autre adresse à Sóller.

Barcos Azules EXCURSIONS EN BATEAU
(☎971 63 01 70 ; www.barcosazules.com ; Passeig Es Travès 3 ; adulte/enfant aller simple 15/8 €, aller-retour 25/13 € ; ⌚horaires variables). GRATUIT Balades en mer à Sa Calobra (jusqu'à 4/jour du lundi au samedi) et Cala Tuent (1/jour du lundi au vendredi, de Pâques à juin et en septembre). Billets en vente sur le quai.

Octopus Dive Centre PLONGÉE
(☎971 63 31 33 ; www.octopus-mallorca.com ; Carrer del Canonge Oliver 13 ; 1 plongée sans/avec équipement 39/49 €, 2 plongées 67/88 € ; ⌚8h30-19h mi-mai à oct). Ce club de plongée PADI 5 étoiles, de gérance anglaise, propose du matériel d'excellente qualité, des cours (dont le Bubblemaker pour les enfants) et des plongées tous niveaux (débutant à expérimenté), près du rivage et au large depuis un bateau. Ses bateaux de plongée rallient environ 30 sites le long de la côte de la Serra de Tramuntana.

Nàutic Sóller NAVIGATION
(☎609 354132 ; www.nauticsoller.com ; Platja d'en Repic ; kayak de mer 1 pers par heure/demi-journée/journée 10/25/40 €, 2 pers 15/35/60 €). Location de kayaks de mer, de hors-bord (demi-journée 120 €) et séances de ski nautique (110 €/heure).

Où se restaurer

Les restaurants ne manquent pas sur le front de mer de Port de Sóller. La plupart servent bien sûr du poisson et des fruits de mer, mais leur qualité est très variable. Voici quelques bonnes adresses :

Es Passeig MAJORQUIN €€
(☎971 63 02 17 ; www.espasseig.com ; Paseo de la Playa 8 ; plats 20-26 €, menu dégustation 4 plats 36,90 € ; ⏲12h30-22h30 mars-oct). Attablez-vous en terrasse, face à la mer, ou tâchez d'obtenir une place près de la fenêtre dans ce restaurant élégant et distingué. Les plats, inventifs, sont très influencés par les saisons, et présentés avec un souci du détail des plus pointilleux – rien d'étonnant à cela puisque le chef étoilé Marcel Battenberg est aux fourneaux.

Randemar INTERNATIONAL €€
(☎971 63 45 78 ; www.randemar.com ; Passeig Es Travès 16 ; plats 13,50-23 € ; ⏲12h30-0h mi-mars à début nov). En pénétrant dans cette demeure du front de mer, on pourrait presque se croire plongé dans l'ambiance d'une fête digne de *Gatsby le Magnifique*, mais les convives en restent généralement à la terrasse éclairée de bougies pour siroter un cocktail sur fond de musique douce. Carte éclectique de curry thaïlandais, sushis, pizzas, et ceviche péruvien, entre autres.

Espléndido MAJORQUIN €€€
(☎971 63 18 50 ; www.esplendidohotel.com ; Passeig Es Travès 5 ; plats 26-29 € ; ⏲8h-minuit tlj). Décoration gaie sur le thème nautique (bleu et blanc) pour cet élégant bistrot moderne de Port de Sóller, installé sur la promenade du front de mer. La carte fait la part belle aux produits de la mer, avec en vedettes des plats simples comme le thon grillé et les gambas de Sóller. Le formule déjeuner (3 plats, 15 €) est une excellente affaire.

Où prendre un verre

Comme dans tout port de plaisance majorquin hérissé de mats de yachts, les soirées sont festives en été. On s'installe l'après-midi à la terrasse d'un café ou d'un restaurant, sur le port ou le long du Passeig de Sa Platja, pour n'en repartir que très tard dans la nuit. Les bars animés ne manquent pas à Port de Sóller, mais peu parviennent à sortir du lot.

Renseignements

Office du tourisme (☎971 63 30 42 ; Carrer del Canonge Oliver 10 ; ⏲9h-15h15 lun-ven avr-oct). Situé au cœur de la ville, près du terminus des bus.

Depuis/vers Port de Sóller

La plupart des bus desservant Sóller poussent jusqu'à Port de Sóller. En voiture, vous pourrez vous rendre soit au centre-ville (par le tunnel), soit du côté de la Platja d'en Repic (suivez les indications). Le *tranvía* (tramway) pour Sóller suit le front de mer. Le Passeig Es Travès compte plusieurs loueurs de voitures.

Biniaraix

Au départ de Sóller, un agréable trajet de 2 km en voiture, à vélo, ou à pied par des routes étroites, conduit à l'adorable hameau de Biniaraix, que domine la Tramuntana. Il n'y a pas grand-chose à voir, raison pour laquelle la plupart des gens se rendent directement à Fornalutx. Mais s'imprégner du calme de l'endroit en arpentant les ruelles bordées de murets en pierre sèche est une expérience qui présente un charme particulier. Ce village, à l'origine une *alquería* (ferme) arabe, possède une place centrale ombragée, la Plaça de Sa Concepció. Le sentier pédestre menant à Biniaraix est bien indiqué depuis le centre de Sóller.

Fornalutx

Construit à l'ombre de hautes montagnes, Fornalutx est l'un des plus beaux villages en pierre de Majorque. On y arrive par le chemin pittoresque qui traverse les terrasses plantées d'orangers et de citronniers ou, en quittant la Ma10, par une route qui offre une vue aérienne sur les maisons en pierre et les toits en tuiles du village.

Dans les deux cas, le décor est enchanteur. C'est encore plus vrai à mesure que l'on se rapproche du village avec ses volets verts, ses bacs à fleurs, ses jardins bien tenus et ses vergers de citronniers. La plupart des maisons appartiennent à des expatriés, et l'ambiance qui y règne est loin de l'agitation de Sóller. Comme Biniaraix, Fornalutx était à l'origine, pense-t-on, une *alquería* arabe.

À voir

Flâner dans Fornalutx est un vrai bonheur. Commencez par les ruelles autour de la **Plaça d'Espanya**, dans le centre-ville, puis faites un saut à l'**ajuntament**, dont le beau patio est dominé par un palmier. À l'extérieur, l'eau chante dans une rigole d'irrigation. Vous pouvez suivre le cours du ruisseau à l'est, après de belles maisons et une épaisse végétation, ou monter les marches vers le nord, en partant de l'**Església de la Nativitat de Nostra Senyora**.

Où se restaurer

Fornalutx ne manque pas de restaurants et de cafés. La plupart sont situés autour de la place centrale Sa Plaça ou occupent des terrasses ombragées en bord de route, à environ 500 mètres du centre sur la Ma2121 qui quitte le village en direction du nord-est.

Es Turó MAJORQUIN €
(☎971 63 08 08 ; www.restaurante-esturo-fornalutx.com ; Carrer Arbona-Colom 12 ; plats 9-19 € ; 12h-22h30 ven-mer). La vue imprenable sur le village jusqu'aux sommets de la Tramuntana est le grand atout du lieu, mais la cuisine vaut également le déplacement. Carte majorquine jusqu'au bout des ongles, pour ainsi dire : *pa amb oli*, *arros brut* ("riz sale") et *lechona* (cochon de lait) croustillante à souhait. Ne manquez pas de goûter au savoureux jus frais confectionné avec les oranges de la région.

Ca'n Verdera MAJORQUIN €€
(☎971 63 82 03 ; www.canverdera.com ; Carrer des Toros 1 ; plats 14-25 € ; 19h30-22h30 mi-mai à mi-oct). Il faut grimper des marches en pierre pour rejoindre la romantique terrasse éclairée par des bougies, donnant sur un splendide paysage de montagnes. Évidemment, le coucher du soleil est un moment privilégié pour contempler la beauté des lieux. La vallée s'étend devant soi tandis que l'on déguste les saveurs locales préparées avec élégance, comme les raviolis au safran et l'agneau confit au miel et au thym.

Achats

Tramuntana Gourmet PRODUITS LOCAUX, VIN
(Carrer Arbona-Colom 4a ; 11h-20h). Cette petite boutique vend des produits de la Serra de Tramuntana, et, en moindre quantité, du reste des Baléares. Dégustations gratuites d'huile d'olive, et vente de conserves, de vins et d'autres produits moins habituels tels que le pain aux figues.

Depuis/vers Fornalutx

Une ligne locale dessert Fornalutx depuis Sóller (1,50 €, 15 min, 2-4/jour) via Biniaraix.

La route de Sóller à Alaró

Un splendide itinéraire routier serpente au sud de Sóller. Pour commencer, remontez la vallée et enfoncez-vous dans les collines (le tunnel coûte 5,05 € et n'est pas aussi plaisant), puis admirez le panorama sur Palma en suivant les virages en lacets sur l'autre versant. Avant d'entrer dans Bunyola et les localités qui se trouvent derrière, faites une halte pour visiter les Jardins d'Alfàbia, souvenir grandiose de la Majorque maure.

À voir

Jardins d'Alfàbia JARDINS
(www.jardinesdealfabia.com ; Carretera de Sóller 17 km ; adulte/enfant 6,50 €/gratuit ; 9h30-18h30 lun-sam avr-oct, 9h30-17h30 lun-ven, 9h30-13h sam nov, fermé déc-fév). Les Jardins d'Alfàbia sont blottis à l'ombre des montagnes accidentées de la Serra d'Alfàbia qui s'étendent à l'est de Sóller. Des jardins, des vergers d'agrumes, des palmiers entourent une *finca* délicieusement vieillie, dont la façade baroque pourrait être celle d'une basilique florentine. Il y a même quelques animaux de ferme. Le murmure de l'eau qui ruisselle dans les canaux d'irrigation rappelle que la demeure fut la résidence d'un *wāli* (gouverneur) arabe.

Il reste peu de choses de la maison d'origine, excepté dans l'entrée, le splendide plafond à caissons de bois polychrome, encadré d'inscriptions en arabe, dont on estime la réalisation aux alentours de 1170. À droite de la cour intérieure se trouve la *tafona* (grand pressoir à olives), qui présente un mélange de styles gothique, Renaissance et baroque. Véritable labyrinthe, l'édifice renferme de nombreux meubles d'époque et une bibliothèque contenant 1 200 manuscrits.

Bunyola

Cette bourgade assoupie, connue pour son huile d'olive et sa distillerie de *palo* (liqueur aux herbes), se tient au pied de luxuriantes cultures en terrasses et des sommets gris et dénudés de la Tramuntana. Le train en bois brinquebalant qui va de Palma à Sóller s'arrête ici. L'endroit fait un point de chute sensationnel pour les amateurs d'escalade, ou simplement pour s'imprégner de la vie d'un petit bourg majorquin, dont la place centrale, Sa Plaça, accueille un marché le samedi matin.

À voir et à faire

Església de Sant Mateu ÉGLISE
(Carrer de l'Església 2 ; messe). À côté de la place principale, en plein centre, se dresse cette église construite en 1230, mais en grande partie refaite en 1756. Vous ne pourrez y pénétrer que pendant l'office.

Sa Gubia ESCALADE
Ce magnifique amphithéâtre rocheux se dresse immédiatement à l'ouest de Bunyola, là où les contreforts de la Tramuntana s'aplanissent peu à peu pour se fondre dans les plaines des environs de Palma. C'est un véritable graal pour les amateurs d'escalade qui viennent profiter de ses 125 voies à plusieurs longueurs, de niveau 4 à 8, dont d'excellents parcours longs équipés de goujons. La Cara Oeste (face ouest) se classe parmi les parois de calcaire les plus impressionnantes d'Europe. **Rock and Ride** (0664 734512 ; www.rockandride-mallorca.com) propose des ascensions guidées.

Où se restaurer

Ca'n Topa MAJORQUIN €
(971 14 84 67 ; www.cantopa.com ; Careterra Palma a Soller Km 22,1 ; en-cas 5-10 € ; horaires variables). Ce restaurant est haut perché sur la route de montagne venteuse menant à Sóller. C'est une étape très appréciée des cyclistes pour son ambiance nonchalante, sa terrasse en bord de piscine, ses en-cas (pizzas, *bocadillos* et autres) et ses boissons fraîches – le rêve après les efforts fournis pour pédaler dans la Tramuntana.

Orient

Avec ses maisons ocre blotties les unes contre les autres sur un petit promontoire, Orient est l'un des plus jolis hameaux de l'île. Quelques-unes, construites du côté nord de la route, semblent sur le point de glisser.

Activités

La route de 9 km (la Ma2100) qui file au nord-est de Bunyola vers Orient attire de nombreux cyclistes. Les cinq premiers kilomètres, faciles, traversent une vallée plantée d'oliviers et de cyprès qui monte doucement vers une sorte de plateau jusqu'au **Coll d'Honor** (550 m), avant de dévaler l'autre versant d'une crête boisée. Les 2 km de route en lacets qui suivent s'aplanissent en arrivant à Orient. Sur tout le trajet, vous pourrez admirer la **Serra d'Alfàbia** au nord.

Où se restaurer

Mandala INTERNATIONAL €€
(971 61 52 85 ; Carrer Nou 1 ; plats 17-25 € ; 20h30-22h30 mar-dim juin à mi-sept, horaires restreints le reste de l'année et fermé déc-fév ;). Des effluves d'épices s'échappent de cet antre de la cuisine fusion, tenu avec amour et une bonne dose d'inventivité par des Suisses. Attablez-vous dans le patio pour vous régaler de grands classiques français comme le steak tartare et la bouillabaisse, ou de plats asiatiques comme le curry thaïlandais aux crevettes, suivi d'une infusion ayurvédique de la marque Yogi Tea et d'un trio de mini-desserts. Réservation indispensable.

Alaró

Dominé par les ruines d'un château, le petit bourg assoupi d'Alaró est un endroit agréable où il fait bon s'attarder. Dirigez-vous vers la Plaça de la Vila, flanquée de la Casa de la Vila (mairie), de l'église paroissiale et de quelques cafés. La place s'anime le samedi matin quand s'installe le marché. Des cafés sont rassemblés dans la Carrer Petit et la Carrer de Jaume Rosselló.

À voir

Castell d'Alaró CHÂTEAU
(En retrait de la Carretera Alaró-Bunyola). Perché selon un angle improbable sur un gigantesque éperon rocheux, le Castell d'Alaró est, de tous les châteaux de l'île, celui qui jouit de l'un des plus beaux panoramas. Les ruines sont tout ce qu'il reste de la dernière redoute des guerriers chrétiens chassés par les musulmans autour de 911, soit huit ans après l'invasion de l'île par ces derniers. La vue qui s'étend de Palma à Badia de Alcúdia est unique.

Si les 2 heures de marche pour s'y rendre vous rebutent, sachez qu'il est possible d'effectuer la majorité de l'ascension en voiture. Le premier tronçon de 4,2 km jusqu'au restaurant Es Verger, situé à proximité, est goudronné, mais truffé de nids-de-poule. La route se détériore sur 1,2 km après le restaurant (mais reste praticable s'il n'a pas plu – renseignez-vous sur son état au restaurant) jusqu'à un parking, d'où part le chemin menant aux ruines (15 minutes de marche). Là-haut, il ne reste de ce qui fut une forteresse imprenable que quelques portes de pierre en forme d'arche et des parties de muraille.

Une toute petite grimpette mène à l'**Ermita de la Mare de Déu del Refugi**, chapelle décrépie du XVIIe siècle où les habitants viennent remercier la Vierge pour les miracles accomplis. Si vous ne voulez plus repartir, allez dormir au Refugi S'Hostatgeria (p.178).

Où se restaurer

Es Verger ESPAGNOL €€

(☎971 18 21 26 ; Camí des Castell ; plats 8-16 € ; ⏲9h-21h mar-dim ; 🚻). Sur la route en lacets qui monte au Castell d'Alaró, cet antre rustique mérite amplement le trajet (à pied, à vélo, voire en faisant de l'escalade). À voir les moutons qui gambadent sur le parking, on a déjà une idée de la teneur de la carte. D'ailleurs, le chef britannique Rick Stein prétend qu'on prépare ici l'agneau le plus tendre qu'il ait jamais mangé – et il a raison. Chaque matin, Antonia allume son four à bois pour y faire mijoter la viande d'agneau trois heures et demie durant dans de la bière, des herbes aromatiques, des carottes et des oignons. Après quoi, il fond dans la bouche...

Traffic MAJORQUIN €€

(☎971 87 91 17 ; www.canxim.com ; Plaça de la Vila 8, Hotel Can Xim ; plats 12-22 € ; ⏲12h15-17h15 et 20h-23h30 lun et jeu-dim, 20h-23h mer). Meilleure adresse de la Plaça de la Vila, ce restaurant rustique sert des spécialités majorquines auxquelles on apporte une touche d'originalité. Les viandes (lapin, cochon de lait) sont sans conteste son point fort, mais la morue à la *sobrassada* et au miel est également délicieuse. Vous avez le choix entre la terrasse et la salle agrémentée de poutres apparentes et de carreaux.

Depuis/vers Alaró

Les bus et les trains effectuant le trajet Palma-Sóller s'arrêtent à Bunyola (l'arrêt de bus est à Sa Plaça, et la gare à quelques pas du centre, vers l'ouest). De Bunyola, le bus local n°221 dessert Orient, à l'est, deux fois par jour (2 €, 30 min). Le trajet se fait en minibus et vous devez réserver votre place en appelant le ☎617 365 365.

Le train Palma-Inca s'arrête à la gare de Consell-Alaró (20-30 min), d'où vous pouvez prendre le bus local n°320 jusqu'à Alaró (15 min).

À NE PAS MANQUER

LA ROUTE D'ALARÓ

Au départ d'Orient, la Ma21, qui traverse des paysages bucoliques de cyprès, d'amandiers, de vergers de figuiers et d'oliveraies, offre l'un des itinéraires les plus panoramiques pour rejoindre Alaró. La route serpente vers le nord-est sur environ 4 km, avant de contourner en douceur les contreforts du majestueux **Puig d'Alaró** (822 m) qui s'élève du fond de la vallée. Son jumeau, le **Puig de S'Alcadena** (815 m), se dresse à l'est. Séparés par une faille géologique il y a des millions d'années, ces sommets identiques sont parmi les plus évocateurs de Majorque. Au sud, on distingue **Es Pla** (la plaine).

Cala de Sa Calobra et Cala Tuent

La route Ma10 allant de Sóller au Monestir de Lluc est l'une des plus belles à parcourir en voiture, ou à vélo. Une succession de superbes paysages s'offrent à la vue : vaste étendue de la mer, montagnes les plus hautes de l'île et falaises plongeant en à-pic. Première étape, le **Mirador de Ses Barques**, à 6 km de Sóller, offre un panorama splendide jusqu'à Port de Sóller. Le café qui se trouve sur place sert des jus d'oranges fraîchement pressées et des en-cas. La route part ensuite vers l'est et traverse les montagnes de la Serra de Son Torrella. À 16 km de Sóller, une route secondaire en direction du nord vous mènera au point culminant de l'île, le **Puig Major** (1 445 m). Cependant, le sommet n'est pas accessible, car il appartient à l'armée de l'air, qui y a installé une base de communication. De là, la route contourne deux plans d'eau bleu vif, les barrages de Cúber et de Gorg Blau.

Tout cela n'était que le prélude envoûtant à la route de 12 km tout en lacets qui descend à Sa Calobra. Que vous vous pâmiez devant les ravins vertigineux, frissonniez à la vue d'un autocar s'engouffrant dans une crevasse rocheuse étroite au possible, ou grimpiez à vélo jusqu'au sommet, à l'image de Bradley Wiggins, vainqueur du Tour de France (pour l'anecdote, il met exactement 26 minutes), cette route extraordinairement tortueuse, qui part au nord de la Ma10, est absolument spectaculaire. Creusée dans la roche et contournant d'étroites crêtes pour rejoindre la côte, elle est l'œuvre de l'ingénieur italien Antonio Paretti, qui l'a construite en 1932. Ses lacets et virages en épingle à cheveux auraient, dit-on, été inspirés par la façon dont on noue une cravate.

En été, vous n'y serez pas les seuls. Des convois de cars et de bateaux de plaisance déversent inlassablement des bataillons de touristes. La différence est radicale avec la Sa Calobra que l'on découvre par une matinée dégagée d'hiver. Depuis l'extrémité nord de la route, un court chemin mène par la côte aux gorges du **Torrent de Pareis** et à une petite crique de galets blancs où vous trouverez des lieux de baignade (fabuleux mais généralement bondés).

Si vous voulez échapper à la foule, 2 km avant d'arriver à Sa Calobra, bifurquez vers l'ouest et dirigez-vous vers Cala Tuent, une anse isolée aux eaux vert émeraude à l'ombre du Puig Major. Quelques maisons et une belle végétation escaladant le flanc des montagnes bordent cette large plage de galets. À environ 200 m en retrait de la plage, une route mène à Es Vergeret, à 1,5 km.

CANYONING DANS LA SERRA DE TRAMUNTANA

Pics calcaires et gorges jonchées de gros rochers : les paysages sauvages du centre de la Serra de Tramuntana, entre Valldemossa et Sa Calobra, composent un cadre idéal à la pratique du canyoning. De loin la plus difficile (catégorie 5-6, réservée aux experts), la Gorg Blau-Sa Fosca (2,5 km), l'un des canyons les plus spectaculaires d'Europe, descend en direction du nord, puis du nord-est à partir de la retenue d'eau du même nom. C'est un trajet très ardu, avec des précipices, des montées, des eaux glacées et un tronçon de 400 m dans l'obscurité totale. Alternative plus facile (mais tout de même exigeante), le Torrent de Pareis (8 km) est environné de falaises majestueuses. Dans tous les cas, un guide local est indispensable ; adressez-vous à Experience Mallorca (p. 131), Tramuntana Tours (p. 105) ou Món d'Aventura (p. 115).

Où se restaurer

Es Vergeret MAJORQUIN €€

(☎971 51 71 05 ; www.esvergeret.com ; Camí de Sa Figuera Vial 21 ; plats 10-19 € ; ⏲10h-16h30 mars-oct). Une étroite route de campagne au départ de Cala Tuent dépasse des élevages de moutons et des oliveraies pour rejoindre cette vieille *finca* splendide, où le regard embrasse toute l'étendue de la baie et des montagnes. La terrasse est idéale pour le déjeuner (paella, poisson grillé ou côtelettes d'agneau). Réservez par téléphone, surtout l'été.

Depuis/vers Sa Calobra

Le bus n°355 part une fois par jour (lun-sam mai-oct) de Ca'n Picafort à 9h et passe par Alcúdia, Cala Sant Vicenç, Pollença et le Monestir de Lluc. Le retour est à 15h. Le trajet total dure 3 heures 50 jusqu'à Sa Calobra (avec un arrêt d'une heure au Monestir de Lluc) et 2 heures 30 au retour. En partant de Ca'n Picafort, vous paierez 9,05 € l'aller simple. Des excursions ont également lieu en bateau à Sa Calobra et Cala Tuent au départ de Port de Sóller.

Monestir de Lluc et ses environs

Au XIIe siècle, un berger déclara avoir vu l'image de la Vierge Marie dans le ciel. Plus tard, une apparition similaire se produisit sur un rocher. Autre version, une statuette de la Vierge aurait été trouvée ici et amenée jusqu'à Escorca, le hameau le plus proche. Le jour suivant, elle était revenue à l'endroit où on l'avait trouvée la veille. L'événement se reproduisit trois fois de suite. On érigea une chapelle près du site afin de célébrer ce miracle, sans doute vers 1268. Le sanctuaire religieux vint après. Depuis, des centaines de pèlerins viennent chaque année rendre hommage à la **statue de la Vierge de Lluc** datant du XIVe siècle (qui n'est donc pas l'original), appelée "la Moreneta" (la Vierge noire) en raison de son teint mat.

À voir

♥ **Monestir de Lluc** MONASTÈRE, JARDINS

(www.lluc.net ; Plaça dels Peregrins ; monastère et jardins gratuits, musée adulte/enfant 2 €/gratuit, billet Lluc 3 € ; ⏲10h-17h). Le monastère, immense ensemble austère dans lequel on pénètre via un cloître arboré, date pour l'essentiel des XVIIe et XVIIIe siècles. À

LES CHEMINS DE PÈLERINAGE

Comme tant d'autres avant lui, Antoni Gaudí effectua le pèlerinage jusqu'au **Monestir de Lluc**. C'était en avril 1908, et il laissa un don de 25 pesetas. En octobre de la même année, il y retourna, cette fois-ci avec son protégé Joan Rubió. Il redessina l'église dans le style baroque du chœur et supervisa la création des monuments de pierre qui ornent le **Pujol des Misteris** (colline des Mystères), laquelle se dresse derrière le monastère.

Un vieux chemin de pierre, en partie à l'ombre de chênes verts, permet de gravir cette colline, qui rappelle les mystères du rosaire. Passant par plusieurs monuments et trois reliefs en bronze nichés dans l'ombre d'un surplomb rocheux, le sentier se prête à une méditation contemplative. Arrivé à la croix du sommet, prenez le temps de profiter de la vue grandiose sur la vallée et les sommets parsemés de rochers de la Tramuntana. En tout, cette marche dure environ une demi-heure.

De nombreux sentiers de randonnée partent du monastère. L'un d'eux, un circuit difficile de 11 km (5 heures), est celui du **Puig de Massanella** (1 365 m), deuxième plus haut sommet de Majorque. D'en haut, la vue est bien sûr exceptionnelle. Un autre circuit (9 km, 3 heures 30), sur le **Puig Tomir** (1 103 m), consiste en une ascension escarpée sur terrain rocheux pour rejoindre les hauteurs solitaires de la Tramuntana. Là, vous apercevrez peut-être des vautours et des faucons. Le monastère de Lluc est également une étape du **GR 221**, sentier de longue distance entre Sant Elm et Pollença.

Et pour connaître les joies spirituelles (et la douleur corporelle !) d'un authentique pèlerinage, joignez-vous aux innombrables Majorquins qui effectuent la **Marxa des Güell a Lluc a Peu** (http://desguellallucapeu.es). Cette marche nocturne de 42 km se déroule le 1er samedi du mois d'août au départ de la Plaça Güell à Palma, et va jusqu'au Monestir de Lluc. L'occasion de voir les terres agraires, les villages de montagne et la Serra de Tramuntana à la lueur des torches.

côté de la cour centrale se dresse la basilique datant de la fin de la Renaissance, qui renferme un beau retable de Jaume Blanquer et la fameuse statuette de la Vierge Marie. Au début du XXe siècle, la basilique a été rénovée dans un style baroque très ornementé suivant les plans de Gaudí. Avec un peu de chance, vous entendrez peut-être Els Escolanets (aussi appelés Els Blauets, "les Petits Bleus", en référence à la couleur de leur soutane), la chorale des garçons du pensionnat qui existe depuis le début du XVIe siècle.

Centre d'Informació Serra de Tramuntana CENTRE D'INFORMATION
(☎971 51 70 83 ; www.serradetramuntana.net ; Monestir de Lluc ; adulte/enfant 2 €/gratuit ; ⏲9h-16h30). En face du monastère, ce centre d'information abrite des expositions audiovisuelles et un petit musée consacré à la Serra de Tramuntana. Vous pourrez vous renseigner sur la flore et la faune régionales, en particulier les espèces aviaires comme le faucon d'Éléonore et le puffin des Baléares, ainsi que sur l'agriculture de montagne. Le centre dispose de brochures en plusieurs langues détaillant les randonnées à faire dans le coin. Le personnel sympathique pourra au besoin vous réserver une place de camping dans l'enceinte de Lluc moyennant 5 € la nuit.

Où se restaurer

Sa Fonda MAJORQUIN €€
(☎971 51 70 22 ; Plaça del Lledoner ; plats 9,50-18 € ; ⏲8h30-21h15). Ce lieu historique, réfectoire agrandi des pèlerins, est parfait pour déjeuner ou simplement grignoter un morceau sous les arches en marbre et les poutres en bois. La carte intégralement majorquine fait la part belle aux classiques tels que *frit Mallorquí* (abats d'agneau et légumes sautés), cochon de lait et *pa amb oli*.

Depuis/vers le Monestir de Lluc

Jusqu'à 2 bus par jour (mai-oct) desservent le monastère de Lluc depuis Ca'n Picafort (6,30 €, 1 heure 45) en se rendant à Sóller et à Port de Sóller. Au départ de Palma, deux bus (nos 330 et 354) marquant tous les arrêts jusqu'à Inca poussent jusqu'à Lluc en passant par Caimari du lundi au samedi (1 le dimanche).

Nord de Majorque

Dans ce chapitre ➡

Le top des restaurants

- Mirador de La Victòria (p. 128)
- Restaurante Jardín (p. 127)
- Manzanas y Peras (p. 118)
- Ca'n Cuarassa (p. 122)
- S'Arc (p. 125)

Le top des hébergements

- Posada de Lluc (p. 179)
- Hotel Formentor (p. 180)
- Can Tem (p. 180)
- Hostal Los Pinos (p. 179)
- Pensión Bellavista (p. 179)

Pourquoi y aller

Le nord de Majorque est sans doute la partie la plus intéressante de l'île, avec son littoral de toute beauté, ses villes animées, ses baies aux plages de sable fin et ses nombreuses possibilités de sports d'aventure.

La Serra de Tramuntana y est spectaculaire quand elle culmine en plongeant dans la mer, telle la queue d'un dragon, au Cap de Formentor. Une balade à vélo ou en voiture sur la route qui s'enroule autour de ses sommets vous laissera bouche bée d'admiration. Le Cap des Pinar, une péninsule couverte de pins, ravira quant à lui les amateurs de randonnée. Mais le charme des côtes et la constance des vents dans cette région invitent aussi à s'adonner au kitesurf, au *cliff-jumping* (saut du haut des falaises), à la plongée, à la spéléologic et au parapente.

Les stations balnéaires du nord jouissent d'une atmosphère chaleureuse et décontractée. Dans l'arrière-pays, des villes comme Alcúdia et Pollença ont su conserver leur authenticité. Outre leur patrimoine médiéval, elles s'enorgueillissent de sentiers de pèlerins également empruntés par les randonneurs et organisent de nombreux festivals en été.

Quand partir

Certaines stations balnéaires sont très peu animées avant mai ou après octobre (telle Cala Sant Vicenç), et la période la plus agréable pour profiter de la plage se situe de juin à août. Pollença est particulièrement fréquentée en août. Le printemps et l'automne sont toutefois les deux meilleures saisons pour visiter la région : les oiseaux migrateurs affluent alors dans le Parc Natural de S'Albufera, les routes sont plus tranquilles (en particulier au Cap de Formentor), le Vendredi saint à Pollença est célébré de manière impressionnante et, début octobre, Alcúdia accueille une foire traditionnelle à ne pas manquer. La douceur des températures est alors plus propice à la randonnée.

POLLENÇA ET SES ENVIRONS

Pollença

16 190 HABITANTS / 41 M D'ALTITUDE

Par une fin d'après-midi estivale, quand les maisons de pierre brillent sous les derniers feux du soleil, que les cigales chantent et que les terrasses des cafés de la Plaça Major sont remplies, Pollença offre une image idyllique de Majorque. De Winston Churchill à Agatha Christie, la ville a toujours attiré une foule de personnalités. Déambulez dans ses petites rues jalonnées de galeries et de boutiques ou installez-vous à votre tour sur la place. Une cité pleine de charme.

À voir et à faire

Calvari LIEU DE PÈLERINAGE

(Carrer del Calvari). Certains pèlerins gravissent à genoux les 365 marches du chemin de croix bordé de cyprès entre le centre-ville et l'**Oratori del Calvari**, une chapelle du XVIIIe siècle perchée sur une colline. Si monter les marches à pied tient déjà de la pénitence, en retour, la vue vous reécompense, par-delà les toits et les clochers de la ville, jusqu'à la Serra de Tramuntana !

Església de la Mare de Déu dels Àngels ÉGLISE

(Plaça Major ; 11h-13h et 15h-17h juin-août, horaires réduits le reste de l'année). Une église gothique fut élevée sur ce site peu après la conquête, en 1229, mais fut entièrement rénovée au XVIIIe siècle dans le style baroque. Sa sobre façade en grès brut constitue une belle toile de fond pour la Plaça Major. Notez la rosace et, à l'intérieur, les fresques du plafond en voûte en berceau.

Museu de Pollença MUSÉE

(Carrer de Guillem Cifre de Colonya ; adulte/enfant 1,50 €/gratuit ; 10h-13h et 17h30-20h30 mar-sam juin-sept, horaires réduits le reste de l'année). Logé dans le couvent de Sant Domingo, ce musée a pour principaux attraits son cloître baroque du XVIIe siècle et un impressionnant mandala de Kalachakra offert par le dalaï-lama à la ville en 1990. Il conserve aussi des objets archéologiques provenant de la région et quelques retables gothiques.

Museu Martí Vicenç MUSÉE

(www.martivicens.org ; Carrer del Calvari 10 ; 10h30-14h et 17h-20h lun et mer-sam, 10h30-14h dim). GRATUIT Le Museu Martí Vicenç se dresse au tout début des marches montant vers le Calvari. L'édifice faisait jadis partie d'un immense monastère franciscain comprenant l'ancienne **Església de Monti-Sion** voisine. Il fut racheté dans les années 1950 par le tisserand et artiste Martí Vicenç Alemany (1926-1995), dont les œuvres – peintures et tissus avant tout – sont exposées dans plusieurs salles.

Casa-Museu Dionís Bennàssar MUSÉE

(www.museudionisbennassar.com ; Carrer de Roca 14 ; adulte/enfant 2 €/gratuit ; 10h-14h mar-dim mi-mars à oct). La maison de Dionís Bennàssar (1904-1967), artiste originaire de l'île, conserve une collection permanente de ses œuvres. Au rez-de-chaussée, ses premières gravures, aquarelles et huiles représentent le plus souvent des scènes de la vie locale. Aux autres étages, vous découvrirez notamment une série sur les poissons, qui rappelle le travail de Miquel Barceló dans la cathédrale de Palma, et une autre série de nus et de danseuses.

Món d'Aventura SPORTS D'AVENTURE

(971 53 52 48 ; www.mondaventura.com ; Plaça Vella 8 ; canyoning 40-50 € ; 10h-14h et 17h-21h lun-ven, 10h-14h sam-dim). L'un des prestataires les plus réputés de la côte nord. Canyoning, spéléologie, kayak, escalade, varappe, randonnée : vous aurez l'embarras du choix en matière de sports à sensations.

Fêtes et festivals

Davallament FÊTE RELIGIEUSE

(Mars ou avr). La procession des pénitents transporte symboliquement le corps du Christ et descend les 365 marches du Calvari à la lueur des torches. Émouvant.

Festival de Pollença FESTIVAL CULTUREL

(www.festivalpollenca.com ; fin juil-août). Le cloître de Sant Domingo accueille des concerts, des expositions et des projections de films.

Festes de la Patrona COMMÉMORATION

(Fin juil-début août). La plus grande fête de la ville, avec reconstitution de la bataille entre maures et chrétiens (voir p. 120), commémore la victoire de 1550 contre les pirates sarrasins, après le siège de la cité.

La Fira FOIRE

(2e dim de nov). Une immense foire se tient dans le couvent de Sant Domingo et ailleurs dans la ville.

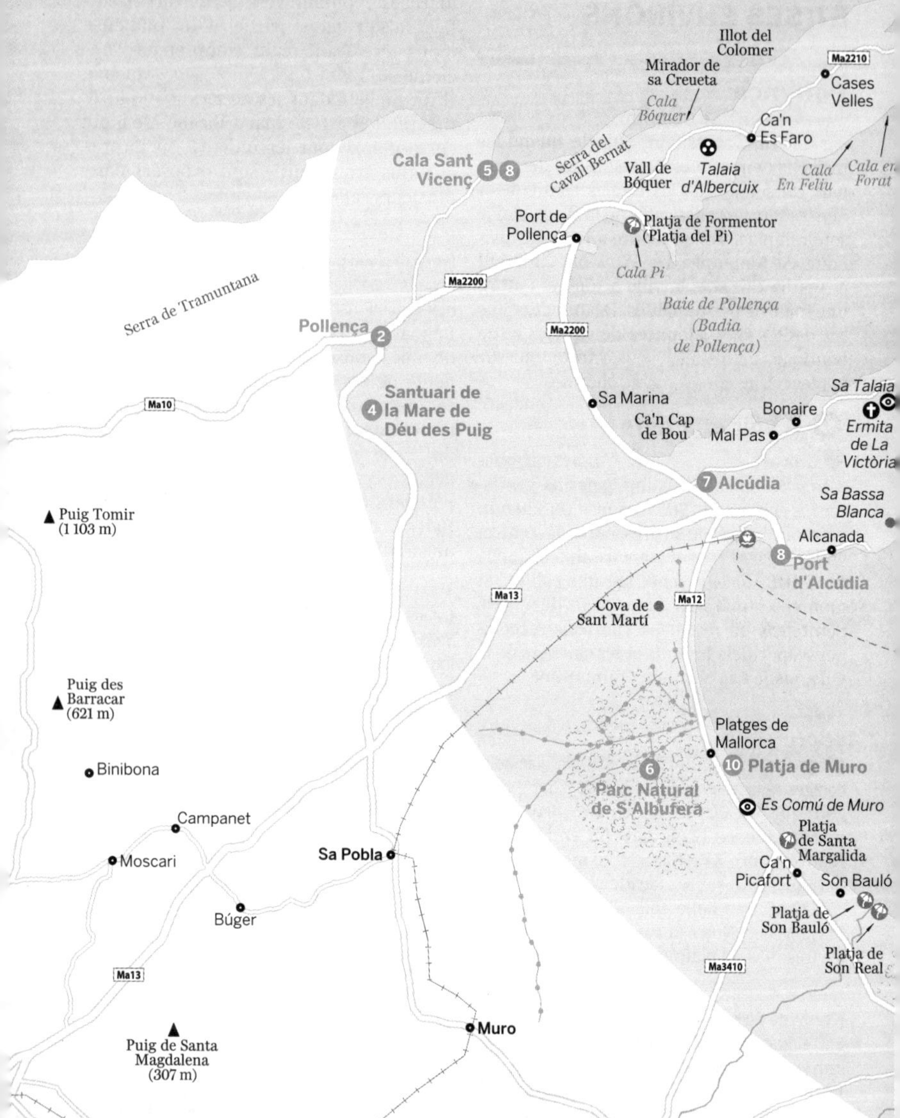

À ne pas manquer

1 La route du **Cap de Formentor** (p. 123), où la côte est absolument superbe

2 L'ascension des 365 marches du Calvari d'où contempler **Pollença** (p. 121)

3 Une randonnée jusqu'à **Penya Rotja** (p. 129) pour admirer la côte nord dans un format carte postale

4 La vue spectaculaire depuis le **Santuari de la Mare de Déu des Puig** (p. 122), ancien couvent du XIVe siècle

5 Une sortie snorkeling dans les eaux cristallines de **Cala Sant Vicenç** (p. 120), avant un repas de fruits de mer

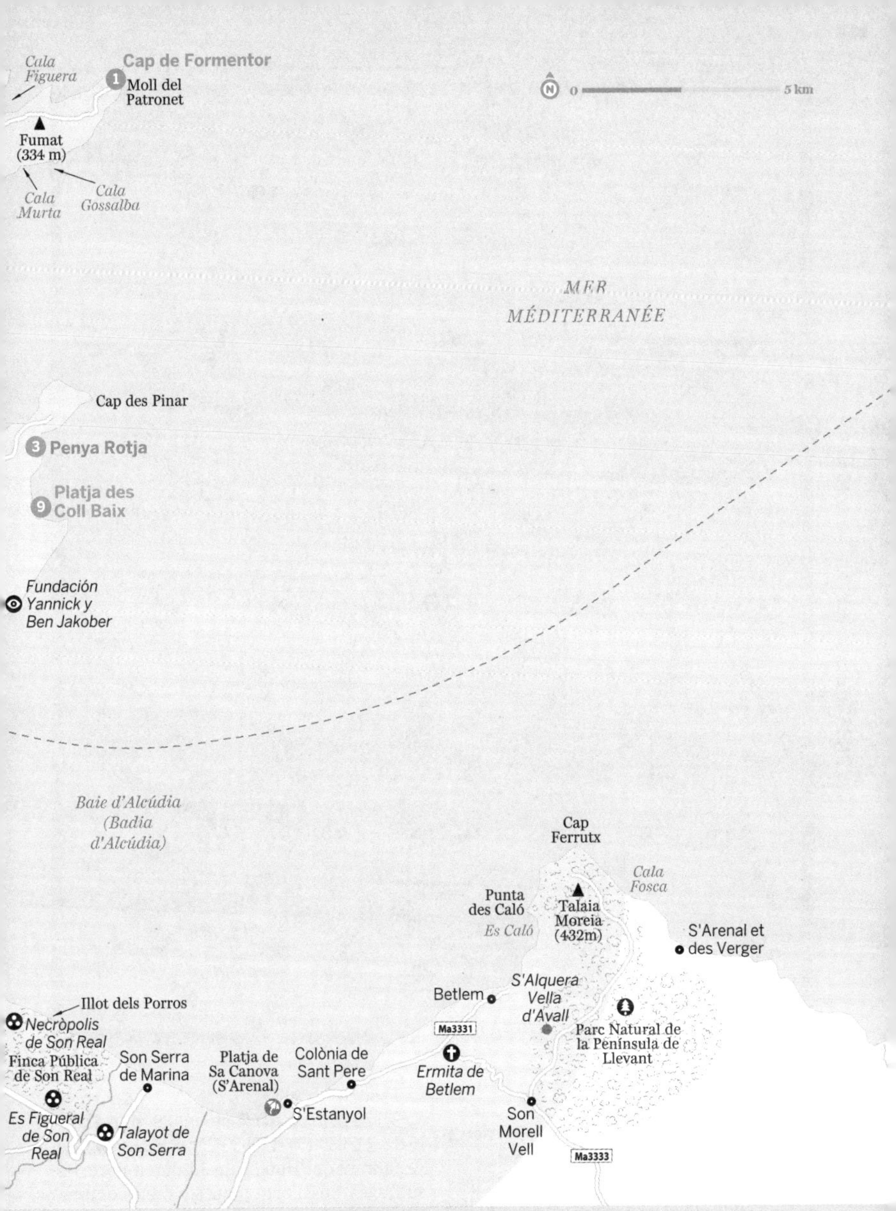

6 L'observation des oiseaux au milieu des joncs du **Parc Natural de S'Albufera** (p. 130)

7 Les vestiges romains et les remparts de la cité médiévale d'**Alcúdia** (p. 124)

8 Une promenade en bateau de **Port d'Alcúdia** (p. 126) à **Cala Sant Vicenç** (p. 120)

9 La descente à pied vers la **Platja des Coll Baix** (p. 128), merveilleusement isolée

10 Une séance de farniente sur le sable fin de la **Platja de Muro** (p. 130)

Pollença

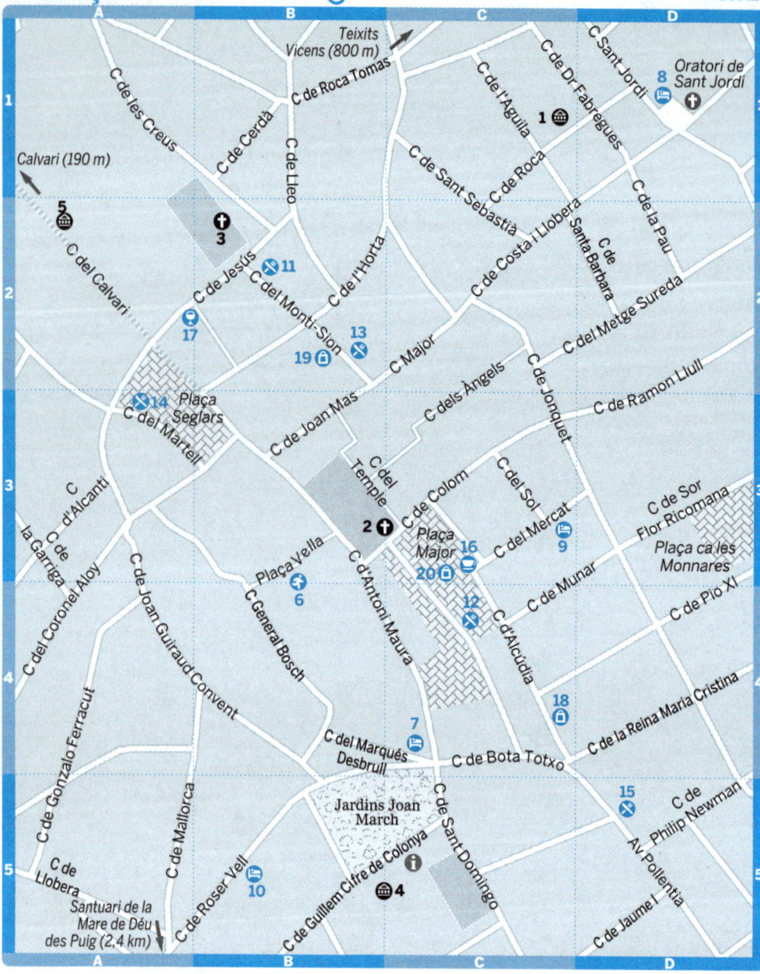

Où se restaurer

Manzanas y Peras TAPAS €

(☎971 53 22 92 ; www.manzanasyperas.es ; Carrer del Martell 6 ; dégustation de tapas 25 € ; 10h-16h et 19h-23h lun-sam, 10h-16h dim ;). Minuscule mais géniale, cette oasis se trouve près des marches du Calvari. Ses tables sous les arbres sont éclairées de guirlandes électriques. La carte des tapas est un véritable festival, avec notamment des *crostini* au chèvre chaud, gelée de myrtilles et noix, ou du poulet mijoté avec des épices marocaines et des dattes (11 €).

La Placeta ESPAGNOL €€

(☎971 53 12 18 ; Carrer Sant Jordi 29 ; plats 13,50-16 € ; 12h30-15h et 19h30-23h mar-dim ;). Le restaurant de l'Hotel Sant Jordi remporte les suffrages, aussi bien pour ses tables ombragées sur la plage et ses serveurs affables que pour sa cuisine traditionnelle sans chichis. Les recettes simples, comme les crevettes sautées à l'artichaut ou l'agneau rôti à la sauce Madère, sont savoureuses.

Il Giardino ITALIEN €€

(☎971 53 43 02 ; www.giardinopollensa.com ; Plaça Major 11 ; plats 17-24 € ; 9h-23h mars-oct ;). Le meilleur rapport qualité/prix

Pollença

À voir

Activites

Où se loger

Où se restaurer

Où prendre un verre

Achats

de la Plaça Major, avec une belle terrasse et un service enlevé. On s'y régale de spécialités italiennes, comme les raviolis aux champignons sauvages, ou le thon frais saupoudré de piment, d'anchois et d'avocat. La pâtisserie-chocolaterie attenante invite à une halte après le dîner.

Cantonet MÉDITERRANÉEN €€

(☎971 53 04 29 ; Carrer del Monti-Sion 20 ; plats 11-19 € ; 12h30-15h et 19h-23h). Quand le crépuscule s'installe, la fabuleuse terrasse de ce restaurant face à l'Església de Monti-Sion offre une vue superbe par-delà les toits de la vieille ville jusqu'à la Puig de Maria. On y savoure une cuisine d'inspiration italienne : moules et sauce à l'origan, agneau mijoté au thym et au miel, *malloreddus* (pâtes de Sardaigne proches des gnocchis). Sans oublier un délicieux tiramisu.

Restaurant Clivia MAJORQUIN €€

(☎971 53 36 35 ; Avinguda Pollentia 7 ; plats 12-23 € ; 13h-15h et 19h-22h30 jeu-mar). Ce restaurant relativement moderne s'articule autour d'une cour intérieure agrémentée de panneaux en pin et de lampes originales. La cuisine (en particulier le poisson) est préparée avec panache. Commencez par un carpaccio de crevettes au pili-pili avant d'enchaîner sur la spécialité maison : le loup de mer au malvoisie.

La Font del Gall MAJORQUIN €€

(☎971 53 03 96 ; Carrer del Monti-Sion 4 ; plats 7,50-17 €, menus 25-35 € ; 6h30-23h tlj, plus 12h-15h lun, jeu, ven et dim). Vous aurez de la chance si vous parvenez à trouver une place sur la terrasse en été. Le chef propose ici une cuisine simple, avec des spécialités majorquines comme le cochon de lait, rôti à feu doux et croustillant, ou la paella aux fruits de mer. Portions un peu petites mais, au moins, il reste de la place pour le dessert !

Où prendre un verre

Club Pollença CAFÉ, BAR

(Plaça Major 10 ; 7h-0h). Profitez du spectacle de la rue depuis la terrasse de ce café où flotte une ambiance un peu coloniale, qui a ouvert ses portes en 1910. On y grignote des tapas autour d'un verre.

U Gallet BAR

(Carrer de Jesús 40 ; 19h-2h dim-jeu, jusqu'à 4h ven-sam). Surnommé le Gallito ("petit coq"), ce bar plein ouvre sur une terrasse en été. Neil, le propriétaire britannique, concocte de savoureux cocktails. Ambiance décontractée et musique branchée.

Achats

Pollença compte d'innombrables petites boutiques séduisantes, les plus belles de l'île, exception faite de Palma.

Hito ART ET ARTISANAT

(www.hitohome.com ; Carrer del Calvari 10 ; 10h30-14h et 17h-20h lun et mer-sam, 10h30-14h dim). À la fois galerie d'art, boutique d'articles de maison et projet d'artistes en résidence, Hito est géré par les bijoutiers new-yorkais Gillian Conroy et Danica Wilcox. On y trouve des objets surprenants et uniques, comme les *robes de llengües* de Teixits Vicens (tissus majorquins rayés), des chaussures pour bébé en peau de mouton ou de faux trophées de chasse en feutre.

L'étage est consacré aux expositions temporaires tandis que le rez-de-chaussée abrite le Museu Martí Vicenç (p. 115).

La Merceria ART ET ARTISANAT

(Carrer del Monti-Sion 3 ; 10h-14h et 17h-21h30 mar-ven, 10h-14h sam-dim). Ce grand magasin rétro associe style vintage et design contemporain. On y trouve un vaste choix de souvenirs et de cadeaux, dont de vieilles cartes postales de Pollença, des vêtements à la mode barcelonaise, des canotiers en paille faits main, des céramiques, de la verrerie, des objets d'art et des bijoux. Fabuleuse collection de livres et de vêtements pour enfants.

Marché du dimanche MARCHÉ

(Plaça Major ; 8h30-13h dim). Ce marché, qui a lieu toute l'année, est l'un des plus vastes et des plus animés de Majorque. Fruits, légumes, fromages, vins, plantes aromatiques et épices se concentrent sur la Plaça Major, tandis que les étals d'artisanat et autres gagnent de plus en plus les rues alentour.

Enseñat ALIMENTATION, VIN

(www.ensenyat.com ; Carrer d'Alcúdia 5 ; 8h30-15h et 16h30-20h30 lun-sam, 8h30-14h dim). Fondé dans les années 1940, l'Enseñat est le rendez-vous des gourmets, qui apprécient son épicerie fine, ses vins majorquins, ses fromages, ses salaisons et ses viandes, dont la *sobrassada* (soubressade, saucisse de porc au paprika) maison.

Teixits Vicens ARTISANAT

(www.teixitsvicens.com ; Ronda Can Berenguer ; 9h-20h lun-ven, 10h-14h et 16h-20h sam avr-sept, horaires réduits le reste de l'année). Dans cette entreprise familiale, les artisans fabriquent depuis 1854 ces tissus majorquins rayés appelés *robes de llengües*, en restant fidèles aux motifs traditionnels. Certaines de leurs réalisations sont exposées au Hito (p. 119).

Renseignements

Office du tourisme (971 53 50 77 ; www.pollensa.com ; Carrer de Guillem Cifre de Colonya ; 8h30-13h30 et 14h-16h lun-ven, 10h-13h dim mai-oct, horaires réduits le reste de l'année). Une mine d'informations sur Pollença et ses environs.

Depuis/vers Pollença

Le bus n°340 se rend directement de Palma à Pollença (5,30 €, 45 min, jusqu'à 12 bus/jour). Puis il continue sur Sant Vicenç (1,50 €, 20 min, 6/jour) et Port de Pollença (1,50 €, 20 min, jusqu'à 30/jour).

Cala Sant Vicenç

290 HABITANTS

L'un des plus jolis endroits de la côte nord majorquine, Cala Sant Vicenç, s'étend autour de quatre merveilleuses *cales* (criques) dans une brèche de la Serra de Tramuntana. La vue sur les eaux turquoise et, au nord-ouest, sur les falaises de calcaire escarpées du Cap de Formentor y sont superbes. Le village ne s'anime vraiment que de mai à octobre.

Plages

La première des plages, **Cala Barques**, est sablonneuse jusqu'à ce qu'on entre dans l'eau : il faut marcher sur des rochers dans l'eau. La jolie **Cala Clara** lui ressemble. La **Cala Molins**, la plus grande des quatre, est une crique tranquille bordée par une vaste plage de sable dont les eaux scintillantes sont faciles d'accès. La **Cala Carbó**, vers la pointe, est la plus petite et la moins visitée. Aller de la première à la quatrième ne prend pas plus de 20 minutes.

En marchant 15 minutes le long de la Carrer Temporal, qui part de Cala Clara, puis en prenant la Carrer de Dionìs Bennàssar, on arrive aux **Coves de L'Alzineret**,

MAURES ET CHRÉTIENS : DU GRAND SPECTACLE

En août, l'une des fêtes les plus pittoresques de Majorque se déroule à Pollença. Elle commémore la célèbre victoire remportée en 1550 par les habitants de la ville (les chrétiens, *cristians* en majorquin) contre la bande de pirates maures du terrible turc Dragut (1500-1565). La "bataille" est le point culminant des Festes de la Patrona (p. 115). L'après-midi du 2 août, des habitants déguisés en maures (*moros* en majorquin) maniant le cimeterre, et en villageois armés de perches, se répandent à travers la ville, à grand renfort de tambours et de tromblons. La reconstitution des affrontements se déroule à 19h dans plusieurs lieux de la ville. La veille au soir, la foule afflue dans les bars et sur les places du centre-ville, l'alcool coule à flots et des musiciens jouent toute la nuit. Un spectaculaire feu d'artifice conclut les festivités.

sept grottes funéraires creusées à l'époque prétalayotique (vers 1600 av. J.-C.).

Activités

atemrausch SPORTS D'AVENTURE
(622 122145 ; www.atemrausch.com ; Carre Temporal 9 ; 10h-12h et 18h-19h lun-sam mai-oct). Dans cette boutique tenue par un Allemand, on trouve tout le matériel nécessaire au kayak, au snorkeling, au VTT et à la plongée. Location de vélos de randonnée/VTT/route au tarif de 12/15/24,50 € la journée.

Où se restaurer

Cal Patró POISSON ET FRUITS DE MER €€
(971 53 38 99 ; Cala Barques ; plats 14-22 € ; 12h30-15h30 et 19h30-22h30 juil et août, horaires réduits le reste de l'année). Sur les marches menant à la plage, cette baraque de pêcheurs offre une jolie vue sur la mer et sert des produits tout juste sortis de l'eau. Goûtez la savoureuse seiche à la majorquine (dans une sauce riche), avant un plat à base de riz ou un ragoût de homard.

Bar-Restaurant Cala Barques MAJORQUIN €€
(971 53 06 91 ; Cala Barques ; plats 14-25 € ; 12h30-15h30 et 19h30-22h30 mar-dim mai-oct). L'emplacement, avec une avancée sur la plage, est idéal. Au menu : poisson grillé et fruits de mer. Barbecue le soir.

Renseignements

Office du tourisme (971 53 32 64 ; Plaça de Cala Sant Vicenç ; 8h30-14h et 14h30-16h lun-ven, 10h-13h sam mai-oct). À 50 m de Cala Clara en allant vers l'intérieur des terres.

Depuis/vers Cala Sant Vicenç

Cala Sant Vicenç se trouve à 6,5 km au nord-est de Pollença, près de la route menant à Port de Pollença. Le bus n°340 dessert Cala Sant Vicenç (1,50 €, 20 min, jusqu'à 6/jour) depuis Pollença et Port de Pollença.

Port de Pollença

6 600 HABITANTS

Au nord de la baie de Pollença, cette station balnéaire décontractée jouit d'une vue superbe sur les formations accidentées de la péninsule de Formentor. Très fréquentée, elle demeure toutefois une destination attrayante pour les familles et les amateurs de sports nautiques, avec sa marina, sa promenade bordée de cafés et sa plage.

À NE PAS MANQUER

SAUTER D'UNE FALAISE À CALA SANT VINCENÇ

Si l'idée vous paraît suicidaire, à voir les habitants s'élancer depuis les formations accidentées de Cala Sant Vicenç, l'exercice semblerait presque facile. Si vous envisagez vous aussi de sauter dans le vide, nous vous recommandons vivement de faire appel à un guide.

Ceux d'Experience Mallorca (p. 131) connaissent les rochers du secteur sur le bout des doigts. Ici, on saute de falaises s'élevant entre 3 et 12 mètres de hauteur. Frissons et sensations extrêmes garantis au moment du grand plongeon !

Plages

Les plages juste au sud du secteur principal du port sont vastes, sablonneuses et en pente douce. Celles qui bordent la promenade ombragée au nord de la ville figurent parmi les plus jolis sites de Port de Pollença. Au sud, le long de la baie en direction d'Alcúdia, les plages présentent un mélange de gravier gris, où se déposent souvent des herbiers de posidonies. À la pointe de cette étendue peu engageante, le **Ca'n Cap de Bou** et **Sa marina** (juste avant l'entrée d'Alcúdia) se prêtent à la planche à voile et au kitesurf.

Pour la plongée, la baie de Pollença est l'un des meilleurs sites de l'île. Le flanc sud de la péninsule de Formentor et la pointe sud de la baie menant au Cap des Pinar comportent en effet quantité de tombants et de grottes, et une vie marine riche (raies, poulpes, barracudas, etc.).

Activités

Bike & Kite SPORTS D'AVENTURE
(971 09 53 13 ; www.bikeandkite.com ; Carrer Temple H Fielding 3 ; randonnée guidée/circuit à vélo 45/55 €, leçon de kitesurf 150 €/3 heures ; 9h-13h et 16h-19h lun-ven, 16h-19h dim). Kai et Julia connaissent la Serra de Tramuntana comme leur poche et vous font découvrir ses plus beaux sites lors de leurs circuits organisés, qu'il s'agisse d'excursions en VTT au monastère de Lluc et au Cap de Formentor ou de randonnées jusqu'au sommet de la Talaia d'Alcúdia ou à travers la gorge de Torrent de Pareis.

Ce tour-opérateur propose également des cours de varappe et de kitesurf, et loue des vélos et du matériel.

Promenades en bateau EXCURSIONS EN BATEAU

(www.lanchaslagaviota.com ; ⏲mai-sept). À la marina du port de Pollença, le petit kiosque voisin de l'entrée du parking vend des billets de bateau pour Platja de Formentor (adulte/enfant 12/6 €, jusqu'à 5 départs/jour en été), Cap de Formentor (23/11,50 €) et Cala Sant Vicenç (28/14 €).

Scuba Mallorca CENTRE DE PLONGÉE

(☎971 86 80 87 ; www.scubamallorca.com ; Carrer d'Elcano 23 ; forfait 2 plongées 80 €, suppl équipement 20 € ; ⏲9h30-19h lun-jeu, 9h30-18h30 ven-sam, 9h-18h dim juin-sept, horaires réduits reste de l'année ; 👪). Ce club PADI cinq-étoiles propose une vingtaine de cours de plongée différents. Bubblemaker pour les enfants.

Sail & Surf Pollença VOILE, PLANCHE À VOILE,

(☎971 86 53 46 ; www.sailsurf.eu ; Passeig de Saralegui 134 ; cours pour débutants windsurf/voile 122/133 € ; ⏲9h-18h lun-sam avr-oct, horaires réduits le reste de l'année). C'est là qu'il faut aller pour suivre des stages de 2-3 jours. Ceux qui ont déjà de l'expérience peuvent y louer l'équipement.

Kayak Mallorca KAYAK

(☎971 91 91 52 ; www.kayakmallorca.com ; La Gola ; 3 heures de kayak transport compris 40-50 €/pers, location par heure/demi-journée 10/20 € ; ⏲9h30-13h30 et 14h30-18h). Sur la plage au sud de la marina, Kayak Mallorca organise des sorties pour tous les niveaux, que vous ayez envie de barboter autour de la côte ou de traverser des grottes pour rejoindre Formentor. Loue aussi des kayaks et propose des cours.

Rent March LOCATION DE VÉLOS

(☎971 86 47 84 ; www.rentmarch.com ; Carrer de Joan XXIII 89 ; location vélo 9-27 €/jour ; ⏲9h-13h et 15h30-20h). Loue toutes sortes de vélos : modèles simples, VTT, vélos électriques, tandems ou vélos de course ultralégers. Location également de scooters et de motos.

Où se restaurer

Un marché se tient le mercredi, sur la Plaça Miguel Capllonch, au nord-ouest de la marina, deux rues vers l'intérieur.

Celler La Parra MAJORQUIN €

(☎971 86 50 41 ; www.cellerlaparra.com ; Carrer de Joan XXIII 84 ; plats 10-16,50 € ; ⏲13h-15h et 19h15-23h ; 👪). Ouvert dans les années 1960, ce restaurant de style traditionnel majorquin fait l'effet d'une rareté dans le coin. On y sert une authentique cuisine de l'île : poisson frais, *frit Mallorquí* (abats d'agneau frits), *lechona* (agneau rôti) et *tumbet* (ratatouille). Décoration de style cave à vin et four à feu de bois sans la moindre pizza en vue.

Ca'n Cuarassa ESPAGNOL, MAJORQUIN €€

(☎971 86 42 66 ; www.cancuarassa.com ; Carretera Port de Pollença-Alcúdia ; plats 14,50-30 €, menu 3 plats 30 € ; ⏲12h-15h30 et 19h-23h ; 👪). À 3 km au sud du centre de Port de Pollença, cet établissement raffiné possède un paisible jardin avec vue sur la mer où l'on s'installe au milieu des palmiers et des tamariniers. On s'y régale de pain maison et de tapas, avant un filet de turbot à la sauce *cava* ou des grillades. Aire de jeu.

LE SANTUARI DE LA MARE DE DÉU DES PUIG

Au sud de Pollença, la Ma2200, l'une des routes les plus sinueuses de Majorque, vous mène après 1,5 km de virages à ce **couvent** (Puig de Maria ; ⏲9h-18h oct-mars, 8h30-20h30 avr-sept) du XIVe siècle juché sur la colline de **Puig de Maria** (333 m). Si vous vous lancez dans l'ascension à pied, comptez environ une heure de marche au milieu des chênes verts, des pins et des oliviers. Mieux vaut éviter la chaleur écrasante de la mi-journée.

Vous ne trouverez aucun chauffeur de taxi assez téméraire pour se lancer dans l'aventure – ce qui en dit long sur la dangerosité du parcours. Si vous souhaitez malgré tout tenter votre chance au volant, restez en première et progressez lentement… jusqu'au dernier emplacement de stationnement, à environ 20 minutes de marche du refuge.

Une fois au sommet, vous pourrez visiter le réfectoire, la cuisine, les couloirs et la chapelle gothique de l'ancien couvent, où flottent des vapeurs d'encens. Bien que de faible hauteur, ce promontoire offre un panorama de toute beauté. On admire les formations déchiquetées de la Tramuntana à l'ouest et, à l'est, les jolies baies d'Alcúdia et de Pollença, ainsi que la péninsule accidentée de Formentor.

Vous pouvez passer la nuit dans une ancienne cellule d'ermite reconvertie (p. 172) pour voir le soleil se lever au point du jour, ou simplement apprécier le calme ambiant en grignotant un morceau. On pourra vous servir une savoureuse paella, à condition de l'avoir commandée bien à l'avance.

INTERVIEW

VÉLO ET RANDONNÉE À MAJORQUE

Kai Schwerte et Julia Rimpl, guides chez Bike & Kite, à Port de Pollença, vous indiquent leurs pistes de randonnée préférées sur la côte nord et dans la Serra de Tramuntana.

Randonnée sur la journée La péninsule de Victòria, notamment la randonnée d'une demi-journée jusqu'à Talaia d'Alcúdia (445 m), combine tous les atouts – mer, montagnes, superbe littoral et vue à 360° En redescendant, on peut s'arrêter pour un plongeon dans les eaux turquoise de la Platja des Coll Baix. Le chemin du retour à travers des pinèdes ne présente pas de difficultés.

À vélo Les vététistes expérimentés se régaleront sur le circuit de 55 km entre Port de Pollença et Monestir de Lluc, avec ses ascensions modérées, ses pistes qui sillonnent les forêts de chênes verts et ses descentes sur les sentiers pierreux empruntés par les pèlerins. On jouit au passage d'une vue somptueuse sur la Tramuntana et la Baie de Pollença. Les cyclistes moins aguerris pourront prendre part à un circuit guidé au lever du soleil jusqu'à Formentor ou effectuer une balade d'une demi-journée dans le Parc Natural de S'Albufera.

Varappe Le Puig de Massanella (1 365 m) offre l'occasion d'une ascension de toute beauté. Il compte plusieurs passages assez délicats sur cordes fixes mais, une fois en haut, vous serez récompensé de vos efforts par une vue sur l'ensemble de l'île !

Stay INTERNATIONAL €€€
(☎971 86 40 13 ; www.stayrestaurant.com ; Moll Nou ; plats 15-42 €, menu 3 plats avec eau, vin et café 34,90 € ; ⊙9h-23h). Le Stay décline le style bord de mer chic, avec une vaste terrasse sur la jetée. Sa clientèle huppée vient savourer ici une variété de poissons et fruits de mer. Entre luxe et décontraction, les prix sont élevés, mais justifiés.

Bellaverde INTERNATIONAL €
(☎971 86 46 00 ; www.pensionbellavista.com ; Carrer Monges 14 ; menu déj 6-12 €, plats 9,50-19,50 € ; ⊙8h30-0h mar-dim ;). Prenez place à l'ombre du figuier dans la cour de cette adresse bohème, qui accueille parfois des ateliers de sculpture. Le Bellaverde concocte des plats sains, surtout végétariens : salades créatives, curries de tofu, lasagnes au potiron et au chèvre. Enfants bienvenus.

La Llonja MÉDITERRANÉEN €€€
(☎971 86 59 04 ; www.restaurantlallonja.com ; Carrer del Moll Vell ; plats 13,60-67 € ; ⊙12h30-16h et 19h30-23h avr-oct). À l'étage avec vue sur la mer, La Llonja propose de savoureux plats de viande et de produits de la mer, aux accents inventifs (comme le carpaccio de poisson), mais son ragoût de homard (67 €) est cher payé. Au rez-de-chaussée, **La Cantina** (⊙10h-23h avr-oct) sert petits-déjeuners, en-cas et sandwichs à des prix nettement plus doux.

Renseignements

Office du tourisme (☎971 86 54 67 ; www.puertopollensa.com ; Passeig Saralegui ; ⊙8h-20h lun-ven, 9h-16h sam mai-sept, horaires réduits le reste de l'année). Sur le front de mer, devant la marina.

Depuis/vers Port de Pollença

Le bus n°340 reliant Palma à Pollença continue jusqu'à Port de Pollença (20 min direct ou 30 min via Cala Sant Vicenç). Le bus n°352 circule entre Port de Pollença et Ca'n Picafort (2,55 €, 1 heure), en s'arrêtant à Alcúdia (1,50 €, 15 min) et à Port d'Alcúdia (1,55 €, 25 min). Le bus n°353 rallie Formentor (1,50 €, 20 min).

CAP DE FORMENTOR

Avec ses falaises vertigineuses et ses pics déchiquetés qui avancent loin dans la mer, le Cap de Formentor représente la partie la plus spectaculaire du littoral de Majorque. De loin, on dirait une énorme ligne de vagues sur le point de se briser.

La route grimpe depuis Port de Pollença, offrant des vues sublimes sur la baie, avant de filer vers le cap. En été, la circulation est ralentie du fait de la succession de points de vue, dont le **Mirador de Sa Creueta** (232 m), à 3 km au nord-est de Port de Pollença, qui offre un panorama étourdissant sur la côte nord accidentée. À l'est, un peu au large, se détache un îlot rocheux, l'**Illot del Colomer**. Depuis le mirador, on peut encore grimper 2-3 km par une petite route jusqu'à la tour de guet **Talaia d'Albercuix** (380 m). Construite pour surveiller l'arrivée des pirates, elle jouit d'une vue extrêmement étendue sur la mer.

HORS DES SENTIERS BATTUS

LES CHEMINS DE RANDONNÉE DU CAP DE FORMENTOR

La péninsule de Formentor est jalonnée de sentiers menant à des criques. Le chemin qui conduit de **Port de Pollença** à la **Cala Bóquer** est signalé à partir d'un rond-point sur la route principale menant au Cap de Formentor. Cette promenade facile de 3 km reste dans la vallée, la paroi rocheuse de la Serra del Cavall Bernat se dressant du côté ouest.

À environ 11 km de Port de Pollença, sur la péninsule, deux sentiers partent à droite et à gauche de la route (stationnement possible), l'un vers la **Cala Figuera** sur le flanc nord et l'autre vers la **Cala Murta** au sud. Le premier descend par un ravin dénudé jusqu'à une étroite plage de galets. Le second traverse un terrain en grande partie boisé jusqu'à une crique rocheuse. La descente de l'un comme de l'autre prend environ 40 minutes.

Près de Cala Murta se tient la **Cala en Gossalba**, que l'on rejoint à pied en 30 minutes par un chemin ombragé (essayez de vous garer sur l'aire juste avant le Km 15 et de redescendre par le sentier situé en face). De là, allez vers la droite pour franchir les falaises jusqu'à la crique suivante. Remontez ensuite la ravine parsemée de roches qui se trouve derrière la crique, puis suivez le vieux sentier militaire qui va jusqu'au sommet de **Fumat** (334 m) – comptez environ 1 heure 30 d'ascension. De cet à-pic, on jouit d'une vue à 360° sur le cap à l'est et sur Badia de Pollença au sud ; la Tramuntana se dresse à l'ouest. Revenez ensuite sur vos pas et prenez à gauche un sentier qui vous ramènera à la route.

Deux autres petites criques ponctuent le littoral : la **Cala des Caló** et la **Cala En Feliu**. Les marcheurs peuvent aussi gagner le cap ou en revenir par le Camí Vell del Far, un sentier mal balisé qui zigzague et suit parfois la route principale. À Port de Pollença, on peut rallier le GR221, qui suit la Serra de Tramuntana sur toute sa longueur.

Les offices du tourisme de Pollença et de Port de Pollença vous fourniront des brochures comportant des cartes approximatives des sentiers qui devraient suffire pour ces marches.

De là, la Ma2210 plonge à travers bois sur 4 km jusqu'à la **Platja de Formentor** (Platja del Pi), une belle étendue de sable blond. Le parking coûte 10 €/jour. La route continue sur 11 km entre l'Hotel Formentor et le **phare** du cap datant du XIXe siècle. Là, vous attendent un panorama sur le Cap Ferrutx au sud, et un court sentier pédestre (le Camí del Moll del Patronet), vers le sud, menant à un autre point de vue.

Depuis/vers le Cap

Pour relier le cap depuis Port de Pollença (via la Ma2210), le mieux est de disposer d'un véhicule, d'un vélo ou de marcher ; toutefois, le bus n°353 circule entre Port de Pollença et la Platja de Formentor (1,50 €, 20 min, 4 bus/jour mar-sam). Deux services supplémentaires relient Port de Pollença et Cap de Formentor.

BAIE D'ALCÚDIA

Alcúdia

À quelques kilomètres en retrait de la côte, Alcúdia possède un charme tranquille et un cachet certain. Entourée de remparts médiévaux, elle abrite des venelles, des bâtisses anciennes, des places bordées de cafés et des maisons en pierre. À la lisière de la ville se dressent les vestiges de ce qui fut la première colonie romaine de l'île.

À voir

Le marché d'Alcúdia se tient le mardi et le dimanche dans le Passeig de la Victòria et ses alentours.

Pol·lèntia SITE ARCHÉOLOGIQUE
(www.pollentia.net ; Avinguda dels Prínceps d'Espanya ; adulte/enfant avec Museu Monogràfic 3/2 € ; 9h30-20h30 mar-sam, 10h-14h dim mai-sept, horaires réduits le reste de l'année). Les ruines de la cité romaine de Pol·lèntia se situent juste à l'extérieur des remparts d'Alcúdia. Fondée vers 70 av. J.-C., ce fut la principale ville romaine de Majorque. C'est aujourd'hui le site archéologique le plus important de l'île. Pol·lèntia atteignit son apogée aux Ier et IIe siècles. Elle s'étendait alors sur 20 hectares (dont l'essentiel n'a pas encore été fouillé), une superficie qui en dit déjà long sur son importance.

Dans l'angle nord-ouest du site s'étend la zone résidentielle de Portella. Le vestige le plus intéressant en est la **Casa dels Dos Tresors** (maison des Deux Trésors), une maison romaine typique agencée autour de son atrium, qui se dressa ici du Ier au Ve siècle. Non loin de là se trouvait le **Forum**, avec ses trois temples et ses rangées de *tabernae* (boutiques). En parcourant encore quelques centaines de mètres, on atteint le **Teatre Romà** (théâtre romain), du Ier siècle, petit mais évocateur, et qui semble retourner au rocher dans lequel il a été taillé. La visite du théâtre justifie à elle seule le prix d'entrée.

Enceinte médiévale REMPARTS

En grande partie reconstruits, les remparts d'Alcúdia sont impressionnants. Côté nord, ils datent encore essentiellement du Moyen Âge. Près de la Porta Roja (porte Rouge) subsistent les vestiges d'un pont du XVIIIe siècle. Du pont, on peut marcher sur 250 m au sommet des remparts jusqu'au Carrer del Progres pour profiter de la vue. Par-delà le pont, au nord-est, la Plaça de Toros (arènes) a été construite dans un bastion fortifié d'époque Renaissance.

Museu Monogràfic de Pol·lèntia MUSÉE

(www.pollentia.net ; Carrer de Sant Jaume 30 ; adulte/enfant Pol·lèntia compris 3/2 € ; 9h30-20h30 mar-sam, 10h-14h dim mai-sept, horaires réduits le reste de l'année). Ce musée conserve, dans son unique salle, fragments de statues, monnaies, bijoux, figurines de divinités domestiques, maquettes de la Casa dels Dos Tresors et du Teatre Romà, ainsi que d'autres vestiges retrouvés dans les ruines de la cité romaine. Les pièces sont bien présentées, mais uniquement légendées en catalan. Demandez, au besoin, la brochure en anglais.

Museu de Sant Jaume MUSÉE

(Plaça de Jaume Ques ; adulte/enfant 1 €/gratuit ; 10h-13h lun-sam). Aménagé dans l'église éponyme, ce musée renferme essentiellement des vêtements sacerdotaux et autres objets religieux.

Fêtes et festivals

Fira d'Alcúdia FOIRE

(1er week-end d'oct). La grande foire annuelle réunit marché alimentaire, danses traditionnelles, musique et défilés.

Où se restaurer

S'Arc INTERNATIONAL €€

(971 53 91 78 ; www.restaurantsarc.com ; Carrer d'En Serra 22 ; plats 18-24 € ; 12h-15h30 et 18h30-23h30 ;). Dépendant du Petit Hotel Ca'n Simó, ce charmant restaurant de la vieille ville, avec une jolie cour intérieure et des murs en pierre apparente, revisite avec créativité les saveurs méditerranéennes, tel le porc ibérique accompagné d'un couscous au citron, et la cuisine du monde, avec du ceviche péruvien ou un curry rouge thaï.

Ca'n Pere MÉDITERRANÉEN €€

(971 54 52 43 ; www.hotelcanpere.com ; Carrer d'en Serra 12 ; plats 8,50-22 € ; 12h-16h et 18h-22h30). Joli restaurant possédant une cour en pierres apparentes, le Ca'n Pere (dans l'hôtel éponyme), prépare des recettes méditerranéennes à partir de produits frais, comme les raviolis noirs farcis aux crevettes et saumon. Service lent lors du coup de feu.

Ca'n Costa MAJORQUIN €€

(971 54 53 94 ; Carrer Sant Vicenç 14 ; plats 12-19 € ; 13h-15h et 19h-23h mar-dim ;). Avec ses poutres et ses peintures à l'huile, cette majestueuse demeure semble ne pas avoir changé depuis sa construction en 1594. On peut manger dehors par beau temps. La carte présente de nombreux classiques de la cuisine catalane et majorquine, comme le *suquet* (ragoût de poisson), la morue à la *sobrassada* et le cochon de lait rôti.

Bistro 1909 TAPAS €€

(971 53 91 92 ; Carrer Major 6 ; plats 11-19 € ; 11h-23h dim-ven, 16h30-23h sam avr-oct). Ce ravissant bistrot vous offre le choix entre steak au poivre, paella et tapas (assortiments pour deux 12,50 €).

Achats

Art i Costura ACCESSOIRES, VÊTEMENTS

(Carrer dels Albellons 5 ; 10h-13h et 17h-20h mar-ven). Le séduisant petit atelier du créateur Maren constitue une bouffée d'air frais au milieu des innombrables boutiques de souvenirs. Vous y trouverez un choix de sacs de belle facture pleins de détails inventifs, de tuniques en coton, de ceintures et de perle.

CHEZ LES SEIGNEURS D'ALCÚDIA…

Il y a dans la vieille ville d'Alcúdia de superbes demeures historiques. Parmi les plus belles :

- **Ca'n Canta** (Carrer Major 18)
- **Ca'n Domènech** (Carrer dels Albellons 7)
- **Ca'n Fondo** (Carrer d'En Serra 13)
- **Ca'n Torró** (Carrer d'En Serra 15)

Alcúdia

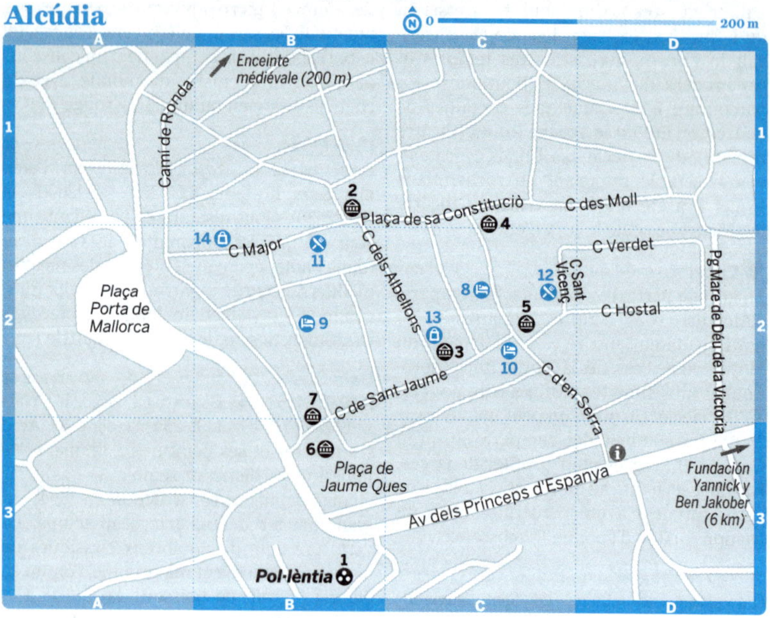

NORD DE MAJORQUE PORT D'ALCÚDIA

Alcúdia

Les incontournables
1 Pol·lèntia B3

À voir
2 Ca'n Canta B1
3 Ca'n Domènech C2
4 Ca'n Fondo C1
5 Ca'n Torró C2
6 Museu de Sant Jaume B3
7 Museu Monogràfic de Pol·lèntia B2

Où se loger
8 Ca'n Pere C2
9 Can Tem B2
10 Ca'n Simó Petit Hotel C2

Où se restaurer
11 Bistro 1909 .... B2
12 Ca'n Costa C2
Ca'n Pere .... (voir 8)
S'Arc .... (voir 10)

Achats
13 Art i Costura C2
14 Flor de Sal d'Es Trenc B2

Flor de Sal d'Es Trenc ALIMENTATION
(http://flordesaldestrenc.com ; Carrer Major 30 ; ⏲10h-20h). Pas le temps de visiter le sud de l'île ? Vous pourrez goûter ici le célèbre sel marin d'Es Trenc récolté à la main, relevé de saveurs de toutes sortes, de la rose à l'olive noire. La boutique vend aussi des huiles d'olive vierges, des confitures biologiques de Sóller et des liqueurs à base de plantes.

Renseignements

Office du tourisme (☎971 54 90 22 ; Avinguda dels Prínceps d'Espanya ; ⏲9h30-17h lun-sam mai-oct, horaires réduits le reste de l'année). Le personnel affable vous procurera des cartes, des brochures et des tonnes d'informations sur Alcúdia et ses environs.

Depuis/vers Alcúdia

Le bus n°351 Palma-Platja de Muro s'arrête à Alcúdia (5,30 €, 45 min, jusqu'à 16 bus/jour). De mai à octobre, le bus n°352 assure la liaison Ca'n Picafort-Port de Pollença (1,70 €, 45 min) au mieux toutes les 15 minutes. Le bus local n°356 relie Alcúdia à Port d'Alcúdia et à Platja d'Alcúdia (1,50 €, 15 min, toutes les 15 min de mai à oct).

Port d'Alcúdia

4 850 HABITANTS

Lovée au nord-est de la baie d'Alcúdia, Port d'Alcúdia est une station balnéaire animée. Le front de mer, la marina et le port de pêche ont plus de charme que d'autres sur cette côte. Bordée de palmiers, sa plage de sable fin en pente douce présente des eaux peu profondes et offre quantité d'activités convenant aux familles.

À voir et à faire

Cova de Sant Martí GROTTE, CHAPELLE

Cet insolite sanctuaire religieux du XIIIe siècle se niche dans une grotte à 20 m de profondeur, au pied du Puig de Sant Martí (derrière le BelleVue Club). Le site fait l'objet d'un pèlerinage le dimanche suivant Pâques. L'office du tourisme de Port d'Alcúdia pourra vous indiquer la direction à prendre.

Transportes Marítimos Brisa EXCURSIONS EN BATEAU

(971 54 58 11 ; www.tmbrisa.com ; Passeig Marítim ; adulte 18-55 €, enfant 9-27,50 € ; mai-oct). Organise des sorties en catamaran (adulte/enfant 56/28 €, 5 heures), des excursions à Platja de Formentor (24/12 €, 4 heures) et à Cala Figuera (29/14,50 €, 3 heures 30).

Alcudiamar Sports & Nature SPORTS NAUTIQUES

(678 022866 ; www.sportsandnaturealcudiamar.com ; Port Turistic i Esportiu ;). Ce spécialiste des sports nautiques propose un large choix de cours PADI, des baptêmes de plongée sur la journée aux formations Advanced Open Water Diver. Il organise aussi des sorties en kayak, des locations de kayaks, des cours de planche à voile, ainsi que des excursions en bateau jusqu'aux grottes marines.

Tandem Mallorca PARAPENTE

(616 173402 ; www.mallorcaparapente.es ; vols en tandem 85€ ; mai-oct). Tandem Mallorca propose du parapente en individuel ou en tandem pour les débutants. La plupart des vols s'effectuent du Puig de Sant Martí (230 m). On pourra venir vous chercher gratuitement dans le secteur d'Alcúdia.

Wind & Friends SPORTS NAUTIQUES

(971 54 98 35, 661 745414 ; www.windfriends.com ; Carrer de Neptú ; avr-oct). Sur le front de mer, à côté de l'Hotel Sunwing, ce centre nautique propose voile, planche à voile et kitesurf. Un stage de windsurf de 5 jours pour débutants coûte 210 €. Loue aussi des bateaux, des kayaks et des planches de stand-up paddle.

Hidropark PARC AQUATIQUE

(971 89 16 72 ; www.hidroparkalcudia.com ; Avinguda del Tucá ; adulte/3-11 ans/- de 3 ans 20/14,50 €/gratuit ; 10h-17h mai-juin et sept-oct, 10h-18h juil-août). À 600 m en retrait de la plage, ce parc séduira les jeunes visiteurs avec ses toboggans, sa piscine à vagues et son aire de jeux aquatiques pour les petits.

Fêtes et festivals

Festival de Sant Pere FÊTE LOCALE

(29 juin). Cette fête en l'honneur du saint patron du port est précédée d'une semaine de concerts, de spectacles pour enfants et autres manifestations. Le jour même, une statue de Sant Pere est portée en procession sur terre et sur mer.

Où se restaurer

À Port d'Alcúdia, la quantité tend à l'emporter sur la qualité, mais certains établissements réussissent à conjuguer les deux.

Willy's Hamburger EN-CAS €

(Carrer Joglars ; en-cas et repas légers 4-8 € ; 8h-2h30 ;). Cette *snackeria* sur la Platja de Muro régale les habitants d'une cuisine maison de première fraîcheur. Même lorsque l'endroit bat son plein en été, le personnel garde le sourire. Bons hamburgers et *pepito de lomo* (sandwich garni d'une tranche de rôti de porc avec sauce à l'ail) réussi.

Como en Casa ESPAGNOL €€

(971 54 90 33 ; www.restaurantcomoencasa.com ; Carrer dels Pins 4 ; plats 8-18 € ; 18h-0h mar-dim). Nichée dans une petite rue près de la marina, le Como en Casa offre en permanence un accueil chaleureux et une ambiance animée. Installez-vous sur la terrasse pour vous régaler d'ingrédients locaux et de légumes du jardin. On apprécie le thon grillé servi sur une salade de mangue et de kiwi, ou encore la brochette de crevettes accompagnée d'ananas, de citron vert et de coriandre.

Miramar POISSON ET FRUITS DE MER €€

(971 54 52 93 ; Passeig Marítim 2 ; plats 13-32,50 € ; 13h-15h30 et 19h-23h mars-déc ;). Le Miramar, vénérable restaurant du front de mer, fondé en 1871 est connu pour sa vaste terrasse et ses nombreuses paellas ou *fideuà* (sorte de paella aux nouilles). Les poissons classiques (sole, brème, etc.) sont bien préparés et le plateau de fruits de mer en impose par sa taille et son prix (66,50 €/pers).

Restaurante Jardín FUSION, MÉDITERRANÉEN €€€

(971 89 23 91 ; www.restaurantejardin.com ; Carrer dels Tritons ; menu dégustation 85 € ; 13h30-15h et 19h30-22h mer-dim ;). Le chef Macarena de Castro est aux commandes de ce restaurant étoilé au Michelin, à l'intérieur chic. Inspiré par les saisons, le menu dégustation de 11 plats revisite avec art les classiques méditerranéens, d'un simple carpaccio de crevettes rouges au "pop-corn" de la mer – le tout merveilleusement présenté.

VAUT LE DÉTOUR

VISITE CULTURELLE SUR LA CÔTE

À environ 6 km à l'est d'Alcúdia, la **Fundación Yannick y Ben Jakober** (☎ visites 971 54 98 80 ; www.fundacionjakober.org ; Camí de Coll Baix ; entrée libre mar et jeu, visite guidée 9-15 € ; ⏲ 9h30-12h30 et 14h30-17h30 mar, 10h-12h jeu, visites guidées sur réservation 11h et 15h mer-sam) occupe une bâtisse de style mauresque. Cette institution culturelle aux activités multiples présente notamment des portraits d'enfants du XVIe au XIXe siècle. Un espace d'exposition est dédié aux artistes contemporains, un jardin de sculptures expose les œuvres du couple d'artistes britanniques Ben Jakober et Yannick Vu, et l'Espacio SoKraTES présente notamment des peintures du Majorquin Miquel Barceló et un rideau de 10 000 perles de cristal Swarovski.

Au printemps, la roseraie est en pleine floraison : c'est la période la plus propice à une visite. Pour vous y rendre, suivez les panneaux Fundación et Bonaire. Au restaurant Bodega del Sol, tournez à droite et continuez sur cette route qui se transforme en une piste défoncée. La fondation se trouve sur la droite.

ℹ Renseignements

Office du tourisme (☎ 971 54 72 57 ; www.alcudiamallorca.com ; Passeig Marítim ; ⏲ 9h30-20h30 lun-sam mars-oct). Dans un kiosque derrière la marina.

ℹ Depuis/vers Port d'Alcúdia

BUS

Des bus relient régulièrement Alcúdia (1,50 €, 15 min) et Port de Pollença 1,50 €, 25 min).

BATEAU

Du terminal des ferries, des bateaux desservent Ciutadella, sur l'île de Minorque.

Cap des Pinar

Le somptueux Cap des Pinar, qui s'avance profondément dans la mer depuis Alcúdia et Port d'Alcúdia, forme avec le Cap de Formentor, plus au nord, une baie large et profonde ouverte vers l'est : la baie de Pollença. Il s'enorgueillit de forêts de pins d'Alep et de falaises vertigineuses à l'extrémité est, où il culmine. Ses sentiers de randonnée figurent parmi les plus beaux de l'île. Malheureusement, le cap lui-même est une zone militaire interdite d'accès.

Depuis Alcúdia, allez vers le nord-est à travers les zones résidentielles de Mal Pas et de Bonaire pour rejoindre une route pittoresque conduisant au Cap des Pinar. À l'est de Bonaire, la route côtière tournicote sur 1,5 km avant d'atteindre la plage et le bar-restaurant S'Illot. Un peu plus loin, des embranchements mènent vers l'Albergue La Victòria et l'Ermita de la Victòria (p. 129).

De l'Ermita de la Victòria, comptez 40 minutes par un sentier balisé pour grimper jusqu'à **Sa Talaia**, une tour de guet du XVIe siècle offrant une vue sur le nord, l'est et le sud. De retour sur la route principale, marchez sur environ 1,5 km vers l'est, de l'embranchement jusqu'à l'endroit où la route est barrée : vous continuerez ainsi à savourer les changements de paysage.

Blottie au pied d'abruptes falaises boisées, la **Platja des Coll Baix** est une superbe plage de galets blancs baignée par des eaux translucides. On y accède uniquement à pied ou par bateau. Pour profiter de la beauté paisible des lieux, l'idéal est de venir tôt le matin ou le soir. Depuis Alcúdia, comptez environ 8 km jusqu'à une clairière où vous pouvez vous garer. Suivez la direction de la Fundación Yannick y Ben Jakober, puis continuez sur 2 km. De là, vous pouvez prendre le sentier sud qui grimpe à Sa Talaia. Suivez ensuite les panneaux indiquant Coll Baix, une descente facile d'une demi-heure. Le sentier principal vous mènera aux rochers au sud de la plage, qu'il vous faudra escalader.

Un rideau de pins s'élève derrière la **Platja S'Illot**, une charmante crique. Ses eaux d'une pureté cristalline et son îlot en font un endroit idéal pour le snorkeling. Un café sur la plage propose des en-cas. La vue qui s'étend jusqu'au Cap de Formentor est de toute beauté. Simplement, il ne faut pas s'attendre à être le seul sur la plage !

Pour vous restaurer, grimpez les marches à travers la pinède et dépassez l'Ermita de la Victòria pour rejoindre le **Mirador de La Victòria** (☎ 971 54 71 73 ; Carretera Cap des Pinar ; plats 7,50-25 € ; ⏲ 13h-15h45 et 19h-23h mai-oct, horaires réduits le reste de l'année ; 👪), un restaurant au charme terriblement champêtre qui concocte une cuisine maison toute simple et offre une belle vue sur le Cap de Formentor.

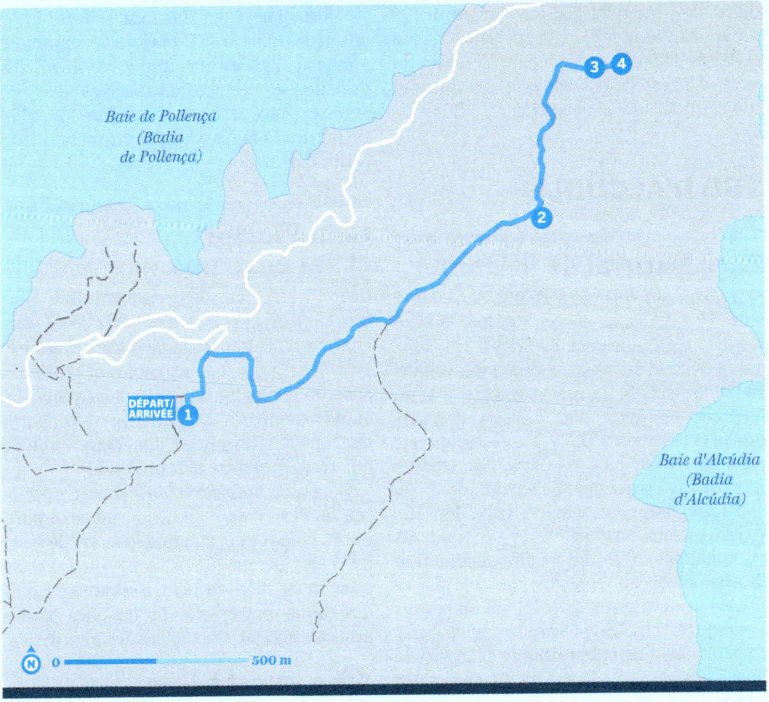

Promenade à pied
Trois nids d'aigle

DÉPART/ARRIVÉE ERMITA DE LA VICTÒRIA
DISTANCE 6 KM ; 2 HEURES 30-3 HEURES

Figurant parmi les itinéraires les plus spectaculaires du littoral, cette randonnée de niveau intermédiaire vous entraîne sur des arêtes vertigineuses et au sommet de falaises, jusqu'à trois à-pics semblables à des aires d'aigle au-dessus de la péninsule du Cap des Pinar. Mieux vaut éviter la chaleur de la mi-journée. Emportez une carte et de bonnes réserves d'eau.

De 1 l'**Ermita de la Victòria**, un sentier remonte tranquillement à travers la pinède. Obliquez à gauche au bout de 15 minutes, suivez les panneaux Penya Rotja et Penya des Migdia. Vous rejoignez un étroit sentier, qui serpente à travers les bois avant de redescendre en douceur. Arrêtez-vous pour admirer la somptueuse vue sur la Baie de Pollença et Formentor à l'ouest. Vous voilà entouré de formations abruptes, tandis que la mer scintille tout en bas. Dépassez ces falaises et prenez à droite au niveau de l'embranchement, puis suivez les cairns qui se succèdent jusqu'au 2 **Puig des Romaní** (387 m) ; au sommet (comptez 1 heure 30 jusqu'ici), où vous attend un beau panorama.

Du sommet, regagnez la piste principale. Empruntez ensuite le tunnel qui s'enfonce dans la roche. En vous engageant dans ces vieilles fortifications côtières, vous remarquerez les anciens emplacements des armes. Suivez le chemin qui contourne la falaise, en vous aidant de la corde fixe pour les tronçons les plus raides, avant de rejoindre le sommet du 3 **Penya Rotja** (354 m) après 1 heure 30 de marche. Surmonté par un canon, ce point de vue offre un panorama à 360° de la côte nord de Majorque, s'étendant au-delà du Cap des Pinar jusqu'à la Badia d'Alcúdia, Pollença et Formentor.

Prolongez la balade en allant voir le canon au sommet du 4 **Canó des Moró** (355 m), où vous serez certainement seul au milieu des chèvres pour admirer la vue sur les eaux couleur cobalt de la Platja des Coll Baix. Revenez ensuite sur vos pas et regagnez l'Ermita de la Victòria.

Outre des plats locaux tels les *caracoles* (escargots) ou le *lomo con col* (chou farci à la viande de porc), on y prépare d'excellentes recettes à base de poisons grillés et de riz et l'un des meilleurs aïolis de l'île.

SUD D'ALCÚDIA

Parc Natural de S'Albufera

S'étendant sur 688 ha, à l'ouest de la Ma12 entre Port d'Alcúdia et Ca'n Picafort, le **Parc Natural de S'Albufera** (☎971 892 250 ; www.mallorcaweb.net/salbufera ; ⊙centre des visiteurs 9h-18h avr-sept, 9h-17h oct-mars) GRATUIT est un territoire privilégié pour l'observation des oiseaux. Pas moins de 303 espèces ont été recensées (soit plus de 80% des espèces répertoriées dans les Baléares), dont 64 se reproduisent au sein du parc. Plus de 10 000 oiseaux passent l'hiver ici, résidents ou migrateurs. L'entrée est libre à condition de demander au préalable un permis au **centre des visiteurs**, situé à 1 km du parc.

Ce qu'on appelle le **Gran Canal**, au cœur du parc, fut conçu pour drainer l'eau vers la mer. Le **pont de Sa Roca**, à cinq arches, fut construit sur ce canal à la fin du XIXe siècle pour faciliter la circulation entre Santa Margalida et Alcúdia. Le parc relève de la convention de Ramsar destinée à protéger les zones humides d'importance internationale. Outre les espèces d'oiseaux, on y a recensé 400 espèces de plantes.

Le centre des visiteurs pourra vous renseigner sur le parc et son avifaune. C'est aussi le point de départ de plusieurs pistes de randonnée. De là, partent 14 km de **sentiers** balisés, soit quatre itinéraires s'échelonnant de 725 m (30 min) à 11,5 km (3 heures 30), dont deux peuvent être empruntés à vélo. Il existe six *aguaits* en bois (cabanons d'où observer les oiseaux – entrez et observez en silence), certains étant mieux aménagés que d'autres. Vous verrez quantité d'échassiers en action depuis les *aguaits* Bishop I et II, du côté nord du Gran Canal. Le parc compte aussi six plates-formes d'observation.

Les bus reliant Ca'n Picafort et Alcúdia s'arrêtent près d'un petit parking non loin de l'entrée du parc.

Platja de Muro

Située à environ 5 km au sud de Port d'Alcúdia (sur la ligne de bus ralliant Ca'n Picafort), Platja de Muro est souvent citée parmi les plus belles plages de Majorque. Même si elle n'est pas tout à fait digne des Caraïbes, elle réserve un spectacle de rêve, avec ses eaux azur et son étendue de sable fin adossée à la pinède et aux dunes du Parc Natural de S'Albufera.

Ca'n Picafort et ses environs

Ca'n Picafort et son extension sud, **Son Bauló**, forment une agglomération sans charme pour touristes en voyage organisé. Mais les plages sont agréables et plusieurs sites archéologiques méritent la visite. La station balnéaire est située face à la **Platja de Santa Margalida**, une plage bondée aux eaux turquoise peu profondes.

Pour une ambiance plus sauvage, préférez la **Platja de Son Real**, au sud-ouest de la ville. Cette étendue côtière de près de 5 km, où de petits bancs de sable se cachent entre les rochers, n'est adossée qu'à des dunes basses, des broussailles et des arbustes auxquels se mêlent des pins d'Alep.

À voir et à faire

♥ Finca Pública de Son Real FERME
(Adulte/- de 12 ans 3 €/gratuit ; ⊙10h-17h). La Finca Pública de Son Real occupe désormais une bonne partie du littoral entre la côte et la Ma12. L'entrée principale se situe un peu au sud du Km 18 sur la Ma12. Les anciens bâtiments de ferme abritent un centre d'information qui renseigne les randonneurs sur les différents sentiers côtiers du domaine. On y trouve aussi un musée évoquant la vie rurale traditionnelle majorquine.

Es Figueral de Son Real SITE ARCHÉOLOGIQUE
Depuis la Finca Pública de Son Real, un sentier, qui traverse une plantation de figuiers en grande partie abandonnée, mène aux ruines tayalotiques d'Es Figueral de Son Real, envahies par la végétation. Ce site qui date au moins du Xe siècle av. J.-C. comporte les vestiges de plusieurs édifices... qui ne parleront qu'aux imaginations fertiles.

Necròpolis de Son Real SITE ARCHÉOLOGIQUE
En bordure de mer, à 10 minutes à pied au sud-est de la Platja de Son Bauló, cette nécropole talayotique rassemble 110 tombes (dans lesquelles ont été retrouvés les restes de plus de 300 personnes). Ces tombes, en forme de mini-*talayots*, remontent pour

HORS DES SENTIERS BATTUS

BETLEM

À 3 km au nord-est de Colònia de Sant Pere, par la Ma3331 qui longe le littoral, Betlem est un lieu des plus tranquilles : raison de plus pour s'y rendre. Une piste pour 4x4 longe le littoral frangé de pins d'Alep sur 3 km jusqu'à une minuscule baie protégée, **Es Caló**. Quelques voiliers y mouillent à l'occasion et une poignée de vacanciers se prélassent sur la plage de galets. Derrière, se dressent de spectaculaires collines calcaires, au maigre tapis d'herbe pour certaines. Dépourvu de sentiers, **Cap Ferrutx**, le cap venteux situé au nord d'Es Caló, est plus difficile à explorer. Le Parc Natural de la Península de Llevant (p. 149), voisin, offre quelques possibilités de randonnée.

Vous pouvez aussi suivre l'ancien chemin des pèlerins jusqu'au paisible **Ermita de Betlem** en empruntant la piste balisée en direction de S'Alqueria Vella. Cette randonnée en boucle de 6 km passe par la Cases de Betlem, une *finca* abandonnée, et s'élance dans les hauteurs d'une vallée sauvage et isolée, avant d'atteindre l'ermitage. De là, il ne vous reste que quelques minutes avant d'atteindre le point de vue de **Sa Coassa** (322 m), où l'ensemble de la baie d'Alcúdia, adossée au Cap Ferrutx, s'étire sous vos yeux.

les plus anciennes au VIIe siècle av. J.-C. Certains parlent d'un cimetière de roturiers.

Illot dels Porros SITE ARCHÉOLOGIQUE

Juste au nord de la Necròpolis de Son Real, l'Illot dels Porros abrite aussi les vestiges d'une ancienne nécropole. Gagner cet îlot à la nage ne présente pas de difficulté si vous êtes en bonne condition physique.

Experience Mallorca SPORTS D'AVENTURE

(☎687 358922 ; www.experience-mallorca.com ; Avinguda Josep Trias 1, Vent-i-Mar Apts ; activités 55-75 € ; ⏲mars-nov). Pour les activités à sensations, ce prestataire spécialisé dans les sports d'aventure est idéal : canyoning, saut du haut de falaises, escalade de falaises, spéléologie, rappel, trekking et varappe.

ℹ Renseignements

Office du tourisme (☎971 85 07 58 ; Plaça Cervantes ; ⏲8h30-13h30 et 17h-19h30 lun-ven Pâques-oct). Cet office du tourisme efficace se trouve près de la plage.

ℹ Depuis/vers Ca'n Picafort

Le bus n°390 relie Palma à Ca'n Picafort (6,50 €, 1 heure 40, 4-7 bus/jour). Le bus n°352 assure la principale liaison entre Ca'n Picafort et Port de Pollença (4 €, 1 heure 15), via Port d'Alcúdia (2 €, 45 min).

Son Serra de Marina

S'étirant le long de la côte, 5 km à l'est de Son Bauló, Son Serra de Marina offre une ambiance paisible et décontractée. À sa lisière sud-est commence la **Platja de Sa Canova**, une plage vierge, bordée de dunes et de pins, qui s'étend sur 2 km. Fréquentée par des nudistes, elle séduit surtout les mordus de planche à voile et de kitesurf. Certains bus circulant entre Palma et Ca'n Picafort continuent jusqu'à Son Serra de Marina.

Colònia de Sant Pere

Paisible, cet ancien village de pêcheurs, qui porte le nom de leur saint patron, constitue un antidote aux stations touristiques de l'ouest. Le noyau initial de maisons s'est étendu au-delà de la place centrale et de l'église pour accueillir une petite communauté de perpétuels vacanciers.

Au centre du bourg et bien ombragé, le Passeig del Mar borde une plage de sable protégée, la **Platja de la Colònia de Sant Pere**, qui fait la joie de certains baigneurs. La petite marina et le port de pêche se situent à deux pas. À 2,5 km à l'ouest commence la **Platja de Sa Canova**, une belle étendue de sable bordée de dunes. Depuis S'Estanyol, on ne peut rejoindre Sa Canova qu'à pied.

En longeant le front de mer, vous trouverez **Sa Xarxa** (☎971 58 92 51 ; www.sa-xarxa.com ; Passeig del Mar ; plats 12-20 € ; ⏲12h-23h mar-dim mars-oct), d'où l'on jouit d'une vue superbe sur la mer depuis les tables installées sous les tamariniers (l'endroit est merveilleux au coucher du soleil). Ce restaurant met l'accent sur les produits de la mer et rien ne vaut la pêche du jour préparée tout simplement en croûte de sel. Une touche délicate caractérise tous les plats, tel le carpaccio de lotte à la sauce au citron vert.

Centre de Majorque

Dans ce chapitre ➡

Le top des restaurants

- Celler Es Grop (p. 140)
- Joan Marc Restaurant (p. 137)
- Es Celler (p. 142)
- Celler Ca'n Amer (p. 137)
- Celler Ca'n Carrossa (p. 138)

Le top des hébergements

- Read's Hotel (p. 180)
- Es Castell (p. 181)
- Sa Torre (p. 180)
- Agroturisme Monnàber Vell (p. 181)
- Possessió Binicomprat (p. 181)

Pourquoi y aller

La sérénité de l'arrière-pays majorquin offre un contrepoint parfait à l'effervescence de la côte. Les plages sont rarement à plus d'une heure de route et, pourtant, l'intérieur de l'île est un monde à part : une terre de vignobles, de monastères perchés au sommet de collines, et de prairies émaillées d'oliviers, d'amandiers et de caroubiers. C'est ici que bat le cœur rural de Majorque, dans les villages dominés par des églises, dont les habitants sont les gardiens farouches de la tradition, et où se déroulent quelques-unes des *festas* les plus endiablées. Dans d'autres bourgs, on perpétue les traditions artisanales séculaires – poterie, cordonnerie et verre soufflé, entre autres.

Enfoncez-vous à l'intérieur des terres, ne serait-ce qu'une journée, pour déguster du vin dans un domaine viticole, faire des balades dans la campagne et profiter du calme des *fincas* (fermes), où vous aurez tout le loisir de vous détendre au bord d'une piscine et de contempler la Grande Ourse dans le ciel étoilé. À l'image du cadre, la cuisine est rustique et pleine d'authenticité, en particulier dans les anciens celliers d'Inca, salles voûtées garnies de fûts, où les convives viennent savourer vins locaux et cochon de lait rôti dans une ambiance joviale.

Quand partir

Contrairement aux commerces de la côte, ceux de l'intérieur des terres restent généralement ouverts toute l'année. En hiver, les habitants de Palma n'ont pas de plus grand plaisir que de quitter la vie urbaine pour se retirer dans les terres le temps d'un repas réconfortant ou d'une nuit au calme. Les manifestations dans la région figurent parmi les plus traditionnelles de l'île, du S'Encuentro de Montuïri (dimanche de Pâques) aux marchés aux bestiaux, qui se tiennent depuis 700 ans à Sineu, en mai, sans oublier la fête des Vendanges, qui a lieu tous les ans en septembre à Binissalem.

LE NORD-OUEST

La plupart des voyageurs traversent rapidement le cœur géographique de l'île par l'autoroute Ma13. Pourtant, l'ancienne route (la Ma13a) permet de découvrir des lieux qui ne manquent pas d'intérêt. Vous pourrez faire halte dans de luxueux gîtes et d'excellents vignobles – parmi les meilleurs de l'île –, découvrir de jolis petits villages comme Binibona, dans les contreforts de la Serra de Tramuntana, ou encore Sineu, plus au sud.

Santa Maria del Camí et ses environs

Santa Maria del Camí est une porte d'entrée de la région viticole majorquine. Les **Bodegas Macià Batle** (☎971 14 00 14 ; www.maciabatle.com ; Camí de Coanegra ; ⏰9h30-18h30 lun-ven, 9h-13h sam), l'un des établissements viticoles les plus réputés de l'île, sont installées au sortir du centre. En plus de la visite de la propriété et des dégustations gratuites, notez les étiquettes des bouteilles, conçues par des artistes contemporains de renom.

Le village en lui-même ne présente pas grand intérêt. En arrivant de Palma, on entre dans le centre-ville par la Ma13a, qui s'élargit pour devenir la **Plaça dels Hostals**, entourée de bars. Le cœur historique de Santa Maria del Camí est la tranquille **Plaça de la Vila**, place médiévale dominée par la **Casa de la Vila** (hôtel de ville), datant elle aussi du XVIIe siècle.

Pièce maîtresse de la Plaça dels Hostals, le **Convent de Nostra Senyora de la Soledat** (Plaça dels Hostals 30), couvent du XVIIe siècle, est aussi connu sous le nom de Can Conrado. Si la porte principale est ouverte, jetez un coup d'œil à la magnifique cour intérieure. Au coin de la Carrer Llarg, vous apercevrez les jardins

Les **Festes de Santa Margalida** (⏰juil) se déroulent ici sur près de 3 semaines, avec pour point d'orgue le 20 juillet. Au programme : concerts, danses traditionnelles et repas collectifs.

Restaurant pittoresque, le **Moli des Torrent** (☎971 14 05 03 ; www.molidestorrent.de ; Carretera de Bunyola 75 ; plats 20-26 € ; ⏰13h-15h et 19h30-22h30 ven-mar) est un moulin en pierre. On l'aperçoit sur la route de campagne qui part au nord de la ville en direction de Bunyola. Attablez-vous dans la salle voûtée ou dans le joli patio pour savourer une bonne cuisine familiale tirant le meilleur parti des produits de saison, des gambas aux viandes rouges cuites à la perfection. Pensez à réserver.

ℹ Depuis/vers Santa Maria del Camí

Santa Maria se trouve à peu près à mi-parcours sur la ligne ferroviaire Palma-Inca. Le trajet, dans les deux directions, coûte 2,10 € et dure 18-23 minutes.

Binissalem

7 800 HABITANTS / 131 M D'ALTITUDE

Les Romains ont apporté leur savoir-faire viticole à Binissalem il y a quelque 2 000 ans. Depuis, la paisible bourgade installée au pied de la Tramuntana perpétue la tradition. Son cépage manto negro produit les meilleurs vins DO (Denominación de Origen) de l'île. Outre les vignes, la campagne vallonnée des environs est couverte d'amandiers.

Comme beaucoup de villes de l'intérieur de l'île, l'endroit a conservé son nom arabe.

À voir

José Luis Ferrer DOMAINE VITICOLE
(☎971 51 10 50 ; www.vinosferrer.com ; Carrer del Conquistador 103 ; visites guidées 6 € ; ⏰visites 11h et 16h30 lun-ven et 11h sam, boutique 9h-19h lun-ven, 10h-18h sam, 10h-14h dim). Ce domaine, l'un des plus grands et des plus réputés de Majorque, se situe à l'extrémité ouest de la ville, et existe depuis 1931. Pour mieux connaître la fabrication du vin, participez à une visite guidée (45 min, avec dégustation de 3 vins). Réservez par téléphone.

Celler Tianna Negre DOMAINE VITICOLE
(☎971 88 68 26 ; www.tiannanegre.com ; Camí des Mitjans ; visites guidées 10 € ; ⏰visites guidées 10h-14h lun-ven, boutique 9h-18h30 lun-ven, 10h-13h sam). Les bâtiments de ce domaine de 20 ha ont été conçus par un architecte. La gamme de blancs, rouges et rosés est produite selon une démarche de développement durable. Les visites guidées comprennent la dégustation de 3 vins accompagnés de pain à l'huile d'olive majorquine.

Casa-Museu Llorenç Villalonga MUSÉE
(www.fundaciocasamuseu.cat ; Carrer de Bonaire 25 ; ⏰10h-14h lun-ven plus 16h-20h mar, 17h-20h sam). GRATUIT Du milieu du XVIIIe siècle au début du XIXe siècle, plusieurs belles demeures furent construites à Binissalem, reflet de la prospérité que la ville tirait de

À ne pas manquer

1 Une dégustation de vin dans une cave, telle les **Bodegas Castell Miquel** (p. 138)

2 Le charme discret des maisons de pierre de **Petra** (p. 142)

3 Les marchés et l'ambiance de **Sineu** (p. 139), perchée dans les hauteurs

4 Une nuit dans le calme absolu d'un hôtel de campagne à **Binibona** (p. 138)

5 Les batailles de grappes de raisin et les diables crachant du feu lors des **Festes de la Verema** (p. 136) de Binissalem

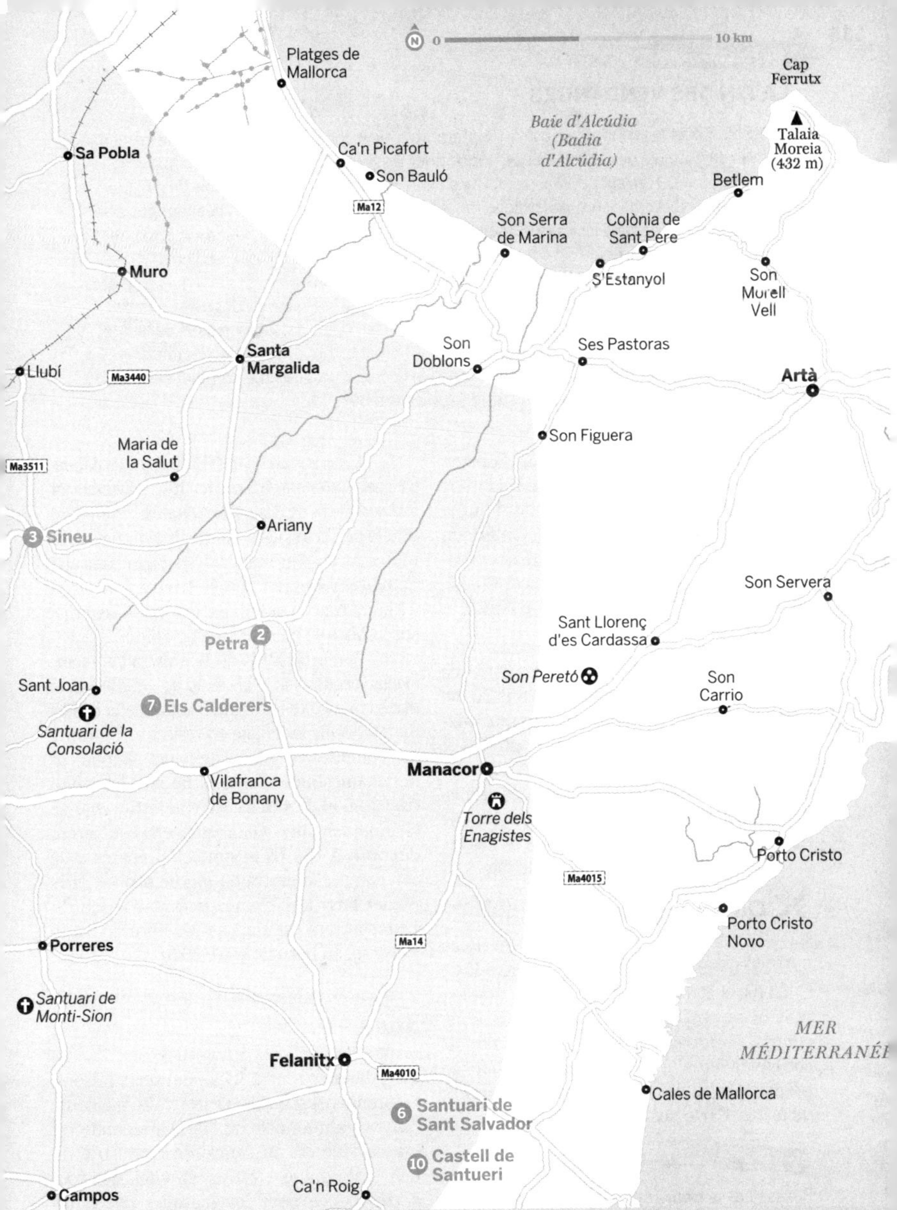

6 Le panorama, sublime, depuis le **Santuari de Sant Salvador** (p. 144)

7 La visite d'**Els Calderers** (p. 142), une propriété majorquine typique

8 Les boutiques de cuir d'**Inca** (p. 136), puis un festin dans un *celler* traditionnel

9 Les **Coves de Campanet** (p. 139), monde souterrain scintillant

10 La vue dégagée sur le patchwork de champs s'étendant jusqu'à la mer du haut du **Castell de Santueri** (p. 144)

À NE PAS MANQUER

LA FIN DES VENDANGES

Binissalem fête les vendanges à la fin septembre avec le foulage de rigueur et une immense bataille de grappes de raisin. Chaque année pour les **Festes de la Verema**, des camions déversent sur un terrain boueux des tonnes de raisin, pour la plus grande joie de plus de 1 000 habitants et visiteurs, qui procèdent alors à une bataille en règle, n'hésitant pas à se rouler allègrement dans les raisins écrasés. Quiconque est assez fou pour avoir envie de participer est le bienvenu – attention toutefois au jus dont l'acidité pique les yeux.

La ville se divise alors entre ceux qui foulent les raisins aux pieds et ceux qui se lancent dans les *batalles*. La *festa* en elle-même consiste en une semaine de dégustations de vin, de concerts, de lectures et d'expositions. Outre les batailles, le temps fort de la fête est le *correfoc* (littéralement "feu qui court") : à la nuit tombée, des gens déguisés en diables courent dans les rues avec des feux d'artifice. Le programme complet est publié à l'approche de cette grande manifestation sur www.ajbinissalem.net.

sa production vinicole. La Can Sabater, résidence secondaire de l'écrivain Llorenç Villalonga (1897-1980), abrite aujourd'hui la Casa-Museu Llorenç Villalonga. À l'intérieur, notez les cuves datant du XVIIIe siècle et l'endroit où l'on foulait le raisin au pied. En été, des concerts sont organisés dans le jardin.

Ca'n Novell DOMAINE VITICOLE
(☎971 51 13 10 ; www.vinscannovell.es ; Carrer de Bonaire 17 ; ⊙8h-13h et 15h-20h lun-ven, 8h30-14h sam). Les habitants viennent remplir eux-mêmes comme autrefois leurs bouteilles à d'immenses cuves du XVIIIe siècle. Faits de bois d'olivier et tenus par de solides cernes de chêne, ces grands tonneaux étaient monnaie courante dans la plupart des caves et des propriétés de cette partie de l'île.

Où se restaurer

Singló ESPAGNOL, INTERNATIONAL €€
(☎971 87 05 99 ; Plaça de l'Església 5 ; plats 8-15 € ; ⊙13h-16h et 20h-23h jeu-mar). Un bon établissement qui prépare des plats appétissants, comme la *porcella rostida* (cochon de lait rôti) ou la *bacallà a la mallorquina* (morue préparée avec des tomates et des pommes de terre). Carte des vins bien fournie.

Depuis/vers Binissalem

Binissalem se trouve sur la ligne ferroviaire Inca-Palma (2,10 €, 20-30 min).

Santa Eugènia

Perchée sur une colline au milieu des routes de campagne tranquilles du sud de Binissalem, le village de Santa Eugènia permet de voir quelques moulins à vent pittoresques et de beaux panoramas.

Le **Natura Parc** (☎971 14 40 78 ; www.natura-parc.net ; Carretera de Sineu Km 15,4 ; adulte/enfant 3-12 ans/moins de 3 ans 11/7 €/gratuit ; ⊙10h-18h) fera le bonheur des enfants. Ils y observeront toutes sortes d'animaux, des kangourous aux flamants roses. Le zoo se trouve à environ 2 kilomètres au sud-ouest de Santa Eugènia, sur la Ma3011 en direction de Palma.

Sa Torre (☎971 14 40 11 ; www.sa-torre.com ; menus dégustation 4 plats 40 € ; ⊙20h-22h30 mar-sam) mérite le détour. Ce fabuleux cellier du XVe siècle aménagé en restaurant compte des colonnes en pierre, de hauts plafonds et de gigantesques tonneaux de vin. Le menu dégustation de 4 plats, un vrai festin, change chaque semaine. Quoi qu'il en soit, attendez-vous à des plats simples préparés avec art, comme le gratin de morue à l'aïoli et le poulet farci aux pruneaux et aux épinards. Le restaurant est à 2,5 km au nord de Santa Eugènia, au bord de la Ma3020.

Inca

30 070 HABITANTS / 130 M D'ALTITUDE

Le visiteur se rend à Inca pour deux raisons. La première est que l'on y trouve les meilleurs *cellers* traditionnels de l'île. La seconde est que la ville est au centre de l'industrie du cuir majorquine. C'est ici, en effet, que tout a commencé pour les marques de chaussures espagnoles Camper et Farrutx. Inca ne présente pas grand intérêt par ailleurs.

À voir

En entrant dans Inca et la ville nouvelle sans grand charme, on a l'impression qu'il fait plus chaud et le trafic semble incessant. Cela dit, une balade agréable consiste à descendre la Carrer Major jusqu'à la Plaça de Santa Maria Major, dominée par l'église du même nom et bordée de cafés animés.

Ermita de Santa Magdalena ERMITAGE, POINT DE VUE

(église 11h30-19h mai-oct, horaires restreints le reste de l'année). GRATUIT Pour une vue sensationnelle, faites le pèlerinage jusqu'à cet ermitage du XIIIe siècle édifié sur le **Puig de Santa Magdalena** (307 m). Depuis la petite chapelle, le regard embrasse la vaste étendue des plaines jusqu'à la Serra de Tramuntana et aux baies d'Alcúdia et de Pollença. Un bon point de départ pour des randonnées. Prévoyez de solides chaussures de marche.

Pour rejoindre l'ermitage, parcourez 2 km vers l'est au départ d'Inca, et prenez l'embranchement qui conduit à l'Ermita de Santa Magdalena. Continuez au sud sur 2,5 km et gravissez le Puig de Santa Magdalena.

Claustre de Sant Domingo CLOÎTRE

(Plaça de Sant Domingo ; 10h-13h30 et 17h-20h lun-ven, 10h-13h30 sam). GRATUIT Dernier couvent dominicain fondé à Majorque, le Claustre de Sant Domingo possède un cloître baroque. C'est aujourd'hui un centre culturel.

Església de Santa Maria Major ÉGLISE

(Plaça de Santa Maria Major). GRATUIT L'église baroque d'Inca domine fièrement la Plaça de Santa Maria Major. Son retable gothique de Santa Maria d'Inca, date de 1373.

Fêtes et festivals

Dijous Bo FÊTE DE LA VILLE

(Jeudi saint ; 3e jeu de nov). Il s'agit de la principale fête de la ville, dont les rues s'animent alors au rythme des processions, concours de bétail, rencontres sportives et concerts.

Où se restaurer

Les *cellers* sont l'une des particularités d'Inca. Ils servent une cuisine majorquine familiale et des vins locaux charpentés. Ces derniers étaient autrefois stockés dans les énormes tonneaux du XVIIIe siècle qui s'alignent toujours le long des murs.

Celler Ca'n Amer ESPAGNOL, MAJORQUIN €

(971 50 12 61 ; www.celler-canamer.com ; Carrer de la Pau 139 ; plats 9-18 € ; 13h-16h et 19h30-23h lun-sam, 13h-16h dim). La bonne cuisine majorquine d'antan est la marque de fabrique de ce *celler* animé au charme rustique, où l'on mange sous des poutres en bois et à côté d'énormes barriques de vin. Si la spécialité maison est l'épaule d'agneau farcie aux aubergines et à la *sobrassada*, le cochon de lait rôti est tout aussi délicieux.

Joan Marc Restaurant MÉDITERRANÉEN €€

(971 50 08 04 ; www.joanmarcrestaurant.com ; Plaça del Blanquer 10 ; plats 15-20 € ; 13h-15h30 et 20h-22h30 mar-sam, 13h-15h30 dim). Contrastant avec les sombres *cellers* traditionnels d'Inca, ce restaurant original offre un espace lumineux à la décoration minimaliste, que viennent adoucir patères en tronc d'arbre et bois flotté. Le chef Joan Marc concote des plats méditerranéens ensoleillés comme les escargots en sauce tomate avec pain à l'ail, ou le poulpe accompagné d'aubergines et de poivrons grillés.

Celler Ca'n Ripoll MAJORQUIN €€

(971 50 76 39 ; www.cellercanripoll.com ; Carrer de Jaume Armengol 4 ; plats 9,50-20 €, menus 3 plats 17,50 € ; 12h-16h et 19h30-23h30 lun-sam, 12h-16h dim). Une cave monumentale du XVIIIe siècle avec plafonds hauts à poutres apparentes reposant sur une enfilade d'arches en pierre. La carte propose de roboratives spécialités comme le cochon de lait rôti et la morue à la *sobrassada*. Ici, pas de voiturier, mais on vous trouvera toujours une place pour garer votre vélo.

Celler Sa Travessa MAJORQUIN €€

(971 50 00 49 ; Carrer de Murta 16 ; plats 9,50-19,50 € ; 13h-16h30 et 19h-23h30 sam-jeu). Beaucoup de cachet et un charme à l'ancienne pour ce *celler* dont les spécialités maison vont du lapin aux oignons à la *llengua amb tàperes* (langue aux câpres).

Achats

Mercat d'Inca MARCHÉ

(8h-13h30 jeu). Investissant la majeure partie du centre-ville, le marché du jeudi, l'un des plus grands de l'île, compte des centaines d'étals débordant de produits (miel, herbes aromatiques, céramiques, fleurs, tissus, fruits et légumes, etc.). Quant au cuir, on le trouve sous toutes ses formes : blousons, sacs et chaussures.

ReCamper CHAUSSURES

(www.camper.com ; Polígon Industrial ; 10h-20h lun-sam). Le magasin d'usine de la marque Camper propose de bonnes affaires (occasions et fins de série).

Lottusse Outlet CHAUSSURES

(www.lottusse.com ; Avinguda de Jaume II ; 10h-20h lun-ven, 10h-14h sam). Chaussures et accessoires haut de gamme.

Munper MODE

(www.munper.com ; Avinguda de Jaume II ; ⌚9h-18h30 lun-ven, 9h-14h sam). Divers articles de cuir de différentes marques.

Ballco CHAUSSURES

(www.ballco.com ; Carrer de Vicente Enseñat 87 ; ⌚10h-13h30 et 15h30-19h30 lun-ven, 10h-13h30 sam). Un autre fabricant de chaussures établi de longue date.

Barrats CHAUSSURES

(☎971 50 08 03 ; www.barrats1890.com ; Avinguda del General Luque 480 ; ⌚10h-20h lun-ven, 10h-14h sam). Look classique pour les hommes, couleurs plus vives pour les femmes.

Depuis/vers Inca

En voiture, prenez la Ma13 depuis Palma. Sinon, la voie de chemin de fer suit le même trajet et les départs sont fréquents (2,10 €, 40 min).

Environs d'Inca

Les nombreux villages et hameaux sur les contreforts de la Serra de Tramuntana invitent à des excursions tranquilles.

Lloseta et ses environs

La jolie bourgade de Lloseta, aux tons ocre, située entre les contreforts de la Tramuntana et la campagne de l'intérieur, compte l'un des meilleurs domaines viticoles de l'île. La **foire** qui se tient début juin sur la Plaça d'Espanya réunit les créateurs locaux.

Au **Celler Ca'n Carrossa** (☎971 51 40 23 ; Carrer Nou 28 ; menu dégustation 5 plats 25 € ; ⌚13h-15h30 et 19h-23h mar-dim), une ancienne maison du XVIIIe siècle, installez-vous dans la salle aux murs en pierre apparente ou dans le jardin. La composition du menu dégustation de 5 plats dépend de l'humeur du chef, Joan Abrines, mais, quoi qu'il en soit, la cuisine est divine.

À 1,5 km à l'ouest de Lloseta, sur la route d'Alaró, se trouvent les **Bodegas Castell Miquel** (☎971 51 06 98 ; www.castellmiquel.com ; Carretera Alaró-Lloseta Km 8,7 ; dégustation de vin 5 €, visite de 2 heures et dégustation 15 € ; ⌚12h-19h lun-ven avr-oct, horaires restreints le reste de l'année), dont la production a été primée. Outre les vins comme le rosé "Stairway to Heaven" et le *cava* (vin pétillant) "Pearls of an Angel", le propriétaire, Michael Popp, professeur en pharmacie, a créé un comprimé au vin rouge, le Resveroxan, censé contribuer à une vie plus longue et plus saine. Visites guidées et dégustations se réservent.

Caimari (☎971 873 577 ; www.aceites-olicaimari.com ; Carretera Inca-Lluc Km 6 ; ⌚9h-20h lun-sam, 10h-14h dim), au nord de Lloseta, est réputé pour son huile d'olive. Ne manquez pas la visite de la fabrique et du magasin de la marque Oli Caimari. L'huile est fabriquée en novembre et en décembre.

Binibona

Au nord-est de Caimari, une route étroite mène au sublime hameau de Binibona. Adossé à la Serra de Tramuntana,

VINS DE L'ARRIÈRE-PAYS

Majorque produit du vin depuis l'époque romaine. L'intérieur de l'île, couvert de vignes, compte deux régions viticoles répondant aux exigeantes normes de qualité définies par la DO (Denominación de Origen).

La plus petite des deux, Binissalem, ne s'étend pas beaucoup au-delà du village du même nom. Pla i Llevant, beaucoup plus vaste, couvre presque toute la moitié est de l'île. Environ la moitié des vins rouges produits dans ces deux régions d'appellation d'origine contrôlée provient du cépage local manto negro, tandis que les deux tiers des vins blancs sont issus du cépage moll.

Si vous avez envie de faire des dégustations, cap sur l'un des domaines suivants :

- Bodegas Castell Miquel (p. 138)
- Bodegas Crestatx (p. 140)
- Bodegas Miquel Oliver (p. 142)
- Celler Tianna Negre (p. 133)
- Mesquida Mora (p. 141)
- José Luis Ferrer (p. 133)
- Toni Gelabert (p. 142)

accessible uniquement par de petites routes de campagne, ce lieu à la fois rural et coquet est devenu très prisé des promeneurs en quête de tranquillité.

Campanet

Niché dans un superbe coin de campagne peu visité, au milieu des vergers et des prairies où paissent des moutons, le joli village de Campanet est idéal pour s'accorder une pause hors des sentiers battus. Accrochée à une crête escarpée, la place centrale (Plaça Major) est dominée par une église gothique un peu lugubre et bordée de cafés animés.

Étrange forêt de stalactites et de stalagmites, les **Coves de Campanet** (www.covesdecampanet.com ; Camí de ses Coves ; adulte/enfant 5-10 ans/moins de 5 ans 13,50/7 €/gratuit ; 10h-19h avr-sept, horaires restreints le reste de l'année) sont moins impressionnantes que d'autres grottes de l'île. Des visites guidées d'un peu moins d'une heure débutent toutes les 45 minutes. Pour les scientifiques, ces grottes sont intéressantes, car elles abritent une espèce indigène de scarabée, aveugle et carnivore. Elles se situent à 3 km au nord du village.

À 3 km au sud-ouest du village sur la PMV2131, **Ca'n Calco** (971 51 52 60 ; www.cancalco.com ; Carrer Campanet 1, Hotel Ca'n Calco ; menus 28-32 € ; 19h-22h30 fév à début nov) est un restaurant intimiste où l'on dîne à la lueur des bougies, au bord d'une piscine. La carte met l'accent sur les produits de la mer, d'une fraîcheur incomparable (l'établissement a son propre bateau de pêche). Le menu dégustation (5 plats, 28 €) est une affaire.

Sineu

3 760 HABITANTS / 151 M D'ALTITUDE

À 7 km au sud-est d'Inca, sur la Ma3240, on aperçoit à l'horizon les tons ocre de la ville de Sineu, adossée à une crête. C'est sans aucun doute l'une des localités les plus plaisantes du centre de l'île. Et aussi l'une des plus anciennes : selon une légende locale, elle remonterait à la Sinium de l'époque romaine, cependant, son lien avec le village arabe de Sixneu est encore plus certain.

À voir

Sineu est réputée dans toute l'île pour ses marchés. C'est sur la Plaça des Fossar que se tiennent les grands marchés. Le marché du mercredi s'installe, quant à lui, sur Sa Plaça, dans la vieille ville.

VAUT LE DÉTOUR

CARNAVAL À LLUBÍ

Oubliée presque toute l'année, Llubí mérite particulièrement le détour au moment de la **Festa del Siurell** (fév ou mars), qui a lieu le samedi précédant Mardi gras. Les habitants de la ville se déguisent et, après la tombée de la nuit, un grand *siurell* (sifflet en forme de figurine) est brûlé sur la Plaça de l'Església, dominée par l'immense Església de Sant Feliu.

Llubí est sur la Ma3440, à mi-chemin entre Inca et Sineu.

Convent dels Mínims COUVENT

(Ajuntament ; Carrer de Sant Francesc). GRATUIT Ce couvent baroque du XVIIe siècle abrite l'hôtel de ville. Il est généralement possible d'y pénétrer n'importe quand pour admirer le cloître, aujourd'hui un peu à l'abandon. Quelques rues à l'ouest, la **Creu dels Morts** (croix des Morts), de style Renaissance (1585), est un bel exemple de croix d'orientation.

Convent de la Concepció COUVENT

(Carrer del Palau 17). À 2 minutes à pied de Sa Plaça, ce couvent du XVIIe siècle est une adaptation de l'*al-qasr* (château) musulman qui se tenait là. Il est doté d'un *torno*, petite porte à tambour au travers de laquelle, contre quelques euros, vous pouvez vous procurer des pâtisseries confectionnées par les religieuses. C'est là que le roi Jacques II établit sa résidence de l'intérieur de l'île, faisant ainsi de Sineu la capitale du Majorque rural.

Sa Plaça PLACE

Au cœur de Sineu, Sa Plaça est une place animée bordée de plusieurs bars et de l'Església de Santa Maria. Cette dernière date du XVIe siècle et sa façade de grès délabrée est de style gothique tardif.

Plaça des Fossar PLACE

Sur la Plaça des Fossar se dresse une **statue** à l'effigie de Francisco Alomar, cycliste professionnel originaire de Sineu, décédé en 1955. Un monument culte pour les cyclistes de passage !

Fêtes et festivals

Les défilés des fêtes de Pâques se déroulent ici sont parmi les plus importants de l'île.

Sa Fira MARCHÉ AUX BESTIAUX
(Plaça des Fossar ; 1er dim de mai). La première édition de ce grand marché date de 1318.

Fira de Sant Tomás FÊTE DE LA VILLE
(2e dim de déc). Au cœur de l'hiver, la Fira de Sant Tomás est l'occasion de procéder à la *matanza* annuelle (abattage du cochon). Âmes sensibles, s'abstenir.

Où se restaurer

Sa Fàbrica MAJORQUIN €
(971 52 06 21 ; Carrer Estació 1 ; plats 8-15 € ; 12h-16h mer et ven, 19h-23h30 tlj juin-oct, horaires restreints le reste de l'année). Dans ce restaurant convivial, aménagé dans une ancienne fabrique de tapis, on vient surtout pour les viandes et produits de la mer tout juste retirés du gril, mais les plats de riz sont également de premier choix. Agréable terrasse pour manger à l'extérieur en été.

Celler Es Grop MAJORQUIN €
(971 52 01 87 ; Carrer Major 18 ; plats 8-19 € ; 9h30-16h et 19h-23h mar-dim). L'ambiance de ce *celler* est enjouée, et l'agneau de printemps rôti et les plats à base de riz rivalisent de saveurs. À une centaine de mètres au nord-est de Sa Plaça.

Depuis/vers Sineu

La ligne de train Palma-Manacor dessert Sineu (depuis Palma 2,90 €, 50 min). La gare se trouve à une centaine de mètres de la Plaça des Fossar.

Sa Pobla et Muro

Sa Pobla, village au bout de la ligne ferroviaire en provenance de Palma, se trouve au cœur des terres agricoles majorquines. À 5 km au sud, de l'autre côté des champs de pommes de terre de Sa Pobla, Muro s'enorgueillit de son **Església de Sant Joan Baptista**, édifice de grès de style gothique rappelant l'église principale de Sineu.

Sa Pobla accueille un marché dominical très animé, et compte l'un des plus anciens domaines viticoles de l'île, les **Bodegas Crestatx** (971 54 07 41 ; Carrer de Joan Sindic ; 9h-13h), qui méritent amplement une visite.

La **Can Planes** (www.ajsapobla.net ; Carrer d'Antoni Maura 6 ; adulte/enfant 2 €/gratuit ; 10h-14h et 16h-20h mar-ven, 10h-14h sam et dim) GRATUIT abrite deux musées. Le **Museu d'Art Contemporani** propose des expositions temporaires d'œuvres d'artistes majorquins et étrangers résidant sur l'île. À l'étage, le **Museu de Sa Jugueta Antiga** conserve une collection de jouets anciens.

Le jazz s'invite tous les ans à Sa Pobla lors du **festival de jazz de Majorque** (http://jazz.sapobla.cat ; août). Lors des **Festes de Sant Antoni Abat** (16-17 jan), qui connaissent leur temps fort la nuit du 16 janvier, on peut assister à des défilés, feux d'artifice, spectacles de musique folklorique, danses et bénédictions d'animaux.

Depuis/vers Sa Pobla et Muro

Sa Pobla est à une heure en train de Palma (3,95 €, 1 heure) via Inca. La gare ferroviaire, qui fait également office de gare routière, se trouve à environ 1 km au sud-est de la Plaça de la Constitució, dans le centre-ville. Muro est desservie par la même ligne.

LE SUD-EST

Cette partie du centre de Majorque est parsemée de petits hameaux. Si peu d'entre eux méritent plus qu'un coup d'œil en passant, ils jouxtent de nombreux domaines viticoles et sont parfois situés en contrebas d'anciens monastères perchés sur les collines. Outre des vins, vous pourrez rapporter en souvenir perles, objets en bois ou encore verrerie. Les deux principales villes de la région, Manacor et Felanitx, présentent peu d'intérêt.

Algaida

5 370 HABITANTS / 201 M D'ALTITUDE

Cette petite localité entoure une église gothique, l'**Església de Sant Pere i Sant Pau**. C'est lors des Festes de Sant Honorat (16 janvier) et de la Festa de Sant Jaume (25 juillet) que la ville est la plus animée. Les *cossiers*, un groupe de danseurs composé de six hommes et une femme et accompagné d'un démon, effectuent alors différentes chorégraphies qui s'achèvent par la défaite de ce dernier. Différente thèses sur l'origine des *cossiers* et de leurs danses coexistent.

La principale curiosité d'Algaida se trouve à 2,5 km à l'ouest de la bourgade, sur la Ma15. Le **Museu de Gordiola** (www.gordiola.com ; Carretera Palma-Manacor Km 19 ; 9h-19h lun-sam, 9h30-13h30 dim) GRATUIT, aménagé dans une imitation de château gothique, comporte au rez-de-chaussée des ateliers où l'on peut observer des artisans verriers à l'œuvre de 9h à 13h30. À l'étage, le musée renferme une curieuse collection d'objets en verre venus du monde entier. La boutique propose quelques jolies pièces.

HORS DES SENTIERS BATTUS

LE SANTUARI DE NOSTRA SENYORA DE CURA

Ce ravissant **monastère** (Puig de Randa ; tlj) trône au sommet de la colline du Puig de Randa (548 m). À l'instar de nombre de monastères, sa construction avait en partie un but défensif. Raymond Lulle (voir l'encadré p. 194) y vécut en ermite, passant son temps à prier dans une grotte (aujourd'hui fermée aux visiteurs). Au XVIe siècle, l'Estudi General (université) de Palma créa ici le Col·legi de Gramàtica. Durant des siècles, des étudiants résidant dans ses murs ont ainsi tenté de venir à bout des complexités de la grammaire latine, de la rhétorique et d'autres disciplines classiques.

Vous trouverez un bar-restaurant correct dans l'enceinte du monastère. Le Santuari, indiqué "Santuari de Cura" ou simplement "Cura" sur les panneaux, est situé à 5 km après le petit village de Randa, au sud-ouest d'Algaida.

À la lisière nord d'Algaida, le restaurant **Ca'l Dimoni** (971 66 50 35 ; www.restaurante-caldimoni.com ; Carretera Vella de Manacor Km 21 ; plats 9-15 € ; 8h-23h jeu-mar) incarne la Majorque rustique : poutres en bois, tables massives, saucissons accrochés aux chevrons, et feu de bois pour la cuisson des plats de viande. On y déguste des plats réconfortants comme le *frit Mallorquí* (abats d'agneau sautés), les *caracoles* (escargots) et l'*arròs brut* (littéralement "riz sale").

Depuis/vers Algaida

Plusieurs bus partant de Palma en direction de la côte est s'arrêtent à Algaida (2,35 €, 20-25 min). La ligne la plus régulière est la 490 reliant Palma à Felanitx (5-9 trajets/jour).

Montuïri et ses environs

Montuïri, sur une crête escarpée à 8 km au nord-est de Randa sur la Ma5017, est réputé pour ses abricots. L'**Església de Sant Bartomeu**, bâtie en grès, domine la Plaça Major, qui est traversée par la Carrer Major, bordée de quelques maisons et cafés.

À quelques kilomètres au sud, **Porreres** est une ville typique de l'intérieur des terres. Ce centre agricole doit sa prospérité de longue date au blé, aux figues, aux caroubes et à son vignoble, principal attrait du lieu.

À voir

Museu Arqueològic de Son Fornés MUSÉE ARCHÉOLOGIQUE
(971 64 41 69 ; www.sonfornes.mallorca.museum ; Carrer d'Emili Pou ; adulte/enfant 3,50 €/gratuit ; 10h-14h et 16h-19h lun-ven mars-oct, horaires restreints le reste de l'année). On atteint ce musée en quittant la ville par l'est en direction de Lloret de Vistalegre (Ma3220). Installé dans un ancien moulin entouré de cactus, il retrace l'histoire du *talayot* (tour de guet) de Son Fornés, qui fut habité du Xe siècle av. J.-C. au IVe siècle de notre ère. Il s'agit de l'un des *talayots* les plus importants de l'île et il est facile d'accès. Sortez de Montuïri et roulez sur 2,5 km vers le nord-ouest sur la Ma3200 en direction de Pina ; vous apercevrez le moulin sur le côté droit (est) de la route.

Les visites guidées (3 heures) du musée, du *talayot* et du moulin peuvent se réserver par téléphone. Le prix dépend du nombre de participants.

Mesquida Mora DOMAINE VITICOLE
(687 971457 ; www.en.mesquidamora.com ; Pas des Frare, Porreres ; 9h-17h lun-ven). Cette exploitation relativement récente sur la scène viticole majorquine propose une gamme de vins blancs, rouges et rosés produits selon des critères de développement durable. La visite vaut le détour. Dégustations, promenades à vélo et repas autour du vin proposés.

Sa Font SITE ARCHÉOLOGIQUE
GRATUIT Sa Font est l'un des rares vestiges rappelant la présence arabe sur l'île. Ce *qanawat* (puits et système de distribution d'eau) est difficile à dater, mais les chrétiens s'en emparèrent lorsqu'ils succédèrent aux musulmans, après 1229. Il se trouve à Pina, à 5,5 km au nord-ouest de Montuïri, à seulement 50 m au sud de l'Església de Sants Cosme i Damià, sur la route de Lloret de Vistalegre.

Fêtes et festivals

Festa de Sant Bartomeu FÊTE DE LA VILLE
(24 août). L'événement principal de cette fête en l'honneur du saint patron de Montuïri est le spectacle de danse traditionnelle donné par les *cossiers* (les 23 et 24 août).

S'Encuentro FÊTE RELIGIEUSE
(mars ou avr). Le dimanche de Pâques, un personnage représentant le Christ ressuscité défile, rejoint par une Vierge Marie qui bondit de joie devant la résurrection de son fils.

VAUT LE DÉTOUR

ELS CALDERERS

Sur une jolie petite route de campagne entre Montuïri et Manacor, cette massive demeure rurale a été transformée en musée d'époque. **Els Calderers** (www.elscalderers.com ; adulte/enfant 8/4 € ; 10h-18h avr-sept, horaires restreints le reste de l'année) fut édifiée vers 1750, mais le domaine fut occupé dès 1285. L'édifice n'a peut-être pas la grandeur ni le charme désuet d'autres propriétés majorquines, mais il vaut tout de même largement le détour.

Au rez-de-chaussée du bâtiment principal, les salons, les salles de réception, la chapelle familiale et la cave à vin (dont chaque *finca* – propriété agricole – digne de ce nom était dotée) s'articulent autour d'une cour arborée. Vous pourrez goûter un petit vin de la maison. Une lettre datant de 1895 (exposée dans la maison) décrivait le vin d'Els Calderers comme *muy flojito* (très moyen), ce qui semble être encore vrai aujourd'hui.

Els Calderers est à 11 km à l'est de Montuïri. Prenez la Ma15 en direction de Manacor puis tournez à gauche 300 m après l'embranchement menant au village de Sant Joan, et suivez les panneaux.

Petra

2 910 HABITANTS / 120 M D'ALTITUDE

Si Petra ne dévoile pas ses charmes au premier abord, ses longues rues étroites, et ses maisons de pierre finiront sans aucun doute par vous séduire. Avec son domaine viticole dans la ville même, ses quelques excellents restaurants et son intéressant musée, c'est le genre d'endroit au charme discret où l'on reste plus longtemps que prévu.

À voir

La grande fierté historique de Petra est son enfant prodige, Junípero Serra, né ici en 1713. Ce missionnaire franciscain devint l'un des fondateurs de ce qui est aujourd'hui l'État de Californie. La rue où se trouve le musée consacré à sa vie est absolument magnifique.

Ermita de la Mare de Déu de Bonany MONASTÈRE

À 4 km au sud-ouest de Petra, sur une colline boisée, se trouve l'ermitage où Junípero Serra a prononcé son dernier sermon à Majorque avant de partir pour le Nouveau Monde. Certains éléments de l'église actuelle datent du XVIIIe siècle, mais le bâtiment fut refait en 1925. La vue sur la plaine est magnifique.

Museu Fra Junípero Serra MUSÉE

(Carrer des Barracar Alt 6 ; sur r-v). GRATUIT Le Museu Fra Junípero Serra conserve des souvenirs de la vie du missionnaire. La maison où il est né se tient juste à côté, au n°4. Rendez-vous Carrer des Barracar Baix 2 et sonnez. Avec un peu de chance, vous pourrez accéder à la maison et au musée. Vous verrez des représentations en céramique des événements qui ont marqué sa vie un peu partout dans le quartier.

Bodegas Miquel Oliver DOMAINE VITICOLE

(971 56 11 17 ; www.miqueloliver.com ; Carrer de Sa Font 26 ; 10h-14h et 15h30-18h30 lun-ven). Les Bodegas Miquel Oliver constituent l'un des vignobles les plus prestigieux de l'île. On peut acheter une bouteille de vin rouge très correct moyennant seulement 5 €.

Où se restaurer

Es Celler MAJORQUIN €

(971 56 10 56 ; www.esceller.es ; Carrer de l'Hospital 46 ; plats 8-14,50 € ; 12h-23h). Quittez la rue et engouffrez-vous dans cette superbe cave, surplombée d'un immense plafond et décoré d'anciens tonneaux à vin. Outre ses spécialités – viandes au barbecue, agneau et cochon de lait rôtis –, le restaurant sert aussi des classiques majorquins comme l'*arròs brut*.

Ca n'Oms ESPAGNOL, MAJORQUIN €

(971 56 19 20 ; www.canoms.com ; Carrer de Caparrot de Ca N'Oms 7 ; plats 7-14 € ; 9h-16h et 19h-23h, horaires restreints en hiver ;). Un endroit charmant pour déguster de bonnes déclinaisons du *pa amb oli* (pain frotté à l'huile d'olive et généralement garni de purée de tomates), préparé notamment avec des seiches. L'intérieur design et les concerts organisés certains soirs en font aussi un excellent lieu de détente. Le jardin ombragé est idéal les chaudes soirées d'été.

Depuis/vers Petra

Petra est à un arrêt de Manacor (9 min) sur la ligne ferroviaire Palma-Manacor. Au moins un train par jour circule dans chaque direction. De Palma, le voyage prend un peu moins d'une heure et coûte 3,95 €.

Manacor

40 830 HABITANTS / 128 M D'ALTITUDE

Manacor, deuxième ville de l'île, est avant tout connue comme le lieu de naissance du champion de tennis Rafael Nadal, et pour son industrie du bois et des perles artificielles. Si on peut y faire des emplettes intéressantes, son église vaut également le détour.

À voir

Església de Nostra Senyora Verge dels Dolors ÉGLISE

(Plaça del General Weyler ; 8h30-12h45 et 17h30-20h). GRATUIT La massive Església de Nostra Senyora Verge dels Dolors règne sur l'horizon de Manacor. Elle fut érigée à l'emplacement de l'ancienne mosquée de la ville. Sa construction commença au XIVe siècle pour ne s'achever que cinq siècles plus tard, comme en témoigne son style à la fois gothique et néogothique.

Torre del Palau ÉDIFICE HISTORIQUE

(En retrait de la Plaça del General Weyler). Un peu au nord de l'église principale, dans la cour intérieure d'un immeuble d'habitation, se trouve la Torre del Palau, en assez mauvais état. C'est le seul vestige d'un palais royal dont Jacques II entreprit la construction à la fin du XIIIe siècle.

Església de Sant Vicenç Ferrer ÉGLISE, CLOÎTRE

(Carrer de Muntaner ; 8h-14h et 17h-20h lun-ven). GRATUIT Au coin de la Carrer de Muntaner, l'Església de Sant Vicenç Ferrer, de style baroque, a ouvert ses portes aux fidèles en 1617. Elle jouxte un joli cloître du XVIIIe siècle.

Torre de Ses Puntes GALERIE, ÉDIFICE HISTORIQUE

(Plaça de Gabriel Fuster Historiador). GRATUIT Aujourd'hui un lieu d'exposition, cette tour du XIVe siècle faisait autrefois partie des ouvrages défensifs de la ville. À environ 500 m à l'ouest de l'office du tourisme.

Toni Gelabert DOMAINE VITICOLE

(☎971 55 24 09 ; www.vinstonigelabert.com ; Camí dels Horts de Llodrà Km 1,3 ; 9h-13h30 et 15h-19h). Le vignoble familial de Toni Gelabert produit de fantastiques vins blancs. Les dégustations organisées (3 vins rouges/blancs avec des hors-d'œuvre) coûtent 15 € par personne. Il faut réserver. Prenez la Ma14 au sud de Manacor ; après 2 km, vous verrez un petit panneau sur la droite indiquant la propriété. Accueil chaleureux.

Où se restaurer

Ca'n March MAJORQUIN, INTERNATIONAL €€

(☎971 55 00 02 ; www.canmarch.com ; Carrer de València 7 ; plats 9-14 €, menus 12-28 € ; 13h-15h30 et 20h30-23h mar-dim). Le poisson préparé sans fioritures (sel d'Es Trenc et huile d'olive) est le point fort de ce restaurant chaleureux et traditionnel. Il sert aussi des plats de riz comme l'*arròs melós amb guàtleres i bolets* (riz crémeux aux cailles et aux champignons). Le restaurant se trouve à une rue au nord de la Torre de Ses Puntes.

Reserva Rotana MÉDITERRANÉEN €€€

(☎971 84 56 85 ; www.reservarotana.com ; Camí de Bendris Km 3 ; plats 28-32 €, menus déj 3 plats 25 € ; 13h-16h et 19h-23h fin fév à mi-nov). Luxe champêtre pour cette *finca*, véritable refuge à l'ambiance distinguée comportant une salle avec poutres apparentes et un jardin très fleuri. Les produits frais de la ferme et du terroir ont la part belle, comme en témoignent la lotte au jambon Serrano et la *fregola* (pâtes sardes au blé dur). Le service est des plus policés. La *finca* est à 7 km au nord de Manacor, près de la Ma3321.

Achats

Si Manacor est mondialement connue pour sa production de perles, on y trouve aussi de très beaux objets en bois. Le samedi matin, un **marché artisanal** se tient sur la Plaça Sa Bassa.

Majorica Showroom BIJOUX

(www.majorica.com ; Carretera Palma-Artà Km 47 ; 9h-20h lun-ven, 9h-19h sam-dim). Majorica est la marque de perles la plus célèbre de Manacor. Elle fut créée en 1902 par l'Allemand Eduard Heusch, et dispose maintenant d'un magasin-salle d'exposition sur deux niveaux en bordure de la ville, sur la route de Palma. À l'étage, vous verrez des personnes travaillant sur des perles.

Orquidea BIJOUX

(www.perlasorquidea.com ; Carretera Palma-Artà Km 47 ; 9h-19h lun-ven, 9h-13h sam-dim). Orquidea est l'un des fabricants de perles majorquines de Manacor.

Oliv-Art ARTISANAT

(Carretera Palma-Artà Km 47 ; 9h-19h lun-ven, 9h-18h sam-dim). Boutique intéressante pour les articles en bois d'olivier. Ils ne sont pas donnés, mais d'excellente facture.

Manacor

Renseignements

Office du tourisme (☎662 350891 ; www.visitmanacor.com ; Plaça del Convent 3 ; ⏲9h-14h lun-ven). En centre-ville.

Depuis/vers Manacor

Un train part de Palma toutes les heures (3,95 €, 1 heure). Plusieurs bus traversant l'île passent également par Manacor. Ils s'arrêtent devant la gare ferroviaire, à 10 minutes à pied de la Plaça del General Weyler.

Manacor

À voir

1 Església de Nostra Senyora Verge dels Dolors D1
2 Església de Sant Vicenç Ferrer C1
3 Torre de Ses Puntes C2
4 Torre del Palau D1

Où se restaurer

5 Ca'n March C2

Achats

6 Majorica Showroom A1
7 Oliv-Art A1
8 Orquidea A1

Felanitx

Felanitx est un centre régional important, réputé pour ses céramiques, son vin blanc et ses câpres. La ville constitue une étape intéressante à elle seule ou comme point de départ pour la visite de deux monuments perchés sur les collines voisines.

L'**Església de Sant Miquel** (Plaça de Sa Font de Santa Margalida ; ⏲messe) à la façade baroque domine le cœur de la ville. Son aspect actuel date de 1762. Au-dessus du portail Renaissance, on peut voir un bas-relief représentant saint Michel piétinant un démon. De l'autre côté de la rue, une volée de marches descend jusqu'au Font, autrefois le principal puits de la ville.

Le **Santuari de Sant Salvador** (www.santsalvadorhotel.com ; ⏲église 8h-23h), au sommet d'une colline, est à 5 km au sud-est de Felanitx. Cet ermitage fut construit en 1348, année où des épidémies de peste firent des ravages en Europe. Par la suite, l'endroit subit plusieurs modifications, constituant un étrange mélange : des colonnes tape-à-l'œil et une grotte de la Nativité élaborée, qui contrastent avec le retable en pierre finement sculpté et le simple plafond voûté en berceau.

Une grande croix (construite en 1957) s'élève sur un sommet voisin. Le parking, quant à lui, est dominé par une énorme statue du Christ-Roi. Où que le regard se pose, les paysages sont paradisiaques. Pour une expérience des plus authentiques, passez la nuit dans l'une des cellules réaménagées avec goût du Petit Hotel Hostatgería Sant Salvador (p. 172).

Et pour admirer des paysages encore plus spectaculaires, grimpez jusqu'au **Castell de Santueri**. Ses murailles ont fait de cette falaise escarpée un bastion défensif. L'édifice fut construit par les musulmans et resta en leur possession jusqu'en 1231, soit deux ans après la conquête du reste de l'île par les chrétiens. Pour vous rendre à Felanitx, prenez la Ma14 sur 2 km, puis suivez les panneaux vers la gauche (est). La route serpente sur 5 km avant d'arriver au pied du château.

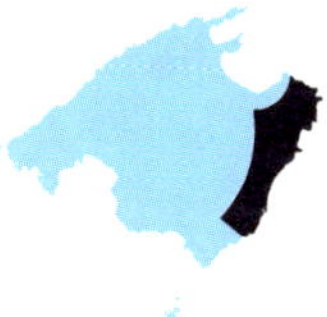

Est de Majorque

Dans ce chapitre ➡

Le top des restaurants

- Forn Nou (p. 148)
- Cases de Son Barbassa (p. 150)
- Es Coll d'Os (p. 153)
- Restaurant Sa Llotja (p. 158)
- Sa Sal (p. 156)

Le top des hébergements

- Jardi d'Artà (p. 182)
- Cases de Son Barbassa (p. 182)
- Residence – The Sea Club (p. 182)
- Es Picot (p. 183)
- Hotel Sant Salvador (p. 182)

Pourquoi y aller

Chaque année, les touristes se pressent par centaines de milliers dans l'est de Majorque, l'une des plus jolies côtes du bassin méditerranéen. Certes, certaines parties représentent tout ce que le tourisme balnéaire a de plus détestable autour de la Méditerranée. Mais les parois rocheuses de l'est de l'île n'en abritent pas moins de superbes grottes, criques et petites anses, dont certaines ne sont accessibles qu'à pied (et parmi elles, les plus belles de Majorque, avec leurs eaux turquoise et pas l'ombre d'un hôtel à l'horizon). Certaines stations balnéaires sont même plutôt jolies, comme Porto Cristo, avec son port naturel et ses plages sauvages à proximité, ou encore Artà la médiévale, l'une des villes les mieux conservées de l'intérieur de l'île.

Quand partir

On pourrait facilement penser que l'est de Majorque hiberne tout l'hiver et ne revit que d'avril à octobre. En effet, nombre de restaurants, d'hôtels et de commerces ne sont ouverts qu'à cette période – certains restent même fermés jusqu'à mai. Cela dit, les hivers sont relativement doux et la beauté des criques de l'est de l'île est encore exacerbée sans la foule. Le tout est de ne pas souhaiter se baigner ! Et la fête de Sant Antoni, célébrée avec fastes dans la plupart des villes et des villages à la mi-janvier, vaut bien un séjour hivernal.

À ne pas manquer

1 Les collines sculptées par le vent du **Parc Natural de la Península de Llevant** (p. 149) par où rejoindre des criques à la beauté intacte

2 L'héritage maure d'**Artà** (p. 147), à l'occasion d'une promenade sur les remparts de la forteresse et dans les ruelles de la ville

3 Les **Coves del Drac** (p. 155), les grottes les plus spectaculaires de Majorque

4 La découverte du mystérieux passé talayotique de **Ses Païsses** (p. 147)

5 Une balade de crique en crique, jusqu'à la sublime **Cala Magraner** (p. 158)

6 Un tour d'horizon sur la mer et les terres depuis le **Castell de Capdepera** (p. 150)

7 Les romantiques et rurales **Cases de Son Barbassa** (p. 150), où le chant des cigales accompagne votre séjour

8 Les sculptures d'Henry Moore et de Rodin exposées à la **Sa Torre Cega** (p. 151), à Cala Ratjada

9 Une sortie plongée, snorkeling ou kayak de mer dans les eaux translucides de **Portocolom** (p. 156)

10 Une séance farniente dans une anse isolée de la côte est comme **Cala Torta** (p. 155) ou **Cala Mitjana** (p. 155)

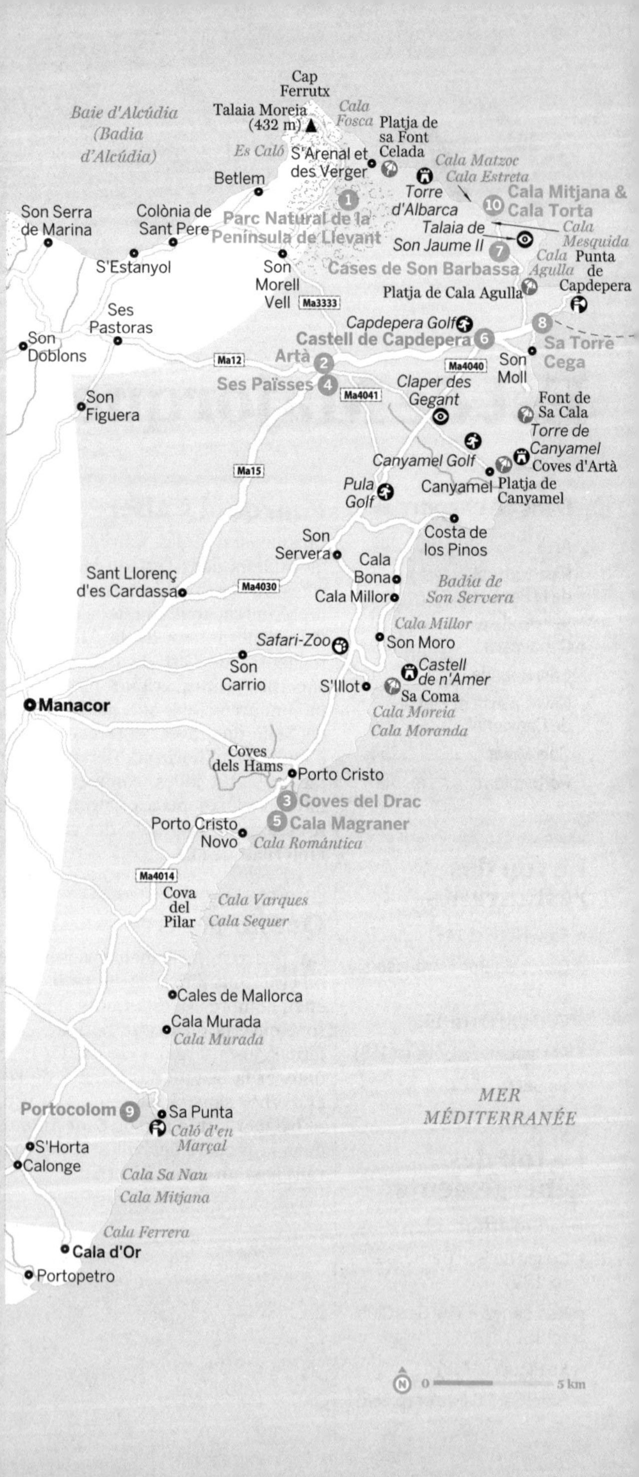

ARTÀ ET SES ENVIRONS

Le Nord-Est est le premier endroit de l'île à profiter des rayons du soleil le matin. Cette région aussi tranquille qu'agréable compte des collines verdoyantes, un beau littoral avec des plages calmes adossées à des forêts de pins – plusieurs ne sont accessibles qu'à pied, à cheval ou en bateau. Les monuments historiques et les nombreuses possibilités de randonnée sont d'autres bonnes raisons de visiter la région, d'autant plus que c'est justement ici que se trouve l'une des plus belles stations balnéaires de la côte est.

Artà

7 630 HABITANTS

Antithèse de la surexploitation touristique que l'on trouve à quelques kilomètres seulement, la paisible localité d'Artà ne manque pas de séduire avec ses ruelles étroites, ses cafés sympathiques et son architecture médiévale, notamment sa forteresse du XIVe siècle qui domine le centre-ville.

À voir

La vieille ville historique s'articule autour de la Plaça d'Espanya, ombragée, où trône le joli *ajuntament* (hôtel de ville). Le mardi matin, un marché s'installe sur la Plaça Conqueridor.

Santuari de Sant Salvador CHÂTEAU, ÉGLISE

(Via Crucis ; 8h-20h avr-oct, horaires réduits le reste de l'année). GRATUIT Perchée au sommet de la colline dominant Artà, la forteresse a été bâtie sur une ancienne enclave maure et comprend une petite église. Cet ensemble architectural de 4 000 m², en grande partie restauré, possède tous les éléments d'une forteresse médiévale, comme les tourelles couronnant le sommet et les remparts d'un mètre d'épaisseur. La vue panoramique sur la vieille ville aux allures de médina s'étend jusqu'aux sommets de la Serra de Llevant.

Les remparts furent bâtis au XIVe siècle pour protéger la ville des pirates et des envahisseurs. Aujourd'hui, on peut s'y promener et visiter l'église couleur saumon, de style néoclassique, assez quelconque. Elle fut construite en 1832 après l'incendie volontaire de la modeste chapelle qui la précédait suite à une épidémie de choléra.

Depuis l'église de la Transfiguració del Senyor, un escalier de 180 marches mène au Santuari de Sant Salvador, via la majestueuse Via Crucis (chemin de croix), bordée de cyprès.

Museu Regional d'Artà MUSÉE

(www.museuarta.com ; Carrer de l'Estel 4 ; adulte/enfant 2 € ; 10h-18h mar-ven, 10h-14h sam-dim). Ce petit musée laisse entrevoir le riche passé de la ville d'Artà. Le 2e étage est consacré à des objets datant de l'âge du bronze, de la culture talayotique, ainsi que des époques punique, romaine et maure. On y admire notamment des céramiques, des bijoux, des bronzes et des haches votives à double tranchant. Le 1er étage abrite un musée d'ornithologie, tandis que le rez-de-chaussée accueille des expositions temporaires ; on pouvait récemment y voir des œuvres de l'artiste abstrait majorquin Barceló.

Transfiguració del Senyor ÉGLISE, MUSÉE

(Carrer del Mal Lloc ; adulte/enfant 2 €/gratuit ; 10h-14h et 15h-18h lun-sam). Cette église, bâtie sur les fondations d'une mosquée, fut construite peu de temps après la reconquête chrétienne ; sa façade date du XVIe siècle. À l'intérieur, remarquez la grande rosace, la chaire de bois ornée de sculptures et l'autel dépeignant le Christ sur le mont Thabor.

Ses Païsses SITE ARCHÉOLOGIQUE

(En retrait de la Carretera Artà-Capdepera ; adulte/enfant 2 €/gratuit ; 10h-17h lun-ven, 10h-14h sam). Un peu au-delà d'Artà, les vestiges d'un village vieux de 3 000 ans constituent le site talayotique le plus important du côté est de Majorque. L'imposante porte de pierre ouvre sur un monde préhistorique encore entouré de mystère. On pourrait facilement passer une heure ou deux à visiter l'endroit, agréablement ombragé.

Soucieux de leur sécurité, les habitants, dont les mœurs restent une énigme, vivaient derrière une double rangée de remparts de pierre, construits entre 650 et 540 av. J.-C. À l'intérieur, de petites maisons de pierre formaient un cercle autour d'un *talayot*, central. Le périmètre total des remparts

> **L'ARTÀ CARD**
>
> Si vous prévoyez de visiter un certain nombre de curiosités, procurez-vous l'Artà Card (3 €) auprès de l'office du tourisme. Elle donne accès à tous les sites principaux, notamment au Museu Regional d'Artà, à la Transfiguració del Senyor et aux Ses Païsses, et permet d'obtenir des réductions ailleurs.

Artà

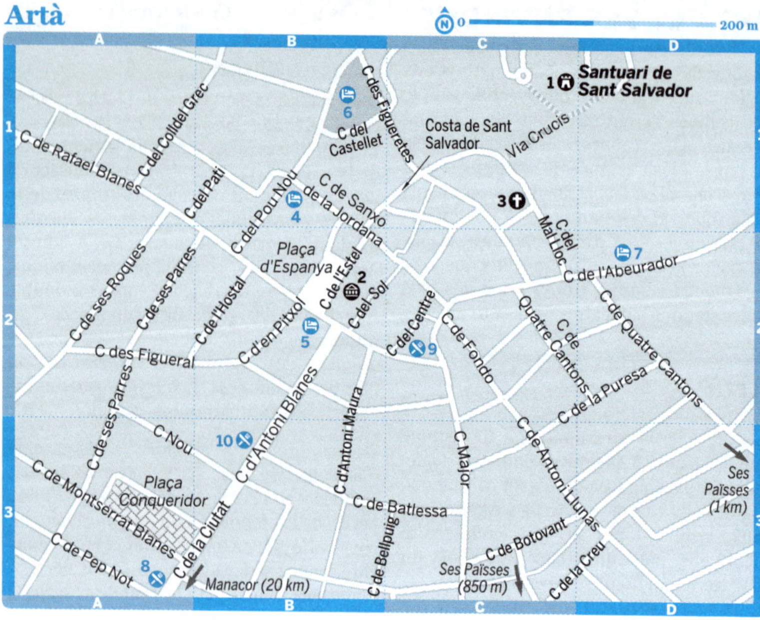

Artà

Les incontournables

1 Santuari de Sant Salvador C1

À voir

2 Museu Regional d'Artà B2
3 Transfiguració del Senyor C1

Où se loger

4 Can Moragues B1
5 Hotel Casal d'Artà B2
6 Hotel Sant Salvador B1
7 Jardi d'Artà D2

Où se restaurer

8 Bar Parisien A3
9 Forn Nou C2
10 Mar de Vins B3
Salvador Gaudí .... (voir 6)

Renseignements

Office du tourisme .... (voir 2)

atteint 320 m. Le site fut abandonné après l'arrivée des Romains en 123 av. J.-C.

Il est facile de s'y rendre depuis Artà. Au grand rond-point à l'est de l'office du tourisme, suivez les panneaux indiquant "Ses Païsses". Si vous êtes à pied ou à vélo, sachez que le site est à moins de 1 km de la route.

Activités

L'office du tourisme distribue une excellente brochure, *Bike Tours*, détaillant une dizaine d'itinéraires à effectuer dans la région à pied ou à vélo. Exigeante, la balade (7 km) d'Artà à l'Ermita de Betlem est particulièrement recommandée.

Fêtes et festivals

Festes de Sant Antoni Abat FÊTE DE LA VILLE

À l'occasion de cette fête (16-17 janvier), les habitants de la ville revêtent des costumes traditionnels et se rassemblent au Santuari de Sant Salvador. Là, on danse, on joue de la musique et on assiste aux défilés consacrés à saint Antoine.

Où se restaurer

Artà compte un certain nombre de restaurants et de cafés charmants, dont beaucoup avec terrasse. La Carrer de la Ciutat, la plus jolie rue de la ville, est bordée de boutiques et de restaurants et abrite des places émaillées de cafés.

♥ Forn Nou MÉDITERRANÉEN €€

(971 82 92 46 ; www.fornnou-arta.com ; Carrer del Centre 7 ; menu déj 12 €, menu dîner 28-38 € ; 12h-16h et 19h-24h jeu-mar). La terrasse du Forn Nou surplombe les ruelles médiévales

d'Artà et offre une vue dégagée au-dessus des toits jusque sur l'église et la forteresse. La carte, qui met l'accent sur les produits de saison, change deux fois par mois. Les saveurs méditerranéennes sont à l'honneur, comme l'avocat aux crevettes servi avec une mayonnaise aux truffes ou le colin à l'ail et à la betterave croustillante. Dans la salle du restaurant, repérez l'ouverture dans le dallage par laquelle on aperçoit la cave à vin.

Mar de Vins INTERNATIONAL €
(☎662 030460 ; Carrer d'Antoni Blanes 34 ; plats 6-11 € ; ⏲10h-24h lun-sam ;). Ce café qui abrite un adorable jardin est notre adresse préférée à Artà pour siroter un café. Son intérieur douillet est agrémenté de peintures et de tables au plateau en marbre. La carte privilégie les produits locaux et biologiques, avec des recettes comme la salade quinoa-avocat accompagnée de sauce à l'orange et au soja ou le ragoût de queue de bœuf au romarin et au chocolat. À l'étage, une boutique vend des vêtements et des accessoires majorquins et barcelonais.

Bar Parisien MÉDITERRANÉEN €€
(☎971 83 54 40 ; www.cafeparisien.es ; Carrer de la Ciutat 18 ; 3 tapas 10 €, plats 11-22 € ; ⏲10h-23h lun-sam, 11h-23h dim). Les chaises en fer forgé blanc, les œuvres d'art contemporain et la musique des années 1930 confèrent en effet à ce café bobo une touche parisienne. Entourée de jasmin et de vigne, la cour est un lieu très plaisant. Parmi les entrées, citons le ceviche de bar ou le gaspacho de fraises, à faire suivre de tapas, grillades ou fruits de mer.

Des concerts animent l'établissement à 20h30 le vendredi et le samedi.

Salvador Gaudí MÉDITERRANÉEN €€
(☎971 82 95 55 ; www.santsalvador.com ; Carrer del Pou Nou 26 ; menus 16-33 €, plats 16-39 € ; ⏲13h-15h et 19h-22h30 mer-lun). Aménagé autour d'une cour intérieure éclairée aux bougies, ce restaurant offre un cadre merveilleusement intime. D'après les rumeurs, Gaudí en personne aurait dessiné l'élégante façade curviligne. Les chefs concoctent des recettes inspirées et créatives : homard de l'Atlantique grillé dans de l'huile essentielle de citron et servi avec du beurre de noix, ou porc ibérique nourri aux glands. Musique live et tapas le mardi soir.

Renseignements

Office du tourisme (☎971 82 97 78 ; Carrer de l'Estel 4 ; ⏲10h-17h mar-ven, 10h-14h sam-dim). Personnel serviable, bien informé sur la région et disposant de cartes. Vend l'Artà Card.

À NE PAS MANQUER

LE TOP DES PLAGES DE L'EST DE MAJORQUE

- **Cala Magraner** (p. 155)
- **Cala Mitjana** (p. 155)
- **Cala Marçal** (p. 158)
- **Platja de Cala Agulla** (p. 151)
- **Cala Matzoc** (p. 155)

Depuis/vers Artà

Plusieurs bus depuis/vers la Carrer de Costa i Llobera, dont le n°411 pour Palma (9,50 €, 1 heure 20, 2-5/jour) via Manacor (2,80 €, 25 min), et le n°446 pour Alcúdia (5,65 €, 50 min, 6/jour lun-sam) et Port de Pollença (6,55 €, 1 heure).

Lors de notre passage, la gare ferroviaire était en cours de restauration dans le cadre de l'extension de la ligne Palma-Manacor jusqu'à Artà.

Parc Natural de la Península de Llevant

Ce beau parc naturel, à 5 km environ au nord d'Artà, fait partie des plus jolis endroits de l'est de l'île. Dominé par la Serra de Llevant, un massif montagneux de faible hauteur composé de formations de calcaire, de forêts de chênes verts, de pins d'Alep et de palmiers éventails. Le parc culmine au **Cap Ferrutx**, un spectaculaire promontoire qui plonge dans la Méditerranée le long des côtes nord et est. Le **bureau du parc** (☎606 096830 ; S'Alqueria Vella de Baix ; ⏲renseignements 9h-15h) fournit des cartes et organise des promenades guidées, généralement en catalan ou en espagnol.

Si certaines parties du parc sont accessibles en voiture, il reste très prisé des randonneurs, des cyclistes et des amateurs d'ornithologie, ces derniers étant attirés par les nombreux cormorans, goélands d'Audouin, faucons pèlerins et faucons d'Éléonore. Avec un peu de chance, vous pourrez aussi apercevoir des chèvres sauvages, des crapauds verts des Baléares et des tortues d'Hermann.

Isolé, le parc abrite ainsi des criques comme **Cala Fosca** et **Platja de sa Font Celada**, au sable fin et aux eaux translucides, particulièrement paisibles.

Monastère du XIXe siècle, l'**Ermita de Betlem** accueille encore quelques moines.

RANDONNÉE DANS LE PARC NATURAL DE LA PENÍNSULA DE LLEVANT

Les randonneurs sont dans leur élément dans le Parc Natural de la Península de Llevant. L'un des itinéraires les plus empruntés part de **S'Alquera Vella d'Avall**, où vous pouvez garer votre voiture, et rejoint la petite plage de **S'Arenal et des Verger**. Comptez 2 heures de marche. Pour rejoindre le même point depuis l'est en longeant la côte, vous pouvez partir de **Cala Estreta**. Ce second itinéraire suit la côte jusqu'à **Cala Matzoc**, puis passe par une tour de guet médiévale, la **Torre d'Albarca**, et continue vers l'ouest. Il faut encore 1 heure pour rejoindre S'Arenal et des Verger. Ensuite, il devient plus difficile de suivre la côte.

Au parking principal, près de S'Arenal et des Verger, vous trouverez une carte indiquant neuf sentiers, pour un total de 25 km, à travers le parc. Prenez la Ma3333 au nord d'Artà en direction de l'Ermita de Betlem et suivez le panneau vers la droite à l'embranchement du Km 4,7. Le parking est à 600 m.

La vue dont on jouit depuis cet endroit sur la campagne environnante et la côte battue par les vents mérite à elle seule le détour. Le monastère possède une petite église – aux horaires d'ouverture irréguliers – dont le ravissant extérieur en pierre contraste avec l'intérieur moderne et blanchi à la chaux. Promenez-vous sur les hauteurs alentour pour découvrir une vue magnifique.

On rejoint le monastère en suivant l'étroite route goudronnée (Ma3333) qui part d'Artà et serpente sur environ 5 km à travers champs et pinèdes, avant une montée escarpée menant au sommet de la crête, à 7 km environ.

Capdepera

11 420 HABITANTS

Cette petite bourgade est couronnée par sa forteresse médiévale, que l'on aperçoit de loin. Le reste de ce village ordinaire, qui s'étage à flanc de colline, a peu d'intérêt pour le voyageur.

À voir

Castell de Capdepera CHÂTEAU
(www.castellcapdepera.com ; Carrer Castell ; adulte/- de 12 ans 3 €/gratuit ; 9h-20h mai-oct, horaires réduits le reste de l'année). Dominant Capdepera, son château du début du XIVe siècle, édifié sur les ruines d'une forteresse maure, est l'un des mieux préservés de l'île. Il fut construit à la demande de Jacques II (fils de Jacques Ier le Conquérant) pour défendre la ville à une époque où les raids de pirates étaient monnaie courante.

À l'intérieur du château, l'église en pierre, toute simple, renferme un crucifix précieux du XIVe siècle, mais présente par ailleurs peu d'intérêt. La tour de guet, **Torre Miquel Nunis**, est antérieure au reste du château puisqu'elle date sans doute des maures. Dans les années 1800, une tour ronde fut construite à l'intérieur de celle d'origine, rectangulaire. De cet endroit, on jouit d'une vue sur les collines boisées et la mer au-delà.

Fêtes et festivals

Festes de Sant Antoni FÊTE RELIGIEUSE
(Saint-Antoine). Cérémonie traditionnelle de bénédiction des animaux qui se déroule le 17 janvier.

Mercat Medieval FÊTE MÉDIÉVALE
Costumes médiévaux et étals de nourriture le 3e week-end de mai.

Festa de Sant Bartomeu FÊTE DE LA VILLE
Une semaine entière de fête, avec expositions, concerts, défilés et feu d'artifice ; 3e semaine d'août.

Où se restaurer

Cases de Son Barbassa MÉDITERRANÉEN €€
(971 56 57 76 ; www.sonbarbassa.com ; Camí de Son Barbassa ; plats 15-25 €, menu 28 € ; 12h30-15h et 19h-22h). Accessible par une petite ruelle, cette *finca* agréablement isolée dispose d'une terrasse éclairée aux lanternes, romantique à souhait. Nichée au milieu des oliviers, des amandiers et des caroubiers, elle prépare des recettes à base d'ingrédients provenant soit du jardin soit du marché local. Tous les plats sont cuisinés à l'huile d'olive produite sur place. Carte des vins de bons crus majorquins.

Renseignements

Office du tourisme (971 55 64 79 ; Carrer de la Ciutat 22 ; 8h30-14h30 lun-ven, plus 16h-18h30 mar). Dans le centre-ville.

Depuis/vers Capdepera

Le bus n°411 relie Capdepera à Palma (10,60 €, 1 heure 30, jusqu'à 5/jour), via Artà (1,50 €, 10 min) et Manacor (3,90 €, 35 min). Le bus n°441 longe la côte est et dessert les principales stations balnéaires, dont Porto Cristo (3,20 €, 55 min, jusqu'à 10/jour) et Cala d'Or (9,10 €, 1 heure 25).

Cala Ratjada

6 240 HABITANTS

Cala Ratjada offre à la fois le meilleur et le pire de ce que l'on peut attendre d'une station balnéaire. En déambulant sur la promenade qui longe le littoral, vous pourrez vous réfugier sur l'une des criques les moins fréquentées. La station se prête aussi à la pratique d'activités nautiques. Mais sachez toutefois qu'en haute saison, Cala Ratjada est prise d'assaut par les touristes allemands. Il vous faudra dépasser le centre-ville pour retrouver le vrai visage de Majorque.

À voir

Sa Torre Cega GALERIE D'ART, ÉDIFICE HISTORIQUE

(☎971 81 94 67 ; www.fundacionbmarch.es ; en retrait de la Carrer de Elionor Servera ; adulte/- de 12 ans 4,50€/gratuit ; ⏲visites 10h30-12h mer-jeu, 10h30-18h ven, 11h-18h sam-dim). Perché sur une colline à l'ouest du port, cet ensemble fut ainsi baptisé en référence à la "tour aveugle" (c'est-à-dire sans fenêtres) du XVᵉ siècle qui se dresse en son centre. Le beau jardin méditerranéen accueille une collection de quelque 70 sculptures de grands artistes tels que Josep Maria Sert, Eduardo Chillida, Henry Moore ou encore Auguste Rodin. Toutes les visites sont guidées et doivent être réservées auprès de l'office du tourisme.

Platja de Cala Agulla PLAGE

(Cala Agulla). Située à l'extrémité nord de la ville, cette jolie plage entoure une paisible crique de sable fin, baignée d'eaux turquoise et adossée à des collines tapissées de pinèdes. On voit assez peu de constructions depuis la plage, qui est toutefois envahie par les parasols en location.

Un peu au nord de Cala Agulla, vous trouverez la **Platja de ses Covasses**, dont l'étroitesse lui vaut d'être plus calme.

Far de Capdepera PHARE

Installé à la pointe la plus orientale de Majorque, ce phare est le point d'arrivée d'une ravissante promenade à travers les pinèdes, à faire en voiture, à pied ou à vélo. Il est situé à 1,5 km environ à l'est de Sa Torre Cega. Perché à 76 m au-dessus de la mer, le phare est en activité depuis 1861 et la vue qu'il offre est magnifique (on peut voir jusqu'à Minorque par temps clair).

Font de Sa Cala PLAGE

Au sud de Cala Ratjada, cette plage paisible est idéale pour le snorkeling tant ses eaux sont cristallines. Pour ceux qui resteront sur le sable, la côte rocheuse est de toute beauté.

Cala Gat PLAGE

À l'est du port de Cala Gat, derrière Sa Torre Cega, cette petite crique possède une jolie plage adossée à une forêt de pins.

Platja de Son Moll PLAGE

C'est la plage la plus accessible de Cala Ratjada. Très fréquentée, elle s'étend juste en face du Passeig Marítim, en plein centre-ville.

Activités

Skualo Adventure Sports PLONGÉE

(☎971 56 43 03 ; www.mallorcadiving.com ; Carrer Lepanto 1 ; leçon d'initiation de 3 heures

LES GREENS DU NORD-EST DE MAJORQUE

Vous trouverez plusieurs parcours de golf à proximité d'Artà, de Capdepera, Cala Ratjada et Cala Millor, dont les suivants :

Pula Golf (☎971 81 70 34 ; www.pulagolf.com ; Carretera Son Servera-Capdepera 3 km ; 9 trous 37-47 €, 18 trous 60-75 € ; ⏲8h-19h). Conçu par José María Olazabal, ce golf de 18 trous du circuit PGA est le plus grand de Majorque.

Canyamel Golf (☎971 84 13 13 ; www.canyamelgolf.com ; Avinguda d'es Cap Vermell ; 9/18 trous 63/97 € ; ⏲8h-20h). Les jours de beau temps, on aperçoit l'île voisine de Minorque depuis ce panoramique 18 trous.

Capdepera Golf (☎971 81 85 00 ; www.golfcapdepera.com ; Carretera Artá-Capdepera 3,5 km ; 9 trous 49-59 €, 18 trous 64,50-89 € ; ⏲8h-19h). Ce 18-trous, l'un des plus beaux de l'île, porte la signature de l'architecte Dan Maples.

Cala Ratjada

90 €, sortie snorkeling 2 heures 45 €). Ce centre de plongée réputé propose des cours PADI et des sorties snorkeling, la plupart du temps dans les eaux limpides qui entourent le parc naturel de Llevant. Il organise aussi d'autres activités, du stand-up paddle au kayak.

Illa Balear EXCURSIONS EN BATEAU

(☎971 81 06 00 ; www.illabalear.com ; adulte aller simple/aller-retour à partir de 15/20 €, enfant 8 € ; ⏲avr-oct). Excursions en bateau à fond de verre jusqu'à Porto Cristo, Sa Coma, Cala Millor et Cala Bona. Un à deux départs quotidiens.

Segpark SEGWAY

(☎634 317266 ; www.segpark.es ; Carrer de l'Agulla 85D ; sortie en Segway 90 min adulte/enfant 44/29 €, vélo électrique heure/jour 7/22 € ; ⏲10h-20h). Si vous avez envie de vous initier au Segway, vous pourrez opter pour une séance découverte (5 €) ou un circuit de 15 minutes (10 €). Segpark propose aussi des circuits organisés de 90 minutes et loue des vélos électriques.

M Bike CYCLOTOURISME

(☎639 417796 ; www.m-bike.com ; Carrer de l'Agulla 95 ; location de vélos 10-32 €/jour, 60-180 €/semaine, circuits à vélo de 1/3/4 jours

Cala Ratjada

Les incontournables
1 Sa Torre Cega D3

À voir
2 Cala Gat D3
3 Platja de Cala Agulla A1
4 Platja de Son Moll A5

Activités
5 Illa Balear C4
6 M Bike B2
7 Rancho Bonanza A3
8 Segpark B2
9 Skualo Adventure Sports C4

Où se loger
10 Petit Hotel Ses Rotges B4
11 Residence – The Sea Club B5

Où se restaurer
12 Ca'n Maya C3
13 Es Coll d'Os C2
Restaurante del Mar .... (voir 11)

Où prendre un verre
14 Café Noah's B4
15 Sa Fonda 74 .... C3

53/150/200 € ; 9h-12h30 et 16h-18h lun-ven, 9h-11h et 18h pour les retours uniquement sam, 10h-11h et 17h-18h dim). M Bike loue des VTT, des vélos de course et des vélos de randonnée, tous de qualité. De mars à octobre, ce prestataire organise tous les jours des promenades à vélo le long des pistes côtières et jusqu'à l'Ermita de Betlem ; départ à 10h.

Rancho Bonanza ÉQUITATION
(619 680688 ; www.ranchobonanza.com ; Carrer de Ca'n Patilla ; 1 heure/2 heures 18/30 € ; excursion une journée 55 €/pers). Balades à cheval tous les jours. Sorties en poney de 1 heure (8 €) pour les enfants jusqu'à 6 ans et cours d'équitation (18 €).

Fêtes et festivals

Festes del Carme FÊTE RELIGIEUSE
(15-16 juil). La principale fête de Cala Ratjada célèbre la Verge del Carme, sainte patronne des pêcheurs. Elle comprend une procession maritime, un feu d'artifice et toutes sortes de manifestations culturelles.

Où se restaurer

Es Coll d'Os MÉDITERRANÉEN €€
(971 56 48 55 ; www.escolldos.com ; angle Carrer Hernán Cortés et Carrer l'Esperança ; plats 18-28 €, menu dégustation 3 plats 30 € ; 7h30-22h30 lun-mar, 13h30-15h et 19h30-22h30 mer-sam). Sans commune mesure avec les établissements touristiques de la ville, voici un restaurant de *finca* tenu en famille. Prenez place sur la terrasse recouverte de vigne pour déguster un repas à base de produits de saison cuisinés avec inventivité. On se régale des légumes et des herbes bio du jardin. Et le poisson est également pêché dans le secteur. La carte change souvent, mais vous y trouverez peut-être le gigot d'agneau fondant au beurre à l'olive noire ou le canard à la *sobrassada*.

Restaurante del Mar INTERNATIONAL €€
(680 133381 ; www.mallorca-delmar.com ; Avinguda de América 31 ; menu déj 9,90 €, plats 15-26 € ; 11h30-15h et 18h30-23h jeu-mar mi-avril à début nov, dîner uniquement juil et août). Appartenant à un couple suisse, ce restaurant doté d'une terrasse avec vue sur la mer met l'accent sur les produits de la mer, dont une formidable *parrillada,* avec cinq sortes de poisson, des crustacés et des légumes grillés. On y sert aussi une cuisine internationale, comme les crevettes géantes tigrées cuites au gingembre et accompagnées de riz au citron ou le ragoût de veau à la mode de Zurich servi avec des rösti croustillantes.

Ca'n Maya POISSON ET FRUITS DE MER €
(971 56 40 35 ; www.canmaya.com ; Carrer d'Elionor Servera 80 ; plats 11-20 € ; 12h-16h et 19h-24h mar-dim fév-déc). Au menu, entre autre, calmars frits, couteaux, lotte grillée et riz à l'écrevisse, à déguster sur une terrasse près du port. Sans doute le meilleur restaurant de poisson de Cala Ratjada.

Où prendre un verre

Café Noah's BAR, CAFÉ
(www.cafenoahs.com ; Avinguda de América 2 ; 9h-tard). Un bar lounge raffiné à cheval sur la promenade du front de mer. On y jouit d'une vue superbe depuis la terrasse – l'endroit parfait pour siroter un cocktail en profitant du spectacle de la rue. Sinon, installez-vous à l'intérieur dans de confortables canapés de cuir. Les DJ font danser la foule tous les soirs en été.

Sa Fonda 74 BAR, CAFÉ
(www.safonda74.es ; Carrer d'Elionor Servera 74 ; 9h30-1h). Adresse prisée pour assister au coucher du soleil, le Sa Fonda dispose d'une belle terrasse qui surplombe le bout du port. Concerts (jazz, swing, soul) à 21h le samedi.

À NE PAS MANQUER

RANDONNÉES CÔTIÈRES À CALA RATJADA

Pour éviter la foule qui envahit Cala Ratjada, prenez le **sentier de randonnée** qui part de l'extrémité nord de Cala Agulla et traverse une pinède dans une zone naturelle protégée avant de rejoindre la magnifique **Cala Mesquida**, une plage dans les dunes. La boucle complète fait 10 km. En chemin, un sentier plus petit part vers la droite au niveau du panneau indiquant la "Torre", c'est-à-dire la tour de guet **Talaia de Son Jaume II**. Le sentier (7 km aller-retour depuis Cala Agulla) est balisé par des points rouges.

Renseignements

Office du tourisme principal (971 81 94 67 ; www.ajcapdepera.net ; Carrer de l'Agulla 50, Centre Cap Vermell ; 9h-14h et 15h-21h30 lun-ven). Dans le bâtiment blanc de l'hôtel de ville. Wi-Fi gratuit sur la place en face.

Depuis/vers Cala Ratjada

Le bus n°411 relie Palma de Mallorca à Cala Ratjada, via Artá, jusqu'à 5 fois par jour dans chaque sens (11 €, 2 heures). Tous les jours de mai à octobre, un bus assure la navette vers les plages du secteur et les sites comme Cala Mesquida, Cala Agulla et Coves d'Artà (1,85 €).

Depuis le port, un hydrofoil quotidien dessert Ciutadella (Minorque).

Coves d'Artà et Platja de Canyamel

La paisible station balnéaire de Canyamel change agréablement de celles, plus fréquentées, de la côte est. Elle compte une plage agréable, Platja de Canyamel, une belle tour médiévale à visiter, un restaurant et surtout un impressionnant ensemble de grottes, beaucoup moins touristiques que les grottes du même type sur la côte orientale.

Spectaculaire réseau de galeries naturelles dans la falaise, les **Coves d'Artà** (www.cuevasdearta.com ; Carrer Coves de s'Ermita ; adulte/enfant 7-12 ans/- de 7 ans 13/7 €/gratuit ; 10h-18h avr-oct, 10h-19h juin-sept, 10h-17h nov-mars) sont situées à 1 km au nord de Canyamel. On entre par une fissure dans la paroi rocheuse de la côte, puis on se retrouve rapidement dans un grand couloir, empruntant une passerelle surélevée, pour passer à côté de la "reine des colonnes", une stalagmite haute de 22 m. On traverse plusieurs salles, dont la "salle du Purgatoire" et la "salle de l'Enfer". Des visites guidées de 40 minutes ont lieu toutes les demi-heures, en français, espagnol, anglais et allemand. Les grottes étant situées à mi-hauteur d'une falaise escarpée (elles servirent d'ailleurs de refuge aux habitants des environs), le chemin qui permet de s'y rendre est impressionnant.

Indiquée à 3 km seulement de la plage depuis la route côtière principale, la célèbre **Torre de Canyamel** (Carretera Artà-Canyamel Km 5 ; adulte/- de 13 ans 3 €/gratuit ; 10h-15h et 17h-20h mar-sam, 10h-14h dim avr-oct), mérite le détour. Il s'agit d'une tour de défense maure haute de 23 m et datant du XIIIe siècle.

Avec sa terrasse paysagée, le **Porxada de Sa Torre** (971 84 13 10 ; www.restauranteporxadadesatorre.com ; Carretera Artà-Canyamel Km 5 ; plats 9-18 € ; 13h-15h30 et 19h-23h avr-oct) est un haut lieu de la cuisine majorquine. Il propose notamment un *tumbet* (ratatouille majorquine) cuit à la perfection, un rôti de lapin aux oignons, de la *sobrassada* et de la *lechona* (cochon de lait). Les clients peuvent même assister à la préparation des plats en cuisine. L'architecture, en bois et en pierre, les vieux outils agricoles et le service sympathique en font une adresse incontournable.

DE CALA MILLOR À PORTOCOLOM

Pour les millions de touristes qui descendent chaque année sur ses plages sablonneuses, barbotent dans ses vagues légères et dorment dans ses hôtels-clubs, la partie du littoral allant de Cala Millor a Portocolom est un paradis. Mais pour tous ceux qui pleurent la disparition du littoral sauvage majorquin, c'est une horreur ! La solution ? Choisir un gîte confortable un peu à l'écart et rejoindre en voiture, à vélo ou à pied des plages peu fréquentées telles que Cala Romántica ou Cala Varques.

Cala Millor et ses environs

Au coucher du soleil, lorsque le ciel devient violet et la mer bleu lapis-lazuli, on aurait presque l'impression que la jungle de béton de Cala Millor n'était qu'un mirage... L'atout de Cala Millor ? Sa plage, longue de près de 2 km et bordant une promenade, est assez large pour absorber les foules qui s'y pressent durant les chaudes journées d'été.

Pour s'en éloigner, il faut se lancer dans une randonnée éprouvante en bord de mer jusqu'au **Castell de n'Amer**.

Derrière la station balnéaire s'étend le **Safari-Zoo** (☎971 81 09 09 ; www.safari-zoo.com ; Carretera Portocristo-Son Servera Km ; adulte/enfant 19/12 € ; ⏲9h-18h30 juin-sept, horaires réduits le reste de l'année), où l'on peut voir des animaux sauvages (rhinocéros, hippopotames, zèbres, girafes, babouins, gnous et antilopes) depuis une voiture ou un petit train ouvert. Ces animaux bénéficient de grands espaces, contrairement à ceux qui sont enfermés dans les tristes enclos du zoo, plus traditionnel, qui forme le reste du parc.

L'**office du tourisme** (☎971 58 58 64 ; www.visitcalamillor.com ; Passeig Marítim ; ⏲9h-17h lun-ven, 9h-13h sam, horaires réduits en hiver) est installé dans un kiosque sur la promenade.

Depuis/vers Cala Millor et ses environs

Les lignes de bus n°s 441, 446, 447, etc. longent la côte est, reliant Cala Millor aux autres stations balnéaires comme Cala d'Or (8,05 €, 1 heure 15). Le bus n°412 dessert Palma (9,65 €, 1 heure 30, jusqu'à 15/jour).

Porto Cristo

7 360 HABITANTS

Avec ses grottes magnifiques, Porto Cristo est une destination prisée pour des excursions d'une journée et attire les spéléologues amateurs. Il est vrai que la ville n'a pas le clinquant des stations balnéaires plus chics de la côte, mais ce n'est pas forcément un mal, et Porto Cristo compense cette absence par un charme discret.

À voir

Coves del Drac GROTTES

(Grottes du Dragon ; www.cuevasdeldrach.com ; Carretera Cuevas ; adulte/enfant 14/7 € ; ⏲10h-17h avr-oct, 10h45-15h30 nov-mars). Si Majorque possède de superbes réseaux de grottes, les Coves del Drac sont indéniablement les plus spectaculaires. Après avoir piétiné sur 1,2 km, accompagné par un commentaire en plusieurs langues, on arrive dans un vaste amphithéâtre où se trouve un petit lac, où vous écouterez un bref récital de musique classique. Les circuits d'une heure partent à l'heure pile. Il est difficile de rendre la magie de l'endroit. Par moments, les grottes évoquent une immense cathédrale souterraine dotée d'orgues. Ailleurs, on a l'impression d'une forêt pétrifiée.

Les salles, magnifiques et superbement illuminées de couleurs vives, présentent d'impressionnantes stalactites et stalagmites. La visite permet d'explorer les coins les plus splendides de ce tunnel de calcaire de 2 km de long. Un court trajet en bateau sur le lac est possible après le concert.

Passeig de la Sirena PLAGE

L'animation se concentre principalement le long du **Passeig de la Sirena** et du port. La petite plage bondée constitue l'endroit idéal pour observer les allers et venues des bateaux de pêche et des yachts dans la marina. Près de la plage se trouvent les modestes **Coves Blanques**, petites grottes qui furent habitées durant la période talayotique et qui servirent d'abris aux pêcheurs.

LES CRIQUES TRANQUILLES AUX ALENTOURS DE CALA RATJADA

En partant de Cala Ratjada vers le nord, vous découvrirez une partie de littoral merveilleusement sauvage et parsemée de plages. Ces petites criques éloignées sont loin d'être secrètes, mais étant peu construites, elles sont restées calmes et confidentielles.

Entourée de dunes de sable et de quelques résidences, **Cala Mesquida** est la plus accessible, avec son parking gratuit et le service de bus (n°471) qui la dessert régulièrement depuis Cala Ratjada (25 min, jusqu'à 15/jour).

Il faut un peu plus de volonté pour accéder aux criques sauvages tout à l'ouest. **Cala Torta**, **Cala Mitjana** et **Cala Estreta** (sans plage) se trouvent toutes à l'extrémité d'une route étroite qui part dans les collines depuis Artà. Toutefois, le moyen le plus intéressant d'y parvenir est de prendre le sentier pédestre (1 heure) qui part de Cala Mesquida.

Plus à l'ouest, au bout d'un sentier longeant la côte depuis Cala Estreta (20 min) se trouve **Cala Matzoc**. Cette plage spacieuse et sablonneuse est située au pied d'une colline où se dressent les ruines d'un *talayot*, qui servait jadis à protéger la côte des pirates.

Coves dels Hams GROTTES
(www.cuevas-hams.com ; Carretera Ma4020 Manacor-Portocristo Km 11 ; adulte/enfant 5-12ans/- de 5 ans 21/10,50 €/gratuit ; ⌚10h-17h). Du côté nord de la ville, sur la route de Manacor, ce labyrinthe souterrain n'est pas aussi impressionnant que les Coves del Drac, mais il est moins fréquenté et renferme quelques belles formations de stalactites. Les tarifs semblent malgré tout excessifs et certains de nos lecteurs ont eu la sensation de ne pas en avoir pour leur argent. La vidéo sur Jules Verne et les projections sur fond de musique de Mozart avec des mannequins dans un bateau paraissent par ailleurs plutôt bizarres.

Méfiez-vous : les grands panneaux que l'on voit dans toute la ville indiquant les "Coves" sont un peu trompeurs, car ils mènent ici et non aux Coves del Drac.

Activités

Skualo Adventure Sports & Dive Centre PLONGÉE
(☎971 81 50 94 ; www.mallorcadiving.com ; Passeig del Cap d'Es Toll 11 ; 1/2 plongées 40/74 €, matériel 24 € ; ⌚9h-18h lun-sam Pâques-oct). Ce remarquable club de plongée propose des baptêmes (90 €) ainsi qu'un vaste choix de cours PADI. Il organise également des sorties snorkeling (45 €) et kayak de mer (2 heures 38 €). Location de kayak (10/18 € l'heure pour un kayak simple/double).

Illa Balear EXCURSIONS EN BATEAU
(☎971 81 06 00 ; www.illabalear.com ; Carrer del Moll ; 18-24 €/pers, aller jusqu'à Cala Ratjada 15 € ; ⌚8h30-17h30). Excursions en bateau (la majorité en catamaran à fond de verre) entre Porto Cristo et d'autres stations balnéaires de la côte orientale, comme Cala Ratjada, Cala Romántica et Cala Millor. Jusqu'à 4 départs par jour en été.

Fêtes

Festes de Sant Antoni FÊTE RELIGIEUSE
Les 16 et 17 janvier, la veille de la Sant Antoni, traditionnelle bénédiction des animaux, tout Porto Cristo s'anime : on allume des feux de joie et on se lance avec ferveur dans la "danse des démons".

Verge del Carme FÊTE RELIGIEUSE
La fête de la patronne des pêcheurs est célébrée en fanfare tout le long de la côte le 16 juillet.

Où se restaurer

♥ Sa Sal MÉDITERRANÉEN €€
(☎971 82 20 49 ; www.restaurantesasal.com ; Carrer la Tramuntana 11 ; plats 18-29 € ; ⌚18h30-23h30 mar-dim). Le Sa Sal surpasse la plupart des restaurants de la ville, avec son service soigné, sa carte inventive et son patio éclairé aux chandelles. Il occupe une maison majorquine en pierre, avec poutres apparentes, réaménagée de manière originale. Après une entrée aux saveurs enlevées, comme la soupe de fruits de mer à la vanille, à la mangue et aux raviolis, goûtez le filet de veau à la polenta, au fromage de Minorque et à la sauce aux truffes.

La Magrana CAFÉ €
(☎971 55 69 74 ; Plaça del Carme 15 ; en-cas 4-8,50 € ; ⌚9h-23h mer-lun). Ce charmant petit café à l'ambiance bohème affiche une décoration hétéroclite et vintage, aux couleurs audacieuses. Installez-vous sur la terrasse qui s'étend sur la place face à l'église, ou dans la cour, pour siroter un jus de fruits ou savourer une glace ou un en-cas, comme le *pa amb oli* (pain à l'huile) avec du jambon de Serrano et de la salade piquante de légumes et de pomme.

Renseignements

Office du tourisme (☎662 350882, 971 84 91 26 ; www.visitmanacor.com ; Carrer del Moll ; ⌚9h-15h30 lun-ven). Au bout du quai.

Depuis/vers le sud de Porto Cristo

Une dizaine de lignes de bus desservent Porto Cristo, dont les n°s 412 et 414 à destination de Palma (aller/aller-retour 9,25/16 €, 1 heure 30, 3-8/jour) via Manacor (1,90 €). Les bus n°s 441, 442 et 443 rallient les stations balnéaires de la côte est (prix variables, nombreux bus). D'autres bus desservent Cala Ratjada (4,30 €, 30 min, 3-11/jour) et un bus par semaine, le mercredi, se rend à Sineu (5,50 €, 40 min).

Portocolom

3 880 HABITANTS

Localité relativement assoupie… selon les standards des stations balnéaires de la côte est, Portocolom a résisté vaillamment à l'invasion touristique. Elle abrite un port naturel (l'un des rares de l'île) et attire des familles allemandes, britanniques et espagnoles. Bateaux de pêche, voiliers et quelques yachts de luxe se balancent sur les eaux calmes de

Promenade à pied
Les quatre criques

DÉPART/ARRIVÉE FINCA CAN ROIG
DISTANCE 13 KM ; 3 HEURES 30

L'effervescence qui règne dans les stations balnéaires s'atténue au nord de Cales de Mallorca. Les 6 km entre Cales de Mallorca et Cala Romántica ne sont que criques rocheuses émaillées de pins, falaises et eaux turquoise. La promenade commence à 1 **Finca Can Roig**, une propriété agricole. Pour vous y rendre, suivez la Carretera Porto Cristo-Portocolom (Ma4014) et, au Km 6, tournez en direction de Cales de Mallorca. Continuez sur 2,2 km, puis prenez à gauche. Après 200 m, vous arriverez à l'entrée de Can Roig.

Prenez le sentier large et rocailleux qui suit la côte à pied. Après une quinzaine de minutes, un sentier un peu plus étroit part sur la droite. Prenez-le ; vous devrez suivre une petite ravine et traverser des bosquets pour atteindre 2 **Cala Bota**. Un chemin raide sinue autour et en amont de cette belle crique et permet d'en admirer toute la beauté.

De Cala Bota, revenez sur vos pas et prenez la deuxième à droite vers 3 **Cala Virgili**. Le sentier conduit à un petit chemin, qui démarre juste au pied de cette étroite crique cernée de falaises. Comptez environ 10 minutes pour la descente. Regagnez ensuite le sentier principal. Ignorez le petit chemin qui part vers la droite et continuez tout droit jusqu'à un second chemin. Il rejoint la 4 **Cala Pilota**, une ravissante crique aux eaux turquoise, entourée elle aussi d'impressionnantes falaises.

Reprenez le chemin principal. Ignorez le sentier qui part à droite, mais prenez le suivant, qui descend jusqu'à la dernière crique, 5 **Cala Magraner**, la plus vaste et la plus belle de toutes. Large au départ, le chemin se termine dans une clairière ; de là, un autre sentier, plus étroit, vous mène à destination en quelques minutes. Après vous être baigné dans les eaux cristallines et avoir exploré les petites grottes qui émaillent la falaise, regagnez la piste principale pour rejoindre la Finca Can Roig.

VAUT LE DÉTOUR

CRIQUES ISOLÉES AU SUD DE PORTO CRISTO

La côte qui s'étire au sud de Porto Cristo est jalonnée de superbes criques bien préservées. La plupart sont indiquées depuis la Ma4014 qui relie Porto Cristo à Portocolom. La plus vaste – et aussi la plus construite de toutes – est **Cala Romántica**, une crique de sable doré aux eaux turquoise. Ses quelques hôtels forment l'une des stations balnéaires les plus tranquilles de Majorque. Un sentier rudimentaire parcourt la falaise qui longe la mer.

Après Cala Romántica, vous pourrez explorer d'autres criques et grottes, telles **Cala Varques** (connue pour la grotte située sur la falaise qui surplombe la crique), **Cala Sequer**, **Cova del Pilar** et **Cala Magraner**, une crique sauvage isolée située au pied d'une gorge et de falaises prisées des varappeurs. Aucune n'est directement accessible en voiture : vous devrez marcher au moins quelques minutes.

cette vaste baie en forme de fer à cheval, moins intime certes que les petites criques.

Plages

À proximité du centre-ville on trouve quelques jolies plages, comme la petite crique immaculée de **Cala Marçal** et, à l'extrémité nord de la ville, **Cala s'Arenal**, la préférée de la population locale. Sur le promontoire est, à l'embouchure de la baie, se dresse un phare, le **Far de sa Punta de ses Crestes**, d'où l'on a une belle vue sur la ville.

Activités

L'office du tourisme vous renseignera sur les excursions en bateau à fond de verre (19-27 €, 2-6 heures) jusqu'à **Cala d'Or** et d'autres endroits de la côte.

Bahia Azul Dive Center PLONGÉE
(☎971 82 52 80 ; www.bahia-azul.de ; Ronda de Creuer Balear 78 ; 27-39 €/plongée ; avr-oct). Dans l'Hostal Bahia Azul. Cours, baptêmes de plongée et location de matériel.

Skualo Adventure Sports Centre PLONGÉE, KAYAK
(☎971 83 41 97 ; www.mallorcadiving.com ; Carrer de Llampuga ; 39 €/plongée ; avr-oct). Autre centre de plongée réputé. Snorkeling (30-38 €) et kayak de mer (excursion de 2-3 heures, 38 €).

Où se restaurer

♥ **Restaurant Sa Llotja** ESPAGNOL €€
(☎971 82 51 65 ; www.restaurantsallotjaportocolom.com ; Carrer dels Pescadors ; plats 15-33,50 €, menu 35 € ; 13h-15h30 et 19h-22h30 mar-dim). Un restaurant raffiné doté d'une formidable terrasse surplombant le port. Le Sa Llotja ravit les clients avec ses plats, notamment la lotte, le ragoût de homard, l'agneau rôti majorquin et des mariages insolites, comme le tartare de thon au sorbet à la mangue. Le tout est toujours d'une grande fraîcheur, joliment présenté et véritablement délicieux. Excellent rapport qualité/prix, le menu à 3 plats inclut le vin, l'eau et le café.

Restaurant Sa Sinia POISSON ET FRUITS DE MER €€
(☎971 82 43 23 ; Carrer dels Pescadors 25 ; plats 15-25 € ; 13h-15h30 et 19h-23h mar-dim). Avec ses menus conçus par l'artiste Miquel Barceló et ses sièges où est inscrit le nom des clients célèbres, ce restaurant de poisson dégage un charme fou. Poissons frais de toutes sortes, paëllas et desserts maison sont les spécialités du Sa Sinia, tout comme le service à l'ancienne.

Restaurante HPC INTERNATIONAL €€
(☎971 82 53 23 ; www.restaurantehpc.com ; Carrer de Cristòfol Colom 5 ; plats 10-25 € ; 9h-16h et 18h30-23h). Ce restaurant contemporain haut de plafond abrite un bar à cocktails au 1er étage. Il propose une cuisine très hétéroclite, du cochon de lait à la pizza en passant par le curry thaïlandais, mais qui fonctionne. L'ambiance est élégante sans être guindée ; on apprécie de dîner en extérieur, avec vue sur la mer.

Renseignements

Office du tourisme (☎971 82 60 84 ; www.visitfelanitx.es ; Avinguda de la Cala Marçal 15 ; 9h-14h lun-ven, plus 17h-19h mar et jeu, 9h30-12h30 sam). À l'extrémité sud de la ville, sur la route de Cala Marçal.

Depuis/vers Portocolom

Dix lignes de bus desservent Portocolom, dont les services côtiers nos 441, 442 et 443 (prix variables, plusieurs par jour). Jusqu'à 7 bus par jour rallient Palma (6,90 €, 1 heure 30).

Sud de Majorque

Dans ce chapitre ➡

Le top des restaurants

- Yacht Club Cala d'Or (p. 169)
- Alchemy (p. 166)
- Sal de Coco (p. 163)
- Casa Manolo (p. 165)
- Aventura (p. 168)

Le top des hébergements

- Hotel Ca'n Bonico (p. 184)
- Ca'n Bessol (p. 184)
- Can Canals (p. 183)
- Hotel Cala Santanyí (p. 184)
- Hostal Colonial (p. 183)

Pourquoi y aller

Située entre la baie de Palma et la Colònia de Sant Jordi, cette région est l'une des plus sauvages de l'île. La côte est en effet en grande partie protégée par de hautes falaises pratiquement impénétrables sur lesquelles viennent s'échouer les vagues saphir de la Méditerranée. Difficile d'accès, la côte y est d'une fascinante beauté.

Les falaises dissimulent des criques isolées et de longues plages, véritables merveilles de la nature. Qu'elles soient flanquées de parois tels des fjords ou adossées à des forêts de pins et de genévriers, ces plages comptent parmi les plus belles de Majorque. L'existence de parcs et de zones naturelles ainsi que les nombreuses fermes et propriétés rurales ont également contribué à préserver cette partie de l'île des excès du tourisme. Bref, ici, vous aurez un aperçu de ce à quoi Majorque ressemblait autrefois.

Quand partir

Il est difficile de trouver quelque chose d'ouvert avant Pâques ou après octobre. Mais ceux qui visiteront la région en dehors de la saison estivale auront souvent les sites pour eux tout seuls, notamment les stations balnéaires, quasi désertes, avec seulement quelques boutiques, restaurants et hôtels ouverts. L'été reste donc sans hésitation la meilleure période pour visiter le Sud, mais mieux vaut chercher les endroits sans station balnéaire et hôtel-club pour en profiter au mieux.

À ne pas manquer

1. Une virée en bateau jusqu'à l'**Illa de Cabrera** (p. 166), unique parc national de Majorque
2. Une randonnée dans les petites criques autour du **Cap de Ses Salines** (p. 163)
3. La découverte des vestiges talayotiques de **Capocorb Vell** (p. 161)
4. Les dunes et les oiseaux des zones humides du **Parc Natural de Mondragó** (p. 168)
5. Une visite guidée de **Ses Salines** (p. 163), pour tout savoir sur la production du sel
6. Une séance de farniente sur le sable blanc de la paisible **Platja d'Es Trenc** (p. 162)
7. Une baignade dans les eaux translucides de **Cala Pi** (p. 161)
8. La vue sur les contours du littoral au **Cap Blanc** (p. 162), où s'élève un phare
9. Le spectacle de la rue depuis la terrasse d'un café à **Santanyí** (p. 165)
10. Une sortie en kayak près de **Cala d'Or** (p. 169), à la recherche d'une crique isolée

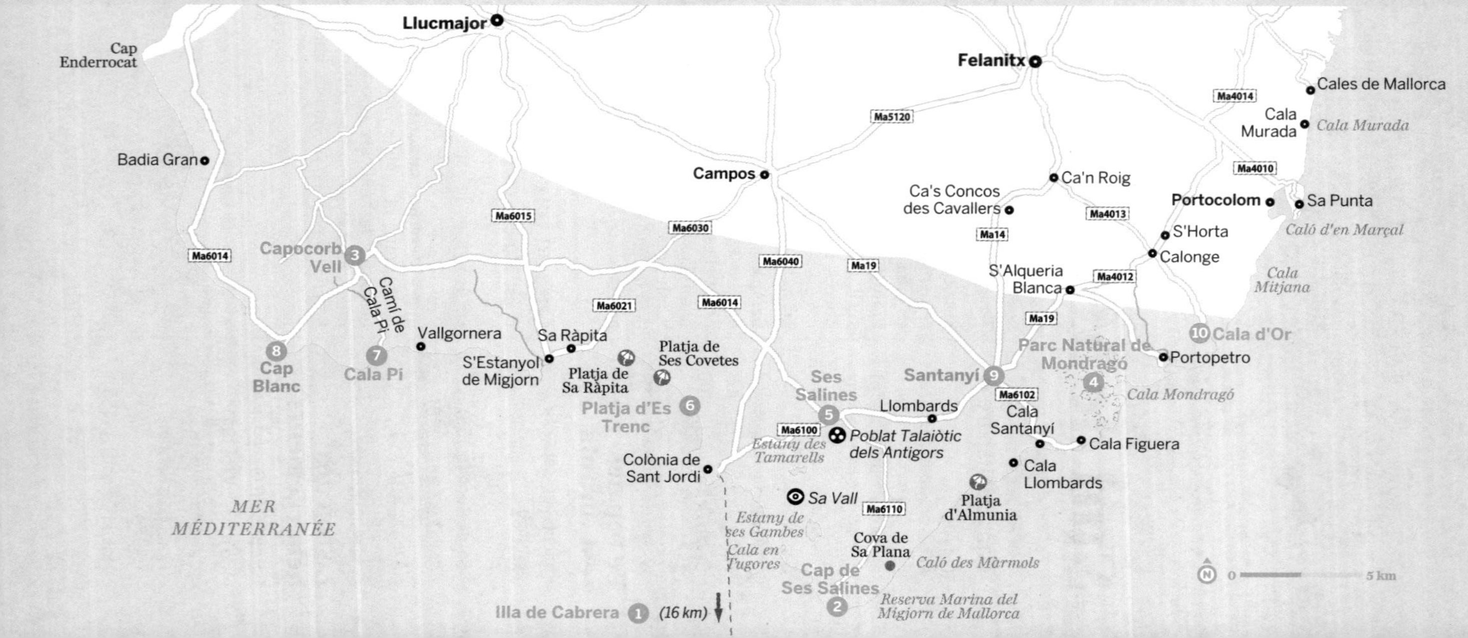

DU CAP ENDERROCAT À SA RÀPITA

La partie de littoral la plus au sud de l'île est restée sauvage. Elle donne une idée de ce à quoi pouvait ressembler Majorque avant le grand boom touristique. Cette zone est d'autant plus appréciable qu'elle est située entre les complexes hôteliers de la côte est et l'activité de la baie de Palma.

Cala Pi et ses environs

Cette station au charme discret domine une belle plage de sable blanc, adossée à une pinède. Sur le côté, une tour de défense circulaire du XVIIe siècle rappelle le temps où les pirates représentaient une menace constante pour l'île.

À voir

Cala Pi PLAGE

Accessible par un escalier abrupt (suivez les pancartes dans la Cami de la Cala Pi), cette plage de toute beauté n'est large que de 50 m, mais s'étire sur plus de 100 m dans les terres. Protégée de chaque côté par des falaises escarpées, l'eau turquoise de la crique est aussi calme que celle d'un lac. Il n'y a absolument rien sur place, donc mieux vaut apporter son pique-nique.

Capocorb Vell SITE ARCHÉOLOGIQUE

(www.talaiotscapocorbvell.com ; Carretera Arenal-Cap Blanc Km 23 ; 2 € ; 10h-17h ven-mer). Un grand village talayotique aux voies pavées dont les structures de pierre remontent à 1 000 av. J.-C. Le site, qui comptait 28 habitations et 5 *talayots* (tours de guet en pierre, édifiées, ici, sans mortier), fut probablement habité durant toute l'époque romaine.

Où se restaurer

Restaurante Miguel ESPAGNOL €€

(971 12 30 00 ; www.restaurante-miguel.com ; Torre de Cala Pi 13 ; plats 9-26 € ; 11h-23h mar-dim mars-oct). Installé dans une ferme de style majorquin dotée d'un immense patio, le Restaurante Miguel est chaudement recommandé pour ses excellentes recettes de la mer, tels que paella, moules marinières ou mérou sauce citron. L'établissement propose également des spécialités majorquines (lapin aux champignons) et des en-cas.

Depuis/vers Cala Pi

Le bus n°520 relie Cala Pi et Palma une fois le matin et une fois le soir (5,50 €, 1 heure 30).

Sa Ràpita et ses environs

Sa Ràpita, principale localité de cette partie du littoral, est un paisible village de bord de mer, dont le rivage rocheux léché par les vagues constitue la principale attraction. Vallgornera, la localité voisine, possède la plus longue grotte de l'île !

À voir

Platja de Ses Covetes PLAGE

Cette longue plage de sable fin aux eaux cristallines fait partie de la **Reserva Marina del Migjorn de Mallorca**, une réserve marine protégée où aucune construction ne vient gâcher le cadre de dunes et de pinèdes auquel elle est adossée. La plage est assez fréquentée. En la suivant à pied vers l'est, on rejoint la Platja d'Es Trenc. La Platja de Ses Covetes se trouve après Sa Ràpita, non loin de la Ma6030. Vous pouvez garer votre voiture à Sa Rapita.

Cova des Pas de Vallgornera GROTTES

GRATUIT Vallgornera (à 3 km à l'est de Cala Pi) compte une demi-douzaine de grottes. Certaines sont particulièrement impressionnantes, avec des rivières et des lacs souterrains, sans parler des spectaculaires stalactites et stalagmites. La plus célèbre, la Cova des Pas de Vallgornera, est aussi la plus longue des Baléares (6 435 m). Hélas, ces grottes ne sont pas ouvertes au public, mais uniquement aux géologues et aux spéléologues.

Depuis/vers Sa Ràpita

Le bus n°515 assure des trajets depuis/vers Palma (5,30 €, 1 heure, jusqu'à 5/jour).

COLÒNIA DE SANT JORDI ET SES ENVIRONS

À l'ouest de la station familiale de Colònia de Sant Jordi s'étirent les 7 km sauvages de la Platja d'Es Trenc. Au sud-est, une vaste réserve naturelle préserve une large portion de littoral rocheux, adouci çà et là par de superbes plages. Au large se situe le seul parc national des Baléares, le Parc Nacional Marítim-Terrestre de l'Arxipèlag de Cabrera.

VAUT LE DÉTOUR

CAP BLANC

Si vous circulez sur la route côtière allant de Palma à Capocorb Vell et Cala Pi, il serait dommage de ne pas faire un détour par le Cap Blanc. Prenez la Ma6014 vers le sud depuis S'Arenal et tournez à droite au panneau indiquant le cap. Vous arriverez rapidement à un phare et à ce qui ressemble à un bâtiment militaire abandonné. Garez-vous à côté de la barrière.

Il est impossible d'atteindre le phare, mais une promenade de 5 minutes à travers les buissons vous conduira à une falaise abrupte. La vue sur la Méditerranée est magique, avec les falaises rouges et les oiseaux marins qui tournoient dans le ciel. À la fois frais et ensoleillé, l'endroit est idéal pour un pique-nique, mais attention si vous avez des enfants ou un chien, car il n'y a pas de barrières et l'endroit peut s'avérer dangereux.

À l'intérieur des terres, un petit nombre de sites talayotiques viennent interrompre la monotonie tranquille de la campagne.

Colònia de Sant Jordi

2 900 HABITANTS

Principale station balnéaire de la côte sud, Colònia de Sant Jordi est depuis longtemps la destination estivale préférée des habitants de Palma. Ville coquette, dont les rues bien dessinées forment un damier sur le paysage vallonné, la Colònia est une station on ne peut plus familiale, qu'entourent certaines des plages les plus belles et les plus sauvages de Majorque. C'est toutefois surtout en tant que porte d'accès à l'Illa de Cabrera (p. 166) qu'on l'appréciera.

À voir

L'intérêt principal de Colònia de Sant Jordi réside dans ses merveilleuses plages et sa promenade sur le front de mer. La plus célèbre est la Platja d'Es Trenc, à 20 minutes à pied de l'extrémité nord-ouest de la ville.

Platja d'Es Trenc PLAGE

La plus grande plage sauvage de Majorque s'étire sur 3 km au nord-ouest de Colònia de Sant Jordi. Les longues étendues de sable blanc, les eaux azur et le cadre idyllique de pinèdes et de dunes donnent une idée de la beauté de la côte majorquine avant qu'elle ne souffre de la surexploitation touristique. Officiellement, c'est une plage nudiste, mais elle plaît également aux "textiles".

Pour rejoindre le parking, prenez l'embranchement signalé vers l'ouest au départ de la Ma6040. La route, étroite et goudronnée, croise les monticules de sel jaune des Salines de Llevant, puis elle longe des champs parsemés de fleurs sauvages avant de rejoindre une zone de marécages située près de la plage.

Centro de Visitantes Ses Salines AQUARIUM

(Angle Carrer de Gabriel Roca et Plaça del Dolç ; adulte/enfant 6/3 € ; 10h-midi et 15h-23h). GRATUIT À l'extrémité nord-est de la ville et à une rue de la Platja Es Port, cet impressionnant lieu, réalisé en pierre et en verre, fait à la fois fonction d'aquarium et de centre d'information sur le Parc Nacional Marítim-Terrestre de l'Arxipèlag de Cabrera. Sa visite s'achève par l'ascension d'une rampe en spirale, ornée d'une belle fresque de Miguel Mansanet. Ce dernier s'est inspiré d'une carte majorquine de la Méditerranée datant du XVIe siècle.

Activités

Team Double J LOCATION DE VÉLOS

(971 65 57 65 ; www.teamdoublej.com ; Avinguda de la Primavera 9 ; à partir de 7,50-15 €/jour, 35-120 €/semaine ; 9h30-13h et 17h-19h fév-oct). Location de vélos ; carte et informations sur les itinéraires dans la région.

Piraguas Mix KAYAK

(971 65 24 74 ; www.piraguasmixkayaks.com ; S'Alqueria Rotje, Campos ; kayak de mer à partir de 30 €/jour, excursions guidées 30 €/pers ; 9h-21h). L'un des spécialistes du kayak de mer les plus réputés de l'île.

Où se restaurer

Marisol INTERNATIONAL €€

(971 65 50 70 ; www.restaurantemarisol.eu ; Carrer de l'Enginier Gabriel Roca ; plats 12-26 € ; 12h30-22h30 ;). Au menu : pâtes et pizza, poisson et crustacés, plats de riz et ragoût, servis sur une spacieuse terrasse couverte, au bord de l'eau. La cuisine est assez classique pour un restaurant de port, mais le cadre est plutôt agréable.

Sal de Coco MÉDITERRANÉEN €€€
(☎971 65 52 25 ; www.restaurantsaldecoco.com ; Carrer Carreró 47 ; menus 25-33 € ; ⏰13h-15h et 18h-23h mer-dim mar-oct). Ce bistrot raffiné et émaillé d'œuvres d'art doit son nom au sel de mer récolté sur les rochers aux abords de Colònia de Sant Jordi. Marta Rosselló exploite avec créativité les saveurs méditerranéennes dans des plats comme les raviolis poisson-épinards maison avec sauce aux crevettes, le risotto à la seiche et aux champignons ou le steak tartare (parfait). Le tout est merveilleusement présenté et réveille les papilles.

Renseignements

Office du tourisme (☎971 65 60 73 ; www.mallorcainfo.com ; Carrer Gabriel Roca ; ⏰10h-14h et 16h-21h mer-lun juin-sept, 10h-13h et 16h-18h mer-lun fév-avr et oct). Sur le port.

Depuis/vers Colònia de Sant Jordi

Le bus n°502 relie la ville à Palma (6,35 €, jusqu'à 8/jour, 1 heure 15).

Ses Salines

Fournissant du sel depuis l'époque romaine, la modeste bourgade agricole de Ses Salines ("les salines") est en passe de devenir l'une des villes les plus séduisantes et les plus prisées de l'intérieur de l'île. Avec ses bars et ses restaurants agréables, sans oublier ses boutiques de sel local, elle est en train de passer du statut d'étape à celui de destination à part entière. C'est aussi la porte d'accès à une superbe région, pleine de sentiers de randonnée pédestres et cyclables.

À voir

Les centres d'intérêt étant assez éloignés les uns des autres, il est nécessaire d'être motorisé pour les rejoindre.

Cap de Ses Salines PHARE
(Carretera de Cap de Ses Salines). Suivez la Ma6110 sur 9 km au sud de Llombards pour rejoindre le cap de Ses Salines, un joli promontoire de la pointe la plus au sud de Majorque, avec un phare datant de 1863. Il n'y a pas grand-chose à voir, mais on trouve de chaque côté de belles plages, protégées par la Reserva Marina del Migjorn de Mallorca.

Les plages de l'est semblent taillées dans les falaises côtières qui plongent vers de jolies petites criques comme le Caló des Màrmols, des plages comme la Platja d'Almunia et des grottes comme la Cova de Sa Plana. Un sentier côtier de 6 km les relie.

Botanicactus JARDIN
(www.botanicactus.com ; Carretera Ses Salines-Santanyí ; adulte/enfant 9,50/4,50 € ; ⏰9h-19h30). À l'extérieur de la ville, le Botanicactus prétend être le plus grand jardin botanique d'Europe. Il compte plus de 1 000 espèces de plantes méditerranéennes et exotiques, dont des palmiers, des bambouseraies, des cyprès, des caroubiers, des orangers et 12 000 cactus.

Poblat Talaiòtic dels Antigors SITE ARCHÉOLOGIQUE
GRATUIT À 1 km de Ses Salines, en allant vers Colònia de Sant Jordi, suivez les panneaux indiquant ce site archéologique abandonné où seuls subsistent quelques pans de murs de pierre et des plaques à peine lisibles. Il n'y a pas de bureau d'information, la porte est toujours ouverte.

Activités

Artestruz Mallorca FERME
(☎971 65 05 62 ; www.artestruzmallorca.com ; Ma6014 ; adulte/enfant 5/2 € ; ⏰10h-14h et 17h-20h). Indiquée depuis la Ma6014, à 3 km au nord-ouest de Ses Salines, cet élevage d'autruches est pour le moins original. Les enfants seront ravis d'avoir la possibilité de caresser et de nourrir ces grands oiseaux. Des repas (avec viande d'autruche, œufs d'autruche et vin majorquin) sont préparés sur commande et il y a une boutique sur place, qui vend de la maroquinerie en cuir d'autruche et d'autres produits, tels que des plumeaux en plumes d'autruche.

LE TOP DES PLAGES DU SUD DE MAJORQUE

- **Platja d'Es Trenc** (p. 162)
- **Sa Plageta** et **S'Espalmador** (Illa de Cabrera ; p. 166)
- **Cala Mondragó** (p. 168)
- **Cala Pi** (p. 161)
- **Cala Santanyí** (p. 165)
- **Cala Llombards** (p. 166)

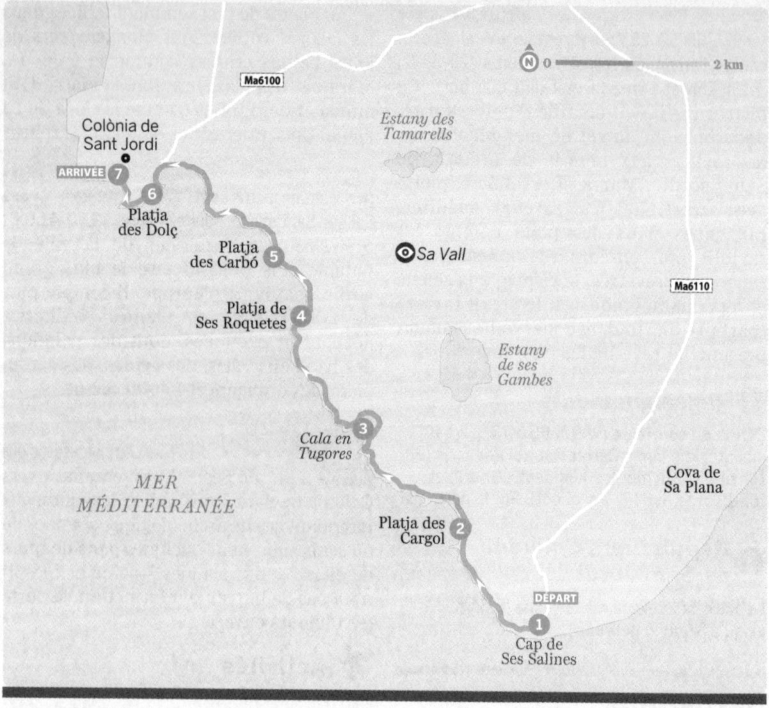

Promenade à pied
Du Cap de Ses Salines à Colònia de Sant Jordi

DÉPART CAP DE SES SALINES
ARRIVÉE COLÒNIA DE SANT JORDI
DISTANCE 9 KM ; 3 HEURES

S'il est parfois difficile de trouver des parties de littoral encore sauvages à Majorque, cette promenade n'en manque pas ! Ce sentier côtier relie le Cap de Ses Salines à Colònia de Sant Jordi. Sans relief mais rocheux, il passe par des affleurements déchiquetés et des plages de sable désertes, idéales pour la baignade. Prévoyez de l'eau en quantité – il n'y a aucune source d'eau en chemin et les coins d'ombre sont très rares. Vous pourrez voir diverses plantes, notamment des asperges sauvages et de l'*azucena de mar* (pourpier de mer), dont les fleurs blanches très odorantes fleurissent en juillet et en août.

Laissez votre voiture sur le bord de la route au 1 **Cap de Ses Salines**, signalé depuis la route principale. De là, allez vers la mer et tournez à droite (en direction de l'ouest). Vous pourrez voir la Méditerranée scintiller sur votre gauche, avec l'Illa de Cabrera au loin, et le vaste domaine de Sa Vall, propriété de la famille March, sur votre droite.

Après une demi-heure de marche sur les rochers rougeâtres qui dominent la côte (ceux-là même qui ont servi à la construction de la cathédrale de Palma), vous atteindrez la première plage "vierge" de la promenade, la 2 **Platja des Cargol**, protégée par une jetée naturelle de pierres. En été, l'endroit peut devenir particulièrement fréquenté, aussi bien sur terre qu'en mer.

Continuez le long de la côte pour rejoindre d'autres criques et plages : la 3 **Cala en Tugores** (1 heure plus loin), la 4 **Platja de Ses Roquetes**, la 5 **Platja des Carbó** (après 2 heures 15) et, enfin, la 6 **Platja des Dolç** (au bout de 3 heures). Ces plages, avec leur sable très fin et leurs douces vagues turquoise, sont tout simplement magnifiques. Même avec la foule des estivants, le cadre idyllique (genévriers, cri des mouettes...) fait que l'on s'y sent toujours loin.

L'arrivée à 7 **Colònia de Sant Jordi** marque la fin de la promenade.

Salines d'Es Trenc VISITE GUIDÉE
(www.salinasdelevante.com ; Carretera Colònia de Sant Jordi-Campos Km 10). Si vous avez envie d'en apprendre plus sur la précieuse *flor de sal* (fleur de sel récoltée à la main) d'Es Trenc, participez à la visite guidée des salines (1 heure 30 ; en espagnol, anglais ou allemand). Vous saurez tout sur la production du sel et son histoire, et obtiendrez également des renseignements sur l'avifaune locale. Les visites ont lieu à 10h30, 12h, 16h30 et 17h30 d'avril à octobre ; départ du bureau des Salines d'Es Trenc.

Où se restaurer

Cassai INTERNATIONAL €
(☎971 64 97 21 ; Carrer de Sitjar 5 ; plats 13-23,50 € ; ⏲11h-23h). Décoration soignée et ambiance romantique. Au menu, des côtelettes d'agneau accompagnées de *tumbet* (ratatouille) ou du curry de poisson. Le midi, la formule express est très avantageuse (8,50 €). Les propriétaires possèdent aussi une boutique proposant des articles pour la maison dans un décor rustique chic.

♥ **Casa Manolo** MAJORQUIN €€
(☎971 64 91 30 ; www.bodegabarahona.com ; Plaça Sant Bartomeu 2 ; plats 16-27 € ; ⏲11h-16h et 19h-23h mar-dim). Avec ses murs couverts de photos et ses jambons *serrano* accrochés au plafond, ce bar de quartier ouvert depuis 1945 a conservé son authenticité. Il propose des plats à base de riz, de poisson et de fruits de mer. Goûtez le ragoût de homard ou l'*arròs notari*, plat de riz au poisson dans une sauce à l'encre de seiche.

Asador Es Teatre GRILL €€
(☎971 64 95 40 ; www.asadoresteatre.com ; Plaça Sant Bartomeu 4 ; plats 12-22 € ; ⏲11h-23h jeu-mar). Asador Es Teatre est spécialisé dans la viande et les grillades. Le bâtiment date du XIXe siècle. On appréciera surtout la terrasse.

Où prendre un verre

Bodega Llum de Sal BAR, CAFÉ
(www.llumdesal.es ; Carrer Burguera Mut 14 ; ⏲9h-0h). Avec ses œuvres d'art aux murs, cet établissement tendance, en bois et en pierre, installé sur deux étages dans l'artère principale de la ville, est l'un des plus jolis bars de l'île. Outre ses cafés et cocktails, il propose également à la vente des produits d'épicerie fine, notamment du sel local préparé avec différentes épices.

Achats

Cassai Gourmet ALIMENTATION, VIN
(Plaça Sant Bartomeu 9 ; ⏲10h-13h15 et 17h-21h30). Point de vente officiel de la Flor de Sal d'Es Trenc, le sel que l'on trouve en vente partout à Majorque, cette boutique propose aussi bien la variété nature (17 €/kilo), que d'autres formes, assaisonnées aux herbes méditerranéennes, à l'hibiscus, aux olives noires, etc. Vous y trouverez également du vin, des huiles d'olive et autres spécialités locales.

Depuis/vers Ses Salines

Mieux vaut être motorisé pour se rendre sur place, notamment pour visiter les sites environnants. Quelques rares bus circulent depuis/vers Campos et Santanyí.

DE SANTANYÍ À CALA D'OR

Les stations installées sur la côte est de l'île forment une bande presque ininterrompue d'hôtels, de restaurants de poisson et de plages tapissées de parasols. Seule exception au développement impitoyable sur la partie la plus animée du sud de Majorque : le Parc Natural de Mondragó, qui protège des plages immaculées entourées de roche rouge et de genévriers.

Santanyí

Coincée entre le Parc Natural de Mondragó et Ses Salines, la charmante ville de Santanyí jouit d'une notoriété croissante auprès des visiteurs, qui apprécient ses maisons couleur miel, ses cafés bohèmes et ses restaurants, ses boutiques, ses galeries d'art et ses magasins de céramiques.

L'action se concentre essentiellement autour de la Plaça Major, dont les terrasses sont prises d'assaut pour siroter un verre ou grignoter des tapas. L'animation bat son plein les jours de marché (mercredi et samedi), où les étals présentent les produits des fermes alentour.

À voir

Cala Santanyí PLAGE
Assez prisée, sans être bondée, cette plage spacieuse occupe une jolie crique entre falaises et eaux couleur cobalt. On

VISITER L'ILLA DE CABRERA

Dix-neuf îles et îlots inhabités constituent le seul parc national des îles Baléares, le **Parc Nacional Marítim-Terrestre de l'Arxipèlag de Cabrera** (☎971 72 50 10 ; ⌚Pâques-oct). Les îles arides et vallonnées de cet archipel sont connues pour leurs oiseaux, leur environnement maritime riche et leur importante population de lézards. À seulement 16 km de la côte de Colònia de Sant Jordi, l'Illa de Cabrera, la plus grande île de l'archipel, est la seule qu'il soit possible de visiter. Les autres sont réservées à l'observation scientifique de la faune et de la flore. Seules 200 personnes par jour (300 en août) sont admises dans cette zone naturelle hautement protégée, et il faut donc réserver sa place au moins un jour à l'avance. Les bateaux sont autorisés à venir à Cabrera s'ils ont obtenu les autorisations préalables auprès de l'administration du parc, mais la quasi-totalité des visiteurs arrivent par les bateaux de croisière. **Excursions a Cabrera** (☎971 64 90 34 ; www.excursionsacabrera.es ; Porto de Colònia de Sant Jordi ; adulte/enfant bateau 40/25 €, bateau rapide 42/27 €) propose des bateaux lents et rapides au départ de Colònia de Sant Jordi. **Mar Cabrera** (☎971 65 64 03 ; www.marcabrera.com ; Avinguda Gabriel Roca 18 ; adulte/enfant à partir de 35/20 € ; ⌚9h-13h et 16h-21h) dispose de bateaux rapides.

Dans la journée, les visiteurs sont libres de faire ce qu'ils veulent. La plupart profitent simplement du calme merveilleux des plages, **Sa Plageta** et **S'Espalmador**. L'écosystème étant extrêmement fragile, peu de sentiers sont ouverts au public et, pour la plupart, il est nécessaire d'être accompagné d'un guide ou de demander la permission auprès des autorités du parc.

L'itinéraire le plus connu rejoint un **château restauré du XIVe siècle**, autrefois utilisé pour tenir les pirates à distance. Plus tard, il servit de prison aux soldats napoléoniens capturés durant la guerre d'indépendance espagnole – beaucoup moururent après avoir

peut se garer sur un parking (mieux vaut avoir de bonnes jambes pour rentrer à pied ou à vélo en ville). Un petit sentier longe la côte jusqu'à l'arche rocheuse naturelle d'**El Pontàs** qui se dresse dans la mer. C'est un spot apprécié pour le snorkeling.

Cala Llombards PLAGE

Petite crique entourée de falaises plantées de pins, la Cala Llombards est vraiment un bel endroit. Il y a bien une paillotte sur la plage et des vacanciers allongés sous les parasols en feuilles de palmiers, mais c'est tout. On y jouit d'une belle vue sur les eaux turquoise, le sable et les rochers rouges.

Pour rejoindre la Cala Llombards, indiquée depuis la Ma6102, suivez la route bordée de murs de pierre et de prairies où viennent paître les moutons.

Où se restaurer

♥ Alchemy MAJORQUIN €€

(☎971 65 39 57 ; Carrer de Aljub 10 ; ⌚13h-16h et 18h-2h lun-ven, 19h-2h sam, 19h-0h dim). Ne vous fiez pas à son nom : ce restaurant n'a rien à voir avec la cuisine moléculaire ou autres audaces culinaires. Avec sa jolie cour, son cadre élégant et son sens de l'accueil, l'Alchemy dégage une simplicité rafraîchissante. Pourquoi ne pas commencer par une salade au fromage de chèvre ou du calmar, avant un steak cuit à la perfection ou un poisson grillé ?

Es Molí de Santanyí TAPAS €€

(☎971 65 36 29 ; Carrer Consolació 19 ; tapas 5-19 € ; ⌚13h-23h mi-fév à mi-nov). Repérez le moulin à vent avant de vous glisser dans le patio, à l'ombre des palmiers et des hévéas. Au menu : des tapas originales et soignées à composer comme bon vous semble (sashimis au thon, *wonton* au boudin ou caille rôtie aux lentilles).

Renseignements

Bureau du Parc Natural de Mondragò

(☎971 64 20 67 ; Carrer de Can Llaneres 8 ; ⌚9h-16h). Pour obtenir des renseignements sur les visites possibles dans cette zone côtière protégée.

Depuis/vers Santanyí

On compte jusqu'à 6 bus quotidiens à destination de Palma (6,50 €, 1 heure 30).

été abandonnés. Cette promenade de 30 minutes serpente du côté nord de l'île, avant de déboucher sur un promontoire haut de 80 m, où se dresse le château.

Des visites guidées de 20 minutes mènent à **Es Celler**, une ferme tenue par la famille Feliu, propriétaire de la totalité de l'île au début du XXe siècle. C'est aujourd'hui un petit musée à vocation historique et culturelle. À proximité se dresse un monument aux prisonniers français morts à Cabrera.

D'autres itinéraires permettent de rejoindre le **phare de N'Ensiola** (4 heures, permission requise), la partie sud de la **Serra de Ses Figueres** (2 heures 30, autorisation requise) ou le point culminant de l'île, le **Picamosques** (172 m, 3 heures, autorisation requise).

L'île est idéale pour le snorkeling. Il faut une permission spéciale pour plonger, mais rien ne vous empêche de partir de la plage avec palmes et tuba. En juillet et en août, les guides du parc proposent des sorties snorkeling.

Paradis pour les oiseaux, l'île héberge oiseaux marins, oiseaux de proie et oiseaux migrateurs présents sur place au moins une partie de l'année. Parmi les espèces les plus fréquemment repérées : l'aigle pêcheur, le puffin des Baléares (menacé), le goéland d'Audouin, le puffin cendré, des cormorans, des balbuzards pêcheurs, des faucons d'Éléonore et des faucons pèlerins.

Parmi les autres animaux, nombreux dans l'île, le lézard des Baléares est l'espèce la plus connue. En effet, ce petit lézard a peu de prédateurs dans l'archipel, et 80% de la population de l'espèce vit sur l'île.

Sur le trajet du retour à Colònia de Sant Jordi, le bateau s'arrête à **Sa Cova Blava** ("la grotte bleue"), belle grotte aux eaux cristallines, où les passagers peuvent se baigner. Les bateaux rapides s'y arrêtent également.

Cala Figuera

Avec ses constructions basses, ses pinèdes et ses rues bordées de restaurants, Cala Figuera est un petit port romantique, l'un des plus jolis de la côte est. Si quelques bateaux de plaisance côtoient les bateaux de pêche colorés, le lieu est resté authentique. Ici, pas d'animation ni de vie nocturne trépidante, mais le spectacle des pêcheurs rentrant au port avant l'aube vaut bien une fête.

Activités

Red Star Tours SORTIE EN BATEAU

(664 243464 ; www.redstartours.com ; Port de Cala Figuera). Choisissez entre une balade de 15 minutes dans le port (adulte/enfant 10/7 €), une excursion d'une demi-heure autour des baies avoisinantes comme Cala Santanyí (15/11 €), ou un circuit nature d'1 heure (25/17 €) qui vous entraînera vers des criques isolées.

Où se restaurer

Restaurante Petite Iglesia FRANÇAIS €

(971 64 50 09 ; www.la-petite-iglesia.com ; Carrer de la Marina 11 ; plats 13,50-21 €, menu 19,90-39,50 € ; 18h-23h avr-oct ;). Situé à deux rues de la plage, cet établissement n'a pas la vue sur la mer, mais il n'en jouit pas moins de l'un des plus beaux cadres de la ville. Installé dans ce qui fut une petite église de grès, avec des tables sous les arbres, il propose une cuisine française, notamment une bonne estouffade de bœuf à la provençale ou de tendres souris d'agneau au romarin.

Mistral Restaurante MÉDITERRANÉEN €

(971 64 51 18 ; www.mistral-restaurante.com ; Carrer de la Verge del Carme 42 ; plats 15-18,50 € ; 18h30-23h mi-avr à oct ;). Au menu de cet établissement élégant, à deux pas du port, des tapas savoureuses et des plats plus élaborés, tels que la sole grillée à la pâte de persil ou le *tumbet* à la viande ou au poisson.

L'Arcada MAJORQUIN, INTERNATIONAL €

(971 64 50 32 ; Carrer de la Verge del Carme 80 ; plats 13,50-26,50 € ; 12h30-22h30 avr-oct). Dans ce restaurant en surplomb, on peut observer les bateaux amarrés dans le port en savourant des fruits de mer de première fraîcheur (calmar grillé, crevettes de Majorque), des paellas et des classiques

VAUT LE DÉTOUR

PARC NATURAL DE MONDRAGÓ

Avec ses plages, ses dunes, ses marais, ses falaises côtières et ses terres agricoles, le Parc Natural de Mondragó (766 ha) est un parc naturel magnifique qui comblera les amateurs de baignade ou de randonnée, et surtout les passionnés d'ornithologie. La **Cala Mondragó** est l'une des plus belles criques de la côte est. Protégée par des falaises et entourée de pinèdes, elle comprend trois plages de sable abritées, reliées entre elles par des sentiers.

Le parc héberge plusieurs espèces d'oiseaux, et vous pourrez notamment observer en parcourant les sentiers des faucons pèlerins et des goélands d'Audouin. Vous croiserez peut-être aussi des hérissons d'Algérie, des tortues d'Hermann et des crapauds des Baléares.

La Cala Mondragó est à 2 km au sud de Portopetro. Le bus n°507 relie Mondragó à la Cala d'Or (1,85 €, 30 min, 7/jour du lundi au vendredi) et à d'autres stations balnéaires.

majorquins comme le rôti de porc accompagné de *tumbet*. Sert aussi des pizzas.

Où prendre un verre

Bon Bar BAR, CAFÉ

(Carrer de la Verge del Carme 27 ; 9h30-2h). Surplombant la crique, avec un panorama superbe, c'est l'endroit idéal pour prendre un cocktail – on y propose aussi des en-cas et des glaces.

Depuis/vers Cala Figuera

Le bus n°502 assure le trajet depuis Palma (7 €, 1 heure 30) via Colònia de Sant Jordi et Santanyí 3 fois par jour, du lundi au samedi.

Renseignements

Bureau du parc (971 64 20 67, 971 18 10 22 ; Carretera de Cala Mondragó ; 9h-16h). Ce petit bureau, situé près du parking, dispose d'itinéraires de randonnée. Autre adresse à Santanyí.

Portopetro

Il règne dans les rues ombragées et escarpées de Portopetro une décontraction immédiatement perceptible. Ce petit port tranquille est situé dans une crique préservée, ce qui explique sa notoriété auprès des amateurs de pêche.

Activités

Petro Divers PLONGÉE

(971 65 98 46 ; www.petro-divers.eu ; Calo d'es Moix 8 ; 9h-18h30 ;). Ce centre de plongée propose un vaste choix de cours PADI, de l'initiation aux brevets Open Water en passant par les leçons pour enfants. Une seule plongée revient à 39 €, mais plus on réserve de sorties, plus les tarifs sont avantageux. Location de matériel également.

Où se restaurer

Aventura MAJORQUIN €€

(971 65 71 67 ; Carrer de sa Punta Mitjana 11 ; plats 9,50-17 € ; 12h-15h30 et 18h-23h). Avec sa vue sur le port, son service affable et ses poissons frais, l'Aventura est le meilleur restaurant du front de mer. Laissez-vous tenter par un assortiment de tapas pour deux (22 €) avec une bouteille de *tinto* (vin rouge), ou par des plats comme le colin aux clams ou le saint-pierre grillé.

La Caracola MAJORQUIN, INTERNATIONAL €€

(971 65 70 13 ; Avinguda del Port 40 ; menu déj 2 plats 8,50 €, plats 7-23 € ; 13h-15h30 et 19h30-23h ;). Cette table très appréciée régale ses clients depuis vingt ans avec ses calmars farcis (*calamares rellenos*), son *lechona* (cochon de lait) et son *tumbet*, même si l'établissement propose aussi pâtes et paellas. Ce n'est pas l'établissement le plus branché, mais c'est généralement le plus bondé.

Restaurante Marítimo MAJORQUIN €€

(971 65 80 50 ; Calo d'en Moix ; plats 12,50-28 € ; 12h-16h et 19h-23h30 mar-dim ;). Situé à côté de l'école de plongée, ce restaurant sans prétention dispose d'une terrasse couverte de bougainvillées, avec vue sur le port. La mer est ici à l'honneur sous toutes ses formes, de la lotte grillée à la paella garnie de crustacées.

Depuis/vers Portopetro

On compte jusqu'à 5 bus par jour au départ de Portopetro pour Palma (8,40 €, 1 heure 30) et Cala d'Or (1,50 €, 10 min).

Cala d'Or

4 220 HABITANTS

Les jolies petites criques aux eaux calmes et azur sont bien là, mais il faut savoir les dénicher au milieu de cette grande station balnéaire tapageuse. Chaque *cala* (crique) a son artère principale, où les bars, les restaurants et les magasins de souvenirs abondent, ce qui fait qu'il est très difficile de vraiment apprécier l'endroit.

Principal atout de la station, le port de plaisance, **Port Petit**, est l'un des plus glamours de Majorque, ce qui explique pourquoi ce coin de Cala d'Or est en train de devenir l'un des plus huppés de l'île.

Activités

Nemar Kayaks KAYAK
(☎656 851267 ; http://nemarkayaks.weebly.com ; Avinguda de sa Cala Gran 8 ; location de kayak 30-50 €/jour, excursion de 2 heures 30-40 €). Louez un kayak pour vous balader à votre rythme autour des baies protégées de la côte sud ou prenez part à l'une des excursions proposées – sortie de plage en plage autour de Cala d'Or, exploration des grottes du Parc Natural de Mondragó ou promenade jusqu'à Cala Santanyí via l'arche rocheuse d'Es Pontàs.

Xplore Mallorca PLEIN AIR
(☎971 65 90 07 ; www.xploremallorca.com ; Carrer de Alga ; ⏲mai-oct). Excursions en VTT (18 €), à pied (15 €), à vélo (19 €) ou en kayak de mer (18 €) de durée variable. Les enfants paient moitié prix.

SeaRiders EXCURSIONS EN BATEAU
(☎615 998732 ; www.searidersweb.com ; Cala Llonga ; circuits adulte/enfant à partir de 21/16 € ; ⏲avr-oct). Établi à Cala Llonga, Sea Riders propose des circuits en bateau adaptés aux enfants, ainsi que des circuits plus rapides convenant mieux aux amateurs d'adrénaline (42 €). Jusqu'à 3 départs par jour en juillet et août.

Moto Sprint LOCATION VÉLOS ET MOTOS
(☎971 65 90 07 ; www.moto-sprint.com ; Carrer d'en Perico Pomar 5 ; vélo 7,50-16 €/jour, moto 29-93 € ; ⏲8h-13h et 16h30-20h). Des vélos, des motos... et même un scooter.

Où se restaurer

♥ **Yacht Club Cala d'Or** MÉDITERRANÉEN €€
(☎971 64 82 03 ; www.yccalador.com ; Avinguda de Cala Llonga ; en-cas 5-9,50 €, plats 14-25 € ; ⏲9h-0h mars-oct). Même sans posséder un yacht, on peut venir dîner dans ce beau restaurant sur le port, où les tables surplombent une piscine à débordement. On y savoure une cuisine majorquine aux légères notes internationales : tartare de crevettes de Sóller sur lit d'avocat, bar sauvage grillé avec sauce à l'orange ou encore tournedos.

Acuarius ESPAGNOL €€
(☎971 65 98 76 ; www.restauranteacuarius.com ; Port Petit 308 ; plats 11-27 €, menu 3 plats 15 € ; ⏲9h30-0h fév-nov). Jouissant d'un remarquable emplacement au-dessus du port de plaisance, l'Acuarius se distingue également par son service chaleureux et sa musique d'ambiance. Installez-vous sur la terrasse pour vous régaler de poisson frais, de crustacés ou d'un délicieux *frit Mallorquí*.

Port Petit MÉDITERRANÉEN €€€
(☎971 64 30 39 ; www.portpetit.com ; Avinguda de Cala Llonga ; menu déj 21,50 €, plats 19-29,50 €, menu dîner 39,50-59,50 € ; ⏲13h-15h30 et 19h-23h mer-lun avr-oct). Parmi les meilleures tables de Cala d'Or, ce restaurant revisite de manière innovante les produits traditionnels majorquins. Les plats sont servis sur la belle terrasse couverte qui domine le port de plaisance. Service attentionné et cuisine succulente, avec des plats appétissants, par exemple le homard arrosé de beurre au citron vert ou le rôti d'agneau mijoté aux herbes aromatiques.

Renseignements

Office du tourisme (☎971 82 60 84 ; Avinguda de Cala Llonga ; ⏲9h-14h lun-ven). Sur la route qui part du centre-ville pour rejoindre Port Petit.

Depuis/vers Cala d'Or

Le bus n°501 dessert Portopetro (1,50 €, 10 min, 5/jour), puis Palma (8,40 €, 1 heure 20, jusqu'à 6/jour). Le bus n°441 longe la côte est en s'arrêtant à tous les grands complexes touristiques.

LES CALAS DE CALA D'OR

D'ouest en est, les principales *calas* (criques) de Cala d'Or sont : **Cala Egos**, avec sa petite plage bondée ; **Cala Llonga** (Port Petit), le port de plaisance ; **Cala d'Or** (Cala Petita) et ses arbres ; **Cala Gran** qui possède la plus grande plage ; **Cala Esmeralda**, considérée comme la plus jolie ; et **Cala Ferrera**, longue plage très fréquentée, bordée d'hôtels.

Hébergement

Dans ce chapitre ➡

Le top des hôtels

- Can Cera (p. 172)
- Es Petit Hotel de Valldemossa (p. 175)
- Can Busquets (p. 175)
- Hotel Formentor (p. 180)

Le top des gîtes

- Cases de Son Barbassa (p. 172)
- Ca N'Aí (p. 177)
- Alqueria Blanca (p. 178)
- Es Castell (p. 181)

Le top des petits budgets

- Hostal Dragonera (p. 174)
- Hostal Nadal (p. 176)
- Hostal Villaverde (p. 176)
- Hostal Pons (p. 173)

Où se loger

Majorque est loin de n'offrir à ses visiteurs que de vastes complexes hôteliers sans charme. En vous y prenant à l'avance, vous pourrez trouver une chambre d'un grand cachet ou un petit havre de paix, qui vous donneront un aperçu de l'île telle qu'elle se présentait avant l'avènement du tourisme de masse. Le long de la côte se situent des établissement pleins de caractère, des *fincas* nichées au milieu des oliveraies aux ravissantes maisons de ville, en passant par les monastères perchés au sommet d'une colline.

Tout est affaire de goût : l'ouest de l'île est parfait pour découvrir le littoral, les villes des collines, et randonner ; l'intérieur des terres est idéal pour se détendre dans un cadre rural, tandis que l'Est et le Sud sont réputés pour leurs belles plages de sable. Le Nord présente un florilège de tous ces visages. Si la culture, la gastronomie et le shopping figurent parmi vos priorités, Palma est la destination rêvée.

Mieux vaut réserver, surtout en haute saison (de mai à septembre) où les hébergements sont une denrée rare. Palma devenant de plus en plus une destination de week-end, il peut être nécessaire de réserver même en basse saison. Les prix peuvent atteindre des sommets en haute saison (et être multipliés par deux, voire par trois). Hors saison, il est possible de trouver des offres très intéressantes.

De novembre à Pâques, la grande majorité des hôtels des stations balnéaires ferment leurs portes. Seuls ceux de Palma demeurent ouverts toute l'année.

Prix

Les tarifs indiqués ci-dessous correspondent à ceux d'une chambre double avec salle de bains privative :

CATÉGORIE	PRIX
$ petits budgets	moins de 75 €
$$ catégorie moyenne	75-200 €
$$$ catégorie supérieure	plus de 200 €

Types d'hébergement

Camping et auberges de jeunesse

Il n'y a plus de camping sur l'île, mais il est possible de planter sa tente au Monestir de Lluc. L'île ne compte qu'une seule auberge de jeunesse (*albergue juvenil*), à Cap des Pinar, au nord. Pour plus d'informations, consultez www.reaj.com, le site officiel des auberges de jeunesse espagnoles.

Hoteles et hostales

Un *hostal* (parfois appelé *pensión*) est un petit hôtel bon marché, souvent tenu en famille. Les meilleurs peuvent offrir des chambres lumineuses, impeccables et pleines de cachet. Les *hoteles* couvrent toute la gamme, des adresses sommaires aux hôtels de luxe, en passant par les boutique-hôtels.

Dans la catégorie petits budgets, les prix varient en fonction de la présence ou non d'un *lavabo*, d'une *ducha* (douche) ou d'un *baño completo* (salle de bains complète). Dans les hôtels haut de gamme, vous paierez souvent plus cher pour une chambre avec un *balcón* ou avec vue sur la mer, ou pour une suite, forcément plus onéreuse.

Quelques sites utiles pour réserver :

- **Mallorca Hotel Guide** (www.mallorcahotelguide.com). Site de réservation d'hôtels, géré par la principale association hôtelière de l'île.
- **Asociación Hotelera de Palma** (p. 78). Uniquement les hôtels de Palma.
- **Reis de Mallorca** (www.reisdemallorca.com). Hôtels de caractère.
- **Hostal en Mallorca** (www.hostalenmallorca.com). Vaste choix d'hébergements économiques.
- **First Sun Mallorca** (www.firstsunmallorca.com). Hôtels dans les environs de Cala Ratjada et de Canyamel.

Refuges

Situés principalement dans la Serra de Tramuntana, les refuges pour randonneurs (*refugis*) constituent une alternative bon marché aux hôtels. Certains sont placés de façon stratégique sur les itinéraires les plus empruntés. Beaucoup sont gérés par le service chargé de l'environnement au **Consell de Mallorca** (☎971 17 37 00 ; www.conselldemallorca.net/refugis) et les autres par l'**Institut Balear de la Naturalesa** (Ibanat ; ☎971 17 76 52 ; www.caib.es ; ⏲réservation 10h-14h lun-ven). Les lits en dortoir coûtent environ 12 € ; certains refuges proposent même quelques chambres doubles et un service de restauration. Appelez avant pour éviter de trouver l'établissement fermé en arrivant.

Gîtes ruraux

Qu'il s'agisse d'une paisible *finca*, d'un B&B dans un manoir perché dans la Tramuntana ou d'une villa donnant sur la mer, les propriétés agricoles sont les hébergements les plus enchanteurs de Majorque. Il s'agit souvent de domaines historiques, dotés d'excellentes infrastructures, tels piscines et courts de tennis, abritant un restaurant romantique et proposant activités et excursions.

Les autorités touristiques locales les divisent en trois catégories : *agroturisme* (fermes en exploitation), *turisme de interior* (à la campagne, maisons particulières converties en hôtels de charme) et *hotel rural* (généralement une grande propriété agricole transformée en hôtel de luxe).

Quelques sites pratiques pour réserver :

Agroturismo en Mallorca (www.agroturismoenmallorca.com)

Associació Agroturisme Balear (☎971 72 15 08 ; www.rusticbooking.com)

Finca Mallorca (www.fincamallorca.de)

Fincas 4 You (www.fincas4you.com)

Mallorca Farmhouses (www.mfh.co.uk)

Rustic Rent (www.rusticrent.com)

Secret Places (www.secretplaces.com)

Top Rural (www.toprural.com)

PALMA

La vieille ville et Es Puig de Sant Pere abritent des boutiques-hôtels organisés autour d'un patio, ainsi que quelques pensions de famille. Envie de shopping et de restaurants à portée de main ? Séjournez près du Passeig d'es Born ou de la Plaça Major. Si vous préférez avoir vue sur la mer, optez pour le Passeig Marítim ou Es Portitxol.

Vieille ville

Hotel Santa Clara BOUTIQUE-HÔTEL €€
(Carte p. 56 ; ☎971 72 92 31 ; www.santaclarahotel.es ; Carrer de Sant Alonso 16, Palma de Mallorca ; d 104-225 €, ste 168-360 € ; ❄@🛜). Le design se mêle à l'histoire dans cette demeure historique respectueusement reconvertie, où le gris discret, l'acier et les tons crème

L'ABRI NE FAIT PAS LE MOINE

Envie de dormir au calme ? Plusieurs monastères de Majorque ouvrent leurs portes aux touristes et proposent des chambres. Il s'agit en général d'anciennes cellules de moines reconverties, offrant un calme exceptionnel et, souvent, une vue spectaculaire. Les enfants sont les bienvenus, à condition qu'ils ne fassent pas trop de bruit. Les meilleures adresses :

Santuari de la Mare de Déu des Puig (☎971 18 41 32 ; Puig de Maria, Pollença ; s 10-14 €, d 17-22 € ;). Admirez la vue panoramique sur la côte nord depuis ce monastère juché au sommet d'une colline de Pollença. Parfait pour une expérience quasi ascétique. Les chambres du 1er étage ont notre préférence. Les hôtes ont accès au réfectoire et au barbecue, et peuvent commander à manger (excellente paella).

Petit Hotel Hostatgeria Sant Salvador (☎971 58 19 52 ; www.santsalvadorhotel.com ; Santuari de Sant Salvador, Sant Salvador ; s/d 45/69 €, app 6 lits 117-142 € ; fév-oct ;). Haut perché au-dessus des plaines, ce monastère aux allures de forteresse n'accueille plus de moines depuis longtemps, mais leurs anciennes cellules ont été reconverties en chambres simples et pimpantes, chacune avec vue panoramique et salle de bains privative.

Hospedería del Santuari de Lluc (☎971 87 15 25 ; www.lluc.net ; Plaça dels Peregrins, Escora ; s 31-36 €, d 41-62 € ;). Fréquenté par les groupes scolaires, les randonneurs et les pèlerins, ce monastère offre des chambres qui diffèrent en taille et en équipements (on peut avoir accès à une cuisine). Certaines donnent sur la cour, mais les meilleures sont celles qui ont vue sur la montagne. Mieux vaut en revanche éviter les chambres sombres de l'étage inférieur. Un endroit magique dans la Tramuntana.

Ermita de la Victòria (☎971 54 99 12 ; www.lavictoriahotel.com ; Carretera Cap des Pinar, Cap des Pinar ; s/d 45/69 €, petit-déj 8 € ;). À l'est de la baie de S'Illot, une route serpente jusqu'à un magnifique point de vue et à ce monastère du début du XVe siècle. Les 13 chambres rénovées respirent la fraîcheur avec leurs murs blancs, leurs draps écrus et leurs poutres apparentes. Les imposants murs de pierre et les carreaux de terre cuite au sol lui donnent un air méditerranéen, et l'emplacement est parfait.

se mêlent harmonieusement aux murs de pierre, aux vastes espaces et aux hauts plafonds du bâtiment d'origine. Le spa intimiste invite à la détente. Depuis la terrasse sur le toit, on a vue sur tout Palma.

Palma Suites APPARTEMENT €€
(Carte p. 56 ; ☎971 72 79 00 ; www.palma-suites.com ; Plaça Mercadal 8, Palma de Mallorca ; ste 137–250 € ;). Ce nouvel établissement propose des appartements de luxe, spacieux et design, où l'on se sent comme chez soi. Décorés d'œuvres d'art et de touches de couleurs vives, ils sont dotés d'une cuisine équipée (avec machine Nespresso) et d'une Smart TV. Les triplex sont parfaits pour les familles. La vue depuis le toit-terrasse embrasse la ligne des toits de Palma. Séjour de 3 nuits minimum.

Hotel Dalt Murada HÔTEL HISTORIQUE €€
(Carte p. 56 ; ☎971 42 53 00 ; www.daltmurada.com ; Carrer de l'Almudaina 6A, Palma de Mallorca ; s 105 €, d 99-170 €, ste 199 €, petit-déj 7,50 € ;). Agencée autour d'une cour médiévale, cette ancienne maison de ville datant de 1500, soigneusement restaurée, compte 14 chambres décorées d'antiquités (lustres, lits à baldaquin) et d'œuvres d'art. Les matelas ne sont pas assez fermes au goût de certains et les chambres donnant sur la rue sont bruyantes. La suite en penthouse résolument XXIe siècle offre une vue incroyable sur la cathédrale.

♥ **Can Cera** BOUTIQUE-HÔTEL €€€
(Carte p. 56 ; ☎971 71 50 12 ; http://cancerahotel.com ; Carrer del Convent de Sant Francesc 8, Palma de Mallorca ; ch 165-495 € ;). Bienvenue dans l'un des hôtels de charme les plus romantiques de Palma ! On accède à cet édifice du XIVe siècle par une cour intérieure pavée, tandis qu'un escalier en fer forgé conduit aux chambres qui conjuguent charme de l'ancien et notes contemporaines. La décoration est raffinée sans jamais être chargée, avec hauts plafonds et mobilier d'époque.

La terrasse, la bibliothèque très ornée, le spa dont on peut disposer en exclusivité, ainsi que la qualité du service, ajoutent encore à l'attrait des lieux.

Boutique Hotel Calatrava BOUTIQUE-HÔTEL €€€
(Carte p. 56 ; 971 72 81 10 ; www.boutiquehotelcalatrava.com ; Plaça de Llorenç Villallonga 8, Palma de Mallorca ; ch 180-495 € ;). Ce nouvel hôtel splendide, qui s'élève sur les remparts de la vieille ville, offre une somptueuse vue sur la mer. Ses chambres associent des éléments de décoration du XIXe siècle à un cadre minimaliste, orné d'œuvres d'art contemporaines. On y trouve une TV connectée et un mini-bar. Le solarium est parfait pour s'attarder autour du petit-déjeuner, à base d'œufs préparés à la demande, et de jus de fruits frais.

Tout aussi raffiné, le spa au rez-de-chaussée peut se réserver. La qualité du service est elle aussi exceptionnelle – tout est possible !

Hotel Palacio Ca Sa Galesa HÔTEL HISTORIQUE €€€
(Carte p. 56 ; 971 71 54 00 ; www.palaciocasagalesa.com ; Carrer del Miramar 8, Palma de Mallorca ; s 199-300 €, d 219-349 €, ste 299-488 € ;). Cette demeure du XVIe siècle, dont les chambres entourent un joli patio-jardin, est l'une des adresses les plus chics de la ville. Portant chacune le nom d'un compositeur célèbre, toutes sont décorées d'antiquités, d'œuvres d'art et de soieries. Nagez sous les voûtes du spa en sous-sol ou admirez la cathédrale depuis un lit à baldaquin en bois sur le toit-terrasse.

Plaça Major et ses alentours

Misión de San Miguel BOUTIQUE-HÔTEL €€
(Carte p. 62 ; 971 21 48 48 ; www.urhotels.com ; Carrer de Can Maçanet 1, Palma de Mallorca ; ch 75-163 €, ste 115-203 € ;). Cet hôtel de charme de 32 chambres design est une véritable affaire. Les détails sont soignés : matelas fermes et douches tropicales, mais certaines chambres donnent sur des espaces publics un peu bruyants. Son restaurant, le Misa Braseria, appartient au groupe Fosh. Service sympathique et professionnel.

Hotel Born HÔTEL HISTORIQUE €€
(Carte p. 56 ; 971 71 29 42 ; www.hotelborn.com ; Carrer de Sant Jaume 3, Palma de Mallorca ; ch avec petit-déj 66 €, d avec petit-déj 91-126,50 € ;). Ce manoir du XVIe siècle vous offre un voyage dans le temps. Dans l'élégant couloir tapissé de rouge, des portes en bois sculptées s'ouvrent en grinçant sur des chambres décorées avec simplicité, où les meubles anciens paraissent tout petits sous les hauts plafonds.

Convent de la Missió BOUTIQUE-HÔTEL €€
(Carte p. 62 ; 971 22 73 47 ; www.conventdelamissio.com ; Carrer de la Missió 7, Palma de Mallorca ; s 105-185 €, d 115-225 €, ste 200-250 € ;). Un véritable havre de paix au cœur d'un quartier très animé. Cet ancien couvent (en activité du XVIIe siècle à 2003) est aujourd'hui un hôtel de charme aux grandes chambres tout de blanc vêtues. Un Jacuzzi et un sauna sont installés dans le cellier aux murs de pierre. Compte un toit-terrasse et une salle de lecture conçue avec un goût artistique.

Es Puig de Sant Pere

Hostal Pons PENSION €
(Carte p. 56 ; 971 72 26 58 ; www.hostalpons.com ; Carrer del Vi 8, Palma de Mallorca ; s 30 €, d 60-70 €, tr 85 € ;). Une charmante pension de famille, au cœur de la vieille ville. Salon rempli de livres à l'étage, et chambres avec têtes de lits en bois anciennes et carrelages. Les moins chères disposent d'une salle de bains commune. La terrasse sur le toit et le patio égayé de plantes permettent de se poser au calme.

Hostal Apuntadores HOSTAL €
(Carte p. 56 ; 971 71 34 91 ; www.palma-hostales.com ; Carrer dels Apuntadors 8, Palma de Mallorca ; s 40-58 €, d 50-68 € ;). En retrait de l'artère principale (gare au bruit !), cet établissement sans prétention compense l'exiguïté de ses chambres et la qualité moyenne de ses lits par ses balcons, dont certains donnent sur la Plaça de la Reina. Toit-terrasse parfait donnant sur la cathédrale. Lit d'enfant sur demande.

Puro Oasis Urbano HÔTEL DESIGN €€
(Carte p. 56 ; 971 42 54 50 ; www.purohotel.com ; Carrer de Montenegro 12, Palma de Mallorca ; s 98-134 €, d 113-168 €, ste 167-239 € ;). Terriblement chic avec sa déco mêlant minimalisme d'Ibiza et ambiance orientale, ce palais du XIVe siècle a été transformé en hôtel design de 26 chambres aux teintes monochromes, avec TV à écran géant et station iPod. Le jour, paressez dans les lits à baldaquin, plongez dans la piscine ou rejoignez le Puro Beach Club ; la nuit, rendez-vous au bar pour un cocktail.

Hotel Palau Sa Font HÔTEL €€
(Carte p. 56 ; 971 71 22 77 ; www.palausafont.com ; Carrer dels Apuntadors 38, Palma de Mallorca ; s/d 72-95/123-185 €, petit-déj inclus ;). Situé dans une petite rue

tranquille, cet ancien palais du XVIe siècle compte 19 chambres décorées dans un style minimaliste et épuré. Les lits en fer forgé, les colonnes en pierres apparentes et les quelques notes de couleur donnent aux chambres une sérénité presque monastique, alliée à un style méditerranéen contemporain.

Hotel Tres BOUTIQUE-HÔTEL €€€
(Carte p. 56 ; ☎971 71 73 33 ; www.hoteltres.com ; Carrer dels Apuntadors 3, Palma de Mallorca ; s 160-280 €, d 170-290 €, ste 313-544 € ;). Ce palais du XVIe siècle a récemment été transformé en hôtel à la décoration d'inspiration scandinave. Aménagées autour d'un patio planté d'un unique palmier, les chambres sont minimalistes et branchées (banquettes recouvertes de cuir de vache, bureaux sur roulettes ou cosmétiques d'aromathérapie Durance). Piscine et sauna sur le toit, pour se détendre au coucher du soleil au son des cloches de la cathédrale.

Si vous souhaitez disposer d'une terrasse, demandez les chambres nos 101, 201 ou 206. Personnel jeune et sympathique.

Hotel San Lorenzo HÔTEL HISTORIQUE €€€
(Carte p. 56 ; ☎971 72 82 00 ; www.hotelsanlorenzo.com ; Carrer de Sant Llorenç 14, Palma de Mallorca ; s 160-205 €, d 172-215 €, ste 270 € ;). Situé dans le vieux quartier, cet hôtel occupe un édifice du XVIIe siècle joliment restauré. L'établissement possède une cour majorquine, son propre bar, un toit-terrasse avec vue sur la cathédrale et un ravissant jardin avec piscine. Les chambres déclinent des styles différents : mobilier ancien, salle de bains avec faïences typiques, chambres lumineuses décorées de tissus majorquins.

Passeig Marítim et ouest de Palma

Hotel Mirador HÔTEL €€
(Carte p. 66 ; ☎971 73 20 46 ; www.hotelmirador.es ; Passeig Marítim 10, Palma de Mallorca ; d 81-134 €, f 132-174 €; P). Rénovées récemment, les chambres du Mirador présentent des lignes épurées, avec sol en marbre et teintes noires et blanches. On y trouve une petite salle de sports, un spa avec piscine chauffée, sauna et *hammam*. Vue sur le port depuis la terrasse. Le double vitrage est appréciable, car la route voisine peut être très fréquentée. À 20 minutes à pied du centre.

Es Portitxol, Es Molinar et Ciutat Jardí

Hotel Portixol BOUTIQUE-HÔTEL €€€
(Carte p. 52 ; ☎971 27 18 00 ; www.portixol.com ; Carrer de la Sirena 27, Palma de Mallorca ; s 135-165 €, d 185-365 €, ste 330-450 € ;). Hôtel branché donnant sur le port, le Portixol mélange agréablement styles méditerranéen et scandinave. Ses chambres, vastes et lumineuses, ont une décoration minimaliste, avec néanmoins toutes les commodités modernes (stations iPod, machine Nespresso et lecteurs DVD). La plupart ont vue sur la mer. Avec piscine en extérieur, salle de sports, spa, et l'un des meilleurs restaurants de Palma.

OUEST DE MAJORQUE

Port d'Andratx et Sant Elm

Hostal Dragonera B&B €
(☎971 23 90 86 ; http://hostaldragonera.es ; Avinguda del Rei Jaume I 5, Sant Elm ; s 46-50 €, d 58-68 € ; fév-oct ;). L'Hostal Dragonera se trouve à Sant Elm, juste au bord de la mer, d'où une vue exceptionnelle. Ce B&B sympathique et irréprochable offre une ambiance décontractée. Chambres petites et spartiates, mais propres et lumineuses. Optez pour une chambre avec balcon (supp 10 €), pour profiter du panorama sur la mer.

Hostal-Residencia Catalina Vera PENSION €
(☎971 67 19 18 ; www.hostalcatalinavera.es ; Carrer Isaac Peral 63, Port d'Andratx ; s 60-65 €, d 65-85 € ; P). Situé à une rue de la plage à Port d'Andratx, cet établissement dispose de chambres simples mais impeccables, décorées pour certaines de meubles anciens, et dotées d'un balcon ou d'une terrasse, parfois avec vue sur la mer. Pablo et sa famille sont des hôtes particulièrement accueillants. Agréable jardin peuplé de cactus et de jasmin.

Estellencs

Petit Hotel Sa Plana HÔTEL €€
(☎971 61 86 66 ; www.saplana.com ; Carrer de Eusebi Pascual, Estellencs ; d 95-125 € petit-déj inclus ; mi-jan à nov ;). Portant chacune le nom d'un vent méditerranéen, les 5 chambres de cette ravissante maison ancienne en pierre affichent un style différent, mais toutes sont agréables, avec leur carrelage en terre cuite

et leur mobilier en bois. Ambiance familiale accueillante, jardin un peu sauvage mais ombragé et vin maison excellent. Établissement situé à l'entrée ouest de la ville, caché au-dessus de la route principale.

Finca S'Olivar GÎTE RURAL €€
(☎971 61 85 93, 629 266035 ; www.fincaolivar.org ; Carretera C-710 Km 93,5, Estellencs ; ch 102-134 €, d 102-120 €, tr 130-154 € ; P❄@☎≋👪). Cet ensemble de petites maisons en pierre rénovées s'éparpille entre oliviers, amandiers et figuiers. On jouit d'une vue de toute beauté sur la vallée qui descend en terrasses jusqu'à la mer. Les chambres, plutôt basiques, sont dotées d'une cheminée ou d'un poêle à bois et d'une agréable terrasse. Superbe piscine à débordement. On raffole des olives et des confitures maison.

Banyalbufar

Hotel Sa Baronia HÔTEL HISTORIQUE €
(☎971 61 81 46 ; www.hbaronia.com ; Carrer de Baronia 16, Banyalbufar ; s/d/tr 55/72/95 €, demi-pension 65/94/135 € ; ⏲Pâques-oct ; ☎≋👪). Cette vaste bâtisse tenue en famille a été construite sur les ruines d'un fort de l'époque maure – il reste une partie de la tour centrale. Les chambres sont simples, la décoration de style espagnol années 1950, un peu fatiguée, mais les balcons offrent une vue splendide, sur la mer ou le village. La piscine semble suspendue au bord de la falaise.

Son Borguny HÔTEL HISTORIQUE €€
(☎971 14 87 06 ; www.sonborguny.com ; Carrer de Borguny 1, Banyalbufar ; s/d 75/95 €, ste 100-130 € ; ☎). Grâce à Penny, la propriétaire, on se sent comme chez soi dans cette pittoresque demeure du XVe siècle à une rue de la route principale de Banyalbufar. Les chambres, sobres et séduisantes, présentent parfois des murs en pierre et des poutres. Certaines ont également partiellement vue sur la mer. Copieux petit-déjeuner – œufs, fruits frais, charcuterie et jus de fruits.

♥ **Can Busquets** B&B €€
(☎971 14 86 24 ; http://hostalcanbusquets.com ; Carrer Miramar 24, Banyalbufar ; s 75 €, d 86-94 €, ste 98-110 € ; ❄☎👪). 🍃 Le Can Busquets remporte les suffrages sur bien des plans : accueil chaleureux, jardin charmant et vue apaisante sur la montagne (superbe au soleil couchant). Les chambres de style majorquin présentent des notes champêtres (poutres, faïences). Les petits-déjeuners sont un cran au-dessus de la moyenne, avec des confitures et gâteaux maison, et des œufs du poulailler venant de la ferme bio des propriétaires.

Esporles et le circuit intérieur

La Posada del Marqués HÔTEL HISTORIQUE €€€
(☎971 61 12 30 ; www.posada-marques.com ; Es Verger, Esporles ; s/d/ste 165/210/278 € ; P❄@☎≋👪). Enfoncée dans la montagne près d'Esporles, dans un cadre spectaculaire, La Posada del Marqués offre un havre de paix luxueux loin du vacarme du monde moderne. Ce manoir du XVIe siècle loue des chambres à la décoration baroque et majestueuse. TV, lecteurs DVD et Wi-Fi sont quelques-unes des concessions faites à la modernité.

♥ **Gran Hotel Son Net** HÔTEL DE LUXE €€€
(☎971 14 70 00 ; www.sonnet.es ; Carrer del Castell de Son Net, Esporles ; d 165-595 €, ste 525-1 475 € ; P❄@☎≋). Romantique à souhait, cette demeure du XVIIe siècle est tout simplement sublime, à l'image de la vue qu'elle offre sur la Tramuntana. Le luxe est présent jusque dans les moindres détails – des tissus majorquins dans les chambres aux lits à baldaquin et baignoires des suites, en passant par les confortables transats au bord de la piscine. On se régale d'une savoureuse cuisine méditerranéenne dans une salle grandiose aux murs de pierre. L'établissement abrite une collection d'œuvres d'art, dont des originaux de Warhol et Hockney. La *finca* produit son propre vin sur place, que l'on peut goûter.

Valldemossa

♥ **Es Petit Hotel de Valldemossa** BOUTIQUE-HÔTEL €€
(Carte p. 98 ; ☎971 61 24 79 ; www.espetithotel-valldemossa.com ; Carrer d'Uetam 1, Valldemosa ; s 117-158 €, d 130-175 € ; ❄@☎). Quel plaisir que d'admirer Valldemosa depuis un rocking-chair sur la véranda de cette maison familiale transformée en hôtel de charme ! Cinq de ses huit chambres ensoleillées et hautes de plafond ont vue sur la vallée. Les gâteaux et les pâtisseries servis tout frais au petit-déjeuner sont un régal. Jardin ombragé.

Cases de Ca's Garriguer GÎTE €€
(☎971 61 23 00 ; www.casesdecasgarriguer.com ; Carretera Valldemossa-Andratx Km 2,5, Valldemossa ; s 140-150 €, d 160-200 €, tr 210-250 € ; ⏲mi-avr à oct ; P❄☎≋👪). Cette ravissante

finca en pierre, se dressant sur un plateau à 3 km à l'ouest de Valldemossa, offre une ambiance détendue et jouit d'une vue panoramique sur la montagne. Les chambres sont vastes, claires et élégantes (avec poutres et voûtes en pierre) ; toutes disposent d'un balcon ou d'une terrasse. Petite piscine.

Hotel Valldemossa HÔTEL HISTORIQUE €€€
(☎971 61 26 26 ; www.valldemossahotel.com ; Ctra Vieja de Valldemossa, Valldemossa ; ch 300-500 € ; P❄@📶🏊). Jadis un monastère, cet hôtel propose 12 chambres d'une propreté impeccable, dans deux bâtiments en pierre du XIXe siècle. Le luxe est au rendez-vous, avec un mélange de meubles anciens et d'œuvres d'art, mais le confort est on ne peut plus moderne. L'hôtel offre de grands lits, une piscine intérieure et une extérieure, ainsi qu'un spa. Service irréprochable et jardins soigneusement entretenus.

Deià et ses environs

Hostal Villaverde HOSTAL €
(☎971 63 90 37 ; www.hostalvillaverde.com ; Carrer de Ramon Llull 19, Deià ; s/d 58/77 € ; ❄📶). Un petit *hostal* au cœur d'un village vallonné, aux chambres confortables, simples et bien entretenues. On jouit d'un panorama splendide sur la Tramuntana depuis la terrasse. Quelques doubles ont leur propre balcon et une vue magnifique. Les parties communes regorgent d'antiquités. On se réveille ici au son du coq, bercé par le bruit de l'eau.

♥ **Hostal Miramar** HÔTEL €€
(☎971 63 90 84 ; http://pensionmiramar.com ; Carrer de Ca'n Oliver, Deià ; ch avec petit-déj 75-120 € ; ⏲mars–mi-nov ; P). Cachée dans la végétation luxuriante, cette maison en pierre du XIXe siècle bénéficie d'une vue s'étendant jusqu'à l'église de Deià et la mer au-delà. Elle possède 9 chambres et un jardin. Divers artistes (dont les œuvres couvrent presque entièrement les murs de la salle du petit-déjeuner) y ont séjourné au fil des ans. Les chambres, au mobilier ancien, sont petites mais d'une propreté irréprochable.

S'Hotel des Puig HÔTEL HISTORIQUE €€
(☎971 63 94 09 ; www.hoteldespuig.com ; Carrer des Puig 4, Deià ; s 80-99 €, d 125-175 €, ste 199-315 € ; ⏲fév-nov ; P❄📶🏊). Ambiance moderne et tranquille dans les murs anciens de ce petit bijou de la vieille ville, qui compte 8 chambres. L'arrière du bâtiment réserve de belles surprises, impossibles à deviner depuis la rue, comme la piscine et la ravissante terrasse. Cette adresse, la "maison sur la colline", apparaît dans plusieurs ouvrages sur Majorque et dans une nouvelle du poète et romancier britannique Robert Graves.

Hotel Costa d'Or HÔTEL €€
(☎971 63 90 25 ; www.hoposa.com ; Lluc Alcari ; s/d avec petit-déj à partir de 88/158 € ; ⏲avr-oct ; P❄@📶🏊). Cet établissement agréablement isolé propose des chambres design dans un bâtiment en pierre adossé à la forêt, au-dessus de la Méditerranée. Les chambres avec vue sur la mer sont beaucoup plus chères, mais le restaurant, la terrasse et la piscine offrent la même vue. Une promenade de 15 minutes à travers la pinède conduit à une petite plage de galets aux eaux cristallines.

Sa Pedrissa HÔTEL HISTORIQUE €€€
(☎971 63 91 11 ; www.sapedrissa.com ; Carretera de Valldemossa-Deià ; s 180-350 €, d 210-350 €, ste 350-490 € ; P❄@📶🏊). Sublime. Dominant depuis un promontoire rocheux la côte et l'intérieur des terres jusqu'à Deià, cette superbe demeure ravira les amateurs de luxe. Elle surplombait autrefois une oliveraie et daterait du XVIIe siècle. La vue depuis la terrasse de la piscine et plusieurs chambres est somptueuse. Les chambres affichent une élégance sobre. Service irréprochable.

La Residencia HÔTEL €€€
(☎971 63 90 11 ; www.hotel-laresidencia.com ; Son Canals, Deià ; s/d à partir de 316/519 € ; ⏲avr-oct ; P❄@📶🏊). "La Res", pour les habitués, est l'adresse idéale où côtoyer des célébrités. Situé à deux pas du centre du village, cet ancien manoir du XVIe siècle, entouré par 12 ha de jardins soigneusement entretenus, offre tout le luxe imaginable : chambres à la décoration unique, courts de tennis, spa, deux piscines en plein air, jardin de sculptures et excellent restaurant.

Sóller

Hostal Nadal HOSTAL €
(Carte p. 103 ; ☎971 63 11 80 ; Carrer de Romaguera 20, Sóller ; s/d/tr 24/37/48 €, sans sdb 20/29/39 € ; 📶). Cette adresse toute simple mais où l'on se sent comme chez soi est sans doute l'une des moins chères qu'il soit possible de trouver à Majorque. Les chambres sont basiques et très propres. La cour à l'arrière permet de se détendre après une journée de randonnée.

Ca's Curial BOUTIQUE-HÔTEL €€
(971 63 33 32 ; www.cascurial.com ; Carrer de La Villalonga 23, Sóller ; d 133-189 €, ste 163-260 € ;). Légèrement excentré, cet hôtel au cadre idyllique propose 9 chambres et suites, la plupart avec patio ou terrasse. On se plaît à se promener dans la propriété pour profiter du parfum des orangers ou se baigner dans la piscine. Les jus et confitures d'orange préparés sur place sont servis au petit-déjeuner.

Hotel S'Ardeviu HÔTEL HISTORIQUE €€
(Carte p. 103 ; 971 63 83 26 ; www.sollernet.com/sardeviu ; Carrer de Vives 14, Sóller ; s 85-95 €, d 100-120 € ; fév-nov ;). Au fond d'une ruelle en plein cœur de la vieille ville, cet hôtel installé dans une maison en pierre du XIIIe siècle dispose de 7 chambres, avec murs en pierre brute ou blanchis à la chaux. On prend le petit-déjeuner (jus de fruits fraîchement pressé, charcuterie et fruits) dans le jardin planté de palmiers où coule une fontaine.

Ca'n Isabel HÔTEL €€
(Carte p. 103 ; 971 63 80 97 ; www.canisabel.com ; Carrer d'Isabel II 13, Sóller ; s 90-120 €, d 115-145 € ; mi-fév à mi-nov ;). Avec ses 6 chambres, cette maison du XIXe siècle constitue un refuge à la décoration étudiée, dotée d'un beau jardin à l'arrière. Les propriétaires ont impeccablement restitué le style de l'époque ; la baignoire ancienne de la chambre "Romantica" est superbe. Les meilleures chambres (les plus chères) possèdent une ravissante terrasse privative.

Ca'l Bisbe HÔTEL €€
(Carte p. 103 ; 971 63 12 28 ; www.hotelcalbisbe.com ; Carrer del Bisbe Nadal 10, Sóller ; d 137-158 €, ste 160-185 € ; mars à mi-nov ;). Autrefois la résidence d'un évêque, ce bâtiment du XIXe siècle a été joliment restauré et possède désormais une piscine et une petite salle de sports. Les chambres, lumineuses et spacieuses, sont décorées dans un style moderne, mais certains détails (comme les arches et les cheminées en pierre) sont restés intacts dans les espaces communs.

Ca N'Aí GÎTE RURAL €€€
(971 63 24 94 ; www.canai.com ; Camí de Son Sales 50, Sóller ; ste 150-310 € ;). Nichée au cœur d'une orangeraie, cette propriété tenue en famille est un petit paradis sur terre, avec ses piscines paisibles, ses hamacs dans le jardin et ses bassins peuplés de tortues. Ses 9 suites spacieuses déclinent la carte du luxe champêtre, avec hauts plafonds, faïences d'inspiration mauresque, mobilier ancien et terrasses privatives. Le patio du restaurant, éclairé aux chandelles, offre un cadre incroyablement romantique pour savourer les produits de la *finca* préparés avec délicatesse. À environ 2 km au nord-ouest du centre-ville.

Hotel Salvia HÔTEL DE LUXE €€€
(Carte p. 103 ; 971 63 49 36 ; www.hotelsalvia.com ; Carrer de la Palma 18, Sóller ; ste 160-285 € ; avr-nov ;). Les propriétaires, Patrick et Sasha, ont rénovée cette majestueuse demeure du XIXe siècle avec un goût exquis : les suites sont meublées de superbes antiquités, les fenêtres donnent sur la montagne et les vastes salles de bains disposent d'une baignoire sur pied. Vous n'avez plus qu'à vous détendre, que ce soit dans le patio, au salon ou au bord de la piscine, enveloppé par les effluves du jasmin et des orangers.

Port de Sóller

Hotel Citric Sóller HÔTEL €
(971 63 13 52 ; www.citrichotels.com ; Camí del Far 15, Port de Sóller ; s 29-63 €, d 31,50-105 € ;). Dès le réveil, vous verrez le soleil inonder la baie depuis votre chambre : appréciable dans un hôtel petits budgets récemment rénové, sur le front de mer, à la pointe sud de la baie. Dans les chambres toutes simples, des murs blanchis à la chaux et quelques notes de couleur citron vert ; les plus belles disposent d'un balcon donnant sur la mer. Oubliez le petit-déjeuner, en sus et de piètre qualité.

Muleta de Ca S'Hereu GÎTE RURAL €€
(971 18 60 18 ; www.muletadecashereu.es ; Camp de Sa Mar, Port de Sóller ; s/d 90/140 €, ste 165-180 €, app 150-280 € ;). Une piste de 1,8 km, cahoteuse, mène à cet hôtel superbe qui en vaut largement la peine. Cette demeure datant de 1672 a beaucoup de charme. Les 8 vastes chambres et les quelques appartements, certains avec vue sur la mer, sont remplis d'antiquités. La piscine est entourée d'oliveraies. Vous serez peut-être réveillé par le braiement des ânes.

Espléndido Hotel HÔTEL €€€
(971 63 18 50 ; www.esplendidohotel.com ; Passeig Es Travès 5, Port de Sóller ; ch 170-420 €, ste 300-750 € ;). Ce fantastique bâtiment de 1954, sur le front de mer, a été entièrement transformé en un luxueux hôtel, à la décoration vintage chic. Les meilleures chambres

LOCATIONS DE VACANCES

Si vous préférez découvrir l'île à votre rythme, en préparant vos repas quand bon vous semble, la location d'un appartement ou d'une villa peut être une idée judicieuse, surtout si vous voyagez en famille ou avec des amis. Un minimum de sept nuits est en général requis. Nos sites Internet préférés :

- www.airbnb.com
- www.bedycasa.com
- www.homeaway.com
- www.homelidays.com
- www.villarenters.com

disposent d'un balcon donnant directement sur la mer. Les petits plus (boissons du minibar offertes, machine Nespresso) aident à justifier les tarifs élevés, surtout si on y ajoute les trois piscines, le spa, le bar à cocktails et le café-restaurant. Une adresse unique !

Fornalutx

Ca'n Reus HÔTEL HISTORIQUE €€

(☎971 63 11 74 ; www.canreushotel.com ; Carrer de l'Alba 26, Fornalutx ; d 130-160 €, ste 170 € ; P❄@📶🏊). Voici une adresse bien tentante pour une escapade romantique. Appartenant aujourd'hui à des Britanniques, cette demeure rurale fut construite au début du XIXe siècle par un certain M. Reus, qui fit fortune dans le commerce des oranges. Assez différentes les unes des autres, les 8 chambres ont toutes une vue ; elles sont belles et lumineuses, avec un mobilier ancien et des pierres apparentes. Les enfants de moins de 5 ans ne sont pas les bienvenus.

Fornalutx Petit Hotel BOUTIQUE-HÔTEL €€

(☎971 63 19 97 ; www.fornalutxpetithotel.com ; Carrer de l'Alba 22, Fornalutx ; s 89-123 €, d 161-184 € ; ⏲mi-fév à mi-nov ; ❄@📶🏊). Cet ancien couvent situé un peu en contrebas de la place principale a été reconverti avec goût et tient aujourd'hui presque autant de la galerie d'art que de l'établissement hôtelier. Chacune des 8 chambres porte le nom d'un artiste contemporain majorquin, dont les toiles sont exposées sur place. On accède gratuitement au sauna et au Jacuzzi. Superbe terrasse, avec vue sur la vallée.

Sur la route de Sóller à Alaró

Refugi S'Hostatgeria REFUGE €

(☎971 18 21 12 ; www.castellalaro.cat ; Alaró ; adulte/enfant petit-déj inclus 12/6 €, demi-pension 24/14 € ; ⏲mai-sept ; 👪). Parfait pour se plonger dans une ambiance médiévale, ce refuge à proximité du Castell d'Alaró offre un panorama éblouissant. L'endroit est tout simple, mais l'on y vient pour la vue et les formidables sentiers de randonnée. Les dortoirs sont équipés de lits superposés (apportez votre sac de couchage).

Sandwichs et boissons sont servis de 9h à 23h au snack-bar. Petit-déjeuner en sus (4 €) et possibilité de dîner (10 €).

Hotel Can Xim HÔTEL €

(☎971 51 86 80 ; www.canxim.com ; Plaça de la Vila 8, Alaró ; s 60-80 €, d 80-100 € ; P❄@📶🏊). Cet hôtel tenu en famille donnant sur la place est idéalement situé. Les chambres sont spacieuses et lumineuses, avec des poutres apparentes, mais elles manquent peut-être un peu d'âme. Bon rapport qualité/prix.

♥ **Alqueria Blanca** GÎTE RURAL €€

(☎971 14 84 00 ; www.alqueria-blanca.com ; Carretera Palma-Sóller Km 13,6, Bunyola ; s 135-145 €, d 155-165 €, ste 185-205 € ; ⏲jan-nov ; P❄🏊). Belle résidence de campagne entourée d'un vaste domaine, l'Alqueria Blanca paresse à l'ombre des pins et des oliviers. Sa piscine surplombe la vallée, tandis que ses 6 chambres sont installées dans l'ancienne *alquería* arabe (corps de ferme de l'époque maure) aux hauts plafonds, poutres et bois de lit ouvragés. Un bâtiment moderniste fantaisiste fut ajouté en 1906 (l'actuelle salle du petit-déjeuner).

L'hôtel se trouve à 2 km environ à l'ouest de Bunyola. Si vous allez vers le nord depuis Palma, l'embranchement se trouve au Km 13,6 ; suivez le chemin sur 700 m.

Finca Son Palou GÎTE €€

(☎971 14 82 82 ; www.sonpalou.com ; Plaça de l'Església, Orient ; ch 126-159 €, avec terrasse 165-211 €, ste 185-230 € ; ⏲mi-jan à mi-déc ; P❄@📶🏊). Jouissant d'un emplacement en surplomb des ruelles étroites d'Orient, cet hôtel romantique se niche au milieu des vergers. Ses chambres ont une décoration traditionnelle, avec carreaux en terre cuite, mobilier en bois et poutres apparentes. Les fruits, les légumes et les olives de la propriété constituent la base des repas servis dans le restaurant réputé. Piscine avec belle vue sur la montagne.

NORD DE MAJORQUE

Pollença

Hotel Desbrull BOUTIQUE-HÔTEL €
(Carte p. 118 ; 971 53 50 55 ; www.desbrull.com ; Carrer del Marqués Desbrull 7, Pollença ; s/d avec petit-déj 71-88/77-99 € ;). La meilleure affaire de la ville avec ses 6 doubles pimpantes, quoiqu'un peu petites, dans une maison en pierre modernisée où le blanc domine la déco, percé de quelques notes de couleur. Si vous aimez les œuvres d'art contemporain qui ornent les murs, il vous est possible de les acheter. L'établissement est tenu par un sympathique duo frère-soeur.

Posada de Lluc BOUTIQUE-HÔTEL €€
(Carte p. 118 ; 971 53 52 20 ; www.posada-delluc.com ; Carrer del Roser Vell 11, Pollença ; s 89-167 €, d 99-199 €, avec terrasse 133-233 € ;). Située dans Pollenca, cette maison sur deux étages date du XVe siècle. Elle fut ensuite attribuée aux moines du Monestir de Lluc pour accueillir les pèlerins. C'est désormais un charmant hôtel proposant différentes chambres, dont beaucoup présentent des pierres apparentes et des poutres. Celles qui ouvrent sur la piscine, avec leur propre terrasse, sont les plus séduisantes.

L'Hostal HÔTEL €€
(Carte p. 118 ; 971 53 52 82 ; www.hostalpol-lensa.com ; Carrer del Mercat 18, Pollença ; s 70-110 €, d 90-135 € ;). À quelques pas de la Plaça Major bordée de cafés, L'Hostal abrite 6 chambres doubles avec pierres apparentes, sols carrelés, quelques touches de couleur et des œuvres d'art moderne aux murs. C'est une option confortable et peu onéreuse, en plein cœur de la ville.

Hotel Son Sant Jordi HÔTEL €€
(Carte p. 118 ; 971 53 03 89 ; www.hotel-sonsantjordi.com ; Carrer de Sant Jordi 29, Pollença ; s 68 €, d 72-270 €, ste 108-270 € ;). Occupant une belle maison ancienne qui se partage en partie la place avec la chapelle de l'Oratori de Sant Jordi (XVIe siècle), cet hôtel possède des chambres raffinées, hautes de plafond, avec sol en terre cuite, rocking-chairs, lits à baldaquin et beaucoup de lumière. À l'arrière, un grand jardin surprenant encadre une piscine. Les chambres simples se louent uniquement en basse saison.

Cala Sant Vincenç

Hostal Los Pinos HOSTAL €
(971 53 12 10 ; www.hostal-lospinos.com ; Urbanització Can Botana, Cala Sant Vicenç ; s 33-46 €, d 66-88 €, f 98-114 €, toutes avec petit-déj ; mai à mi-oct ;). À l'écart de la route entre Cala Molins et Cala Carbó, l'Hostal Los Pinos se compose de deux belles villas blanches cachées dans la pinède. Les doubles supérieures ont en partie vue sur la mer et sont spacieuses, avec salon et balcons particuliers. Les simples, plus petites, sont de style majorquin traditionnel. Un endroit calme et paisible, à deux pas de la plage.

Port de Pollença

Pensión Bellavista PENSIÓN €
(699 549376, 971 86 46 00 ; www.pensionbel-lavista.com ; Carrer Monges 14, Port de Pollença ; s 35-45 €, d 55-65 €, tr 75 €, q 80 € ;). Le Bellavista occupe une vaste demeure qui accueille des visiteurs depuis 1931. Les chambres toutes simples sont égayées d'illustrations sur le thème marin. Vous serez vite séduit par la terrasse et son ambiance décontractée, ainsi que par le jardin et ses figuiers où le petit-déjeuner est servi (6 €). Les chats, les chiens et les tortues de la maison ajoutent à l'atmosphère familiale.

Hotel Sis Pins HÔTEL €€
(971 86 70 50 ; www.hotelsispins.com ; Passeig d'Anglada Camarasa 77, Port de Pollença ; s 33-66 €, d 56-144 € ; fév-oct ;). En activité depuis 1952, ce pionnier du boom touristique possède un charme rétro et offre un service à l'ancienne. Les chambres n'ont rien de particulier, les plus belles étant celles qui donnent sur la mer. Prix intéressants.

Hostal Bahia HÔTEL €€
(971 86 65 62 ; www.hoposa.es ; Passeig Voramar 29, Port de Pollença ; d 67-121 €, avec vue sur la mer 91-158 € ; avr-oct ;). Villa du XIXe siècle transformée en hôtel, le Bahia jouit d'un remarquable emplacement en front de mer, sur une esplanade ombragée de pins. L'établissement a été rénové de fond en comble en 2013 ; les chambres affichent désormais des touches de bleu et de turquoise. Les plus belles disposent d'un balcon ouvrant sur la mer. Le personnel se met en quatre pour vous satisfaire. La situation est idéale, à deux pas de l'animation tout en restant à l'écart du bruit.

Cap de Formentor

Hotel Formentor HÔTEL HISTORIQUE €€€
(☎971 89 91 00 ; www.barceloformentor.com ; Platja de Formentor 3, Cap de Formentor ; d 225-525 €, ste 575-900 € ; ⊙mi-avr à oct ; P❄@📶🏊👪). Depuis son ouverture en 1929, le Formentor est une adresse majorquine renommée, qui a reçu des célébrités telles que Grace Kelly, Winston Churchill, Mikhaïl Gorbatchev, John Wayne ou encore le dalaï-lama. Les chambres sont agréables, sans étaler un luxe tapageur, et les doubles et suites donnant sur la mer ont un goût de paradis.

Outre les courts de tennis, les piscines et le jardin empli de fleurs, l'hôtel doit une grande partie de sa notoriété à son emplacement – à même la superbe plage de Formentor.

Alcúdia

Can Tem BOUTIQUE-HÔTEL €€
(Carte p. 126 ; ☎971 54 82 73 ; www.hotelcantem.com ; Carrer de l'Església 14, Alcúdia ; s 75-80 €, d 90-125 € ; ❄📶👪). Installé dans une maison de ville du XVIIe siècle, le Can Tem est un petit bijou. Aménagées avec élégance, ses chambres aux murs blancs, baignées de lumière, associent de façon heureuse des éléments anciens (poutres, bois de lit) à des œuvres d'art contemporain et disposent de salles de bains raffinées. Servi dans une jolie cour pavée, le petit-déjeuner comporte des pâtisseries maison.

Petit Hotel Ca'n Simó BOUTIQUE-HÔTEL €€
(Carte p. 126 ; ☎971 54 92 60 ; www.cansimo.com ; Carrer de Sant Jaume 1, Alcúdia ; s 75-80 €, d 98-128 € ; ❄@📶🏊). Cet hôtel élégant au charme champêtre occupe une demeure rénovée du XIXe siècle. Ses 7 chambres doubles présentent chacune une décoration unique, mais arborent toutes des poutres apparentes, du fer forgé et des murs en pierre ; certaines disposent d'une baignoire balnéo et d'un lit à baldaquin. Petite piscine, spa et salle de gym.

Ca'n Pere BOUTIQUE-HÔTEL €€
(Carte p. 126 ; ☎971 54 52 43 ; www.hotel-canpere.com ; Carrer d'en Serra 12, Alcúdia ; s 70-75 €, d 90-105 €, d avec Jacuzzi et terrasse 110-120 € ; ❄📶). Belle adresse de charme dans la vieille ville, le Ca'n Pere séduit par ses murs en pierre apparente et son mobilier blanc. Certaines chambres sont équipées de lit à baldaquin. Celles avec Jacuzzi et balcon privatif présentent un des meilleurs rapport qualité/prix du nord de Majorque.

Port d'Alcúdia

Botel Alcúdia Mar COMPLEXE HÔTELIER €€€
(☎971 89 72 15 ; www.botelalcudiamar.es ; Passeig Marítim 1, Port d'Alcúdia ; s 92-208 €, d 123-277 € ; ⊙mars-oct ; P❄@📶🏊👪). Nous ne mentionnons guère des complexes hôteliers – ils se ressemblent tous –, mais celui-ci se distingue par sa situation privilégiée à l'écart des foules, tout en restant dans le centre-ville. Il possède un beau jardin, des piscines, un spa et des terrasses ayant vue sur la mer. Les chambres n'ont rien de particulier, mais c'est l'ambiance générale qui nous a séduits.

CENTRE DE MAJORQUE

Santa Maria del Camí

Read's Hotel HÔTEL DE LUXE €€€
(☎971 14 02 61 ; www.readshotel.com ; Ca'n Mo-rragues, Santa Maria ; d à partir de 225 €, ste 260-460 € ; P❄@📶🏊). Au nord-est de Santa Maria se trouve l'une des plus ravissantes adresses de l'île. Installée au milieu de jardins plantés de palmiers, cette chaleureuse demeure en pierre compte 23 chambres et des suites avec terrasse. Les équipements n'ont fait l'objet d'aucune restriction, qu'il s'agisse des télévisions Bang & Olufsen ou des baignoires avec Jacuzzi. Piscines, intérieure et extérieure, et spa.

Les vins des vignobles du domaine s'accordent merveilleusement avec les plats servis par la Blues Brasserie, installée dans le pressoir à olives du XVIIIe siècle. Le propriétaire et son chien réservent un accueil chaleureux.

Santa Eugènia

Sa Torre GÎTE RURAL, APPARTEMENTS €€
(☎971 14 40 11 ; www.sa-torre.com ; Ma3020 Santa Maria-Sencelles Km 7, Santa Eugènia ; app 140 €, petit-déj 13 € ; P❄@📶🏊). Ce formidable havre de paix se trouve à la limite même du petit hameau de Ses Alqueries. Appartenant à la même famille depuis 1560, cette somptueuse *finca* propose 5 appartements spacieux, dont certains donnent sur des amandiers, deux piscines merveilleusement

calmes et un restaurant réputé installé dans une cave datant du XVe siècle.

Environs d'Inca

Es Castell GÎTE RURAL €€

(☎971 87 51 54 ; www.fincaescastell.com ; Carrer de Binibona, Binibona ; s 110-120 €, d 130-180 €, ste 170-200 € ; P). Vous êtes venu à Binibona en quête de calme ? Il suffit de pousser un tout petit peu plus loin pour trouver encore mieux. Perché sur une saillie à l'ombre des montagnes, l'Es Castell est un ancien domaine agricole du XIe siècle, composé d'un ensemble de maisons en pierre et de 300 ha de terres couvertes d'oliviers. En bref, l'escapade champêtre idéale.

Dans cette ravissante *finca*, vous serez bercé par le chant des cigales et les cloches des moutons. Les chambres affichent un charme rustique, avec tomettes au sol, mobilier en bois et commodes au dessus en marbre. Dans une démarche écologique, la majorité des aliments servis ici a été cultivée sur place ou provient du marché local.

Agroturisme Monnàber Vell GÎTE €€

(☎971 51 61 31 ; www.monnabervell.com ; Campanet ; s 107-133 €, d 114-166 €, ste 141-206 € ; mi-fév à mi-déc ; P@). Avec la Serra de Tramuntana pour toile de fond, voici une adresse apaisante, située en pleine campagne. Les doubles standards sont confortables, quoiqu'un peu quelconques, les suites ont beaucoup de caractère, avec pierres apparentes, poutres et mobilier ancien. Piscine à débordement et spa. Possibilité d'inclure le dîner pour 26 € supplémentaires.

L'Agroturisme Monnàber Vell se trouve à 3,5 km au nord de Campanet, au bout d'un sentier ; consultez le site Internet pour obtenir des indications détaillées.

Finca Hotel Albellons Parc Natural PENSION €€

(☎971 87 50 69 ; www.albellons.es ; Caimari, Binibona ; s 120 €, d 160-200 €, ste 220-240 € ; mi-fév à mi-nov ; P@). Nichée dans les collines à 1 km au nord de Binibona, cette ferme en pierre offre une vue panoramique de la Tramuntana et sa piscine est entourée d'oliviers. Les 12 chambres (dont la moitié dispose d'une terrasse) possèdent un sol en terre cuite, des plafonds avec poutres apparentes et du mobilier ancien. Moyennant un supplément de 27 € par jour en demi-pension, vous pourrez vous régaler de la cuisine maison.

Hotel Can Furiós GÎTE RURAL €€€

(☎971 51 57 51 ; www.can-furios.com ; Camí Vell de Binibona 11, Binibona ; s 132-180 €, d 165-225 €, ste 190-310 € ;). Adrian et Suzy vous accueillent dans cette maison rénovée du XVIe siècle, qui s'attire régulièrement les éloges des voyageurs. Rien d'étonnant avec ses jardins débordant de bougainvillées, sa piscine tranquille et son restaurant installé dans un pressoir à olives du XVIIe siècle. Les chambres et suites comptent murs en pierre, poutres et meubles anciens. Certaines possèdent un lit à baldaquin ou une terrasse.

Sineu

Hotel León de Sineu HÔTEL €€

(☎971 52 02 11 ; www.hotel-leondesineu.com ; Carrer dels Bous 129, Sineu ; d 90-150 € ;). Installé dans une demeure du XVe siècle, qui servit de cellier à vin, le León de Sineu a gardé en grande partie son aspect originel. L'irrégularité des sols carrelés, par exemple, ne fait qu'ajouter à son charme. Les jardins descendent en terrasses vers la piscine en passant par des fontaines, des palmiers et d'immenses tournesols. Service sympathique et attentif, notamment au petit-déjeuner.

Can Joan Capo Hotel BOUTIQUE-HÔTEL €€

(☎971 85 50 75 ; www.canjoancapo.com ; Carrer de Degà Joan Rotger 4, Sineu ; d 120-170 €, ste 190-220 €, f 220-250 € ;). L'hôtel le plus chic de Sineu ne compte que 7 chambres, au style distinct. La décoration fait une large place au bois et au fer forgé. Les plafonds sont tous ornés de poutres apparentes. Les espaces communs sont une belle réussite : le vieux bâtiment de pierre s'est transformé en espace design et intimiste, avec d'anciens outils agricoles, de jolies alcôves, d'agréables voûtes et une piscine entourée de caillebotis.

Algaida

Possessió Binicomprat BOUTIQUE-HÔTEL €€

(☎971 12 50 28 ; http://fincabinicomprat.com ; Cami de Ses Vinyes, Algaida ; d 138-149 €, ste 150-158 €, app 160-278 € ; P). Cette *finca* appartient à la famille Moragues depuis 1511. Elle dispose d'une piscine bordée de chênes, de vignobles, d'un potager, d'une chapelle et d'une cave à vin. Les chambres associent élégance champêtre et raffinement d'un établissement de charme. Les suites et les appartements disposent d'un salon avec cheminée.

Manacor

La Reserva Rotana BOUTIQUE-HÔTEL €€€
(☎971 84 56 85 ; www.reservarotana.com ; Camí de Bendris Km 3, Manacor ; d 150-255 € ; ⊙mi-nov à mi-fév ; P@🛜≋👪). Cette luxueuse *finca*, agréablement isolée, se situe sur un domaine de 250 ha à 6 km au nord de Manacor. Le golf de 9 trous, le court de tennis, la piscine, la salle de sports, le sauna, les vignobles et le formidable restaurant vous y retiendront. Les chambres de cette demeure du XVIIe siècle sont splendides, avec leur décoration d'inspiration champêtre et leurs objets anciens.

EST DE MAJORQUE

Artà

Hotel Casal d'Artà HÔTEL €
(Carte p. 148 ; ☎971 82 91 63 ; www.casaldarta.de ; Carrer de Rafael Blanes 19, Artà ; s/d 57-75/88-96 € avec petit-déj ; ❄🛜). Le Casal d'Artà occupe une magnifique demeure ancienne en plein cœur de la ville. La décoration peut sembler rétro, mais lumière et espace ressortent du lieu. Chaque chambre possède un charme unique ; certaines disposent d'un lit à baldaquin, d'autres d'une baignoire encastrée dans le sol. Le toit-terrasse, rempli de fleurs, est agrémenté d'une fontaine et jouit d'une vue incomparable sur le village.

♥ **Jardi d´Artà** BOUTIQUE-HÔTEL €€
(Carte p. 148 ; ☎971 83 52 30 ; www.hotel-arta.com ; Carrer de l'Abeurador 21, Artà ; d 125-165 €, ste 180-375 € ; ❄🛜≋). Le Jardi d´Artà a rouvert ses portes en 2013, après une vaste rénovation. Les tentures aux couleurs chaudes ajoutent une touche glamour aux chambres élégantes aux murs chaulés. Parmi nos préférées, la Chapel Room, qui a été aménagée dans une ancienne chapelle du XIIIe siècle, et la Terrace Room, qui ouvre sur les jardins et leurs parfums d'orangers et de citronniers.

Le Jardi d´Artà vous enchantera avec ses jardins fleuris et ses recoins romantiques. Au restaurant, le chef Mika Drouin associe avec créativité saveurs méditerranéennes et asiatiques. Salle de gym, hammam, piscine.

Hotel Sant Salvador BOUTIQUE-HÔTEL €€
(Carte p. 148 ; ☎971 82 95 55 ; www.santsalvador.com ; Carrer del Pou Nou 26, Artà ; d 99-209 € ; P❄@🛜≋). Un hôtel de charme luxueux, installé dans un ancien manoir. Les 8 chambres possèdent lits à baldaquin, linge raffiné, meubles anciens et œuvres d'art contemporain. La façade tout en courbes, qui serait l'œuvre de Gaudí, constitue la grande fierté de l'hôtel. Outre une piscine et un jardin luxuriant, le Sant Salvador possède également un restaurant réputé.

Can Moragues GÎTE RURAL €€
(Carte p. 148 ; ☎971 82 95 09 ; www.canmoragues.com ; Carrer del Pou Nou 12, Artà ; s/d 98/135 €, ste s/d 118/170 € ; P❄@🛜≋). Sympathique maison de campagne jaune du XVIIIe siècle reconvertie en hôtel, le Can Moragues loue des chambres confortables, immaculées, qui respectent l'architecture originale du bâtiment, notamment grâce aux pierres et aux poutres apparentes. Détendez dans la petite piscine ou dans le sauna, ou demandez aux aimables propriétaires de vous organiser une sortie, notamment à vélo ou à cheval.

Capdepera

♥ **Cases de Son Barbassa** BOUTIQUE-HÔTEL €€€
(☎971 56 57 76 ; www.sonbarbassa.com ; Camí de Son Barbassa, Capdepera ; s 126-231 €, d 168-298 € ; ⊙fév-nov ; P❄@🛜≋). Une superbe propriété rurale plantée d'oliviers, d'amandiers et de caroubiers, que domine une tour en pierre du XVIe siècle. Les chambres, tout en pierre locale et bois, déclinent la carte du luxe champêtre, et les suites sont équipées d'une baignoire à jets. Paresser sur une chaise longue est possible, au bord de la piscine ou dans le Jacuzzi en plein air.

Cet établissement douillet possède en outre une cheminée, un remarquable restaurant dont la terrasse donne sur la montagne, et des jardins plantés d'herbes aromatiques, de lavande et de rosiers.

L'hôtel, situé en retrait de la route menant à Cala Mesquida, est indiqué depuis la route principale Artà-Cala Ratjada.

Cala Ratjada

Residence – The Sea Club HÔTEL, PENSION €€
(Carte p. 152 ; ☎971 56 33 10 ; www.theseaclub.es ; Avinguda de América 27, Cala Ratjada ; s 55-82 €, d 115-175 €, f 155-195 € ; ⊙avr-oct ; 🛜≋👪). Cet ancien bâtiment de style colonial sur la promenade du front de mer est une vraie merveille. Rénovées avec soin, les chambres au linge impeccable associent des couleurs

apaisantes. C'est le type d'établissement – plutôt rare à Majorque – qui permet de séjourner en bord de mer sans subir le service impersonnel des complexes hôteliers.

Hotel Cala Gat HÔTEL €€
(971 56 31 66 ; www.hotelcalagat.com ; Carretera del Faro, Cala Ratjada ; s 58-88 €, d 86-136 € ; avr-oct ;). Installé au milieu d'une belle forêt sur la route du phare, à l'écart du centre bruyant, le Cala Gat donne sur une ravissante petite plage presque pour lui tout seul. Les chambres, agréables et modernes, manquent un peu de cachet. Dans l'ensemble, c'est une excellente affaire pour le calme et le confort qu'il offre. Le meilleur des hôtels de la plage.

Petit Hotel Ses Rotges BOUTIQUE-HÔTEL €€
(Carte p. 152 ; 971 56 31 08 ; www.sesrotges.com ; Carrer de Rafael Blanes 21, Cala Ratjada ; ch 85-150 €, petit-déj 20 € ; avr-oct ;). Cette demeure du XVIIIe siècle, est pleine de cachet et chaleureuse. Avec leur mobilier ancien, leurs poutres et leurs sols carrelés, les chambres respectent l'âme des lieux. Le Jacuzzi, le toit-terrasse et le patio orné de bougainvillées assurent une ambiance cosy. Le restaurant de l'hôtel est renommé et le petit-déjeuner, composé d'œufs, de saumon fumé, de pâtisseries et de fruits, mérite le surcoût.

Porto Cristo et ses environs

Es Picot GÎTE RURAL €€
(637 737943 ; www.espicot.com ; Camí de Sa Mola Km 3,6, Cales de Mallorca ; ch 92-126 € ; P). Cette ravissante *finca* dispose d'une piscine et de jardins paisibles. On y jouit d'une vue superbe sur les collines boisées et jusqu'à la mer. Simplement décorées, les chambres, avec poutres et pierres apparentes, ont toutes une terrasse ou un balcon. Les fruits du jardin et des œufs constituent le petit-déjeuner. À 5 km au nord-ouest de Cales de Mallorca, en retrait de la PM401.

Son Mas GÎTE RURAL €€€
(971 55 87 55 ; www.sonmas.com ; Carrer Porto Cristo-Portocolom, Camí de Son Mas ; s 225-273 €, d 260-320 €). Cette romantique *finca* du XVIIe siècle se situe un cran au-dessus des nombreux hôtels sans charme de Porto Cristo, tout en étant à seulement 5 minutes de route de la station. Avec ses halls voûtés, ses chambres à l'élégance sobre (poutres, lits à baldaquin), sa piscine en été, sa cheminée en hiver, et ses soins spa, l'établissement conjugue luxe et ambiance intime.

Portocolom

Hostal Porto Colom HOSTAL €€
(971 82 53 23 ; www.hostalportocolom.com ; Carrer d'en Cristòfol Colom 5, Portocolom ; s 43-65 €, d 60-112 € ;). En plein sur le front de mer, l'Hostal Porto Colom possède des chambres convenables, décorées dans des jaunes et des bleus éclatants (un peu fatigants à la longue), avec parquet au sol et grands lits. On jouit d'une belle vue sur la mer depuis le restaurant et le sympathique bar à cocktails.

SUD DE MAJORQUE

Cala Pi et ses environs

Sa Bassa Plana GÎTE RURAL €€
(971 12 30 03 ; www.sabassaplana.com ; Carretera Cap Blanc Km 25,4, Cala Pi ; s 58-74 €, d 71-99 €, ste 106-135 € ; P). Dans une ferme en activité, le Sa Bassa Plana propose 10 doubles et 12 suites (avec kitchenette). Si elles n'ont rien de luxueux, elles sont spacieuses et confortables. Les meubles anciens qui en décorent certaines leur donnent un charme rétro. Demi-pension possible ; 90% des produits servis sont cultivés sur place.

Sa Ràpita et ses environs

Can Canals GÎTE RURAL €€
(971 64 07 57 ; www.cancanals.es ; Carretera Campos-Sa Ràpita Km 7, Ses Covetes ; s 86-124 €, d 146-198 € ; fév-déc ; P). Un fantastique gîte à proximité de Ses Covetes. Installées dans un superbe corps de ferme, les 12 chambres, bien aménagées, possèdent un charme typiquement majorquin. Chacune a sa propre décoration, sur fond de murs en pierre apparente et de sol en terre cuite. Le Can Canals possède aussi un spa et un espace bien-être, ainsi que deux piscines – une d'eau salée et une d'eau douce.

Colònia de Sant Jordi

Hostal Colonial PENSION €
(971 65 52 78 ; www.hostal-colonial.com ; Carrer de l'Enginier Gabriel Roca 9, Colònia de Sant Jordi ; s 35-48 €, d 66-92 €, app 60-110 € ; mi-mars à oct ;). Cet hôtel tenu en famille, à la fois simple et accueillant, se situe à 50 m à peine de la plage. Il loue une poignée de

chambres et d'appartements modernes, dans des teintes bleues et blanches, avec terrasse ou petit balcon. L'établissement abrite également un glacier réputé. Des vélos sont mis à la disposition des hôtes.

Ses Salines

♥ Hotel Ca'n Bonico — HÔTEL HISTORIQUE €€

(971 64 90 22 ; www.hotelcanbonico.com ; Plaça Sant Bartomeu 2, Ses Salines ; s 124-139 €, d 168-198 € ; fév-oct ;). Cette belle demeure qui date du XIIIe siècle a conservé de nombreux éléments d'origine, dont la tour de défense (qui abrite une bibliothèque) et l'ancienne prison. La famille qui tient l'hôtel descend elle-même des anciens propriétaires. Murs blancs chaulés, poutres et mobilier ancien composent la décoration minimaliste des chambres. Agréable piscine.

Santanyí

Hotel Cala Santanyí — HÔTEL €€

(971 16 55 05 ; www.hotelcalasantanyi.com ; Carrer de Sa Costa dels Etics, Santanyí ; s 115-132 €, d 160-204 €, ste 190-230 €, app 116-240 € ; mi-avr à début nov ;). De l'extérieur, cet hôtel ressemble à beaucoup d'autres sur la côte, mais il est pourtant à recommander. Le fait qu'il soit géré en famille se sent dans la chaleur de l'accueil et dans l'attention portée aux détails. Les chambres et la terrasse offrent un superbe panorama de la charmante baie ; les appartements de l'autre côté de la route n'ont pas une aussi belle vue.

Cala Figuera

Hostal Mar Blau — HOSTAL €

(971 64 52 27 ; www.marblau.eu ; Carrer de la Iglesia 24, Cala Figuera ; s 29-37 €, d 38-46 €, app 84-104 € ; avr-oct ;). Voici une sympathique pension, située à 300 m à peine du port de Cala Figuera et particulièrement avantageuse. Les chambres (les plus chères disposent de la climatisation et d'un réfrigérateur) sont d'une propreté irréprochable. Pour plus d'indépendance, optez pour l'un des appartements tout équipés (séjour de 3 nuits minimum) ; certains ont vue sur la mer.

Hotel Villa Sirena — HÔTEL €€

(971 64 53 03 ; www.hotelvillasirena.com ; Carrer de la Verge del Carme 37, Cala Figuera ; s/d 63/83 €, app 2/4 pers 86/135 € ; hôtel avr-oct, app tte l'année ;). Perché sur un promontoire à la limite de la station balnéaire, cet agréable deux-étoiles jouit d'une vue exceptionnelle sur la mer. Les chambres sont ordinaires, mais certains détails, comme la terrasse en bord de mer caressée par la brise, en font un excellent choix. Les appartements situés juste en face sont parfaits pour un séjour plus long et offrent un bon rapport qualité/prix.

Portopetro

Blau PortoPetro — HÔTEL €€€

(971 64 82 82 ; www.blau-hotels.com ; Avinguda des Far 12, Portopetro ; s 150-250 €, d 200-330 € ; mars-nov ;). Seul cinq-étoiles des environs, le Blau a fait sensation lors de son ouverture en 2005. S'il n'a rien d'une adresse de charme, cet hôtel-spa très chic qui compte quelque 300 chambres élégantes propose toutes sortes d'activités – des cours particuliers de voile au windsurf. Sans doute le meilleur des établissements de ce type sur la côte sud de l'île.

Cala d'Or

♥ Ca'n Bessol — GÎTE RURAL €€

(639 694910 ; www.canbessol.com ; Carrer de la Sisena Volta 287, Cala d'Or ; s 76-116 €, d 94-112 €, app 118-178 € ; fév-nov ;). Non loin de la route reliant S'Horta à Cala Ferrera, à la périphérie de Cala d'Or, cette *finca* tenue en famille offre une véritable bouffée d'oxygène en haute saison. Ses 4 chambres romantiques, meublées à l'ancienne, donnent sur une piscine et un jardin planté de palmiers, où seuls le chant des cigales et le cri du coq viennent rompre le silence.

Hotel Cala D'Or — HÔTEL €€

(971 65 72 49 ; www.hotelcalador.com ; Avinguda de Bélgica 49, Cala d'Or ; s 56,50-114 €, d 91-195 € ; avr-oct ;). Construit en 1932, puis ayant servi de caserne militaire, ce quatre-étoiles a connu une belle renaissance lorsqu'il a rouvert en tant qu'hôtel, fort de 95 chambres donnant sur la Cala d'Or. Impeccables, toutes possèdent un balcon et ont vue sur le jardin ou sur la mer – ces dernières sont indiscutablement les plus belles. En haute saison, séjour de 7 nuits minimum.

Comprendre Majorque

Majorque aujourd'hui

La situation économique de Majorque semble s'être améliorée. L'île est sortie de la tempête financière moins affectée que de nombreuses autres régions d'Espagne, et même les récentes affaires de corruption ne sont pas parvenues à entamer l'optimisme ambiant. Chaque année, ce sont près de 22,8 millions de visiteurs qui débarquent à Palma. Et le tourisme hivernal ne cesse de se développer, comme en témoignent les nouveaux hôtels (tel le Mallorca Rocks) qui sortent régulièrement de terre. Quant au splendide littoral, il attire toujours autant les yachts d'une clientèle d'habitués fortunés.

À voir

La Femme de paille (1964). Avec Sean Connery et Artà en toile de fond.
Jeux pervers (1968). Avec Anthony Quinn ; Majorque sert de décor à une île grecque.
Meurtre au soleil (1982). Une enquête d'Hercule Poirot à Majorque.

À lire

Le Goût des Baléares (de Jacques Barozzi, Mercure de France, 2011). Sur les traces des auteurs français tombés amoureux des Baléares.
La Chartreuse de Valldemosa : George Sand et Chopin à Majorque (de Bernadette Chovelon, Petite Bibliothèque Payot, 2011). Le fameux hiver des deux artistes français à Majorque, par une spécialiste de George Sand.
Histoire de l'île de Majorque (de Gabriel Janer Manilla, Illador, 2011). L'un des rares ouvrages consacrés à l'histoire de la plus grande île des Baléares.

À écouter

Le **Prélude opus 8 n°15** de Chopin.
Terra secreta de Maria del Mar Bonet (2008).
Mi Niña Lola de Concha Buika (2007).
Nada es Igual de Chenoa (2005).
Lamparetes d'Antonia Font (2011).

Crise économique et menaces écologiques

Alors que l'Espagne se trouve toujours aux prises avec la récession, Majorque se porte bien et l'on s'attend à ce qu'elle continue sur cette voie. Le chômage a diminué de façon constante ces dernières années et les perspectives économiques s'améliorent peu à peu. Ce qui ne veut pas dire pour autant que l'île a été épargnée par la crise : Radio One Mallorca a ainsi récemment indiqué que 85% des plus de 45 ans avaient perdu leur emploi depuis le début de la récession. La bulle immobilière a éclaté et les prix des logements se sont effondrés - une situation qui, d'après le *Majorca Daily Bulletin*, préoccupe vivement les insulaires.

Sur un tout autre plan, les incendies de forêts survenus au cours des derniers étés ont mis à mal la situation écologique du pays et ses services d'urgence. En 2013, le feu a de nouveau ravagé Peguera et la Tramuntana au nord d'Andratx, réduisant en cendres quelque 1 800 hectares de forêts. Le Balearic Nature Institute a mis en place un programme de reboisement.

Affaires de corruption et dérives des vacanciers

Majorque s'est retrouvée plusieurs fois à la une de la presse internationale récemment. Jaume Matas, ancien président des Baléares et ancien ministre de l'Environnement d'Espagne, a fait les gros titres des journaux en 2013 après avoir été condamné à neuf mois de prison pour escroquerie et trafic d'influence. Plus retentissante encore, l'affaire dite "Palma Arena", dans laquelle Iñaki Urdangarín, duc de Palma et gendre du roi d'Espagne, aurait détourné des millions d'euros de fonds publics en recourant à des contrats frauduleux. Son cas a encore été aggravé par la divulgation récente dans le quotidien espagnol *El Mundo* de courriels compromettants.

Par ailleurs, les tabloïds et les émissions de TV ne se lassent pas d'évoquer les nombreuses soirées de beuveries qui se déroulent à Magaluf. Si la ville de Calvià a fait tout son possible pour redorer son blason, en améliorant ses infrastructures et en mettant davantage l'accent sur les possibilités d'activités de plein air, la station balnéaire du sud-ouest de l'île a vu son image sérieusement écornée par les médias au cours de l'année 2013. En janvier, la BBC diffusait une émission intitulée *The Truth about Magaluf* (*La Vérité sur Magaluf*) qui révélait la débauche ayant cours dans la station : soûleries, bagarres, comportements indécents et dangereuse mode qui consiste à sauter du balcon de son hôtel pour atterrir dans la piscine. En juin, le journal allemand *Bild am Sonntag* a publié un article qui présentait la baie de Palma comme le lieu de prédilection des prostituées, revendeurs de drogue et pickpockets. Furieux, le maire, Manu Onieva, a déclaré qu'il s'agissait-là de journalisme à sensation faisant montre de partialité.

Une nouvelle image

Bien qu'ils ne concernent qu'une ou deux stations balnéaires, les articles et reportages de ce genre ont terni la réputation de Majorque au fil des années. Si Manu Onieva et les autres responsables chargés du tourisme sur l'île mettent à bien leurs projets, ces clichés devraient toutefois disparaître. Les autorités s'efforcent en effet de mettre en avant les initiatives encourageantes et les projets comme celui de Mallorca Rocks, où les meilleurs DJ d'Europe viennent mixer devant un public détendu mais "sous contrôle". D'après les responsables, un montant de 3 millions d'euros a été investi dans un vaste projet de rénovation de la station de Platja de Palma, qui prévoit de mettre en place une interdiction de consommer de l'alcool en public 24h/24, de réhabiliter certaines infrastructures et les hôtels afin d'attirer une clientèle plus aisée et plus raisonnable. À en croire Álvaro Gijón, maire-adjoint de Palma, le tourisme motivé par la consommation excessive d'alcool vit ses dernières heures. En juillet 2013, il a déclaré au quotidien anglais *The Independent* : "Les gens qui vomissent ou se soulagent en public, c'est terminé".

Le tourisme hivernal constitue un autre aspect essentiel de l'économie locale. Chaque année, de plus en plus d'hôtels étendent leurs périodes d'ouverture afin d'accueillir un nombre croissant de randonneurs, cyclotouristes et amateurs d'ornithologie – le genre de vacanciers que l'île est ravie d'attirer. Et cela fonctionne : les tour-opérateurs sont toujours plus nombreux à proposer des formules axées sur les activités de plein air. Si Magaluf constitue encore une ombre au tableau, les choses semblent toutefois en voie d'amélioration. Majorque demeure une destination où il est bon faire la fête, mais les futurs visiteurs devront apprendre à bien se tenir !

NOMBRE D'HABITANTS :
859 340

PIB PAR HABITANT : **21 151 €**

TAUX DE CHÔMAGE (ÎLES BALÉARES) : **17,2 %**

NOMBRE DE PASSAGERS ACCUEILLIS PAR L'AÉROPORT DE MAJORQUE EN 2012 :
22,8 MILLIONS

Sur 100 personnes à Majorque

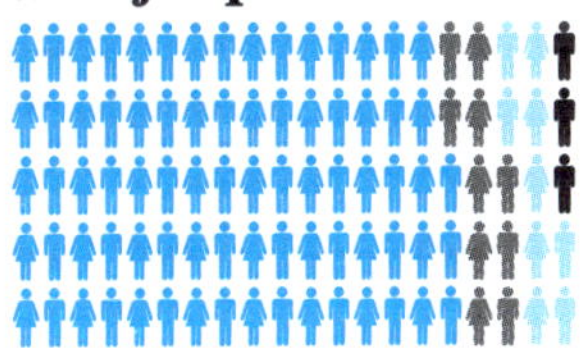

78 sont de Majorque
10 sont d'une autre origine
9 viennent du continent espagnol
3 sont des Allemands

Religions

(en % de la population)

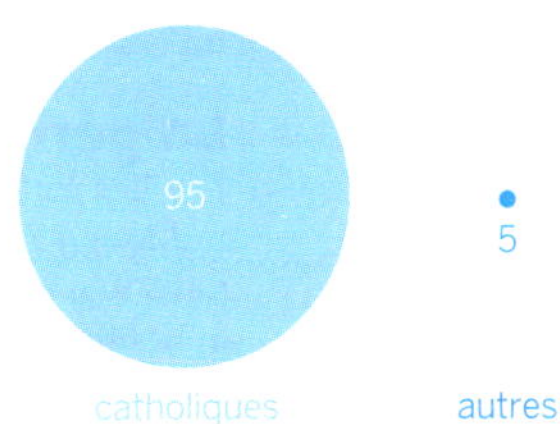

Population au km²

≈ 30 personnes

Histoire

Située au cœur de la mer la plus convoitée d'Europe, Majorque s'est souvent trouvée sur la trajectoire des grands mouvements qui ont balayé la Méditerranée. À maintes reprises dans l'Histoire, l'île a connu d'importants bouleversements. Pourtant, malgré les invasions, les guerres, la prospérité et la famine, Majorque s'est rarement trouvée au centre des affaires européennes.

Sites talayotiques à Majorque

Ses Païsses, Artà

Capocorb Vell, Cala Pi

Necròpolis de Son Real, Ca'n Picafort

Museu Arqueològic de Son Fornés, Montuïri

Es Figueral de Son Real, Ca'n Picafort

Illot dels Porros, Ca'n Picafort

L'histoire connue de l'île commence avec la civilisation talayotique, encore méconnue aujourd'hui. Les *talayots*, ces tours en pierre que l'on peut toujours voir à Majorque, continuent d'intriguer les archéologues. Les Talayots régnèrent en maîtres sur l'île jusqu'à l'arrivée des Romains, au IIe siècle av. J.-C. Sous le joug romain, Majorque connut la paix jusqu'à ce que les Vandales balaient tout sur leur passage en 426. Un siècle plus tard, l'île se rendait aux Byzantins. Ce sont les armées musulmanes, qui régnèrent sur l'île pendant plus de trois cents ans à partir du début du IXe siècle, qui apportèrent à l'île une ère de prospérité et de tolérance religieuse. En 1229, Jacques Ier, roi de Catalogne, s'empara de l'île. Elle resta dès lors aux mains des chrétiens (le plus souvent catalans). Les siècles qui suivirent furent rudes pour les îliens les plus pauvres, à la merci des propriétaires terriens. Par la suite, Majorque fut prise dans les tourmentes du continent espagnol, de la guerre de la Succession d'Espagne au XVIIIe siècle à la guerre civile dans les années 1930.

À partir des années 1960, le développement du tourisme de masse bouleversa tout. L'île est en effet passée brutalement de plusieurs siècles d'isolement et de pauvreté à une prospérité économique et à un cosmopolitisme quelque peu forcé.

La période talayotique

Les îles Baléares se sont séparées du continent espagnol il y a huit millions d'années. Elles étaient peuplées d'une faune variée qui évoluait dans une nature intacte, loin de toute civilisation. Il y a environ 9 000 à 10 000 ans, des groupes de population épipaléolithique (dernière

CHRONOLOGIE

7200 av. J.-C.

La présence des premières colonies humaines à Majorque remonterait à 7200 av. J.-C. selon la datation au carbone 14 d'éléments découverts à Cova de Canet, une grotte près d'Esplores, dans le sud-ouest de l'île.

1200 av. J.-C.

Des tribus guerrières envahissent Majorque, Minorque, la Corse et la Sardaigne. Sur les îles de Majorque et de Minorque, ces guerriers sont appelés Talayots, du nom des tours en pierre qu'ils construisirent.

500 av. J.-C.

Les marchands phéniciens installent des comptoirs sur la côte et étendent leur influence dans toute l'île. Les guerriers des Baléares s'engagent comme mercenaires dans les armées carthaginoises.

période de la préhistoire) quittèrent la côte espagnole à bord de navires rudimentaires et croisèrent l'île de Majorque. Ce furent les premiers hommes à poser le pied sur cette terre.

Les premiers signes de présence humaine sur l'île remontent à environ 7200 av. J.-C. Durant les 6 000 années qui suivirent, la population, composée de groupes et de tribus disparates, vécut en majorité dans des grottes et d'autres abris naturels, vivant des produits de la chasse et de la cueillette. Vers 2000 av. J.-C., ces groupes élevèrent des monuments funéraires mégalithiques, mais l'île était loin des civilisations antiques les plus avancées : à cette époque, les Égyptiens bâtissaient les pyramides.

Vers 1200 av. J.-C., des tribus guerrières, venues probablement d'Asie Mineure, débarquèrent à Majorque et à Minorque. Elles s'imposèrent à la population locale. Aujourd'hui, on parle de la civilisation talayotique, en raison des bâtiments qu'ils laissèrent derrière eux : les *talayots* (tours de guet en pierre). On peut encore en voir aujourd'hui qui constituent de précieux témoignages de cette époque. Ces constructions circulaires, ou parfois dotées d'une base carrée ou en forme de coque de bateau, témoignent d'une société organisée et hiérarchisée. Les plus répandus étaient les *talayots* circulaires, qui pouvaient atteindre jusqu'à 6 m de haut et compter deux niveaux. Leur fonction reste hypothétique. Symbolisaient-ils le pouvoir des chefs locaux, ou leur servaient-ils de monuments funéraires ? Étaient-ils destinés au stockage ou à la défense ? Ou encore, s'agissait-il de sites religieux ? À l'époque, l'île comptait au moins 200 villages talayotiques. Des poteries basiques et des objets en bronze (épées, haches, colliers) ont été retrouvés sur ces sites. Il semblerait que la société talayotique ait été divisée en trois classes : une élite dirigeante, une importante classe laborieuse vivant de l'agriculture de subsistance, et des esclaves. Les scientifiques ne savent pas si cette civilisation possédait une forme d'écriture.

Phéniciens, Grecs et Carthaginois

Le contact avec le monde extérieur se fit par le biais des marchands grecs et phéniciens. Les Carthaginois tentèrent, en vain, de s'établir à Majorque. Ils réussirent cependant à enrôler des Majorquins comme mercenaires. En effet, les hommes des Baléares maniaient habilement la fronde – qu'ils apprenaient à utiliser dès leur plus jeune âge avec une extrême précision. Ces frondeurs (*foners* en catalan) de Majorque et de Minorque se faisaient appeler *baleares* (terme venant probablement d'un mot en grec ancien signifiant "jeter"), d'où le nom actuel des îles qu'ils occupaient. À la solde des armées carthaginoises, ils tiraient sur l'ennemi des salves de

SIURELLS

Selon certains historiens, les *siurells*, ces sifflets de terre cuite blancs, verts et rouges, en forme de figurines, auraient été introduits à Majorque par les Phéniciens. Ces figurines représentaient des divinités antiques : taureaux, cavaliers et hommes à tête de chien font partie des plus classiques.

123 av. J.-C.
Sous prétexte de mettre fin à la piraterie dans les Baléares, le général romain Quintus Caecilius Metellus, surnommé plus tard Balearicus, débarque à Majorque et à Minorque et s'empare des deux îles.

426
Les Vandales, tribus barbares d'Europe centrale, pillent tout sur leur passage en Europe et jusqu'en Afrique du Nord. Ils lancent des raids à Majorque entraînant la destruction de la ville romaine de Pol·lèntia.

534
Belisaire prend le contrôle des îles Baléares au nom de l'empereur byzantin Justinien, qui, jusqu'à sa mort en 565, tente de rétablir l'Empire romain dans toute la Méditerranée.

707
Pour la première fois, des Arabes musulmans d'Afrique du Nord attaquent Majorque. Quatre ans plus tard, ils entament la conquête de l'Espagne continentale.

projectiles de forme ovale de 4 à 6 cm avant l'arrivée de l'infanterie. Ces hommes étaient également équipés de poignards ou de dagues pour les combats au corps à corps, mais ne portaient quasiment aucune protection. Ils participèrent à la victoire des Carthaginois sur les Grecs en Sicile, au Ve siècle av. J.-C., ainsi qu'aux guerres puniques contre Rome.

Pour une vision détaillée de l'époque antique préromaine à Majorque, les lecteurs comprenant l'espagnol pourront consulter la *Guía Arqueológica de Mallorca*, de Javier Aramburu, Carlos Garrido et Vicenç Sastre (Museo de Arte Contemporáneo de Barcelona, 2007).

Romains, Vandales et Byzantins

Le consul romain Quintus Caecilius Metellus se tenait sur ses gardes en approchant des rivages sud de Majorque en 123 av. J.-C. Il savait que les frondeurs de l'île pouvaient atteindre son navire avec leurs gros projectiles et le faire couler. Il avait donc innové : au moyen de cuir épais et de lourdes peaux de bêtes, il avait fabriqué le premier navire blindé. Incapables de mettre à mal l'embarcation romaine, les guerriers majorquins s'enfuirent vers les terres. Les Romains mirent deux ans à pacifier l'île.

Metellus fit venir 3 000 colons de la péninsule Ibérique. Il fonda deux camps militaires à la romaine (les rues principales, *decumanus* et *cardus maximus*, se croisant). Ces camps, Palmeria ou Palma, et Pol·lèntia, devinrent bientôt les deux villes principales de Majorque. Pol·lèntia, située exactement entre les deux baies au nord-est de Pollença et d'Alcúdia, était la plus importante des deux. Les Romains y construisirent de beaux édifices, notamment des temples et un théâtre.

Pol·lèntia est aujourd'hui le plus grand site de vestiges romains de Majorque. Des citoyens romains optèrent aussi pour la vie à la campagne et se firent construire des demeures grandioses. Il n'en reste plus rien aujourd'hui, mais on serait tenté d'y voir les ancêtres des *alqueries* (domaines agricoles) arabes et des *possessions* (propriétés agricoles).

Les Majorquins affirment notamment leur fidélité à leurs racines et leur indépendance culturelle à travers l'usage du *mallorquí*, un dialecte local dérivé du catalan. Si la pratique de cette langue était interdite en public sous Franco, elle est aujourd'hui source de fierté pour de nombreux insulaires.

Petit à petit, la population autochtone adopta la langue et les coutumes des Romains, tout en continuant à vivre dans ses propres villages. Pline l'Ancien rapporta que le vin majorquin était aussi bon que celui produit en Italie, et que le blé et les escargots de l'île étaient également très appréciés.

Des preuves archéologiques, telles que les ruines de la basilique paléochrétienne de Son Peretó, du Ve siècle, témoignent de la présence du christianisme sur l'île aux alentours du IVe siècle. Le ciel allait s'obscurcir au siècle suivant, avec les premiers assauts des tribus barbares contre l'Empire romain. En 426, les îles Baléares furent assaillies par les Vandales, tribu germanique de l'Est qui pilla tous les territoires romains sur son passage. Quarante ans après avoir déferlé sur l'Espagne pour aller établir leur base en Afrique du Nord, les Vandales revinrent pour s'emparer des îles.

869

Les Normands mettent Majorque à sac, 21 ans seulement après une incursion des forces du califat de Cordoue, en Espagne. Majorque avait alors accepté de devenir un port du califat en échange de la paix.

SIMON GREENWOOD/GETTY IMAGES ©

Reconstitution de l'attaque des Normands

903

Les Maures prennent le contrôle de Majorque au nom du calife de Cordoue. Les chrétiens, qui disposent de redoutes sur toute l'île, résisteront pendant huit ans.

1075

Majorque devient un *taifa* (petit royaume) indépendant. Dans toute l'Espagne, des conflits civils provoquent l'éclatement du califat de Cordoue en *taifas*.

Le sort des Vandales fut scellé lorsque l'empereur byzantin Justinien décida de reconstruire l'Empire romain. Belisaire, son infatigable général, vainquit les Vandales en Afrique du Nord en 533, et s'empara des Baléares l'année suivante. Après la mort de Justinien, en 565, le contrôle exercé par les Byzantins sur les territoires de Méditerranée occidentale déclina rapidement.

LES JUIFS DE MAJORQUE

Les premiers juifs seraient arrivés à Majorque en l'an 70, l'année où les Romains détruisirent la majeure partie de Jérusalem et de son temple. Sous la domination musulmane, une petite minorité juive prospérait à Medina Mayurka (nom que les Maures avaient donné à l'actuelle Palma). La situation se compliqua après la conquête de l'île par les chrétiens en 1229.

Exclus de la plupart des professions et des emplois publics, les juifs de Majorque n'en étaient pas moins reconnus pour leur savoir et leur sens des affaires. Les médecins, astronomes, banquiers et commerçants juifs, qui parlaient généralement parfaitement catalan et/ou espagnol, latin, hébreu et arabe, jouaient souvent un rôle clé dans la société.

On estime qu'à la fin du XIIIe siècle, Ciutat (Palma) comptait entre 2 000 et 3 000 juifs. Ils furent expulsés du quartier du Palau de l'Almudaina pour être transférés dans le Call (signifiant "ghetto" en catalan), situé dans la partie est de Sa Calatrava, dans les rues autour de la Carrer de Monti-Sion. Un couvre-feu fut instauré et les juifs furent obligés de porter un macaron rouge et jaune pendant la journée. En 1315, leur synagogue devint l'Església de Monti-Sion. Ce n'est qu'en 1373 qu'ils disposèrent à nouveau d'un lieu de culte. En 1391, des paysans massacrèrent quelque 300 juifs lors d'un pogrom.

En 1435, les juifs majorquins furent contraints de se convertir au christianisme, et leurs synagogues furent transformées en églises. Au début du XVIe siècle, ils durent quitter le Call Major pour aller s'installer au Call Menor, autour du Carrer de Colom. Bien qu'ils fussent convertis au christianisme, on les soupçonnait de pratiquer des rites juifs en secret. Ils constituèrent une cible de choix lors de l'Inquisition. Le dernier autodafé (jugement par le feu) de ceux que l'on appelait alors *judaizantes* eut lieu en 1691 ; trois citoyens périrent sur le bûcher.

Surnommés *xuetes* (de *xua,* terme péjoratif désignant la viande de porc), les juifs étaient toujours exclus par la majorité de la population chrétienne, et ils durent attendre le XIXe siècle pour que leur condition s'améliore. Ce siècle vit alors une floraison d'écrivains et de poètes issus de familles *xueta*. Au cours de la Seconde Guerre mondiale, les autorités religieuses de l'île refusèrent de livrer sa population juive ainsi que l'exigeaient les nazis. Aujourd'hui, on estime qu'entre 15 000 et 20 000 personnes descendent de ces familles (qui, encore au milieu du XXe siècle, étaient souvent rejetées par beaucoup d'autres Majorquins).

1114-1115

Des croisés catalans et pisans débarquent à Majorque pour mettre fin à la piraterie qui entrave le commerce en Méditerranée. Ils prennent Medina Mayurka et 30 000 esclaves chrétiens sont libérés.

1148

Majorque signe un accord commercial avec les villes italiennes de Gênes et de Pise, ouvrant ainsi ses marchés à l'Italie et limitant la menace de nouvelles attaques de l'île par les chrétiens.

1185

La mort du gouverneur musulman de l'île, le Wāli Ishaq, marque la fin d'une période de prospérité sans précédent. Son règne incarne l'apogée de la domination des Almoravides à Majorque.

1203

Les Almohades d'Espagne ont raison du régime des Almoravides à Medina Mayurka et prennent le contrôle de l'île. Ce changement a peu d'incidence sur la vie de la majorité des Majorquins.

Lorsque les musulmans déferlèrent en Afrique du Nord au début du VIIIe siècle, les îles Baléares étaient une enclave chrétienne indépendante.

La domination maure

En l'an 902, un noble arabe d'Al-Andalus (Espagne musulmane), Isam al-Jaulani, fut contraint par le mauvais temps de jeter l'ancre dans le port de Palma. Il acquit alors la ferme conviction qu'il pouvait et devait s'emparer de cette ville, de Majorque et des autres îles des Baléares, pour les intégrer au califat de Cordoue. À son retour à Cordoue, le calife Abdallah lui confia la tâche de conquérir ces îles. Al-Jaulani reprit donc la mer avec un renfort d'hommes en l'an 902 ou 903.

La ville portuaire tomba facilement, mais Al-Jaulani, qui fut fait *wāli* (gouverneur) de ce que les Arabes appelaient les "îles orientales d'Al-Andalus", s'enlisa dans une guérilla contre des poches de résistance chrétiennes. Les conflits durèrent huit ans. À sa mort en 913, les îles avaient été pacifiées et il avait entrepris de développer la seule ville de l'archipel, l'actuelle Palma, qui portait alors le nom de Medina Mayurka ("ville de Majorque").

Les Maures divisèrent l'île en 12 secteurs et, au cours du siècle qui suivit, Majorque connut un essor important. Ils introduisirent des systèmes d'irrigation perfectionnés et les *alqueries* prospérèrent. Medina Mayurka devint l'une des villes les plus cosmopolites d'Europe. À la fin du XIIe siècle, la cité comptait 35 000 habitants, soit autant que Barcelone ou Londres. L'*al-qasr,* ou château-palais (Palau de l'Almudaina), fut construit sur un ancien fort romain. La grande mosquée se trouvait à l'emplacement actuel de la cathédrale de Palma. Des murailles furent élevées autour du nouveau quartier de Rabad al-Jadid (correspondant à peu près à Es Puig de Sant Pere) et la ville conserva ce tracé jusqu'à la fin du XIXe siècle. Il s'agissait d'une cité médiévale musulmane typique, une médina comme celle de Marrakech ou de Fès. Quelques-unes seulement de ses rues étroites et labyrinthiques, aujourd'hui appelées *estrets* (passages étroits), existent encore. Medina Mayurka entretenait de bonnes relations avec le monde musulman de la Méditerranée occidentale. Depuis 1075, les émirs des îles orientales étaient indépendants de la juridiction continentale.

Les successeurs d'Al-Jaulani s'investirent massivement dans la piraterie qui, au début du XIIe siècle, représentait la principale source de revenus de l'île. Cette activité provoquait cependant la colère des marchands chrétiens. En 1114, 500 navires avec à leur bord 65 000 soldats pisans et catalans jetèrent l'ancre à Majorque. Ces troupes entamèrent une campagne sanglante. Ils entrèrent à Medina

CARTES

Les cartographes juifs, en particulier ceux de la famille majorquine des Cresques, étaient extrêmement réputés. Leurs cartes furent utilisées par les grands voyageurs européens. Abraham Cresques (vers 1325-1387) et son fils Jafuda (vers 1350-1410) établirent l'une des cartes du monde les plus célèbres en 1375. Elle est aujourd'hui conservée à la Bibliothèque nationale de France à Paris.

Septembre 1229

Sous le règne de Jacques Ier, roi d'Aragon, les troupes catalanes jettent l'ancre à Santa Ponça (Majorque), défont les musulmans et installent leur campement au pied des murailles de Medina Mayurka.

Décembre 1229

Jacques Ier entre dans la ville, qui est mise à sac par ses troupes. Elle sera ravagée quelques mois plus tard par une épidémie de peste qui décimera de nombreux habitants et soldats.

1267

Le philosophe, théologien et poète majorquin Raymond Lulle a plusieurs visions qui feront de lui l'une des figures culturelles catalanes les plus importantes de l'Histoire.

1276

Jacques Ier meurt, cinquante ans après avoir imposé le christianisme à Majorque. Les territoires sous son autorité sont répartis entre ses deux fils. S'ensuivent des décennies de querelles intestines.

Mayurka en avril de l'année suivante. Après dix mois de combats acharnés, les soldats quittèrent Majorque épuisés et chargés de dépouilles, de prisonniers et d'esclaves chrétiens libérés.

En 1116, l'île entra dans une nouvelle ère lorsque les Almoravides (tribu berbère du Maroc) venus d'Espagne continentale y établirent leur pouvoir. Les Baléares connurent une prospérité sans précédent, notamment sous le règne du Wāli Ishaq, au pouvoir de 1152 à 1185. En 1203, Majorque tomba sous le joug des Almohades, qui avaient pris le contrôle d'Al-Andalus.

Ces querelles intestines entre les différentes factions musulmanes n'échappèrent pas aux chrétiens d'Espagne. La Reconquista (reconquête des territoires sous emprise musulmane par les royaumes chrétiens) prit un nouvel élan après la déroute des armées des Almohades lors de la bataille de Las Navas de Tolosa, en 1212 sur le continent espagnol. Les chrétiens reprirent Valence, l'Estrémadure, Cordoue et Séville, et les derniers musulmans furent chassés du Portugal. Un plan fut établi pour s'emparer également des îles Baléares, en particulier de Majorque, d'où les menées des pirates entravaient considérablement le commerce maritime des chrétiens.

El Conqueridor

Le 5 septembre 1229, 155 navires avec à leur bord 1 500 chevaliers et leurs montures, ainsi que 15 000 fantassins, levaient l'ancre des ports catalans de Barcelone, Tarragone et Salou, et mettaient le cap vers Majorque. Jacques Ier (1208-1276), roi d'Aragon et de Catalogne, avec l'énergie de ses 21 ans, s'était juré de prendre les îles Baléares et, ce faisant, de mettre un terme aux agissements des pirates musulmans. Jacques Ier (surnommé par la suite le Conquérant) débarqua à Santa Ponça et, après deux brèves escarmouches, marcha sur Medina Mayurka, qu'il assiégea. Le 31 décembre, les troupes chrétiennes parvinrent à ouvrir une brèche et à envahir la ville, pillant tout sur leur passage. Durant les mois qui suivirent, Jacques Ier pourchassa les troupes ennemies dans toute l'île, ne rencontrant qu'une faible résistance.

Une fois la conquête de Majorque achevée, Jacques Ier procéda au partage de l'île entre ses lieutenants et alliés. Les *alqueries*, *rafals* (hameaux) et villages arabes furent attribués à leurs nouveaux *senyors* (maîtres). Si ces lieux furent souvent rebaptisés, nombre d'entre eux conservèrent leur nom arabe. Les noms commençant par "Bini" (fils de) témoignent d'origines arabes. Les autres prirent le nom de leur nouveau seigneur, précédé de la particule possessive *son* ou *sa* (que l'on pourrait traduire par "qui appartient à..."). Jacques Ier consigna cette répartition du butin dans son *Llibre del Repartiment*.

1343

Pierre III d'Aragon envahit Majorque et soustrait la couronne à Jacques III, qui mourra six ans plus tard lors de la bataille de Llucmajor, en tentant de la reprendre.

1382

Le système de Sac i Sort (sac et chance) est mis en place : dans quatre sacs, on tire le nom des six candidats qui seront nommés *jurats* (magistrats) pour les douze mois à venir.

1391

Le quartier juif de Palma est mis à sac. Des centaines de juifs trouvent la mort dans ce pogrom. Les coupables seront remis en liberté par crainte que leur condamnation ne provoque de nouvelles violences.

1488

L'Inquisition, déjà présente à Majorque, est officiellement instaurée dans l'île. Des centaines de personnes accusées d'hérésie périssent sur le bûcher dans les décennies qui suivent.

Les priorités du roi espagnol étaient de mettre en place un programme rapide de construction d'églises, de christianiser la population locale et de faire venir des colons de Catalogne (principalement des environs de la ville de Gérone). Durant le premier siècle qui suivit la conquête, Ciutat ("la ville", plus tard appelée Palma) abritait la quasi-totalité de la population de l'île. La Part Forana (partie extérieure à Ciutat) était divisée en 14 districts, mais tout le pouvoir de l'île était concentré à Ciutat. L'administration courante était assurée par six *jurats,* ou "magistrats", placés sous les ordres du roi.

Les colons chrétiens catalans imposèrent leur religion, leur langue et leurs coutumes, et la population musulmane de l'île fut en majeure partie réduite à l'esclavage. Ceux qui ne prirent pas la fuite ou qui n'acceptèrent pas ce sort n'eurent d'autre choix que de renoncer à l'islam. Les juifs de Majorque connurent eux aussi des heures très sombres.

Dans la Part Forana, les fermes devinrent des *possessions*, l'élément central sur lequel allait reposer l'économie agricole de l'île. Ces grands domaines agricoles étaient gérés par des gens du pays, souvent des paysans aisés, entièrement dévoués à leur maître, absent la plupart du temps. Ces gérants employaient des *missatges*

L'ÉVANGÉLISATION SELON RAYMOND LULLE

Né à Ciutat (Palma), Raymond Lulle (Ramón Llul en catalan, 1232-1316) eut un destin hors du commun. Ce théologien et mystique intégra très jeune la cour de Jacques Ier en tant que page, puis fut élevé au rang de majordome de Jacques II, futur roi de Majorque. On dit que Raymond Lulle profitait de la vie, écrivait des poèmes d'amour et menait même une vie de débauche.

En 1267, il eut à cinq reprises une vision du Christ crucifié, ce qui bouleversa sa vie. Il passa les années qui suivirent à approfondir ses connaissances en théologie, en morale et en linguistique (arabe et hébreu). Avec l'appui de Jacques II, il fonda un monastère à Miramar où l'on enseigna la théologie et les langues orientales aux futurs évangélisateurs. Son souhait le plus cher était de convertir les juifs et les musulmans au christianisme. C'est pourquoi il partit prêcher en Europe, au Proche-Orient et en Afrique du Nord. Il multiplia dans un même temps les écrits en catalan et en arabe. Aujourd'hui, il est considéré comme le père du catalan littéraire. En 1295, il rejoignit les franciscains et, en 1307, risqua la colère des musulmans en prêchant à l'extérieur des mosquées d'Afrique du Nord. Certains disent qu'il fut lynché en Tunisie par une foule mécontente, tandis que d'autres affirment qu'il mourut sur le chemin du retour vers sa terre natale, en 1316. Il est enterré à la Basílica de Sant Francesc, à Palma. Sa béatification a été confirmée par le pape Jean Paul II et le long et hasardeux processus de sa canonisation a été entamé en 2007.

1521

Paysans et artisans, armés, se soulèvent contre l'aristocratie majorquine : c'est la révolte des Germanías. Le soulèvement sera violemment réprimé en octobre 1522 par l'armée de Charles Quint, roi d'Espagne.

1706

Le prétendant autrichien au trône espagnol pendant la guerre de la Succession d'Espagne (1702-1715) prend le contrôle de Majorque. Neuf ans plus tard, Majorque est vaincue par le Bourbon Philippe V.

1773

Le roi Charles III ordonne que les juifs de Palma soient autorisés à vivre où ils le souhaitent, et que toutes les formes de discrimination et de mauvais traitements à leur encontre soient punies.

1809

Des milliers de soldats français faits prisonniers lors d'une bataille en Espagne continentale sont envoyés à l'Illa de Cabrera, où ils vivront dans des conditions atroces. Les survivants ne seront libérés qu'en 1814.

(ouvriers agricoles permanents) et des *jornalers* (journaliers), qui vivaient à la limite de la misère. Les petits propriétaires agricoles, bien souvent dans l'incapacité de joindre les deux bouts, cédaient alors leurs terres aux *possessions* les plus importantes et allaient grossir les rangs des *jornalers*.

La Couronne d'Aragon

En 1276, à la mort de Jacques Ier, les territoires du roi furent répartis entre ses deux fils, Jacques II et Pierre III d'Aragon. Majorque fut alors ballottée pendant des années entre les deux, et plus tard, entre leurs héritiers respectifs. En 1349, le royaume de Majorque, jusqu'alors indépendant, fut rattaché à la Couronne d'Aragon, tout en conservant une grande autonomie.

Le sort de Majorque, notamment celui de Palma, épousa donc celui de Barcelone, capitale catalane de la Couronne d'Aragon et important carrefour commercial. Au milieu du XVe siècle, les deux villes (malgré des catastrophes comme les épidémies de peste) figuraient parmi les plus prospères de la Méditerranée. Palma comptait alors quelque 35 consulats et des représentations commerciales tout autour de la Méditerranée. Les commerçants de la ville disposaient d'une flotte marchande de 400 navires, et la Bourse médiévale, Sa Llotja, était un centre d'affaires animé.

Mais tout ne se présentait pas si bien. Dans la Part Forana, les ouvriers agricoles n'avaient quasiment plus rien à manger et les récoltes se raréfièrent tellement qu'en 1374, les gens mouraient de faim dans la rue. Les révoltes locales, comme celle de 1391 (l'année où des travailleurs en colère pillèrent par ailleurs le "Call", le quartier juif de Ciutat), étaient fréquentes et sévèrement réprimées par l'armée. La situation économique de Majorque et des autres îles des Baléares empira encore avec la découverte des Amériques et le déclin du commerce en Méditerranée au profit des échanges transatlantiques. En 1521, la révolte des Germanías affaiblit encore l'île. Les paysans et les artisans se soulevèrent contre les impôts écrasants frappant les plus pauvres. De nombreux membres de l'aristocratie majorquine furent massacrés et les contestataires forcèrent le vice-roi à prendre la fuite – Majorque faisait alors partie de l'Espagne, aux mains de l'empereur Charles Quint. Ce dernier envoya en octobre 1522 une armée, qui ne parvint à rétablir l'ordre qu'en mars de l'année suivante.

Majorque fut alors constamment la cible des pirates nord-africains. Certaines des fêtes traditionnelles les plus marquantes, comme Moros i Cristians, à Pollença, et Es Firó, à Sóller, datent d'ailleurs de cette époque, tout comme les fortifications de l'île. La bonne étoile de l'Espagne commença également à décliner à partir

Située au carrefour de grandes routes maritimes commerciales, Majorque fut particulièrement vulnérable aux ravages de la peste. Des épidémies touchèrent l'île à plusieurs reprises, décimant la population.

1837

Un navire à vapeur destiné aux particuliers relie Barcelone et Palma : c'est la première liaison régulière avec le continent. George Sand et Frédéric Chopin l'emprunteront en 1838.

Avril 1912

La ligne ferroviaire Palma-Sóller est ouverte. Jusque là, il était plus facile pour les habitants de Sóller de se rendre en France par la mer qu'à Palma par les mauvaises routes de montagne.

Juin 1922

Le premier service postal aérien est instauré entre Barcelone et Palma. Le courrier est acheminé par des hydravions stationnant dans des hangars d'Es Jonquet, à Palma.

19 juillet 1936

L'armée et les milices de droite s'emparent de Majorque au nom du général Franco, qui a lancé une offensive militaire contre le gouvernement républicain de Madrid.

du XVIIe siècle et Majorque sombra peu à peu dans l'isolement. L'île soutint en outre le "mauvais camp", les Habsbourg, lors de la guerre de la Succession d'Espagne (1703-1715). Le Bourbon Philippe V, victorieux, abolit tous les privilèges historiques de Majorque et son autonomie en 1716. L'obligation de parler castillan et de renoncer au catalan fut aussi promulguée.

Les attaques régulières de pirates obligèrent Majorque à demeurer sur ses gardes pendant une grande partie du XVIIIe siècle, jusqu'à ce que les insulaires obtiennent en 1785 l'autorisation de riposter librement. À cette même époque, un moine franciscain majorquin, Fra Junípero Serra, fondait en Californie les missions de San Francisco et de San Diego, devenues les villes que l'on connait.

Au début du XIXe siècle, les guerres napoléoniennes entraînèrent un afflux de réfugiés catalans sur l'île, ce qui déclencha des troubles économiques et sociaux. Durant la seconde moitié du siècle, la bourgeoisie prospéra tandis que l'activité agricole se développait. En 1875, la première liaison ferroviaire fut inaugurée entre Palma et Inca.

Le XXe siècle : guerre civile et dictature

Développement de l'exportation du vin et des amandes, ouverture d'une ligne de chemin de fer sur l'île et d'une ligne régulière de bateaux à vapeur entre Majorque et l'Espagne continentale, le tournant du XXe siècle fut une époque positive. La Renaissance culturelle catalane, *Renaixança*, se fit sentir jusqu'à Majorque où toutes les formes d'art s'épanouirent. Des bâtiments de style moderniste furent même construits à Palma. Les premiers touristes arrivèrent sur l'île – parmi lesquels George Sand et Frédéric Chopin –, séduits par la beauté des paysages et la tranquillité des lieux.

L'un des plus beaux écrits sur Majorque est celui du peintre catalan Santiago Rusiñol, intitulé *Mallorca, L'Illa de la Calma* ("Majorque, l'île du calme", non traduit, 1922). Il jette dans cet ouvrage un regard critique sur les conditions de vie difficiles des Majorquins habitant à la campagne.

Les années 1930 changèrent rapidement la donne. Comme à Madrid, républicains et socialistes obtinrent la majorité absolue à Palma aux élections de 1931. Mais deux ans plus tard, la Confederatión Espanola de Derechas Autónomous (Confédération espagnole des droites autonomes) gagna les élections nationales. Début 1934, tous les maires de gauche de Majorque avaient été remerciés. Ils retrouvèrent pourtant leur poste à l'issue des élections de 1936, qui se traduisirent par une victoire écrasante de la gauche. En juillet 1936, le général Francisco Franco prenait la tête d'une rébellion militaire contre le gouvernement central républicain. Ce fut le début de trois ans de guerre civile.

À Majorque, les partisans de Franco rencontrèrent peu de résistance. Le 19 juillet, des soldats rebelles et des militants de la Phalange, groupe nationaliste de droite, firent irruption dans

1er avril 1939

Après trois années de conflit, et trois jours après la chute de Madrid, Franco revendique la victoire lors d'un discours radiophonique. La dictature du général durera quarante ans.

1952

Le rationnement instauré après la guerre civile prend fin sur l'île. Si le quotidien demeure précaire pour de nombreux Majorquins, l'essor du tourisme va bientôt transformer à jamais le destin de Majorque.

1960

On estime à 500 000 le nombre de visiteurs venus à Majorque : c'est le début du tourisme de masse sur l'île. Ce chiffre sera multiplié par 50 au cours des décennies qui suivront.

1983

Le statut d'autonomie des îles Baléares (ainsi que celui d'autres régions d'Espagne) est approuvé huit ans après la mort du général Franco.

ARCHIDUC, AUTRICHIEN ET AMOUREUX DES BALÉARES

Alors que les premières batailles de la campagne italienne faisaient rage en 1915, l'archiduc Louis Salvador d'Autriche demeurait cloîtré dans le château de Brandeis, en Bohême, passant son temps à écrire, frustré de ne pouvoir regagner les îles Baléares si chères à son cœur. Il mourut en octobre de la même année d'une septicémie, à la suite d'une opération de la jambe.

Louis Salvador était né à Florence en 1847. Quatrième fils du grand-duc Léopold II, il commença très tôt à voyager, étudia et visita des villes dans toute l'Europe. Dès le début, il prit l'habitude de rapporter par écrit tout ce qu'il voyait. Ses premiers livres furent publiés un an après son premier voyage aux îles Baléares en 1867. Il revint à Majorque en 1871 et, l'année suivante, il acheta le Monestir de Miramar. Il décida alors de faire de Majorque sa résidence principale – un choix de vie qui séduisit de nombreux Européens du Nord qui lui emboîtèrent le pas un siècle plus tard !

Voyageur infatigable, l'archiduc visita à bord de la *Nixe*, son yacht à vapeur, entre autres moyens de transport, Chypre et la lointaine Tasmanie. Il ne se passait pas une année sans qu'il publie un livre, le plus connu étant les imposants volumes qui composent *Die Balearen* ("Les Baléares"). De tous les endroits qu'il visita, Majorque restait son lieu préféré. Il y recevait régulièrement la visite de membres de la famille royale et de personnalités importantes. En 1877, les députés locaux lui décernèrent le titre de "Fils adoptif des îles Baléares". En 1901, il était nommé membre honoraire de la Royal Geographical Society de Londres.

le Cort (hôtel de ville) et arrêtèrent le maire de gauche, Emili Darder (il sera exécuté en février 1937 aux côtés d'autres hommes politiques). Les insurgés s'emparèrent rapidement de points stratégiques dans tout Palma, presque sans coup tirer. Les villes de la Part Forana leur opposèrent une plus grande résistance, qui fut écrasée dans le sang.

À la mi-août, des bataillons d'hommes et des dizaines d'avions de guerre italiens étaient envoyés à Majorque par l'allié de Franco, le dictateur Benito Mussolini. L'île devint alors la base principale des opérations aériennes italiennes, et c'est de là que des raids furent lancés contre Barcelone avec une intensité croissante à mesure que la guerre civile prenait de l'ampleur.

Avec la victoire de Franco en 1939, la vie à Majorque s'aligna sur celle du continent : le catalan et toute manifestation de la culture régionale furent interdits. Le rationnement, introduit en 1940, dura jusqu'en 1952. Sur les neuf maires qui se succédèrent à Palma de 1936 à 1976, quatre étaient des militaires et les autres des conservateurs.

Entre le 16 et le 18 mars 1938, les bombardiers de l'armée de l'air italienne basés à Majorque lancèrent 17 raids sur Barcelone, qui firent environ 1 300 victimes. Mussolini, semble-t-il, ordonna ces bombardements, à l'insu du haut commandement nationaliste espagnol.

Mai 2007

À l'issue des élections régionales, le socialiste Francesc Antich forme un gouvernement de coalition qui s'engage à freiner les projets de construction sur l'île.

2009

Le groupe séparatiste basque ETA fait exploser plusieurs bombes à Majorque, tuant deux policiers et provoquant le chaos sur l'île en plein cœur de la saison touristique.

Mai 2011

Les conservateurs du Parti populaire font un retour en force au pouvoir après leur victoire à la majorité absolue aux élections régionales. Les libéraux de l'Union majorquine perdent tous leurs sièges.

Juin 2011

Le paysage culturel de la Serra de Tramuntana est inscrit sur la Liste du patrimoine mondial de l'Unesco.

Un tourisme salvateur ?

En 1950, le premier vol charter se posait à Majorque, sur une petite piste d'atterrissage. Difficile alors d'en imaginer les conséquences. En 1955, le centre de Palma comptait une dizaine d'hôtels, et d'autres s'étaient installés le long du front de mer en direction de Cala Major.

Avec l'essor du tourisme de masse dans les années 1960 et 1970, Majorque connut un développement fulgurant. La construction sans véritable cadre juridique d'immeubles tout autour de la baie, puis le long d'autres plages de la côte, fut le résultat d'une politique délibérée du gouvernement franquiste visant à encourager le tourisme dans les zones côtières. Les hôtels les plus laids érigés à cette époque ont pour beaucoup été fermés depuis ou transformés en immeubles d'habitation ou en bureaux.

Selon certaines estimations, Majorque arriverait en tête des provinces espagnoles en termes de niveau de vie, mais 80 % de l'économie de l'île repose sur le tourisme. À l'origine d'une urbanisation irréfléchie, cette activité touristique intensive sur plusieurs décennies a conduit les Majorquins à s'interroger sur son impact sur l'environnement, la culture et l'identité de l'île. Le terme "baléarisation" a été inventé pour illustrer ce bétonnage du littoral sans vision à long terme et menaçant la principale ressource de l'île : ses côtes magnifiques.

Une nouvelle image

Au cours des dernières années, la politique de Majorque en matière de tourisme a peu à peu évolué et met davantage l'accent sur des pratiques durables, la sensibilisation à l'écologie et le développement d'activités pouvant s'exercer en toute saison. Les responsables ont bel et bien réalisé qu'une urbanisation effrénée et des complexes hôteliers sans âme pour voyages organisés appartenaient au passé. Majorque s'efforce de se débarrasser de son image de destination aux stations balnéaires peu regardantes, où les visiteurs étaient réputés pour leurs soirées copieusement arrosées.

Le développement de l'agritourisme a révélé que cette évolution n'avait rien d'une mode et un nombre croissant de *fincas* (fermes encore en exploitation) ont ouvert leurs portes au secteur du tourisme en proposant des hébergements pleins de charme dans un cadre rural paisible, avec des repas souvent réalisés à partir de la production biologique maison. En ville, de belles demeures sont reconverties avec le plus grand soin en boutiques-hôtels. Autant d'initiatives qui contribuent à faire évoluer l'image de Majorque, en mettant en avant l'authenticité, l'ancrage local et l'immersion culturelle.

Un astéroïde découvert par des astronomes majorquins en 1997 fut baptisé "9900 Ramón Llull" en hommage au grand philosophe, écrivain et évangélisateur qui naquit sur l'île au Moyen Âge.

2013-2014

Des scandales politiques et financiers impliquant des personnalités liées à Majorque éclatent, relayés par la presse internationale.

Bien que de nombreuses stations balnéaires vivent encore au ralenti l'hiver venu, certains hôtels en ville et dans les villages restent désormais ouverts en basse saison, la plupart dans le but d'accueillir le nombre croissant de visiteurs désireux de s'adonner aux activités de plein air offertes par l'île. Bradley Wiggins, par exemple, s'entraîne régulièrement pour le Tour de France dans la Serra de Tramuntana. Les médias ont récemment lancé une campagne destinée à mieux faire connaître les formidables ressources naturelles de Majorque en matière de sports d'extérieur. On recense de plus en plus de prestataires proposant des sports d'aventure, de la randonnée guidée au VTT en passant par le canyoning, la spéléologie ou la varappe. Tous tentent de faire passer un message : il n'y a pas que la plage ! Majorque a de quoi séduire toute l'année, qu'on se le dise.

Et pour cette île qui privilégie désormais le tourisme durable et les activités de plein air, l'inscription en 2011 de la Serra de Tramuntana au patrimoine mondial de l'Unesco (dans la catégorie Paysages culturels) constitue la cerise sur le gâteau. Ces montagnes à la beauté sauvage attireront indéniablement, et à juste titre, de nouveaux visiteurs.

Circuit sur les traces de l'histoire

Âge du bronze/période talayotique : Ses Païsses, Artà

Occupation romaine : Pol·lèntia, Alcúdia

Domination maure : Banys Àrabs, Palma

Époque médiévale : vieille ville fortifiée d'Alcúdia

Période gothique : cathédrale de Palma

Renaissance/baroque : demeures et patios de Palma

Environnement

Si toutes les îles des Baléares sont superbes, Majorque a été particulièrement gâtée par Mère Nature. Que vous exploriez l'Ouest encore sauvage, où les falaises de calcaire plongent dans de jolies baies aux eaux limpides, que vous parcouriez l'intérieur des terres où les collines boisées s'élèvent au-dessus de prairies couvertes de fleurs, d'oliveraies et de plantations d'agrumes, ou que vous paressiez sur les plages de sable blanc de la côte sud, vous découvrirez que la beauté de Majorque est amplement méconnue.

Géographie

Majorque est la plus grande île de l'archipel des Baléares. La cordillère Bétique andalouse, de l'Espagne continentale, plonge à près de 1,5 km de profondeur dans la Méditerranée et refait surface pour former les îles de Majorque, Minorque, Ibiza et Formentera. L'étendue d'eau séparant l'archipel du continent s'appelle la mer des Baléares.

La côte

Le littoral majorquin est ponctué d'une multitude de petites criques et de trois grandes baies. La baie de Palma, au sud, est la zone la plus densément peuplée de l'île. Les deux grandes baies du nord, la baie de Pollença et la baie d'Alcúdia, sont délimitées par trois caps spectaculaires : le Cap de Formentor, le Cap des Pinar et le Cap Ferrutx.

La côte sud se caractérise par une succession de falaises à pic et de baies calmes. C'est également dans cette région que se trouvent deux ensembles d'îlots : l'Illa de Sa Dragonera (au large de Sant Elm) et le Parc Nacional Marítim-Terrestre de l'Arxipèlag de Cabrera (au large de Colònia de Sant Jordi), avec ses 19 îles.

L'île en chiffres

Superficie : 3 636 km²

Littoral : 550 km

Distance la plus courte depuis l'Espagne continentale : 175 km

Point culminant : Puig Major de Son Torrella (1 445 m)

Point culminant accessible : Puig de Massanella (1 365 m)

Montagnes

Classée au patrimoine mondial de l'Unesco depuis 2011 en tant que paysage culturel, la Serra de Tramuntana commence à côté d'Andratx, au sud-ouest. Long de 90 km et particulièrement accidenté, le massif atteint toute sa splendeur au Cap de Formentor, au nord. Les sommets les plus élevés se trouvent dans la partie centrale du massif, au nord-est de Sóller. Les versants ouest abrupts s'élèvent en pente raide depuis la mer et abritent de nombreux villages. La Serra de Tramuntana se caractérise avant tout par des coteaux boisés (avec parfois des cultures en terrasses) et des sommets calcaires dépouillés. Plusieurs chaînes secondaires, comme la Serra d'Alfabia et Els Cornadors, toutes deux proches de Sóller, sont parfois citées séparément.

De l'autre côté de l'île, la Serra de Llevant, moins spectaculaire, s'étend du Cap Ferrutx, au nord, au Cap de Ses Salines, au sud. L'Illa de Cabrera, au large, est considérée comme un prolongement de cette chaîne. Son point culminant est le Santuari de Sant Salvador (509 m), facilement accessible. Au nord d'Artà, la Serra de Llevant domine le Parc Natural de la Península de Llevant. Entre les deux, au centre de l'île, s'étend la vaste plaine fertile d'Es Pla.

Grottes

Le long de ses côtes est et sud notamment, Majorque est percée de grottes créées par l'érosion, les vagues et le ruissellement de l'eau. Il peut s'agir aussi bien de minuscules abris ressemblant à des puits, que de vastes tunnels longs de plusieurs kilomètres abritant des lacs, des rivières et des formations étonnantes sculptées par la nature. La plupart des grottes se trouvent au-dessus du niveau de la mer. Les plus connues sont les Coves del Drac et les Coves dels Hams, dans les environs de Porto Cristo, les Coves d'Artà, à la Platja de Canyamel, les Coves de Campanet, à Campanet, et les Coves de Gènova, près de Palma.

Faune

La faune terrestre n'est pas très développée, aussi bien en nombre qu'en diversité. Cela est largement compensé par l'abondante faune aviaire qui vit sur l'île. Majorque est d'ailleurs l'une des destinations préférées des ornithologues en Méditerranée.

Faune terrestre

L'espèce terrestre la plus sympathique (et facilement observable) de Majorque est la chèvre sauvage (*Capra ageagrus hircus*), qui ne survit en nombre raisonnable que dans la Serra de Tramuntana, au Cap des Pinar et dans le Parc Natural de la Península de Llevant.

Parmi les autres mammifères figurent les chats férals (chats retournés à l'état sauvage, qui menacent gravement les populations d'oiseaux), les furets, les lapins et les hérissons. Les lézards, les tortues, les grenouilles et les chauves-souris sont les principales populations indigènes. La présence importante de lézards sur les petites îles au large de Majorque s'explique par l'absence de population humaine et par l'introduction d'espèces en particulier sur l'Illa de Sa Dragonera, où ils sont prédominants, et sur l'Illa de Cabrera. Celle-ci abrite 80 % des derniers lézards des Baléares (*Podarcis lilfordi*). On y trouve aussi des araignées, plus de 300 espèces de papillons et papillons de nuit

Le ministère espagnol de l'Environnement publie sur son site Web (www.marm.es) de nombreuses informations en français sur la biodiversité, le littoral et les parcs nationaux (reddeparquesnacionales.mma.es).

LES PARCS DE MAJORQUE

La création de réserves naturelles a permis de stabiliser la faune de Majorque et de la rendre accessible aux visiteurs. Aujourd'hui, plus de 40 % de la superficie de l'île fait l'objet d'une mesure officielle de protection environnementale.

PARC	DESCRIPTION	ACTIVITÉS	QUAND VISITER
Parc Nacional Marítim-Terrestre de l'Arxipèlag de Cabrera	Archipel de 19 îles et îlots ; abrite 130 espèces d'oiseaux et une riche faune et flore marine	Ornithologie, randonnée, plongée, snorkeling, natation	Pâques-oct
Parc Natural de S'Albufera	Zone marécageuse abritant 400 plantes et 230 espèces d'oiseaux, dont beaucoup sur leur route de migration entre l'Europe et l'Afrique	Ornithologie (dont 80% des oiseaux recensés aux Baléares), cyclotourisme	Printemps et automne
Parc Natural de Mondragó	Dunes, genévraies, zones humides et plages intactes près des stations balnéaires de la côte est	Randonnée, pique-nique, natation	Mai-sept
Parc Natural de la Península de Llevant	Faune et flore	Randonnée, ornithologie	Mai-sept
Parc Natural de Sa Dragonera	Deux îlots plus l'Illa de Sa Dragonera, de 4 km de long ; espèces menacées de mouettes	Snorkeling, plongée	Mai-sept

OÙ OBSERVER LES OISEAUX ?

N'importe où sur l'île ou presque, mais les meilleurs endroits se trouvent le long des côtes nord, est et sud.

Parc Natural de S'Albufera Paradis des ornithologues, cette zone marécageuse compte quelque 230 espèces, notamment des luscinioles à moustaches et des canards souchets. Le parc abrite les deux tiers des espèces vivant à Majorque de manière permanente ou y passant l'hiver. Il est d'ailleurs protégé par la Convention Ramsar relative aux zones humides d'importance internationale.

Parc Nacional Marítim-Terrestre de l'Arxipèlag de Cabrera Ces îles protégées attirent des oiseaux marins, des oiseaux migrateurs et des oiseaux de proie, notamment des aigles pêcheurs, des puffins des Baléares, une espèce en voie de disparition, des goélands d'Andouin, des puffins cendrés, des cormorans, des balbuzards pêcheurs, des faucons d'Éléonore et des faucons pèlerins.

Parc Natural de la Península de Llevant Ce promontoire accidenté au nord d'Artà est habité par des cormorans et des goélands d'Andouin.

Parc Natural de Mondragó Vous y observerez principalement faucons, tourterelles et espèces côtières.

Embassament de Cúber À l'ombre du Puig Major de Son Torrella, rapaces et autres espèces de montagne sillonnent les airs.

Vall de Bóquer Non loin de Port de Pollença, cette vallée rocheuse abrite des fauvettes, des petits-ducs scops, des perdrix rouges et des faucons pèlerins, entre autres espèces pour la plupart migratrices ou vivant dans les montagnes.

Cap de Formentor Cette péninsule est habitée par toutes sortes de fauvettes, de merles bleus, d'hirondelles des rochers, de faucons d'Éléonore, de martinets pâles, de rapaces migrateurs, ainsi que par quelques puffins des Baléares.

Le forum en anglais www.birdforum.net répertorie de nombreux sites d'ornithologie dans les Baléares. Le site Birding in Spain (www.birdinginspain.com) est aussi une bonne source d'informations. Cliquez sur "Birding in Mallorca" pour accéder à des liens vers des circuits organisés, ainsi qu'à une liste des espèces d'oiseaux peuplant les principaux sites ornithologiques de l'île. Le site en français www.oiseaux.net décrit tous les oiseaux d'Espagne, photos à l'appui.

Faune marine

Cachalots, globicéphales et rorquals viennent chercher leur nourriture non loin des côtes. Les eaux de Majorque sont aussi fréquentées par des grands dauphins, des dauphins à flancs blancs et d'autres espèces. Les plongeurs ont souvent l'occasion d'observer des barracudas, des poulpes, des murènes, des mérous, des poissons-cardinal, des demoiselles, des étoiles de mer, des oursins, des éponges et des coraux.

Oiseaux

Majorque sert d'étape aux oiseaux migrateurs sur leur trajet entre l'Europe et l'Afrique. C'est aussi l'une des rares îles de la Méditerranée à posséder une si grande surface de zones humides, ce qui en fait un lieu idéal pour l'observation des oiseaux. Les zones côtières, en particulier, sont peuplées de centaines d'espèces résidentes et d'espèces migratrices, au printemps et en automne.

Avec plus de 200 espèces, il est difficile de prévoir lesquelles vous aurez la chance d'observer. On peut diviser ces différentes espèces en trois catégories : les sédentaires, qui vivent sur l'île toute l'année ; les saisonnières, qui migrent vers le sud après la naissance de leurs petits ou pour échapper aux rigueurs de l'hiver de l'Europe septentrionale ; et les migratrices, qui s'arrêtent brièvement à Majorque pour se reposer avant de poursuivre leur voyage.

Espèces en voie de disparition

La situation des oiseaux, tortues et crapauds méditerranéens, qui font partie des populations menacées de l'île, s'est améliorée grâce aux efforts de conservation et de maîtrise de la reproduction mis en œuvre dans les parcs et les zones naturelles.

Les espèces en voie de disparition comprennent les tortues mauresques et les tortues d'Hermann, les deux seules espèces de tortues identifiées en Espagne, ainsi que des oiseaux comme le milan royal.

Plusieurs programmes ont fait leurs preuves. En 2006, le crapaud accoucheur, espèce endémique à Majorque, a vu son statut modifié, passant de "gravement menacé" à "vulnérable" sur la Liste rouge des espèces menacées de l'UICN (Union internationale pour la conservation de la nature). Il n'en est pas de même, malheureusement, pour le puffin des Baléares, une espèce d'oiseau aquatique qui a énormément souffert de la présence des chats férals. Il est d'ailleurs considéré comme "gravement menacé" dans le rapport 2013 de l'UICN.

Flore

Les îles Baléares comptent plus de 100 espèces endémiques et offrent une terre fertile à d'innombrables autres plantes.

Montagnes et plaines

La flore des sommets de la Serra de Tramuntana est capable de résister à un soleil brûlant et à des vents forts. Les espèces pouvant se développer dans un tel environnement sont des plantes tapissantes ou des espèces poussant sur les falaises, comme la *Scabiosa cretica*, dont les racines s'enfoncent dans les fissures des rochers en quête de fraîcheur et d'humidité.

Les coteaux rocheux et les plaines de Majorque étaient autrefois couverts de forêts de chênes, qui furent brûlées ou détruites pour en faire des terres agricoles. Aujourd'hui, des espèces résistant à la sécheresse s'y développent. On peut y voir des arbustes à feuilles persistantes comme des oliviers sauvages et des palmiers nains, ainsi que des plantes aromatiques telles que le romarin, le thym et la lavande. On trouve aussi de la bruyère, des genêts, des figuiers de Barbarie et 60 variétés d'orchidées.

Parmi les plantes endémiques, essayez de repérer la magnifique *Paeonia cambessedesii*, une pivoine rose qui vit dans les ravins de la Serra de Tramuntana, à l'abri du soleil, ainsi que la *Naufraga balearica*, qui ressemble au trèfle et pousse sur les pentes ombragées de la Tramuntana.

Si vous prévoyez d'observer les oiseaux, procurez-vous l'un des guides d'ornithologie suivants : *Guide Peterson des oiseaux de France et d'Europe*, *Le Guide ornitho* ou encore le *Petit atlas des oiseaux de Méditerranée* (tous les trois chez Delachaux et Niestlé, 2010).

Forêts et fougères

Là où les forêts de chênes à feuillage persistant ont réussi à survivre, chênes verts et chênes kermès cohabitent avec des espèces végétales plus petites et moins faciles à observer, comme les violettes, la bruyère et le fragon épineux. Les espèces endémiques en voie de disparition intéresseront particulièrement les botanistes, notamment le buis des Baléares (*Buxux balearica*), aux feuilles brillantes, et l'if commun (*Taxus baccata*), capable de vivre plusieurs centaines d'années. L'un de ces ifs, à Esporles, aurait plus de 2 000 ans.

Plus de 40 espèces de fougères en quête d'humidité trouvent un milieu très propice à leur développement à proximité des grottes, gorges et ruisseaux de Majorque. Dans d'autres zones humides, des ensembles de peupliers, d'ormes et de frênes forment de petites forêts.

Variétés côtières

L'une des espèces côtières les plus répandues à Majorque est la criste marine (*Fonoll marí*), plante aux feuilles charnues que l'on donnait aux marins comme source de vitamine C pour lutter contre le scorbut. Aujourd'hui, on la fait mariner pour l'utiliser dans les salades. Parmi les autres espèces courantes, on trouve la *Launaea cervicornis*, qui forme des coussins épineux, et le *Senecio rodriguezii*, dont les fleurs violettes en forme de marguerites lui ont valu le surnom de *Margalideta de la mar* ("petite marguerite des mers").

UN AVENIR VERT

Un simple aperçu de Majorque suffit à se faire une idée de son potentiel en matière de production d'énergie renouvelable. L'île enregistre une moyenne de 300 jours d'ensoleillement par an et le littoral est rafraîchi par des vents réguliers. Pourtant, il y a encore peu, les autorités se faisaient tirer l'oreille lorsqu'était évoqué le passage aux énergies non polluantes et ce, malgré les ressources naturelles dont bénéficie Majorque.

La situation évolue toutefois lentement. Ainsi, en 2011, Siemens a innové en mettant en place un courant continu à haute tension sous la forme d'un câble sous-marin de 244 km de long entre Palma et Valence. Ce câble apporte de l'énergie renouvelable en provenance du continent espagnol. Bien qu'il ne s'agisse que d'une première étape, on peut espérer que dans un avenir proche l'île tirera l'essentiel de son électricité de sources renouvelables, notamment des énergies éolienne, solaire et hydroélectrique.

Dans les zones humides, les marécages et les dunes se développe un ensemble varié d'espèces côtières, à la recherche d'eau douce. La lentille d'eau est l'une des plantes les plus fréquentes dans ce milieu. Elle cohabite souvent avec la massette, l'iris des marais, le carex et la menthe. Ces espèces arénicoles possèdent souvent des feuilles blanches ou vert pâle, et un important système racinaire leur permettant de rester en place malgré le mouvement du sable.

Les polyglottes pourront consulter l'*Herbari Virtual del Mediterrani Occidental* du département de biologie et botanique de l'Université des îles Baléares (herbarivirtual.uib.es) ou l'ouvrage de référence d'Anthony Bonner *Plants of the Balearic Islands* (Editorial Moll, 2004). Ceux qui préfèrent lire en français se reporteront à l'excellent *Guide de la flore méditerranéenne* (Delachaux et Niestlé, 2009).

La plante de Poséidon

Dans le nord de l'île, les amateurs de plages sont souvent surpris par la présence sur le sable de grandes touffes de plantes rejetées par la mer, souvent prises à tort pour des algues. Il s'agit en réalité de posidonie (ou *poseidonia*), une plante d'eau essentielle pour empêcher l'érosion du fond marin. L'oxygène que ces herbiers rejettent contribue à purifier l'eau et à attirer une abondante faune marine, et ralentit le réchauffement climatique en absorbant du dioxyde de carbone. Et les épaisses couches de posidonie présentes sur certaines plages permettent en réalité de les conserver telles quelles. La plante dégage une odeur désagréable, mais sa présence est bénéfique à l'environnement maritime.

Écologie

L'urbanisation effrénée des années 1960 et 1970 a eu un impact fort sur l'environnement naturel de l'île, des habitudes de nidification des oiseaux aux habitats des plantes, en passant par le ruissellement des eaux pluviales. Bien qu'aujourd'hui le gouvernement fasse preuve de plus de vigilance que dans le passé quant aux menaces qui pèsent sur l'environnement, la relation entre développement et protection des ressources naturelles reste difficile.

L'une des préoccupations les plus urgentes des écologistes concerne l'importance qu'ont prise les espèces végétales envahissantes. De nombreuses espèces nuisibles introduites à l'origine dans les jardins se sont si bien adaptées au climat et aux sols majorquins qu'elles ont pris le pas sur les espèces endémiques. C'est le cas notamment de la *Carpobrotus edulis*, appelée "griffe de sorcière" en France, et surnommée localement *patata frita* (frite) ou *dent de león* (dent de lion), en raison de ses feuilles longues et minces. Cette plante rase et résistante étouffe en effet toutes les espèces indigènes qu'elle rencontre sur son chemin.

Architecture

Pour un bon aperçu de la richesse architecturale de Majorque, la visite de Palma devra figurer parmi vos priorités. Vous découvrirez ainsi des bains datant de l'occupation arabe, des demeures de la Renaissance, des patios baroques et des édifices de style moderniste, sans parler de la superbe cathédrale gothique qui domine la ville. Le prochain chapitre reste à écrire : la vague d'innovation qui balaie aujourd'hui les milieux de l'architecture contemporaine espagnole n'a pas encore atteint Majorque.

Les origines

La civilisation talayotique qui se développa aux Baléares doit son nom aux *talayots* (tours de guet datant de l'âge du bronze). On ne sait pas grand-chose sur la fonction de ces structures ni sur les populations qui les ont édifiées. La plupart des sites talayotiques étaient entourés de hauts murs de pierre, dans l'enceinte desquels se trouvaient de nombreuses habitations et ces tours, généralement construites en pierre sèche. On pense que certaines ont pu servir de tours de guet, d'autres de tombes. Bien que cette civilisation ait survécu à peu près jusqu'à l'arrivée des Romains dans l'île, en 123 av. J.-C., nombre des *talayots* visibles aujourd'hui remontent au Ier millénaire av. J.-C. Les sites talayotiques les mieux préservés sont ceux de Ses Païsses et de Capocorb Vell.

Malgré leur réputation de bâtisseurs, les Romains, qui ont dominé Majorque pendant plus de deux siècles, ont laissé peu de traces. Ils s'installèrent plutôt en bordure de mer, sur des sites que les civilisations ultérieures investirent et reconstruisirent ensuite. Le seul site romain d'une ampleur significative à Majorque est Pol·lèntia, la plus grande cité romaine sur l'île, près d'Alcúdia.

Si en temps normal on peut jeter un coup d'œil à un certain nombre de patios dans Palma, ils sont beaucoup plus nombreux à être ouverts au public durant la fête de Corpus Christi : une chance pour les amateurs d'architecture ! Vous pouvez vous inscrire au circuit organisé dans Palma par Mallorca Rutes et intitulé "Patios et palais".

SITES EMBLÉMATIQUES

Patios Retour à la Renaissance dans les *patis* (patios) de la vieille ville de Palma.

Museu Regional d'Artà Pour en savoir plus sur les fameux *talayots* (tours de guet).

Cathédrale de Palma Un goliath du gothique, avec ses arcs-boutants, ses pinacles et l'une des plus grandes rosaces du monde.

Ses Païsses L'un des sites talayotiques les plus impressionnants de Majorque, près d'Artà.

Banys Àrabs Les bains arabes de Palma sont l'édifice le plus important qui témoigne de la domination musulmane de l'île.

Castell d'Alaró Mystérieux vestiges d'une forteresse médiévale.

Ca'n Prunera Demeure typique du style moderniste à Sóller.

Es Baluard Un musée de Palma à l'architecture contemporaine, qui intègre des vestiges tournés vers la mer datant de l'époque Renaissance.

Vieille Alcúdia Ses remparts médiévaux figurent parmi les mieux préservés de l'île.

L'héritage maure

Trois siècles de domination musulmane n'ont pas laissé une empreinte pérenne à Majorque. Avant tout car les mosquées furent systématiquement occupées par les armées chrétiennes qui conquirent l'île, au XIIIe siècle, puis transformées en églises. Ce fut le cas, par exemple, de la cathédrale et de l'Església de Sant Miquel à Palma, dans lesquelles rien ne subsiste de la mosquée initiale. Les nouveaux souverains chrétiens s'approprièrent d'autres édifices qu'ils rendirent méconnaissables, comme le Palau de l'Almudaina. Construit par les Romains, ce palais fut remanié par une succession de gouverneurs musulmans, avant de devenir le siège du pouvoir royal (chrétien) dans l'île.

Autre caractéristique architecturale de l'occupation arabe, les forteresses défensives, stratégiquement placées au sommet des collines, furent elles aussi pour la plupart transformées par les chrétiens au cours des siècles suivants. Le Castell de Capdepera en est un des exemples les plus impressionnants.

Édifices maures

Banys Àrabs, Palma

Jardins d'Alfàbia, route de Sóller à Alaró

Vestiges des remparts arabes du XIIe siècle, Palma

Castell de Santueri, Felanitx

Majorque gothique

Le gothique catalan prédomina à Majorque après la conquête de l'île par le royaume d'Aragon, dont faisait alors partie la Catalogne. Cette variation catalane du gothique se caractérise par des édifices plus larges que hauts, dépourvus de pinacles et d'arcs-boutants. Guillem Sagrera (vers 1380-1456), architecte et sculpteur catalan qui avait auparavant travaillé à Perpignan, se rendit à Majorque en 1420 pour diriger les travaux de la cathédrale de Palma, chef-d'œuvre gothique. Il dessina l'une des chapelles de la cathédrale et la salle du chapitre gothique, mais on lui doit surtout Sa Llotja, autre monument gothique exceptionnel.

Comme dans d'autres régions d'Espagne, l'influence musulmane marque l'architecture de la période gothique. À Majorque, le style mudéjar (soit l'emploi de techniques et décorations islamiques dans des édifices chrétiens) n'est pas manifeste dans les façades extérieures, mais on le retrouve dans les superbes plafonds *artesonados* (à caissons). Ceux du Palau de l'Almudaina, à Palma, sont remarquables. Le bel *artesonado* de la demeure des Jardins de Alfàbia, toujours à Palma, semble être aussi un legs de l'architecture islamique.

Renaissance et baroque

L'architecture Renaissance, avec son désir de retour au classicisme des formes antiques, n'a guère touché Majorque. Certaines exceptions confirment la règle, notamment à Palma : l'entrée principale (par la suite remaniée) de la cathédrale, le Consolat de Mar à Palma et une bonne partie des remparts sont d'époque Renaissance. Bien que décoré dans l'esprit baroque, le Monestir de Lluc fut érigé à la fin de la Renaissance, sur des plans de l'architecte et sculpteur Jaume Blanquer (vers 1578-1636).

Le baroque, qui se répandit ensuite dans l'île, resta relativement "sage". Il est surtout manifeste dans les grandes églises qui dominent les villages de l'intérieur de l'île. Nombre d'églises aux structures gothiques subirent de profonds remaniements, évidents notamment dans les voûtes en berceaux, les fenêtres circulaires, les piliers et les colonnes torses. L'extérieur reste généralement sobre, à l'exception de la façade principale, souvent plus chargée. C'est dans l'art des *retablos* (*retaules* en catalan) que les sculpteurs baroques laissèrent libre cours à leur imagination avec force dorures et ornements.

À Majorque, le style baroque trouve sa forme d'expression la plus séduisante dans les *patis*. Marqués par des influences arabo-andalouses et romaines, adaptés à la chaleur du climat méditerranéen, ces patios représentent l'une des formes les plus subtiles du baroque hispanique.

VILLAGES DE PIERRE

Deià, Fornalutx, Biniaraix, Valldemossa, Banyalbufar, Orient..., les villages qui se succèdent le long de la route épousant les contours de la Serra de Tramuntana, dans l'ouest de l'île, sont plus beaux les uns que les autres, qu'ils soient accrochés à flanc de colline au-dessus d'une mer scintillante ou nichés dans les vallées et encadrés d'oliveraies ou de plantations d'agrumes en terrasses.

Ces villages offrent un merveilleux contraste avec les stations balnéaires bétonnées du Sud et de l'Est. Leur charme tient en grande partie au fait qu'ils sont construits avec la pierre locale, qui prend une teinte dorée dans la lumière de Méditerranée.

Modernisme

Vers la fin du XIXe siècle, le modernisme, version catalane de l'Art nouveau, se développa à Barcelone. Les architectes modernistes puisèrent leur inspiration dans la nature et le passé, en particulier dans les styles gothiques et mudéjars, pour développer leur créativité et trouver finalement un style très spécifique. Comme tout ce qui se passait alors dans la capitale catalane, le modernisme gagna Majorque. Antoni Gaudí, l'architecte à la tête de ce mouvement, travailla à la rénovation de la cathédrale de Palma. C'est aussi lui qui conçut l'emblématique Sagrada Família à Barcelone. Ce style éclectique et plein de fantaisie eut bientôt ses adeptes, majorquins ou catalans, à Majorque.

La Reconquête chrétienne, en 1229, fut trop tardive pour que le style roman se développe vraiment à Majorque. Certains éléments du Palau de l'Almudaina, à Palma, sont l'exception qui confirme la règle.

Palma

Palma fut le haut lieu du modernisme. Lluís Domènech i Montaner (1850-1923), architecte moderniste catalan contemporain de Gaudí, est l'auteur du magnifique ancien Grand Hotel, siège aujourd'hui de la CaixaForum.

Avec ses façades ondulées, la Can Casasayas est également typique de ce style. Elle fut construite pour la riche famille Casasayas, connue pour sa confiserie historique, la Confitería Frasquet. Le bâtiment est composé de deux édifices jumeaux, l'un résidentiel et l'autre qui abrite aujourd'hui des bureaux. Selon le plan d'origine, ils devaient être reliées par un pont.

Autre figure influente de l'histoire du modernisme majorquin : Gaspar Bennàssar (1869-1933), natif de Palma. Au cours de sa longue carrière, il joua de différents styles. En 1908, à l'apogée du modernisme, il réalisa l'extraordinaire Almacenes El Águila, à Palma. Chacun des trois étages de l'édifice est différent. L'abondant usage du fer forgé sur la façade principale est emblématique du style moderniste. Juste à côté, l'usage des *trencadís* (tessons de céramiques) sur la façade de la Can Forteza Rey est typique de l'influence de Gaudí. La Can Corbella, qui date à peu près de la même époque, épouse pour sa part le style néomudéjar.

Le siège du Parlement des Baléares se trouve dans le Círculo Mallorquín, un club huppé situé dans la Carrer del Conquistador. Il fut rénové en 1913 par l'architecte majorquin Miquel Madorell i Rius (1869-1936).

Sóller

La provinciale Sóller ne saurait rivaliser avec les édifices modernistes de Palma, mais elle possède quelques exemples du genre tout à fait remarquables. La plupart sont l'œuvre de Joan Rubió, disciple d'Antoni Gaudí. Le bâtiment le plus spectaculaire est cette insolite façade moderniste du début du XXe siècle, greffée sur l'Església de Sant Bartomeu du XVIIIe siècle. L'extravagante Banco de Sóller, voisine, est également typique de ce style audacieux. La Ca'n Prunera – Museu Modernista –, tout proche, possède une façade en pierre délicatement travaillée, scandée par des éléments en fer forgé. Fait rare à Majorque, derrière la façade, on peut voir un intérieur moderniste datant du début du XXe siècle.

Lettres, art et artisanat

Majorque est depuis longtemps une source d'inspiration pour les artistes. Ainsi, Joan Miró appréciait particulièrement la qualité de la lumière, dont il a cherché à rendre l'intensité dans ses toiles. Et les œuvres de l'enfant du pays, le peintre contemporain Miquel Barceló, illuminent de nombreux musées de l'île. En sillonnant Majorque, vous aurez l'occasion d'admirer des traditions artisanales profondément enracinées, qu'il s'agisse des fêtes traditionnelles (*festes*) ou des manufactures de cuir, comme à Inca où est née la célèbre marque de chaussures Camper.

Littérature

Plusieurs fois interdit au cours de l'histoire, le catalan – et son dérivé le majorquin – n'en est pas moins une langue littéraire à part entière depuis le Moyen Âge. Si les auteurs qui écrivent en catalan restent peu connus au-delà des frontières espagnoles, certains ont tout de même été traduits en français.

Pour en savoir davantage sur ces auteurs, à Majorque ou ailleurs, consultez le site de l'Association des écrivains en langue catalane : www.escriptors.cat (une partie est traduite en français).

In 1936, inspirée par son séjour dans la ville de Pollença, alors méconnue, Agatha Christie écrivit la nouvelle *L'intrigante de Pollensa*, qui sera plus tard publiée avec huit autres histoires de crime dans le recueil *Le Second coup de gong* (Hachette, 2006)

Les premiers siècles

El Llibre dels Fets (que l'on peut traduire littéralement par "Le livre des faits") est le passionnant récit autobiographique de Jacques Ier (1208-1276), roi d'Aragon, qui conquit Majorque et les autres îles Baléares. Ce livre écrit en catalan marque, dans une certaine mesure, le début de la littérature majorquine. C'est toutefois le théologien, philosophe et poète Raymond Lulle (1232-1316), natif de Palma, qui éleva la langue catalane au rang de langue littéraire. Beaucoup pensent que le missionnaire majorquin devrait être sanctifié (il n'a été que béatifié) mais qu'importe, il est déjà depuis longtemps considéré comme le "père de la littérature en langue catalane" !

Rares sont les Majorquins à s'être plongés dans les textes médiévaux de Raymond Lulle. En revanche, la plupart connaissent au moins un poème de Miquel Costa i Llobera (1854-1922), théologien et poète. *El Pi de Fomentor* ("Le pin de Fomentor", 1907) fait l'éloge, à travers un pin, des paysages de Majorque. C'est *le* poème majorquin par excellence.

Le XXe siècle

Llorenç Villalonga (1897-1980), dont la famille appartenait à l'élite de Palma et qui fut médecin, est l'un des plus grands romanciers majorquins du XXe siècle. Nombre de ses œuvres, dont *Béarn* (1952), son roman le plus célèbre, décrivent la décadence de l'aristocratie terrienne de l'île. En 1935, il publia *Un été à Majorque* (Presses universitaires Blaise Pascal, 2008), une sorte d'écho et de réponse à *Un hiver à Majorque*, l'incontournable œuvre de George Sand.

Miquel Bauça (1940-2005) a laissé une œuvre poétique d'une grande intensité. *Una Bella Història* (1962-1985) reste son recueil majeur. Un de ses livres, *Rue Marsala* (La Différence, 1991) a été traduit en français.

Figure de la littérature majorquine contemporaine, Baltasar Porcel (né en 1937 à Andratx et décédé à Barcelone en 2009) a écrit une vingtaine de romans en catalan. Certains ont été traduits en français. Par exemple *Cabrera ou l'empereur des morts* (Actes Sud, 2002), un récit dramatique évoquant l'emprisonnement de milliers de soldats de Napoléon sur l'Illa de Cabrera.

Carme Riera (née en 1948 à Palma) a produit une impressionnante série de romans, de nouvelles et autres récits. Son roman *La Moitié de l'âme* (Points, 2008) se déroule entre Paris, Barcelone et Majorque. Il a été publié en 2003 en Espagne et a reçu un prix littéraire.

Ibiza n'est pas la seule à inspirer les DJ ! Daniel Vulic (DJ et directeur de programme d'une radio allemande à Majorque) a sorti en 2007 *Cool Vibes Vol 1*, une compilation strictement majorquine de chill-out et de music club.

Musique

Musiques populaires

Majorque, comme les autres régions espagnoles, possède un large répertoire de chansons et de ballades populaires, en majorquin bien sûr. À l'occasion des fêtes traditionnelles se produisent souvent des *xeremiers*, duos de musiciens, dont l'un joue de la *xeremia* (sorte de cornemuse) et l'autre du *flabiol* (flûte au son aigu). Aujourd'hui, certains groupes de rock locaux reprennent des thèmes traditionnels.

Musiques actuelles

Maria del Mar Bonet i Verdaguer (née en 1947 à Palma) est l'auteure-compositeure majorquine la plus célèbre. Partie à l'âge de 20 ans à Barcelone rejoindre le mouvement Nova Cançó Catalana, qui encourageait les chanteurs s'exprimant en catalan, elle connut un succès international, notamment pour son interprétation du répertoire méditerranéen. Elle a aussi repris avec talent des chansons françaises (de Jacques Brel, entre autres) et flirté avec le jazz et la musique brésilienne.

Le trio Els Valldemossa, qui chantait avec des accents jazzy des chansons populaires majorquines dans les clubs de Palma, a rencontré un petit succès à l'étranger. Ce sont eux qui accompagnaient la chanteuse espagnole Salomé, qui gagna le concours de l'Eurovision en 1969. Ils ont arrêté les concerts en 2001, mais enregistrent toujours des albums.

QUELQUES IDÉES DE LECTURE…

Les artistes ont commencé à séjourner à Majorque bien avant l'arrivée massive des touristes. Si le séjour de George Sand et de Frédéric Chopin est resté le plus célèbre, bien d'autres écrivains ont visité et trouvé l'inspiration sur cette île méditerranéenne.

- *Un hiver à Majorque* de George Sand (Le Livre de Poche, 2004). Le récit, publié en 1839, du fameux hiver 1838 que les deux artistes passèrent à Majorque. En 1841, George Sand publiera aussi *Majorque* (Magellan et Cie, 2006).
- *Les Grands Cimetières sous la lune* de Georges Bernanos (Point Seuil, 1997). Un témoignage, publié en 1938, sur les heures les plus noires de la guerre civile espagnole par l'écrivain français qui résida à Majorque de 1934 à 1937.
- *Olympia à Majorque* de Baltasar Porcel (Actes Sud, 2007). Un roman sur la société majorquine après le boom touristique, par l'un des écrivains de langue catalane les plus célèbres.
- *Suites majorquines, tome 1 : Quand la lune sera bleue* de Martin Solanes (Flammarion Noir, 2008). Un policier avec Palma pour cadre, par une auteure française d'origine catalane, qui utilise un pseudonyme.

Dans un autre genre, Concha Buika (née à Palma en 1972 d'une famille originaire de Guinée équatoriale) s'est fait connaître par le circuit des clubs de Palma pour l'originalité de sa musique, allant du hip-hop au flamenco en passant par la soul. Son deuxième CD, *Mi Niña Lola*, est sorti en 2007, suivi par *Niña de Fuego*, l'année suivante, et par *El Ultimo Trago*, en 2009, en collaboration avec Chucho Valdés, le célèbre pianiste de jazz cubain.

Propulsée par l'émission de télé-réalité *Operación Triunfo* en 2002, la jeune chanteuse d'origine argentine Chenoa, qui a grandi à Majorque, a enregistré plusieurs albums. Elle est devenue l'une des voix les plus populaires de la pop latino-espagnole.

Peinture et sculpture

Les premiers siècles

Anaïs Nin, qui séjourna une année à Deià, en 1941, y situe une courte nouvelle érotique, *Majorque*, publiée dans le recueil *Vénus Érotica* (Le Livre de Poche, 1981). Une évocation des amours sensuelles entre une jeune Majorquine et un couple d'étrangers. La première le paiera au prix fort...

Quand Majorque fut conquise par la Couronne d'Aragon, en 1229, l'île devint un point stratégique, ce qui favorisa l'arrivée d'artistes du continent, notamment de Valence.

Si les premières œuvres alors créées étaient nettement influencées par l'école italienne de Sienne, le gothique international s'imposa ensuite, notamment sous l'influence de l'artiste valencien Francesc Comes, qui travailla à Majorque de 1390 à 1415.

Parmi les artistes importants du milieu du XVe siècle figurent Rafel Mòger (vers 1424-1470) et le Français Pere Niçard, qui travailla à Majorque de 1468 à 1470. Son *Sant Jordi,* l'une des œuvres majeures de cette époque, se trouve aujourd'hui au Museu Diocesà à Palma. Remarquable sculpteur de l'époque, Guillem Sagrera (1380-1456), cisela nombre des détails de Sa Llotja.

Après être allé étudier à Valence, Pere Terrencs (actif vers 1479-1528) revint à Majorque avec la technique de la peinture à l'huile, ce qui marqua la fin de la peinture à l'œuf. Son style illustre bien la transition entre la fin du gothique et la Renaissance. Dans le même genre, Mateu López (né à Cordoue, mort en 1581), formé à Valence dans le prestigieux atelier de Vicent Macip et de son fils Joan de Joanes (Joan Vicent Macip de son vrai nom, 1523-1579), débarqua en 1544 à Majorque où lui et son fils devinrent des maîtres.

Gaspar Oms (vers 1540-1614) fut le peintre le plus remarquable de la fin de la Renaissance à Majorque. Le clan Oms, originaire de Valence, domina la scène artistique majorquine tout au long des XVIIe et XVIIIe siècles.

Miquel Bestard (1592-1633) réalisa des toiles majeures pour les églises, par exemple le Convento de Santa Clara et l'Església de Monte-Sion, à Palma. Guillem Mesquida Munar (1675-1747) se concentra sur les thèmes religieux et les scènes inspirées de la mythologie antique.

Les XIXe et XXe siècles

Le XIXe siècle vit une floraison d'artistes paysagistes à Majorque. Certains venaient de Catalogne, ou d'ailleurs en Espagne, d'autres étaient natifs de l'île. Plus d'une demi-douzaine, parmi les plus illustres, naquirent et grandirent à Palma. Joan O'Neille Rosiñol (1828-1907) est considéré comme le fondateur du mouvement paysagiste majorquin. Avec Ricard Anckermann Riera (1842-1907) et Antoni Ribas Oliver (1845-1911), tous deux de Palma, ils furent les premiers artistes à considérer l'île comme un sujet et peignirent des paysages empreints d'un lyrisme romantique. Les deux derniers représentèrent surtout le littoral.

À partir de 1890, un flot d'artistes modernistes venus de Catalogne "découvrit" Majorque. Ils introduisirent de nouvelles influences, certains ayant vécu à l'étranger, comme Santiago Rusiñol (1861-1931),

MIRÓ ET MAJORQUE

Joan Miró grandit à Barcelone, où il vécut la majeure partie de son existence. Mais Majorque constitua longtemps pour lui un point d'ancrage spirituel et devint son lieu de résidence définitif lorsqu'il s'y installa au milieu des années 1950. L'île était pour lui une source d'inspiration inépuisable – les horizons, le "silence éloquent", la pureté de la lumière, tout comme les bleus éclatants de la mer qu'il a rendus dans des œuvres tel que *Bleu I, II, III* (1961), triptyque aux couleurs d'une vive intensité.

L'animation du marché de Santa Catalina, les formes de l'architecture maure et l'artisanat majorquin (à travers les paniers, la poterie ou encore les fameux *siurells* – sifflets en céramique) ont inspiré son œuvre, toujours plus expressive et plus abstraite au fil des ans.

À Palma, Miró pouvait flâner dans les rues, écouter jouer l'organiste de la cathédrale, sans que personne ne le reconnaisse. L'artiste savourait cet anonymat. Dans son atelier en périphérie de la ville, il jouissait du répit nécessaire pour se plonger dans son art. "Je n'invente rien, tout est là ! C'est la raison pour laquelle je dois vivre ici !" se réjouissait-il. Il vécut à Majorque jusqu'à sa mort en 1983, à l'âge de 90 ans.

installé quelques années à Paris, alors le foyer du monde artistique. Des artistes majorquins rejoignirent aussi avec enthousiasme le mouvement moderniste. Natif de Palma, Antoni Gelabert Massot (1877-1932) en devint même une figure clé et représenta sa ville natale dans diverses toiles, dont *Murada i Catedral a Entrada de Fosc* (1902-1904). Joan Fuster Bonnín (1870-1943) et Llorenç Cerdà i Bispal (1862-1955), natifs de Pollença, s'inscrivirent dans ce même mouvement.

Dans le même temps, Llorenç Rosselló (1867-1902) tentait de s'imposer comme le plus éminent sculpteur de l'île, jusqu'à ce qu'une mort précoce vienne interrompre son œuvre. Quelques-uns de ses bronzes, ainsi qu'une sélection d'œuvres des peintres mentionnés ci-dessus sont visibles à Es Baluard, à Palma.

Dans les années 1910 et 1920, le symbolisme commença à faire son chemin dans le vocabulaire des artistes majorquins. Joan Antoni Fuster Valiente (1892-1964) et Ramón Nadal (1913-1999), natifs de Palma, sont deux grands noms de la peinture majorquine de cette période.

Le top des "petits" musées

- *Es Baluard, Palma*
- *Casa-Museu Dionís Bennàssar, Pollença*
- *Ca'n Prunera – Museu Modernista, Sóller*

Art contemporain

Héros local et icône artistique, Miquel Barceló (né en 1957 à Felanitx) domine le monde de l'art contemporain majorquin. À peine âgé de 25 ans, il entamait déjà une carrière internationale. Peintre mais aussi sculpteur et céramiste, Barceló a vu son image se renforcer dans l'île après le dévoilement, en 2007, de l'une de ses œuvres les plus controversées : la décoration d'une chapelle de la cathédrale de Palma, représentant le miracle de la multiplication des pains et des poissons. L'artiste partage aujourd'hui son temps entre Paris, Majorque et sa terre d'élection, le Mali.

Moins célèbre, mais non moins prolifique, Ferran García Sevilla (né en 1949, à Palma) expose à travers toute l'Europe depuis le début des années 1980. Ses toiles, souvent très riches en couleurs primaires, mêlent art primitif et art graphique. Joan Costa (né en 1961, à Palma) est l'un des grands sculpteurs contemporains de l'île. Son travail comprend aussi des peintures.

On ne saurait oublier l'icône catalane du XXe siècle : Joan Miró (1893-1983). Sa mère était originaire de Sóller et il vécut les 27 dernières années de sa vie à Cala Major, juste à la sortie de Palma, où son ancienne maison est aujourd'hui transformée en musée : la Fundació Pilar i Joan Miró. Travaillant là dans un immense atelier, il poursuivit une abondante production de toiles, de céramiques, de sculptures, de textiles et autres, toujours fidèle à ses motifs de prédilection : les femmes, les oiseaux et le cosmos.

Artisanat

Si le développement du tourisme a conduit à une surexploitation du littoral, il a aussi permis le renouveau de l'artisanat traditionnel. De nombreux artisans ont ouvert des ateliers, qui travaillent notamment le métal, la céramique, le papier, le verre, le cuir et les bijoux.

L'office du tourisme du Consell de Mallorca, son antenne à l'aéroport et certains offices du tourisme municipaux de l'île distribuent une jolie petite plaquette listant 21 ateliers où l'on travaille divers matériaux.

Le top des boutiques d'artisanat

- *Arte Artesania, Sóller*
- *Estel@rt, Estellencs*
- *Oliv-Art, Manacor*
- *Teixits Vicens, Pollença*
- *Típika, Palma*

Travail du verre

Le travail du verre sur l'île remonte au IIe siècle av. J.-C. Les artisans majorquins firent ensuite partie d'un réseau de fabrication et de commerce de verrerie dont le centre était Murano, à Venise. La production de verrerie à Majorque atteignit son apogée au XVIIIe siècle, avant de connaître le déclin. Mais la famille Gordiolas, entrée dans l'industrie du verre au XVIIIe siècle a réussi, quasi seule, à en relancer la fabrication entre le milieu et la fin du XXe siècle. Si l'on trouve encore de petits artisans verriers, le Museu de Gordiola, près d'Algaida, reste le plus gros producteur de verrerie aujourd'hui. Vous pourrez y voir souffler le verre selon les techniques traditionnelles.

Travail du cuir

L'industrie du cuir de Majorque a acquis une réputation de qualité dans le monde entier, notamment grâce au succès des chaussures Camper (qui sont cependant maintenant fabriquées en Chine). Si les petites manufactures traditionnelles tendent à être remplacées par de grandes entreprises, le secteur est toutefois une des grandes réussites de l'île. Avec ses nombreuses usines et points de vente (ouverts au public), Inca est devenu la capitale de la chaussure à Majorque.

Bien consciente de son pouvoir d'attraction, l'industrie du cuir a produit deux plaquettes intéressantes (en anglais), que vous pouvez espérer trouver dans certains offices du tourisme de l'île : *Mallorca Mapa Turístico – Ruta de Calzado* (Carte touristique de Majorque – la Route de la chaussure) et *Industry Tour of Majorcan Footwear – Guide to Footwear Manufacturers* (Tour de l'industrie de la chaussure majorquine – le guide des entreprises).

Majorque Pratique

Carnet pratique

Ambassades et consulats

Ambassades et consulats d'Espagne à l'étranger

Pour des informations sur les visas, voir p. 216.

France Ambassade (☎01 44 43 18 00 ; www.mae.es/embajadas/paris ; 22 av. Marceau, 75381 Paris Cedex 08). Consulat général (☎01 44 29 40 00 ; www.maec.es/consulados/paris ; 165 bd Malesherbes, 75017 Paris)

Belgique Ambassade (☎02 230 03 40 ; 19 rue de la Science , Bruxelles 1040). Consulat général (☎02 509 87 70 ; 85-87 rue Ducale , Bruxelles 1000)

Suisse Ambassade (☎031 350 52 52 ; www.mae.es/embajadas/berna ; Kalcheggweg 24, Postfach 99, 3000 Berne 15). Consulats généraux (☎031 356 22 20 ; Marienstrasse 12, 3005 Berne ; ☎022 749 14 60 ; Riedtlistrasse 17, 8006 Zurich)

Canada Ambassade (☎613 747 2252 ; 74 Stanley Avenue, Ottawa, Ontario K1M 1P4). Consulats généraux (☎514 935 5235 ; 1 Westmount Square, Suite 1456, Montréal, Québec H3Z 2P9 ; ☎416 977 1661/39 23 ; 2 Bloor Street East, Suite 1201, Toronto, Ontario M4W 1A8)

Ambassades et consulats étrangers en Espagne

Toutes les ambassades sont à Madrid.

France Ambassade (☎91 423 89 00 ; www.ambafrance-es.org ; Calle de Salustiano Olózaga 9, 28001 Madrid). Les îles Baléares dépendent du consulat général de Barcelone (☎93 270 30 00 ; www.consulfrance-barcelone.org ; Ronda de l'Universitat 22bis, 4°, 08007 Barcelone)

Belgique Ambassade (☎915 776 300 ; www.diplomatie.be/madridfr/ ; Paseo de la Castellana 18, 6°, 28046 Madrid). Les îles Baléares dépendent du consulat général de Santa Cruz de Tenerife (☎922 241 193 ; www.diplomatie.be/tenerife ; Calle Villalba Hervás 4, 2°, 38002 Santa Cruz de Tenerife)

Suisse Ambassade (☎914 363 960 ; www.eda.admin.ch/madrid ; Edificio Goya, Calle de Núñez de Balboa 35 A, 7°, 28001 Madrid). Les îles Baléares dépendent du consulat général de Barcelone (☎934 090 650 ; www.eda.admin.ch-/barcelona ; Gran Via de Carlos III 94, 7°, 08028 Barcelone)

Canada Ambassade (☎913 828 400 ; www.espana.gc.ca ; Torre Espacio, Paseo de la Castellana 259D, 28046 Madrid). Les îles Baléares dépendent du consulat général de Barcelone (☎932 703 614 ; Plaça de Catalunya, 9, 1°, 2ª, 08002 Barcelone)

Argent

L'Espagne fait partie de la zone euro (€). Pour les taux de change avec le CHF et le $C, voir p. 17.

Distributeurs automatiques de billets (DAB)

- Les *cajeros automáticos* acceptent de nombreuses

CONSEILS AUX VOYAGEURS

La plupart des gouvernements possèdent des sites Internet qui recensent les dangers possibles et les régions à éviter. Consultez notamment les sites suivants :

- **Ministère des Affaires étrangères français** (www.diplomatie.gouv.fr)
- **Ministère des Affaires étrangères de Belgique** (http://diplomatie.belgium.be)
- **Département fédéral des Affaires étrangères suisse** (www.eda.admin.ch/eda/fr)
- **Ministère des Affaires étrangères du Canada** (www.voyage.gc.ca)

cartes bancaires, dont Visa, MasterCard et Cirrus.

➡ On trouve des DAB partout en ville et dans les principales stations balnéaires.

Change

La plupart des banques changent les devises étrangères et ce aux meilleurs taux. Dans tous les cas, munissez-vous de votre passeport et renseignez-vous sur les commissions. Les bureaux de change (repérables au panneau *Cambio*) ont des horaires plus larges, mais prennent souvent des commissions très élevées.

Cartes bancaires

La plupart des achats peuvent se régler par carte, à partir d'une certaine somme. On peut vous demander de montrer une pièce d'identité. Les cartes les plus couramment acceptées sont : Visa, MasterCard, American Express (Amex), Cirrus et Maestro. Si votre carte est perdue ou volée, téléphonez pour faire immédiatement opposition : **American Express** (☎900 814500, **MasterCard** (☎900 971231) ou **Visa** (☎900 991124).

Taxes et remboursements

➡ Les visiteurs ont droit à un remboursement de 21% de l'IVA (équivalent espagnol de la TVA) sur les achats de plus de 90 € s'ils les emportent hors de l'Union européenne dans les trois mois.

➡ Demandez au commerçant un formulaire de remboursement indiquant le prix et l'IVA payés pour chaque achat.

➡ Présentez ce formulaire au guichet des remboursements de l'IVA à la douane de l'aéroport. Pour plus de renseignements : www.globalblue.com.

Pourboires

Le service est inclus dans les prix. On peut laisser un pourboire au serveur si l'on est satisfaits du service, entre 5% et 10% de la note généralement. À l'hôtel, 1 € suffit et dans les taxis, on peut arrondir le prix de la course.

Chèques de voyage

Si vous souhaitez en emporter, sachez qu'une commission sera appliquée par les banques et les bureaux de change. Pour les échanger en liquide, munissez-vous d'une pièce d'identité.

Assurance

➡ Il est sage d'avoir une assurance voyage couvrant vols et perte des bagages, accidents et problèmes médicaux. Elle peut inclure l'annulation de votre voyage.

➡ Pensez à lire attentivement tous les paragraphes en petits caractères : certaines polices ne couvrent pas les activités à "risques" comme la plongée ou le canyoning.

➡ Les ressortissants de l'UE se procureront auprès de leur centre de Sécurité sociale la Carte européenne d'assurance maladie (CEAM) qui couvre la plupart des soins médicaux.

➡ Vérifiez que le rapatriement médical d'urgence est couvert.

➡ Conservez bien tous les documents et factures si vous devez faire une déclaration à votre assurance.

➡ Pour les assurances auto, voir p. 227.

Bénévolat

➡ Les opportunités de bénévolat se concentrent plutôt sur le continent espagnol, mais vous pouvez néanmoins vous adresser au **Comité de coordination pour le service volontaire international** (www.unesco.org/ccivs) pour connaître les offres à Majorque. Si vous souhaitez savoir quelles sont les *fincas* et les familles proposant un hébergement en échange d'une aide bénévole, consultez **Work Away** (www.workaway.info, site en anglais).

Cartes de réduction

Nombre de sites accordent des réductions de 20 à 50% aux étudiants, aux seniors, aux familles et aux jeunes. Dans les musées, l'entrée est souvent gratuite pour les moins de 12 ans.

Seniors Tarifs réduits dans différents musées et sites (parfois uniquement pour les citoyens de l'UE) et dans certains transports.

Étudiants La carte ISIC (International Student Identity Card ; www.isic.org) offre des réductions allant jusqu'à moitié prix sur les séjours, les attractions, etc.

Jeunes La carte Euro<26 (www.euro26.org), appelée "Carnet Joven" en Espagne, offre des tarifs réduits sur les voyages, dans les sites et les auberges de jeunesse.

Cartes et plans

Cartes de l'île

Parmi les cartes de l'île les meilleures et les plus claires :

➡ *Mallorca* (1/100 000) de Freytag & Berndt

➡ *Balears/Baleares* (1/140 000) de Michelin (n°579)

➡ *Mallorca* de Marco Polo (1/125 000)

Cartes de randonnée

➡ Pour la randonnée, il faut une carte à l'échelle 1/25 000 au minimum.

➡ Alpina Editorial en édite trois pour la Serra de Tramuntana (*Mallorca Tramuntana Sud, Mallorca Tramuntana Central* et *Mallorca Tramuntana Nord*). Elles comportent une plaquette avec des descriptions détaillées des

Climat

Palma

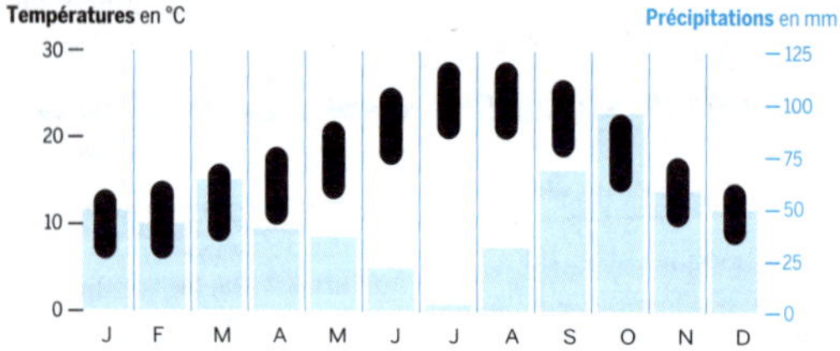

itinéraires de randonnée. La troisième est uniquement en catalan et en allemand.

- L'ouvrage *Kompass Wanderführer 5910 Mallorca* (en allemand), de Wolfgang Heizmann, contient des cartes détaillées des itinéraires de randonnée.
- *Walk! Mallorca (North & Mountains),* de Charles Davis, décrit (en anglais) des itinéraires de randonnées à partir de cartes basiques et d'aides GPS, mais il n'empêche qu'il faut s'acheter des cartes détaillées en plus.
- Les cartes au 1/25 000 éditées par le **Centro Nacional de Información Geográfica** (CNIG, www.cnig.es), l'IGN espagnol, couvrent une bonne partie de l'île.
- À Palma, on peut trouver certaines de ces cartes à **La Casa del Mapa** (carte p. 56 ; Carrer de Sant Domingo 11 ; 9h30-14h lun, 9h30-19h mar-ven).

Cours de langue

La plupart des écoles de langue sont situées à Palma, mais on peut aussi suivre des cours d'espagnol à Sóller. Parmi les meilleures écoles :

- **International House** (☎971 72 64 08 ; http://www.ihes.com ; Carrer Mateu Obrador 7B ; stage de 2 semaines 420 € ; 9h-20h30 lun-ven)
- **Estudi Lul·lià de Mallorca** (carte p. 56 ; ☎971 71 19 88 ; www.estudigeneral.com ; Carrer de Sant Roc 4 ; à partir de 400 €)
- **Lengua Sóller** (carte p. 102 ; ☎674 216677 ; lenguas-soller.es ; Carrer de Vives 5 ; 11h-13h et 17h-20h lun-ven)

Désagréments et dangers

Majorque est une destination sûre. Le principal risque, et encore mineur, est le vol. Prenez néanmoins les précautions habituelles.

Vols et escroqueries

- C'est à Palma et dans les stations balnéaires très fréquentées que l'on risque le plus de se faire voler.
- Méfiez-vous des pickpockets, des vols de sac à l'arraché et d'un vieux classique : des femmes qui offrent des fleurs (appelées *claveleras,* parce qu'elles proposent généralement des *claveles,* des œillets) porte-bonheur. Sans savoir comment elles procèdent, si vous bavardez avec elles, vous finirez les poches vides.
- Tenez toujours fermement sac à main ou autre sac. Ne laissez rien sur la plage qui pourrait disparaître sitôt le dos tourné.
- Ne laissez aucun objet de valeur dans une voiture.
- Déclarez les vols à la police nationale. Il est peu probable que vous retrouviez vos biens, mais il vous faudra une plainte (*denuncia*) officielle pour votre assurance. Pour éviter les attentes interminables au commissariat, vous pouvez faire votre déclaration par téléphone (☎902 102 112) dans différentes langues ou sur Internet : www.policia.es (cliquez sur "Denuncias").

Douane

- Entre pays de l'Union européenne, il n'y a pas de droit au duty free ni de restriction à l'importation d'articles pour son usage personnel.
- Les voyageurs entrant en Espagne depuis des pays hors Union européenne bénéficient d'un prix duty free dans les boutiques sous douane des aéroports.
- Pour l'alcool et le tabac, ils sont limités à : 2 l de vin (ou 1 l de vin et 1 l d'alcool) plus 200 cigarettes ou 50 cigares ou 250 g de tabac.

Électricité

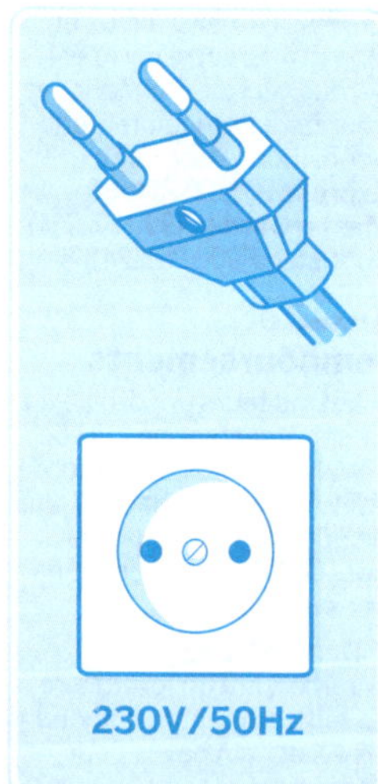

Formalités et visas

Avant le départ, il est impératif de contacter les ambassades et les consulats pour s'assurer que les modalités d'entrée sur le territoire n'ont pas changé.

Nous vous conseillons de photocopier tous vos documents importants (pages d'introduction de votre passeport, cartes de crédit, police d'assurance, billets de train/d'avion/de bus, permis de conduire, etc.). Emportez un jeu de ces copies, que vous conserverez à part des originaux. Vous remplacerez ainsi plus aisément ces documents en cas de perte ou de vol.

Citoyens des États membres de l'Union européenne et des pays de l'espace Schengen Pas besoin de visa, mais d'une carte d'identité en cours de validité ou d'un passeport

Citoyens du Canada Pas besoin de visa pour un séjour touristique ne dépassant pas 90 jours, mais il faut être en possession d'un passeport valide au moins trois mois après la date de départ

Pour travailler à Majorque Voir p. 220

Résidence

➡ Les ressortissants des pays de l'UE et de la Suisse peuvent entrer librement en Espagne et y rester le temps qu'ils veulent sans avoir à demander de carte de séjour (*tarjeta de residencia*), mais ils doivent être enregistrés comme "résident permanent". Renseignez-vous auprès de votre consulat.

➡ Les Canadiens qui veulent résider, étudier ou travailler en Espagne doivent obtenir un visa approprié avant leur départ. Il sera délivré par un consulat d'Espagne au Canada.

Handicapés

➡ Majorque est loin d'être une destination idéale pour les handicapés, mais les choses s'améliorent peu à peu. Les accès spécifiques dans certains musées, bâtiments publics et hôtels marquent une première prise de conscience du problème. Attention aux hôtels qui se disent adaptés tout simplement parce qu'ils disposent de portes larges pour l'accès dans les chambres et les salles de bains, d'une rampe d'accès à la réception et autres efforts symboliques.

➡ Dans les bourgades des collines, les rues pavées et les nombreuses marches compliquent les déplacements.

➡ Les bus de Palma ainsi que certains des bus circulant sur l'île sont équipés d'accès pour les fauteuils roulants. Quelques compagnies de taxis disposent de véhicules adaptés, à réserver à l'avance.

Organismes sur place

➡ **Associació Balear de Persones amb Discapacitat Física** (Asprom ; carte p. 52 ; ☎971 28 90 52 ; www.asprom.net ; Carrer de Pasqual Ribot 6). Cette association est plutôt un groupe de lobbying et fournit peu d'informations.

➡ **Discount Mobility** (☎966 44 58 12 ; www.mobilitymallorca.com). Location de scooters pour personnes à mobilité réduite.

➡ **Easy Rider** (☎606 543099, 971 54 50 57 ; www.easyridermobilityhire.com). Organisme basé à Port d'Alcúdia louant des scooters pour personnes à mobilité réduite.

➡ **Mobility Scooters** (☎971 13 25 38 ; www.mobilityscootersmallorca.com). Loue et livre dans toute l'île des scooters pour personnes à mobilité réduite.

Organismes en France

➡ **Association des paralysés de France** (APF ; ☎01 40 78 69 00 ; www.apf.asso.fr ; 17 bd Auguste-Blanqui, 75013 Paris). Cet organisme pourra vous fournir des informations très utiles. Il gère d'ailleurs une agence de voyages spécialisée, **APF Evasion** (☎01 40 78 27 27 ; evasion.vacanciers@apf.asso.fr).

➡ **Access Tourisme Service** (☎02 38 74 28 40 ; www.access-tourisme.com ; access.tourisme.service@wanadoo.fr ; 8 rue Saint-Loup, 45130 Charsonville). Cette agence est spécialisée dans l'organisation de voyages en groupe ou en individuel pour personnes handicapées.

QUESTIONS PRATIQUES

➡ **DVD** L'Espagne se situe dans la zone 2.

➡ **Journaux** Dans les stations balnéaires, on trouve aisément des journaux étrangers. Parmi les grands journaux espagnols, citons *El País* (http://elpais.com) d'orientation centre-gauche et *El Mundo* (www.elmundo.es), plutôt centre-droit. Concernant l'actualité de Majorque, essayez le *Diario de Mallorca* (www.diariodemallorca.es), l'*Ultima Hora* (http://ultimahora.es) ou le *Majorca Daily Bulletin* (http://majorcadailybulletin.com), en anglais.

➡ **Radio** Au nombre des stations locales figurent Radio Balear (www.radiobalear.net) et Radio One Mallorca (www.radioonemallorca.com), aux émissions en anglais.

➡ **Cigarette** Interdite dans tous les lieux publics clos.

➡ **Poids et mesures** Système métrique.

➡ **Yanous** (www.yanous.com) est un site Internet dédié aux personnes handicapées et comportant des articles consacrés aux voyages.

Heure locale

Majorque, comme toute l'Espagne, est à l'heure GMT + 1 heure en hiver et GMT + 2 heures en été. Le décalage avec le Québec est de 6 heures : lorsqu'il est midi à Palma, il est 6h du matin à Montréal.

L'heure d'été s'applique du dernier dimanche de mars au dernier dimanche d'octobre.

Homosexualité

L'homosexualité est légale en Espagne. En 2005, le président du gouvernement espagnol, le socialiste José Luis Rodríguez Zapatero, a porté un coup aux fondements catholiques conservateurs du pays en légalisant le mariage homosexuel. À Majorque, les adresses gays se trouvent surtout à et autour de Palma.

Sites, guides et adresses utiles :

➡ **Ben Amics** (carte p. 56 ; ☎971 71 56 70 ; www.benamics.com ; Carrer del Conquistador 2 ; ⏲9h-15h). L'association LGBT majorquine.

➡ **Gay Mallorca** (www.gay-mallorca.blogspot.com). Le programme hebdomadaire des événements.

➡ **Guía Gay de España** (guia.universogay.com/palmademallorca). Une liste très utile de cafés, saunas, boîtes de nuit et restaurants.

➡ **Mallorca Gay Map** (www.mallorcagaymap.com). Un guide pratique en ligne des lieux accueillants pour les homosexuels. Une version papier est disponible dans certains offices du tourisme à Palma.

Heures d'ouverture

Les heures d'ouverture varient selon les périodes de l'année. Nous indiquons ci-dessous les horaires de haute saison ; ils sont en général réduits en dehors de cette période. N'oubliez pas que la plupart des hôtels et restaurants des stations balnéaires ferment de mi-octobre à Pâques.

Banques lun-ven 8h30-14h et, pour certaines, aussi jeu 16h-19h et sam 9h-13h

Bars 19h-3h

Cafés 11h-1h

Boîtes de nuit 0h-6h

Bureaux de poste lun-ven 8h30-21h30, sam 8h30-14h

Restaurants déjeuner généralement 13h-15h30 ; dîner 19h30-23h

Boutiques lun-sam 10h-14h et 16h30-19h30 (ou 17h-20h) ; les grands magasins et supermarchés ouvrent généralement lun-sam 10h-21h

Internet (accès)

➡ De nombreux bars et cafés proposent gratuitement un accès Wi-Fi.

➡ La plupart des hôtels disposent du Wi-Fi, mais il ne passe pas toujours dans les chambres.

➡ Les cybercafés ne cessent d'apparaître et de disparaître. Demandez à l'office du tourisme quel est le plus proche. Ils facturent en général 1,50 à 3 €/heure

Jours fériés

Les deux grandes périodes de congés sont la Semaine sainte (qui précède le dimanche de Pâques) et le mois d'août, justement au moment où les touristes européens affluent. Il est alors difficile de trouver un logement et les transports peuvent être bondés.

Il y a 14 jours officiellement fériés par an, auxquels la plupart des localités ajoutent le jour de leur saint patron. Les jours de fêtes traditionnelles sont également chômés localement.

Principaux jours fériés officiels sur toute l'île :

Cap d'Any (Nouvel An) 1er janvier

Epifania del Senyor (Épiphanie) 6 janvier – à Palma, l'arrivée des Rois Mages (*Reis Mags*) est mise en scène sur le port et suivie d'une procession

Dia de les Illes Balears (fête des îles Baléares) 1er mars

Dijous Santa (jeudi saint) mars/avril

Divendres Sant (vendredi saint) mars/avril

Diumenge de Pasqua (dimanche de Pâques) mars/avril

Festa del Treball (fête du Travail) 1er mai

Assumpció (Assomption) 15 août

Festa Nacional d'Espanya (Fête nationale) 12 octobre

Tots Sants (Toussaint) 1er novembre

Dia de la Constitució (fête de la Constitution) 6 décembre

Immacula da Concepció (Immaculée Conception) 8 décembre

Nadal (Noël) 25 décembre

Segona Festa de Nadal (lendemain de Noël) 26 décembre

Poste

Dans l'ensemble, la poste espagnole, les **Correos** (☎902 190197 ; www.correos.es) est fiable.

Tarifs postaux

Outre les bureaux de poste, la plupart des *estancos* (bureaux de tabac) vendent des timbres (*sellos*). L'affranchissement des cartes postales et des lettres de moins de 20 g vers l'Espagne ou un autre pays de l'Union européenne coûte 0,75 € et vers les autres pays 0,90 €. Vous trouverez la liste complète des tarifs pour les envois en recommandé (*certificado*) et en urgent (*urgente*) sur www.correos.es (en espagnol) en cliquant sur "Calculador de Tarifas".

Acheminement du courrier

L'acheminement du courrier peut prendre 3 à 7 jours vers un autre pays d'Europe occidentale et 10 jours ou plus pour les autres pays.

Offices du tourisme

- La plupart des villes et des stations balnéaires possèdent un *oficina de turismo* ou *oficina de información turística*.
- Les offices du tourisme des régions du littoral sont généralement ouverts de Pâques, ou mai, jusqu'à octobre et pratiquent des horaires très limités.
- Palma compte plusieurs offices du tourisme municipaux où l'on trouve des renseignements sur la ville et ses environs immédiats, ainsi que l'**office du tourisme du Consell de Mallorca** (carte p. 56 ; ☎971 71 22 16 ; www.infomallorca.net ; Plaça de la Reina 2 ; ⊙8h-20h lun-ven, 9h-14h sam), qui couvre l'ensemble de l'île.
- Pour obtenir des infos sur les îles Baléares, consultez www.illesbalears.es.

À l'étranger

- L'Office national espagnol du tourisme, **Turespaña** (www.spain.info), possède des bureaux à l'étranger. Sur son site Internet sont publiés des informations générales et des liens sur toutes les régions du pays.
- **France** (☎01 45 03 82 50 ; 22 rue Saint-Augustin, 75002 Paris ; ⊙les bureaux sont désormais fermés au public)
- **Belgique** (☎02 280 19 29/26 ; www.spain.info/be ; 97 rue Royale, 1000 Bruxelles ; ⊙lun-ven 9h-14h)
- **Suisse** (☎00 800 10 10 50 50, l'appel est gratuit ; www.spain.info/fr_ch ; Seefeldstrasse 19, 8008 Zürich ; ⊙lun- ven 9h-17h)
- **Canada** (☎416 961 3131 ; www.spain.info/ca ; 2 Bloor Street West, 34e étage, Toronto M4W 3E2 ; ⊙lun-ven 9h-15h)

Problèmes juridiques

- D'après la législation, vous êtes censé avoir en permanence sur vous une pièce d'identité avec photo.
- L'alcoolémie maximum autorisée en Espagne est de 0,05 g/l. Les contrevenants s'exposent à une sérieuse amende (jusqu'à 1 000 €).
- Le cannabis est autorisé par la loi uniquement pour une consommation personnelle, donc en très petite quantité. La consommation de toute drogue est interdite dans les lieux publics.
- Si vous êtes arrêté, vous aurez droit à l'assistance d'un avocat commis d'office (*abogado de oficio*), mais il se peut qu'il ne parle qu'espagnol (et majorquin). Vous avez aussi le droit de passer un appel téléphonique.
- Si vous vous retrouvez au tribunal, les autorités sont obligées de vous fournir un interprète-traducteur.

Santé

Majorque ne présente pas de risques particuliers pour la santé. L'eau du robinet est potable et l'eau minérale est relativement bon marché.

Avant de partir

ASSURANCE

- Vous pouvez contracter une assurance qui réglera directement les hôpitaux et les médecins, vous évitant ainsi d'avancer des sommes qui ne vous seront remboursées qu'à votre retour. Dans ce cas, conservez avec vous tous les documents nécessaires.
- Attention ! Avant de souscrire une police d'assurance, vérifiez bien que vous ne bénéficiez pas déjà d'une assistance par votre carte de crédit, votre mutuelle ou votre assurance automobile. C'est bien souvent le cas.
- Pour d'autres infos sur les assurances, voir p. 215.

VACCINATIONS

Aucun vaccin n'est requis pour entrer à Majorque, mais, quelle que soit leur destination, l'Organisation Mondiale pour la Santé recommande aux voyageurs d'être vaccinés contre la diphtérie, le tétanos, la rougeole, les oreillons, la rubéole et la poliomyélite.

À Majorque

SERVICES MÉDICAUX

- Si vous avez besoin d'une ambulance, appelez le ☎061.
- En cas d'urgence, rendez-vous au service des urgences de l'hôpital le plus proche. Le plus grand hôpital de l'île est l'**Hospital Universitari Son Espases** (☎871 205000 ; www.hospitalsonespases.es ; Carretera de Valldemossa 79), à Palma. Il y a également de grands hôpitaux à Inca et à Manacor.
- Dans les principales stations balnéaires, on trouve généralement des centres médicaux.
- Les pharmacies pourront vous conseiller sur les médicaments en vente libre. Quand une pharmacie est fermée, l'adresse de la pharmacie de garde la plus proche est affichée sur la porte.

RISQUES SANITAIRES

- L'épuisement par la chaleur est lié à une perte excessive d'eau. Parmi les symptômes figurent maux de tête, vertiges et fatigue. Buvez beaucoup d'eau et/ou de jus de fruits.

➡ Le coup de chaleur est beaucoup plus grave, il survient quand le mécanisme de régulation thermique du corps ne fonctionne plus. Il entraîne fièvre, céphalée, problèmes de coordination, agressivité, convulsions. Il faut absolument hospitaliser le malade. En attendant les secours, installez-le à l'ombre, ôtez-lui ses vêtements, couvrez-le d'un drap ou d'une serviette mouillée et éventez-le continuellement.

➡ Si vous êtes allergique aux piqûres d'abeilles, guêpes ou autres hyménoptères, emportez avec vous de l'adrénaline auto-injectable, type Epipen.

➡ Dans les régions boisées, méfiez-vous des chenilles processionnaires du pin, rougeâtres et velues, aux poils urticants et allergisants.

➡ L'été, il peut y avoir des invasions de méduses sur les plages de l'île. Le vinaigre, la glace ou le sel d'Epsom permettent d'apaiser la douleur. Si vous n'avez rien de cela sous la main, frottez la lésion à l'eau salée (et non pas à l'eau douce qui accroît l'effet urticant). Si vous vous êtes fait piquer, rendez-vous à un poste de secours.

➡ On trouve des mouches des sables sur de nombreuses plages majorquines. En général, elles ne causent qu'une morsure douloureuse et urticante, mais elles peuvent à l'occasion véhiculer une rare maladie de peau appelée leishmaniose cutanée.

Téléphone

Les téléphones publics bleus sont faciles à utiliser pour passer des appels en Espagne ou à l'étranger. Ils fonctionnent avec des pièces, des cartes téléphoniques (*tarjetas telefónicas*) émises par la compagnie nationale Telefónica et, parfois, avec des cartes bancaires. Téléphoner par le biais d'un service en ligne tel que Skype est en général l'option la moins onéreuse.

Appels nationaux

Tous les numéros de téléphone à Majorque comportent neuf chiffres. Presque tous les numéros des lignes fixes commencent par ☎971, sauf quelques-uns par ☎871. Les numéros de téléphones mobiles commencent par 6. Les numéros commençant par ☎900 sont gratuits en Espagne. Ceux commençant par ☎901 jusqu'à ☎905 ont des tarifications diverses. Les ☎902 sont facturés au tarif standard, tout comme les ☎800, ☎803, ☎806 et ☎807.

Appels internationaux

Pour appeler Majorque depuis l'étranger, composez le code d'accès international (00), suivi du code de l'Espagne (34) et du numéro local complet (9 chiffres). Pour appeler l'étranger depuis Majorque, faites le 00, attendez la tonalité spéciale, puis composez le code du pays (33 pour la France, 32 pour la Belgique, 41 pour la Suisse et 1 pour le Canada), le code régional et le numéro désiré.

Il est facile d'appeler à l'étranger en PCV (*llamada por cobro revertido*). Composez le 33 900 99 00 33 pour la France, le 33 900 99 00 32 pour la Belgique, le 33 900 99 00 41 pour la Suisse et le 33 900 99 00 15 pour le Canada. Vous pouvez aussi recourir aux services d'un opérateur en composant le 1008 pour appeler en Europe, et le 1005 pour les autres pays.

Téléphones portables

Les portables européens passent très bien sur le réseau espagnol, mais pas ceux d'Amérique du Nord. Si votre abonnement comprend l'international, vous pourrez recevoir et émettre des appels à Majorque. Toutefois, attention au prix exorbitant du reroutage des appels depuis l'étranger. Renseignez-vous d'abord auprès de votre opérateur sur les tarifs pratiqués. Vous pouvez acheter une carte SIM rechargeable et prépayée, ce qui sera probablement plus avantageux que d'avoir recours à votre réseau. Vérifiez toutefois la compatibilité de votre portable – pas de problème a priori avec les tri ou quadribandes. Sinon, on trouve facilement dans le commerce des téléphones portables (*teléfonos móviles*) avec cartes prépayées autour de 80 € pour les modèles les plus basiques.

Cartes prépayées

Les cartes prépayées sont très intéressantes pour appeler à l'étranger ; comparez les tarifs des différentes compagnies. Elles sont en vente dans les bureaux de tabac (*estancos*), les kiosques à journaux et les centres d'appel (*locutorios*), en particulier à Palma et dans les stations balnéaires.

Toilettes

Les toilettes publiques sont rares, voire inexistantes. En cas de nécessité, la solution est d'utiliser celles des bars et des restaurants, mais il faut bien sûr consommer avant d'utiliser les toilettes.

Travailler à Majorque

Les citoyens de l'UE ainsi que les Suisses n'ont pas besoin de visa pour travailler en Espagne. Si l'on vous propose un contrat, l'employeur se chargera normalement de toutes les formalités administratives. Les Canadiens peuvent obtenir un permis de travail auprès du consulat espagnol de leur lieu de résidence et, s'ils envisagent de rester plus de 90 jours, un visa de résident. Ces papiers sont quasi impossibles à obtenir si vous n'avez pas signé au préalable un contrat de travail.

De nombreux restaurants, bars et autres entreprises tenus par des étrangers cherchent du personnel temporaire en été. Consultez la presse locale en langue étrangère qui publie des annonces pour des jobs saisonniers. En arpentant le port de Palma, vous pourrez aussi vous faire embaucher en tant que membre d'équipage sur un yacht ou un bateau de croisière.

Enseigner le français (ou une autre langue si vous êtes qualifié), comme la traduction et l'interprétariat (à condition de parler couramment l'espagnol et la langue demandée), est aussi une possibilité. Toutefois, un diplôme dans l'enseignement du français comme langue étrangère et une première expérience dans ce domaine seront précieux (voire indispensables). Vous trouverez la liste des écoles de langue dans les Pages Jaunes à la rubrique "Academias de idiomas". Vous pouvez aussi donner des cours particuliers, mais vous n'en tirerez pas un revenu suffisant à court terme. Essayez de mettre une petite annonce sur les panneaux d'affichage de l'**Alliance française** (☎971 71 41 01, Calle San Felio 9 ; 07012 Palma de Mallorca), des librairies spécialisées et des écoles de langues (voir p. 216)

Vous pouvez aussi vous informer auprès de la **Maison des Français de l'étranger** (www.expatries.org) ou de l'**OFII** (Office français de l'immigration et de l'intégration, www.ofii.fr ; ☎01 53 69 53 70 ; 44 rue Bargue, 75732 Paris cedex 15).

Les étudiants peuvent chercher un stage dans une entreprise espagnole, mais il faut faire sa recherche avant de partir. L'**AIESEC** (Association for International Students for Economics and Commerce ; www.aiesec.org/france) dispose de bureaux dans le monde entier et aide les étudiants à trouver un stage dans leur domaine de compétences. Le réseau du **CIDJ** (Centre d'information et de documentation jeunesse ; www.cidj.com) fournit une multitude de renseignements. Consultez le site Internet pour trouver le centre d'informations le plus proche de chez vous.

Gardez toutefois en tête que l'Espagne connaît aujourd'hui une situation économique difficile et un taux de chômage élevé. Aussi, trouver du travail à Majorque ne sera probablement pas une entreprise facile !

Voyager seule

Voyager seule à Majorque ne pose pas de problèmes sérieux. Vous risquez toutefois d'attirer l'attention, des sifflets ou des commentaires superflus. Il suffit de les ignorer.

Si dans les stations balnéaires, la mode est aux seins nus et au court vêtu, les femmes s'habillent de façon plus discrète dans les villes et à l'intérieur des terres.

Transports

AVERTISSEMENT

Les informations contenues dans ce chapitre sont particulièrement susceptibles de changements. Vérifiez directement auprès de la compagnie aérienne ou de l'agence de voyages les modalités d'utilisation de votre billet d'avion. N'hésitez pas à comparer les prestations. Les détails fournis ici doivent être considérés à titre indicatif et ne remplacent en rien une recherche personnelle attentive.

DEPUIS/VERS MAJORQUE

Beaucoup de touristes arrivent à Majorque par avion à l'aéroport international de Palma, desservi par de nombreuses compagnies aériennes, notamment low-cost. Il est également possible d'aller à Majorque par le ferry au départ de différentes villes de la côte espagnole (Alicante, Barcelone, Dénia et Valence). Les îles voisines d'Ibiza et de Minorque sont reliées à Majorque par voies aériennes et maritime

Entrer en Espagne

Pour les citoyens des pays membres de l'UE et de la Suisse, une carte nationale d'identité ou un passeport en cours de validité suffit. Les Canadiens n'ont pas besoin d'un visa pour un séjour ne dépassant pas 90 jours, mais doivent présenter un passeport valide trois mois après la date de départ. Il leur sera demandé de remplir une carte de débarquement. Voir aussi p. 216.

Si vous venez en voiture, n'oubliez pas votre permis de conduire, la carte grise du véhicule et une attestation d'assurance. Vérifiez également auprès de votre assureur que vous êtes couvert à l'étranger. Voir aussi p. 227.

Voie aérienne

L'offre de vols pour Majorque varie beaucoup selon la saison. Certaines compagnies low-cost n'assurent la liaison – souvent par vol direct – avec Palma que d'avril à fin octobre. D'autres, ainsi que les compagnies régulières, ne proposent qu'un vol hebdomadaire par semaine en basse saison et plusieurs par semaine ou par jour en haute saison, avec un pic du trafic aux mois de juillet, août et septembre. En basse saison, les vols directs sont également moins nombreux et beaucoup de vols comportent une escale à Barcelone ou à Madrid. Côté prix, difficile de donner des indications tant l'offre est étendue. Les tarifs des charters notamment varient énormément d'un jour à l'autre, voire dans la même journée. Et il faut penser qu'au prix affiché du vol se rajoutent les taxes d'aéroport et les bagages. Donc une seule règle : comparez les prix et pensez à réserver le plus tôt possible, seule manière d'avoir la garantie de trouver un petit prix.

Aéroport

L'**aéroport Palma de Mallorca** (PMI ; ☎902 404704 ; www.aena-aeropuertos.es) est à 8 km à l'est de Palma. En été, les vols charters et réguliers sont extrêmement nombreux au départ de toute l'Europe. Beaucoup de compagnies low-cost sont présentes. En 2012, 22,7 millions de passagers ont débarqué à l'aéroport Palma de Mallorca (aussi connu sous le nom de Son Sant Joan), faisant de celui-ci l'un des plus fréquentés d'Europe.

Le hall des arrivées se trouve au rez-de-chaussée du terminal principal, où sont installés un office du tourisme, des bureaux de change, des loueurs de voitures, des voyagistes et des guichets de réservation de chambres d'hôtel. Les départs se font du 2e étage.

VOYAGES ET CHANGEMENTS CLIMATIQUES

Tous les moyens de transport fonctionnant à l'énergie fossile génèrent du CO2 – la principale cause du changement climatique induit par l'homme. L'industrie du voyage est aujourd'hui dépendante des avions. Si ceux-ci ne consomment pas nécessairement plus de carburant par kilomètre et par personne que la plupart des voitures, ils parcourent en revanche des distances bien plus grandes et relâchent quantité de particules et de gaz à effet de serre dans les couches supérieures de l'atmosphère. De nombreux sites Internet utilisent des "compteurs de carbone" permettant aux voyageurs de compenser le niveau des gaz à effet de serre dont ils sont responsables par une contribution financière à des projets respectueux de l'environnement. Lonely Planet "compense" les émissions de tout son personnel et de ses auteurs.

Depuis la France

Les vols sont plus nombreux au printemps et en été, depuis Paris ou la province. Il est alors plus facile de voyager sans escale. Comptez environ 2 heures pour vous rendre à Majorque par vol direct. Les prix varient énormément selon les compagnies et la saison. S'il est possible de trouver un aller-retour pour 150 €, prévoyez plutôt le double et même plus si vous voyagez en période de forte affluence ou si vous réservez au dernier moment.

➡ **Air Berlin** (☎0826 967 378, 0,15 €/min ; www.airberlin.com). Au départ de Nice et de Paris, d'avril à octobre.

➡ **Air Europa** (☎0848 207 414 ; www.aireuropa.com). Quatre vols direct par semaine depuis Paris.

➡ **Air France** (☎3654, 0,34 €/min ; www.airfrance.fr). Plusieurs vols directs par semaine au départ de Paris.

➡ **Air Méditerranée** (☎0826 460 730, 0,15 €/min ; www.air-mediterranee.fr). Au départ de Paris et de la province.

➡ **EasyJet** (☎0820 420 315, 0,34 €/min ; www.easyjet.com). Vols directs depuis Paris de juillet à septembre et depuis Lyon en juillet-août.

➡ **Transavia** (☎0892 058 8888, 0,34 €/min ; www.transavia.com). Vols directs depuis Nantes, une fois par semaine.

➡ **Vueling** (☎0899 232 400 ; www.vueling.com). Vols directs au départ de Paris et avec une escale à Barcelone au départ de la province.

Si vous voulez passer par une agence de voyages, voici une courte liste. Pour les tour-opérateurs proposant séjours et circuits, voir p. 225.

➡ **Nouvelles Frontières** (☎0825 000 747, 0,15 €/min ; www.nouvelles-frontieres.fr).

➡ **Thomas Cook** (☎0826 826 777, 0,35 €/min ; www.thomascook.fr).

➡ **Voyageurs du monde** (☎01 42 46 16 00 ; www.vdm.com).

Depuis la Belgique

Seules les compagnies low-cost assurent une liaison directe avec Palma. Le trajet sans escale dure un peu plus de 2 heures, comptez au moins 4 heures si vous devez transiter par Barcelone ou Madrid. S'il est possible de trouver un aller-retour pour une centaine d'euros sur les compagnies low-cost durant la saison basse, il faut plutôt partir sur un budget moyen de 250-300 € en s'y prenant suffisamment à l'avance.

➡ **Jetairfly** (☎070 22 00 00 ; www.jetairfly.com). Vols directs au départ d'Ostende, Bruxelles, Bruxelles-Charleroi, Bruges et Liège.

➡ **Ryanair** (☎0902 33 660, 0,34 €/min ; www.ryanair.com). Vols directs au départ de Bruxelles-Charleroi et Bruxelles-Zaventem.

Vous pouvez aussi vous adresser à l'une des agences de voyages ci-dessous. Et pour les séjours et circuits organisés, voir p. 225.

➡ **Airstop** (☎070 233 188 ; www.airstop.be).

➡ **Connections** (☎070 23 33 13 ; www.connections.be).

➡ **Voyages Éole** (www.voyageseole.be).

Depuis la Suisse

Les aéroports de Bâle-Mulhouse et de Zurich sont les mieux desservis toute l'année. Certaines compagnies desservent aussi Genève et même Berne. Comptez un peu moins de 2 heures de vol si la liaison est directe. Si vous réservez suffisamment en avance ou partez en période creuse, vous pouvez prévoir un budget de 200-400 CHF.

➡ **AirBerlin** (☎0848 737 800, 0,15 €/min ; www.airberlin.com). Vols directs et via l'Allemagne depuis Bâle-Mulhouse, Genève et Zurich.

➡ **EasyJet** (☎0848 28 28 28, 0,34 €/min ; www.easyjet.com). Depuis Bâle-Mulhouse toute l'année et depuis Genève de mars à novembre.

➡ **Niki** (☎0848 737 800, 0,08 CHF/min ; www.flyniki.com). Vols directs ou via l'Allemagne depuis Bâle-Mulhouse, Genève et Zurich.

➡ **SkyWork** (☎0840 888 222, 0,59 CHF/min ; www.flyskywork.com). Liaison directe depuis Berne.

➡ **Swiss** (☎848 700 700 ; www.swiss.com). Vols directs depuis Zurich.

Vous pouvez aussi vous renseigner auprès d'une agence. Pour les séjours et circuits organisés, voir p. 225.

➡ **STA Travel** (☎058-450 49 49 ; www.statravel.ch)

Depuis le Canada

Il n'y a pas de liaison directe entre Montréal ou Toronto et Majorque, vous devrez donc faire une, voire deux escales. De nombreuses compagnies proposent des vols via Barcelone et Madrid ou via les grandes villes européennes. Vous pouvez aussi chercher un vol bon marché pour Londres, Paris ou Berlin, puis consulter les propositions des compagnies low-cost au départ de ces grandes villes. Les offres sont donc multiples et le mieux est de prendre son temps pour bien comparer les prix. Selon la saison, vous paierez entre 1 000 et 1 500 $C pour un aller-retour, à condition de réserver suffisamment à l'avance. Comptez environ 10 heures de vol, selon la durée des escales.

➡ **Air Canada** (☎1 888 247 2262 ; www.aircanada.com)

➡ **Iberia** (☎1 800 772 4642 ; www.iberia.com)

Si vous souhaitez réserver votre voyage en ligne, connectez-vous à **Airline Tickets Direct** (☎1 877 679 8500 ; www.airlineticketsdirect.com), **Expedia** (www.expedia.ca) ou **Travelocity** (☎1855 222 6739 et ☎1417 520 5277 ; www.travelocity.ca). Les étudiants se renseigneront auprès de **Travel Cuts – Voyages Campus** (☎1800 667 2887 ; www.travelcuts.com), l'agence de voyages nationale des étudiants canadiens.

➡ Pour les séjours et circuits organisés, voir p. 225.

Billets d'avion

Pour obtenir les meilleurs tarifs, choisissez avec soin la période de votre visite – le prix des billets s'envole pendant les vacances scolaires. Vous obtiendrez un tarif d'autant plus avantageux si vous réservez tôt et voyagez en période creuse (en semaine, en basse saison, tôt le matin ou tard le soir).

➡ Consultez les sites Internet des compagnies aériennes pour connaître les promos de dernière minute. Vous pouvez comparer les prix des vols sur des sites comme www.skyscanner.net, www.kayak.com, www.gocompare.com ou www.travelocity.com.

➡ Les étudiants et les moins de 26 ans se voient parfois accorder des réductions.

Voie maritime

Il est possible d'aller à Majorque en ferry depuis Barcelone, Valence et Dénia. La plupart des bateaux n'assurent la liaison que de Pâques à fin octobre et ceux qui continuent à naviguer en hiver diminuent la fréquence de leurs départs. L'option ferry est intéressante pour ceux qui souhaitent utiliser leur propre voiture ou moto une fois sur place (ce qui implique un surcoût et exige de réserver bien à l'avance). Ou pour ceux qui sont déjà en Espagne continentale. Les tarifs varient selon la période ; ceux indiqués

FERRIES DESSERVANT MAJORQUE

ARRIVÉE	DÉPART	COMPAGNIE	TARIFS	FRÉQUENCE	DURÉE (EN HEURES)	COUCHETTES
Palma	Barcelone	Acciona Trasmediterránea, Baleària	siège à partir de 49 €, couchette à partir de 109 €	1 à 2/jour	7	oui
Palma	Dénia	Baleària	siège à partir de 49 €, couchette 109 €	2/jour	2-5	oui
Palma	Ibiza (ville)	Acciona Trasmediterránea, Baleària	siège à partir de 35 €	ven et sam	4	oui
Palma	Maó (Minorque)	Acciona Trasmediterránea	siège à partir de 31 €	dim	3½	oui
Palma	Valencia	Acciona Trasmediterránea, Baleària	siège à partir de 49 €, couchette à partir de 109 €	1/jour	8	oui
Port d'Alcúdia	Barcelone	Baleària	siège à partir de 49 €, couchette à partir de 115 €	1/jour	7	oui
Port d'Alcúdia	Ciutadella (Minorque)	Baleària	siège à partir de 21,50 €	2/jour	1-2	non

ci-contre sont donnés à titre indicatif. Combiner bus ou train et ferry ne vous reviendra en revanche pas moins cher qu'un billet d'avion... pris à temps.

La principale porte d'entrée en Espagne est l'autoroute A9 (en France), qui devient l'AP7 en Espagne. Elle rejoint Barcelone puis longe la côte vers le sud en direction de Valence et de Dénia. Barcelone/Valence sont à 1 035/1 380 km de Paris, 635/810 km de Bordeaux, 640 km/980 km de Lyon, 1 340/1 680 km de Bruxelles et 785/1 130 km de Genève. Depuis toutes ces villes, la quasi-totalité du parcours peut se faire sur autoroute. Pour des informations sur le code de la route et les précautions à prendre si vous vous déplacez avec votre propre véhicule, voir p. 226.

Pour vous faire une idée de l'offre, consultez les comparateurs **AFerry** (www.aferry.fr) ou **Direct Ferries** (www.directferries.fr). La traversée depuis Barcelone et Valence dure 8 heures. Comptez un minimum de 100 € aller-retour par personne (en voyageant sur un fauteuil, pas dans une cabine), 300 € avec un véhicule.

Quelques compagnies de ferries au départ et à destination de Majorque :

- **Acciona Trasmediterránea** (☎902 45 46 45 ; www.trasmediterranea.es)
- **Baleària** (☎902 160 180 ; www.balearia.com)
- **Entre Islas y Canales** (☎902 100 444 ; www.entreislasycanales.com)
- **Iscomar** (☎902 119 128 ; www.iscomar.com)

Voyages organisés

La plupart des propositions de voyages à Majorque sont des formules tout compris en hôtels-clubs. Pour ce type d'offre, le mieux est de regarder sur Internet où l'offre de séjours dégriffés est importante, ou de s'adresser à une agence (voir p. 223 et p. 224 pour une courte sélection d'adresses).

Quelques agences proposent des circuits plus culturels, en particulier :

- **Arts et vie** (☎01 40 43 20 21 ; www.artsetvie.com).
- **Océanides** (☎04 66 30 99 82 ; groupes.oceanides.fr)
- **Voyages culturels Philippe Graef** (☎+41 32 725 11 11 ; www.graef-voyages-culturels.ch)

Majorque est une destination vraiment facile, donc idéale pour les voyages individuels. Mais si vous souhaitez découvrir l'île en marchant par exemple, il peut être intéressant de choisir un circuit randonnée organisé par une agence spécialisée comme :

- **Akaoka** (☎0825 000 840 ; www.akaoka.com). Treks et randonnées sur mesure.
- **Allibert Trekking** (☎04 76 45 50 50 ; www.allibert-trekking.com).
- **Chamina Voyages** (☎04 66 69 00 44 ; www.chamina-voyages.com)
- **Club Aventure** (☎04 96 15 10 20 ; www.clubaventure.fr)
- **Nomade Aventure** (☎0825 701 702, 0,15 €/ min ; www.nomade-aventure.com) Circuits complets. Voile, randonnée et VTT.
- **Terres d'aventure** (☎0825 700 825, 0,15 €/ min ; www.terdav.com).

Les deux agences suivantes, basées à Majorque, sont des spécialistes des Baléares et proposent différents types de formules, notamment des séjours sports nautiques ou équitation :

- **Balearic Discovery** (☎971 87 53 95 ; www.balearicdiscovery.com)
- **Pro Voyages Vacances** (☎+34 971 783 110 ; www.agencebalear.com)

COMMENT CIRCULER

Vélo

Majorque est idéale pour les cyclistes. Le terrain est parfois difficile dans les zones montagneuses, en particulier le long des côtes ouest et nord-ouest. Sinon, la majeure partie de l'île est assez plate et peut facilement être parcourue à vélo. Si vous ne pouvez pas apporter votre propre vélo, vous pourrez en louer un à votre arrivée.

Pour plus d'informations sur les circuits de l'île, consultez www.illesbalears.es, rubrique "Tourisme et sport". De nombreux circuits répartis sur toute l'île y sont décrits. Nous recommandons également le site http://mallorcacycling.co.uk (en anglais) où les itinéraires sont classés par niveau de difficulté.

Les itinéraires cyclistes sont généralement indiqués par des panneaux dans la campagne majorquine (il s'agit en général de routes secondaires entre les villes et les villages).

Location

Les loueurs de vélos sont généralement installés autour des principales stations balnéaires de l'île, ainsi qu'à Palma. Tous sont très compétents. Les tarifs sont très variables mais, en moyenne, comptez 10-15 € par jour pour un vélo de ville, 15-30 € par jour pour un VTT. Plus la location est longue, plus le tarif à la journée sera avantageux.

Bus

Grosso modo, l'île peut être divisée en cinq zones rayonnant à partir de Palma.

Les lignes de bus ayant un numéro dans les 100 couvrent le Sud-Ouest, les 200 l'Ouest (jusqu'à Sóller), les 300 le Nord et la majeure partie du centre, les 400 une partie du centre et la côte est, et les 500 le Sud. Plusieurs petites compagnies de bus se répartissent le réseau, mais on peut obtenir les itinéraires et les horaires de l'ensemble des prestataires en contactant **Transport de les Illes Balears** (TIB ; ☎971 17 77 77 ; www.tib.org).

Depuis Palma, la majeure partie de l'île est accessible en bus. Tous les bus partent de l'**Estació Intermodal** de Palma (carte p. 62 ; ☎971 17 77 77 ; www.tib.org ; Plaça d'Espanya) ou à proximité. Attention, les départs ne sont pas toujours très fréquents et leur nombre diminue considérablement le week-end. Les dessertes diminuent aussi en direction de nombreuses zones côtières de novembre à avril, et certaines lignes sont complètement suspendues (comme celle reliant Ca'n Picafort à Sa Calobra ou Sóller).

Bien que la majeure partie de l'île soit bien couverte par le réseau de bus, il peut s'avérer fastidieux de se rendre dans certains endroits plus reculés ou de parcourir la Serra de Tramuntana avec ce moyen de transport. Par exemple, le bus 200 qui part de Palma se rend à Estellencs en passant par Banyalbufar, alors que le bus 210 va à Valldemossa et, de temps en temps, pousse jusqu'à Deià et Sóller. Aucune ligne de bus ne relie Estellencs à Valldemossa et les lignes sont toutes peu fréquentes, à l'exception de celle faisant Palma-Valldemossa.

Dans l'ensemble, les distances sont assez courtes et les trajets durent très rarement plus de deux heures. Pour connaître les tarifs, consultez la rubrique *Depuis/vers* des différents chapitres.

Voiture et moto

De manière générale, le réseau routier de Majorque est d'excellente qualité, même si certaines routes côtières dans le nord et l'ouest de l'île sont à réserver aux conducteurs aguerris (comme à Sa Calobra ou à Formentor). Les étroites routes le long du littoral jalonné de falaises et les routes de campagne qui s'enfoncent dans les terres raviront les conducteurs de moto.

Principal axe routier de Majorque, l'autoroute Ma13 dessine une diagonale à travers l'île en reliant Palma, à l'ouest, à Alcúdia, au nord. La Ma1 forme une boucle au sud-ouest de Palma et rallie Andratx.

Bien que la majeure partie de l'île soit desservie par des bus et par des trains, en particulier en haute saison, avoir son propre véhicule permet de jouir d'une plus grande liberté. Vous pourrez vous mettre en quête des réserves naturelles, des baies isolées et des coins de montagne paisibles, tout en restant à l'écart des foules.

Si votre véhicule n'est pas équipé d'un GPS, cela vaut la peine d'investir dans une bonne carte routière pour partir à la découverte des endroits les plus reculés de l'île, comme celle publiée par Marco Polo à l'échelle 1/125 000.

Club automobile

Le **Real Automóvil Club de España** (RACE ; ☎900 100 992 ; www.race.es ; Calle de Eloy Gonzalo 32, Madrid) est le club automobile national. Vous pouvez le contacter pour obtenir de l'aide en cas de panne. Votre assurance doit toutefois vous donner un numéro de téléphone à composer en cas d'urgence.

Venir avec son propre véhicule

Si vous voyagez avec votre véhicule, n'oubliez pas de vérifier son état avant le départ et la couverture de votre assurance (voir ci-contre).

Apportez votre carte grise pour pouvoir prouver, si nécessaire, que vous êtes bien le propriétaire de votre voiture.

Et n'oubliez pas qu'en Espagne, il est obligatoire d'être équipé de deux triangles de signalisation (à utiliser en cas de panne) et d'un gilet réfléchissant. Il est également recommandé de disposer d'une trousse de premiers secours, d'une boîte d'ampoules et d'un extincteur.

Permis de conduire

Les permis de conduire de l'Union européenne sont valables dans toute l'Europe. Les Suisses également n'ont besoin que de leur permis de conduire national. Les touristes canadiens, en revanche, devront faire une demande de permis de conduire international (PCI), valable 12 mois, auprès de l'Association canadienne des automobilistes (CAA). En cas de contrôle, le document international devra être présenté en plus du permis de conduire national.

Carburant

Vous trouverez des stations-service (*gasolineras*) dans les grandes villes, les villes moyennes et dans la plupart des grandes stations de la côte. Veillez à faire le plein avant d'explorer les zones rurales peu fréquentées. Vous aurez le choix entre le *sin plomo* (sans plomb ; indice d'octane 95) et le *gasóleo* (diesel). Les tarifs sont à peu près les mêmes que dans le reste de l'Europe.

La plupart des stations-service acceptent les paiements par carte bancaire.

Location

Les tarifs des locations sont variables, mais il est généralement possible de louer un véhicule économique pour 30-60 € la journée. N'oubliez pas qu'une compacte peut s'avérer un peu étroite si vous voyagez en famille. Le coût risque d'augmenter si vous ajoutez un conducteur ou prévoyez de rendre la voiture dans une autre ville. Si vous souhaitez un siège enfant (environ 10 €/jour), pensez à bien le préciser à la réservation.

Pour pouvoir louer une voiture, vous devez être en possession d'un permis de conduire, avoir au moins 21 ans et, du moins pour les grandes enseignes, posséder une carte bancaire. Un conseil : certaines agences essaient de gagner encore plus d'argent en facturant un supplément de 90 € pour le carburant, au lieu de vous laisser la possibilité de faire le plein vous-même avant de ramener le véhicule. Lisez toutes les lignes du contrat, même celles en tout petits caractères, avant de signer quoi que ce soit.

Toutes les grandes enseignes sont présentes sur l'île. Il est toujours intéressant de comparer les prix et vous pouvez même consulter un comparateur de prix en ligne comme www.rentalcars.com avant de vous lancer. Parmi les agences installées à l'aéroport figurent :

- **Avis** (☎902 110261 ; www.avis.com)
- **Europcar** (☎902 105055 ; www.europcar.com)
- **Gold Car** (☎902 119726 ; www.goldcar.es)
- **Hertz** (☎971 789 670 ; www.hertz.com)
- **Sixt** (☎902 491616 ; www.sixt.com)

Assurance

- Si vous voyagez avec votre véhicule personnel, vérifiez avant de partir auprès de votre assurance que vous êtes couvert à l'étranger et demandez une "carte verte" – certificat d'assurance automobile reconnu en Europe. N'oubliez pas non plus de prendre quelques feuillets de constat d'accident à l'amiable.
- L'assurance au tiers est le minimum requis en Espagne comme dans toute l'Europe.
- Les agences de location proposent des assurances minimum, mais assurez-vous de bien comprendre quelles sont vos responsabilités, et quelles sont les décharges auxquelles vous avez droit en cas de dommage causé au véhicule loué.
- L'assurance couvrant les dégâts subis par le véhicule – l'assurance-collision sans franchise – implique généralement un surcoût, mais elle est vivement recommandée.
- La souscription d'une assurance complémentaire (pour plusieurs jours ou à l'année) en cas de location de véhicule s'avère parfois moins cher en ligne.

Code de la route

Taux limite d'alcoolémie 0,05 g /l. La conduite en état d'ivresse peut entraîner un jugement au tribunal, une amende et le retrait du permis de conduire dans les 24 heures. Les amendes peuvent aller jusqu'à 1 000 € pour les infractions graves. Les étrangers non résidents doivent payer leur amende sur-le-champ (dans ce cas, le montant est réduit de 30 %).

Les motocyclistes Ils doivent utiliser leurs phares en permanence et porter un casque s'ils conduisent un véhicule de 125 cm^3 ou plus.

Dépassement Les chauffeurs routiers espagnols ont souvent la gentillesse d'activer leur clignotant droit pour indiquer que la voie d'en face est suffisamment dégagée pour doubler (à l'inverse, ils mettent le clignotant à gauche si vous essayez de doubler alors qu'une voiture arrive en face).

Ronds-points Les véhicules déjà engagés sont prioritaires.

Limitations de vitesse 50 km/h dans les zones bâties, 100 km/h sur les grandes routes et jusqu'à 110 km/h sur les 4 voies desservant Palma.

Transports urbains

Palma est la seule ville de l'île disposant d'un système de transports en commun, **EMT** (☎971 21 44 44 ; www.emtpalma.es). Il s'agit principalement de bus. Une ligne de métro reliant le centre à l'université a cependant vu le jour il y a quelques années (mais elle est surtout intéressante pour les habitants des banlieues souhaitant rejoindre le centre-ville).

Il est facile de se déplacer à Palma à vélo (notamment dans la vieille ville), même si le nombre de pistes cyclables est limité (la principale longe le littoral).

On trouve sans problème des taxis à Palma, plusieurs stations sont réparties dans toute la ville. Ailleurs sur l'île, vous aurez peut-être du mal à en trouver un du premier coup, mais il est généralement assez facile d'en obtenir un par téléphone. Renseignez-vous auprès de votre hôtel ou d'un office du tourisme.

Train

Deux lignes de train partent de Plaça d'Espanya à Palma ; renseignez-vous auprès de **Transport de les Illes Balears** (TIB ; ☎971 17 77 77 ; www.tib.org).

L'une va en direction du nord, jusqu'à Sóller. Cette excursion panoramique à bord d'un train en bois est l'une des balades les plus populaires (l'excursion se fait en une journée).

L'autre ligne s'enfonce dans les terres, jusqu'à Inca, où les rails se séparent pour rejoindre Sa Pobla et Manacor. Le train est généralement meilleur marché que le bus et les départs sont fréquents tout au long de la journée. Un projet d'extension de la voie de chemin de fer de Manacor à Artà est en cours, mais personne n'a été en mesure de nous dire quand les travaux seront terminés.

Langue

À Majorque, tout le monde est bilingue. Depuis que les îles Baléares sont devenues une communauté autonome dans les années 1980, le catalan (*català*) a retrouvé son statut officiel aux côtés de l'espagnol (le castillan pour être précis). Aujourd'hui, l'enseignement scolaire est dispensé principalement en catalan et, dans la rue, les "Majorquins de Majorque" parlent *mallorquí*, le dialecte local dérivé du catalan : l'accent n'est pas le même et certains mots diffèrent. Le castillan demeure la langue d'usage, en particulier entre les Majorquins et les Espagnols du continent ou les étrangers.

La prononciation de l'espagnol n'est pas difficile : les mots se prononcent comme ils s'écrivent. Dans les voyelles, seuls le e, qui se prononce "é", et le u, qui se prononce "ou", diffèrent du français. La présence d'un accent sur une voyelle signifie que la syllabe est accentuée. Trois consonnes existent en espagnol mais pas en français : il s'agit du ch, qui se prononce "tch", du ll, qui correspond à un "l" mouillé comme dans "million" (ou un "y" comme dans "voyage") et du ñ nasalisé comme dans "pagne". Attention au v qui se prononce comme un "b" ; au j, la *jota*, qui est un son guttural comparable au "a*ch*tung" allemand ; et au z qui se prononce comme un "s". Les r sont toujours roulés et le g est l'équivalent d'un j (*jota*) devant un "e" ou un "i".

Comme en français, l'espagnol fait la distinction entre le masculin et le féminin pour les noms, ainsi que pour les adjectifs qui les accompagnent. De manière générale, les noms féminins se terminent par *-a* ou par *-ción*, *-sión* ou *-dad* ; les noms masculins par *-o*. Les adjectifs s'accordent en genre avec le nom qu'ils qualifient (masculin/féminin : *o*/*a*). Dans ce chapitre, les deux genres sont indiqués et séparés par un / (exemple *perdido*/*a*).

En Espagne, on emploie facilement le tutoiement. Gardez cette règle simple en tête : lorsque vous parlez à des gens que vous connaissez ou qui sont du même âge ou plus jeunes que vous, utilisez *tú* plutôt qu'*Usted*, plus formel. Dans ce chapitre, seul le vouvoiement est indiqué.

POUR ALLER PLUS LOIN

Indispensable pour mieux communiquer sur place : le Guide de conversation Espagnol de Lonely Planet. Pour réserver une chambre, lire un menu ou simplement faire connaissance, ce manuel permet d'acquérir des rudiments d'espagnol. Inclus : un minidictionnaire bilingue.

L'ESSENTIEL

Bonjour./Au revoir.	*Hola./Adiós.*
Comment allez-vous ?	*¿Qué tal?*
Bien, merci.	*Bien, gracias.*
Excusez-moi.	*Perdón.*
Je suis désolé(e).	*Lo siento.*
Oui./Non.	*Sí./No.*
S'il vous plaît.	*Por favor.*
Merci.	*Gracias.*
De rien.	*De nada.*

Je m'appelle...
Me llamo...

Comment vous appelez-vous ?
¿Cómo se llama Usted?

Parlez-vous français/anglais ?
¿Habla francés/inglés?

Je (ne) comprends (pas).
Yo (no) entiendo.

HÉBERGEMENT

Je souhaiterais réserver une chambre.
Quisiera reservar una habitación.

Quel est le prix pour une nuit/personne ?
¿Cuánto cuesta por noche/persona?

climatisation	*aire acondicionado*
salle de bains	*baño*
lit	*cama*
camping	*terreno de cámping*
chambre double	*habitación doble*
maison d'hôtes	*pensión*
hôtel	*hotel*
chambre simple	*habitación individual*
fenêtre	*ventana*
auberge de jeunesse	*albergue juvenil*

BARS ET RESTAURANTS

Je souhaiterais réserver une table.
Quisiera reservar una mesa.

Que me recommandez-vous ?
¿Qué recomienda?

Qu'y a-t-il dans ce plat ?
¿Que lleva ese plato?

Je ne mange pas de...
No como...

C'était délicieux !
¡Estaba buenísimo!

L'addition, s'il vous plaît.
Por favor nos trae la cuenta.

Santé ! *¡Salud!*

Mots clés

apéritif	*aperitivo*
assiette	*plato*
avec/sans	*con/sin*
bar	*bar*
bouteille	*botella*
café	*café*
chaise haute	*trona*
chaud	*caliente*
couteau	*cuchillo*
cuillère	*cuchara*
déjeuner	*comida*
dîner	*cena*
fourchette	*tenedor*
froid	*frío*
marché	*mercado*
menu (en français/en anglais)	*menú (en francés/en inglés)*
menu enfant	*menú infantil*
nourriture	*comida*
nourriture végétarienne	*comida vegetariana*

ORIENTATION

Où se trouve... ?
¿Dónde está...?

Quelle est l'adresse ?
¿Cuál es la dirección?

Pourriez-vous me l'écrire, s'il vous plaît ?
¿Puede escribirlo, por favor?

Pourriez-vous me montrer (sur la carte) ?
¿Me lo puede indicar (en el mapa)?

derrière...	*detrás de...*
loin	*lejos*
devant...	*enfrente de...*
gauche	*izquierda*
près	*cerca*
à côté de...	*al lado de...*
en face de...	*frente a...*
droite	*derecha*

petit-déjeuner	*desayuno*
plat principal	*segundo plato*
restaurant	*restaurante*
supermarché	*supermercado*
verre	*vaso*

Viandes et poissons

agneau	*cordero*
anchois	*boquerón (frais), anchoa (mariné)*
bœuf	*carne de vaca*
calamar	*chipirón (petit), calamar*
canard	*pato*
crabe	*cangrejo*
crevette	*gamba*
dinde	*pavo*
fruits de mer	*mariscos*
huître	*ostra*
langouste	*langosta*
lapin	*conejo*
morue	*bacalao*
moule	*mejillón*
merlu	*merluza*
palourde	*almeja*
poisson frit	*pescado frito*
porc	*cerdo*
poulet	*pollo*
rouget	*salmonete*
sardine	*sardina*
thon	*atún*

URGENCES

Au secours !	*¡Socorro!*
Va-t'en !	*¡Vete!*
Appelez un médecin !	*¡Llame a un médico!*
Appelez la police !	*¡Llame a la policía!*
Je suis perdu(e).	*Estoy perdido/a.*
Je suis malade.	*Estoy enfermo/a.*
Où sont les toilettes ?	*¿Dónde están los baños?*

truite	*trucha*
veau	*ternera*

Fruits et légumes

abricot	*albaricoque*
ananas	*piña*
artichaut	*alcachofa*
asperges	*espárragos*
banane	*plátano*
betterave	*remolacha*
carotte	*zanahoria*
cerise	*cereza*
champignon	*champiñón*
chou	*col*
citron	*limón*
concombre	*pepino*
épinards	*espinacas*
fraise	*fresa*
fruit	*fruta*
haricots	*judías*
légume	*verdura*
lentilles	*lentejas*
maïs	*maíz*
noix	*nueces*
oignon	*cebolla*
orange	*naranja*
pastèque	*sandía*
pêche	*melocotón*
petits pois	*guisantes*
poivron (rouge/vert)	*pimiento (rojo/verde)*
pomme de terre	*patata*
pomme	*manzana*
potiron	*calabaza*
prune	*ciruela*
raisin	*uvas*
salade verte	*lechuga*
tomate	*tomate*

Autres

beurre	*mantequilla*
confiture	*mermelada*
fromage	*queso*
huile	*aceite*
miel	*miel*
œuf	*huevo*
pain	*pan*
poivre	*pimienta*
riz	*arroz*
sel	*sal*
sucre	*azúcar*
vinaigre	*vinagre*

Boissons

bière	*cerveza*
café	*café*
eau (minérale)	*agua (mineral)*
jus (d'orange)	*zumo (de naranja)*
lait	*leche*
thé	*té*
vin (blanc)	*vino (blanco)*
vin (rouge)	*vino (tinto)*

NOMBRES

1	*uno*
2	*dos*
3	*tres*
4	*cuatro*
5	*cinco*
6	*seis*
7	*siete*
8	*ocho*
9	*nueve*
10	*diez*
20	*veinte*
30	*treinta*
40	*cuarenta*
50	*cincuenta*
60	*sesenta*
70	*setenta*
80	*ochenta*
90	*noventa*
100	*cien*
1000	*mil*

ACHATS ET SERVICES

Je voudrais acheter...
Quisiera comprar...

Puis-je y jeter un coup d'œil ?
¿Puedo verlo?

Combien ça coûte ?
¿Cuánto cuesta?

C'est trop/très cher.
Es muy caro.

Pouvez-vous baisser un peu le prix ?
¿Podría bajar un poco el precio?

Il y a une erreur sur la note/l'addition.
Hay un error en la cuenta.

distributeur automatique de billets
cajero automático

carte bancaire	*tarjeta de crédito*
bureau de poste	*correos*
office du tourisme	*oficina de turismo*

HEURE ET DATE

Quelle heure est-il ?
¿Qué hora es?

Il est (10) heures.
Son (las diez).

Il est (une heure) et demie.
Es (la una) y media.

matin	*mañana*
après-midi	*tarde*
soir	*noche*
hier	*ayer*
aujourd'hui	*hoy*
demain	*mañana*
lundi	*lunes*
mardi	*martes*
mercredi	*miércoles*
jeudi	*jueves*
vendredi	*viernes*
samedi	*sábado*
dimanche	*domingo*

TRANSPORTS

Je voudrais aller à...
Quisiera ir a...

À quelle heure arrive-t-il/part-il ?
¿A qué hora llega/sale?

Je veux descendre ici.
Quiero bajarme aquí.

1re classe	*primera clase*
2e classe	*segunda clase*
vélo	*bicicleta*
bateau	*barco*
bus	*autobús*
voiture	*coche*
annulé	*cancelado*
retardé	*retrasado*
moto	*moto*
aller simple	*ida*
avion	*avión*
aller-retour	*ida y vuelta*
billet	*billete*
guichet	*taquilla*
horaire	*horario*
train	*tren*

GLOSSAIRE

La plupart des termes suivants sont en espagnol (castillan), langue comprise sur toute l'île. Quelques termes spécialisés sont cependant donnés en catalan (C). Les variantes en majorquin ne sont pas indiquées.

agroturisme (C) – tourisme rural

ajuntament (C) – hôtel de ville

alquería – ferme de l'époque musulmane

avenida – avenue

avinguda (C) – voir *avenida*

baño completo – salle de bains avec toilettes, douche et/ou baignoire

bodega – bar à vins

bomberos – pompiers

cala – crique

call (C) – quartier juif à Palma, Inca et dans d'autres villes de Majorque

cambio – monnaie, change de devises

caña – petit verre de bière

canguro – baby-sitter

capilla – chapelle

carrer (C) – rue

carretera – route

carta – carte (de restaurant)

castell (C) – château

castellano – castillan, à préférer au terme "*español*" pour désigner la langue nationale

català – langue catalane, personne native de la Catalogne. Le dialecte majorquin s'appelle le majorquin

celler – (C) cave à vin transformée en restaurant

cervecería – bar à bière

comisaría – commissariat

converso – dans l'Espagne du Moyen Âge, juif converti au christianisme

correos – bureau de poste

cortado – café noisette

costa – côte

cuenta – note/addition, chèque

ensaïmada (C) – pâtisserie majorquine

entrada – entrée, billet d'entrée

ermita – chapelle de campagne, monastère

església (C) – voir *iglesia*

estació (C) – voir *estación*

estación – gare

estanco – buraliste

farmacia – pharmacie

faro – phare

fiesta – jour férié, fête

finca – ferme

gasolina – essence

guardía civil – police militaire

habitaciones libres – chambres disponibles

hostal – voir *pensión*

iglesia – église

IVA – *impuesto sobre el valor añadido*, ou taxe sur la valeur ajoutée (TVA)

lavabo – toilettes

librería – librairie

lista de correos – poste restante

locutorio – centre/cabine téléphonique

marisquería – restaurant de poisson et fruits de mer

menú del día – menu du jour

mercat (C) – marché

mirador – belvédère

modernisme – version catalane du style artistique et architectural Art nouveau

monestir (C) – monastère

museo – musée

museu (C) – voir *museo*

objetos perdidos – objets trouvés

oficina de turismo – office du tourisme ; aussi *oficina de información turística*

palacio – palais, grande demeure

palau (C) – voir *palacio*

pensión – petit hôtel familial

plaça (C) – voir *plaza*

platja (C) – voir *playa*

playa – plage

plaza – place

port (C) – voir *puerto*

possessió (C) – ferme typique de Majorque

PP – Partido Popular (parti populaire)

puente – pont

puerto – port

puig (C) – sommet d'une montagne

rambla – avenue ou lit d'une rivière

refugis (C) – refuge pour les randonneurs

retablo – retable

retaule (C) – voir *retablo*

robes de llengües (C) – tissus rayés traditionnels de Majorque

santuari (C) – chapelle

según precio del mercado – au restaurant, "en fonction du prix du marché" (souvent abrégé "spm")

Semana Santa – Semaine sainte

serra (C) – chaîne de montagnes

servicios – toilettes

tafona (C) – presse à olives traditionnelle que l'on trouve dans la plupart des fermes majorquines

talayot (C) – ancienne tour de guet

tarjeta de crédito – carte bancaire

tarjeta de residencia – carte de séjour

tarjeta telefónica – carte téléphonique

terraza – terrasse, café avec terrasse

torre – tour

turismo – tourisme (et aussi berline)

urgencia – urgence

En coulisses

VOS RÉACTIONS ?

Vos commentaires nous sont très précieux et nous permettent d'améliorer constamment nos guides. Notre équipe lit toutes vos lettres avec la plus grande attention. Nous ne pouvons pas répondre individuellement à tous ceux qui nous écrivent, mais vos commentaires sont transmis aux auteurs concernés. Tous les lecteurs qui prennent la peine de nous communiquer des informations sont remerciés dans l'édition suivante, et ceux qui nous fournissent les renseignements les plus utiles se voient offrir un guide.

Pour nous faire part de vos réactions, prendre connaissance de notre catalogue et vous abonner à Comète, notre lettre d'information, consultez notre site Internet : **www.lonelyplanet.fr**

Nous reprenons parfois des extraits de notre courrier pour les publier dans nos produits, guides ou sites web. Si vous ne souhaitez pas que vos commentaires soient repris ou que votre nom apparaisse, merci de nous le préciser. Notre politique en matière de confidentialité est disponible sur notre site Internet.

À NOS LECTEURS

Merci à tous les voyageurs qui ont utilisé la dernière édition de ce guide et qui nous ont écrit pour nous faire part de leurs conseils, de leurs suggestions et de leurs anecdotes : A. Adonis et Xavier Azuelos.

UN MOT DE L'AUTEUR

Kerry Christiani

Un *gràcies* du fond du cœur à tous les Majorquins qui m'ont apporté leur aide, en particulier à tous les professionnels du tourisme et à toute l'équipe de TIB. Mes vifs remerciements à Antonia pour l'appartement à Pollença, à Carmen Vila Altimir pour ses conseils et les bons moments, et à tous ceux que j'ai interrogés : Kai et Julia de Kite and Bike, le grand chef Marc Fosh et le guide Mateu de Mallorca Rutes. Enfin et surtout, un immense merci à mon mari, Andy, super compagnon de voyage qui sait merveilleusement bien lire une carte et conduire en montagne.

REMERCIEMENTS

Données des cartes du climat adaptées de Peel MC, Finlayson BL & McMahon TA (2007) "Updated World Map of the Köppen-Geiger Climate Classification", *Hydrology and Earth System Sciences*, 11, 163344.
Photographie de couverture : Valldemossa, Mallorca, Michele Falzone/AWL.

À PROPOS DE CET OUVRAGE

Cette deuxième édition en français du guide *Majorque* est la traduction de la troisième édition en anglais du guide *Mallorca* de Lonely Planet, écrite par Kerry Christiani. La deuxième avait été écrite par Anthony Ham, et la première par Damien Simonis et Sarah Andrews, avec des contributions de Sally Schafer. La version anglaise de ce guide a été commandée par le bureau londonien de Lonely Planet.

Traduction
Nathalie Berthet et Christine Bouard

Direction éditoriale
Didier Férat

Adaptation française
Océane Monange

Responsable prépresse
Jean-Noël Doan

Maquette Pierre Brégiroux

Cartographie Cartes originales de Anthony Phelan et James Leversha adaptées en français par Eduardo Yanes Blanch.

Couverture Adaptée par Annabelle Henry pour la version française.

Remerciements à Claude Albert, Michel MacLeod et Christiane Mouttet pour leur précieuse contribution au texte. Merci également à Claire Chevanche pour son travail de préparation du texte. Un grand merci à Dominique Spaety pour son soutien attentif et à toute l'équipe du bureau de Paris. Enfin, merci à Clare Mercer, Joe Reville et Luan Angel du bureau LP Londres et Andy Nielsen, Darren O'Connell, Chris Love, Sasha Baskett, Angela Tinson, Jacqui Saunders, Ruth Cosgrave et Glenn van der Knijff du bureau LP Australie.

Index

Références des cartes
Références des photos

INDEX DES ENCADRÉS

Légende des cartes

À voir

- Château
- Monument
- Musée/galerie/édifice historique
- Ruines
- Église
- Mosquée
- Synagogue
- Temple bouddhiste
- Temple confucéen
- Temple hindou
- Temple jaïn
- Temple shintoïste
- Temple sikh
- Temple taoïste
- Sentō (bain public)
- Cave/vignoble
- Plage
- Réserve ornithologique
- Zoo
- Autre site

Activités, cours et circuits organisés

- Bodysurfing
- Plongée/snorkeling
- Canoë/kayak
- Cours/circuits organisés
- Ski
- Snorkeling
- Surf
- Piscine/baignade
- Randonnée
- Planche à voile
- Autres activités

Où se loger

- Hébergement
- Camping

Où se restaurer

- Restauration

Où prendre un verre

- Bar
- Café

Où sortir

- Salle de spectacle

Achats

- Magasin

Renseignements

- Banque
- Ambassade/consulat
- Hôpital/centre médical
- Accès Internet
- Police
- Bureau de poste
- Centre téléphonique
- Toilettes
- Office du tourisme
- Autre adresse pratique

Géographie

- Plage
- Refuge/gîte
- Phare
- Point de vue
- Montagne/volcan
- Oasis
- Parc
- Col
- Aire de pique-nique
- Cascade

Agglomérations

- Capitale (pays)
- Capitale (région/ État/province)
- Grande ville
- Petite ville/village

Transports

- Aéroport
- Poste frontière
- Bus
- Téléphérique/funiculaire
- Piste cyclable
- Ferry
- Métro
- Monorail
- Parking
- Station-service
- Station de métro
- Taxi
- Gare/chemin de fer
- Tramway
- U-Bahn
- Autre moyen de transport

Les symboles recensés ci-dessus ne sont pas tous utilisés dans ce guide

Routes

- Autoroute à péage
- Voie rapide
- Nationale
- Route secondaire
- Petite route
- Chemin
- Route non goudronnée
- Route en construction
- Place/rue piétonne
- Escalier
- Tunnel
- Passerelle
- Promenade à pied
- Promenade à pied (variar
- Sentier

Limites et frontières

- Pays
- État/province
- Frontière contestée
- Région/banlieue
- Parc maritime
- Falaise
- Rempart

Hydrographie

- Fleuve/rivière
- Rivière intermittente
- Canal
- Étendue d'eau
- Lac asséché/salé/ intermittent
- Récif

Topographie

- Aéroport/aérodrome
- Plage/désert
- Cimetière (chrétien)
- Cimetière (autre)
- Glacier
- Marais/mangrove
- Parc/forêt
- Site (édifice)
- Terrain de sport

LES GUIDES LONELY PLANET

Une vieille voiture déglinguée, quelques dollars en poche et le goût de l'aventure, c'est tout ce dont Tony et Maureen Wheeler eurent besoin pour réaliser, en 1972, le voyage d'une vie : rallier l'Australie par voie terrestre via l'Europe et l'Asie. De retour après un périple harassant de plusieurs mois, et forts de cette expérience formatrice, ils rédigèrent sur un coin de table leur premier guide, *Across Asia on the Cheap*, qui se vendit à 1 500 exemplaires en l'espace d'une semaine. Ainsi naquit Lonely Planet, dont les guides sont aujourd'hui traduits en 12 langues.

NOTRE AUTEURE

Kerry Christiani

L'histoire d'amour entre Kerry et Majorque remonte à son enfance. Mais elle a succombé pour de bon aux charmes de l'île quand elle y a rencontré celui qui allait devenir son mari, Andy, alors qu'elle travaillait sur place à l'été 1999. Par chance, lui aussi raffolait tout autant qu'elle des randonnées en montagne, des sentiers côtiers et des monastères perdus. Kerry a depuis passé pas mal de temps à Pollença et dans les environs. À sa grande joie, elle est retournée sur l'île cette année pour tout un été. Kerry possède une maîtrise d'espagnol et est l'auteure d'une vingtaine de guides de voyage, dont de nombreux titres Lonely Planet. Elle rédige régulièrement des articles pour des magazines et des sites web, comme bbc.com/travel et *Lonely Planet Traveller*. Kerry tweete sur ses aventures : @kerrychristiani.

Plus d'informations sur Kerry :
lonelyplanet.com/members/kerrychristiani

Majorque
2e édition
Traduit et adapté de l'ouvrage *Mallorca, 3rd edition, July 2014*

Dépôt légal Janvier 2015
ISBN 978-2-81614-734-6
Imprimé par Pollina, Luçon, France - L70324

En Voyage Éditions | un département place des éditeurs